高等学校教材

定向运动

（第二版）

王　翔　彭光辉　梁方勇　李飞龙　主编

高等教育出版社·北京

图书在版编目(CIP)数据

定向运动 / 王翔等主编. —2 版. —北京：高等教育出版社，2009.7（2022.8重印）
ISBN 978-7-04-027386-1

Ⅰ. 定… Ⅱ. 王… Ⅲ. 定向运动–高等学校–教材 Ⅳ. G826

中国版本图书馆 CIP 数据核字(2009)第 087677 号

策划编辑	傅雪林	责任编辑	傅雪林	封面设计	刘晓翔	版式设计	马敬茹
责任校对	殷 然	责任印制	赵 振				

出版发行	高等教育出版社	网 址	http://www.hep.edu.cn	
社 址	北京市西城区德外大街 4 号		http://www.hep.com.cn	
邮政编码	100120	网上订购	http://www.landraco.com	
印 刷	天津嘉恒印务有限公司		http://www.landraco.com.cn	
开 本	787mm×960mm 1/16			
印 张	26.75	版 次	2005 年 7 月第 1 版	
字 数	500 千字		2009 年 7 月第 2 版	
购书热线	010-58581118	印 次	2022 年 8 月第 18 次印刷	
咨询电话	400-810-0598	定 价	48.00 元	

本书如有缺页、倒页、脱页等质量问题，请到所购图书销售部门联系调换
版权所有　侵权必究
物　料　号　27386-00

主　编： 王　翔　彭光辉　梁方勇　李飞龙

副主编： 朱建清　李德利　陈津梁　郑秀星　缪　柯
　　　　　候德明

编　者：（以姓氏笔画为序）：
　　　　　王　翔（韩山师范学院）
　　　　　刘建民（山东大学）
　　　　　刘爱霞（苏州大学）
　　　　　刘景宗（韩山师范学院）
　　　　　朱建清（浙江树人大学）
　　　　　宋　阳（天津财经大学）
　　　　　宏丽茵（中国定向协会）
　　　　　张　洁（香港体育学院）
　　　　　李飞龙（湖南大学）
　　　　　李贵龙（湖南大学）
　　　　　李　凌（四川师范大学）
　　　　　李德利（中国定向协会）
　　　　　杨永明（鲁东大学）
　　　　　陈津梁（中国地质大学·北京）
　　　　　郑秀星（湖南人文科技学院）
　　　　　胡智勇（长沙雅礼寄宿制中学）
　　　　　候德明（贵州大学）
　　　　　索建强（西南林业大学）
　　　　　谈晓平（中国定向协会）
　　　　　梁方勇（黑龙江大学）
　　　　　黄建华（浙江财经学院）
　　　　　彭光辉（湖南科技大学）
　　　　　谢　浩（浙江财经学院）
　　　　　缪　柯（太原工业学院）

前　言

《定向运动》（第二版）是为高校体育专业学生以及非体育专业定向运动选项课学生编写的教材，同时也是一本定向运动教练员和定向运动爱好者的中高级参考书。

《定向运动》（第一版）出版后，因其内容的先进性、丰富性、可读性和实用性，既能兼顾不同层次学生的需求，又能兼顾体育专业和公共体育选项课的教学目标和教学要求等特点而受到广大读者的欢迎。近年来，中国定向运动发展迅速，不但在竞技领域取得了长足的进步，在教学和科研上也积累了许多成果。中国定向运动的发展对定向运动教学、训练提出了进一步的要求。为了顺应我国定向运动发展的需要，在全国高等学校体育教学指导委员会和高等教育出版社的关心与支持下，我们聚集了全国的定向运动专家和学者，在汲取大量新成果的基础上，完成了《定向运动》（第二版）的编写工作。《定向运动》（第二版）根据定向运动最新发展趋势对篇章安排进行了全面调整。在保持原有特色的基础上，本版教材突显了以下几方面的新特色：

一、紧扣体育专业培养目标和定向运动课程的目标和任务。

二、体现定向运动发展的新趋势，具有一定的前瞻性。

三、突出定向文化和定向运动的教育、休闲和娱乐特点。

四、对定向运动教学理论和方法及基本练习手段进行了归纳和总结。

五、提供大量案例，可操作性更强。

六、提供了更多的附录，实用性更强。

为了适应21世纪教材发展的新趋势，本版教材设计为立体化教材，建立了专门的学习交流网站——中国定向运动资源平台，将本教材的附录和图片上传在网站供读者共享。此外，该网站还将为读者提供大量教学、学习和训练资源及网上学习、训练和讨论平台。

参加本教材编写的成员有：王翔（第1、5、14章）、李凌（第2章）、郑秀星（第3章）、梁方勇（第4章）、彭光辉（第5、24章）、胡智勇（第6章）、刘爱霞（第7章）、索建强（第8、25章）、缪柯（第9章）、候德明（第10章）、刘建民（第11章）、陈津梁（第12章）、宋阳（第13章）、刘景宗（第14章）、张洁（第15章）、李德利（第16章）、朱建清（第17章）、杨永明（第18章）、谢浩（第19章）、黄建华（第20章）、李飞龙（第21、23章）、李贵龙（第22章）、宏丽茵（第25章）、谈晓平（第25章）。另外，冼家图先生为制图篇的写作做出了贡献。本教材的主编是王翔、彭光辉、梁方勇和李飞龙,副主编是朱建清、李德利、陈津梁、郑秀星、缪柯和候德明。

在本教材的编写过程中,中国定向运动协会给予了大力支持和帮助,东南大学张惠红教授对本教材的写作框架提出了许多建设性意见,著名定向运动地图制图专家奥尔森先生为我们提供了珍贵的资料,长沙的王烯先生为本教材绘制了部分精美的插图,高等教育出版社为编辑出版本教材付出了大量的心血,在此一并表示衷心的感谢。

在本教材的编写过程中,尽管数易其稿,但由于时间仓促,难免会有一些疏漏。我们诚恳地希望广大读者提出宝贵意见,以期在修订时加以完善。

王 翔

2009 年 5 月于韩山师院

目 录

第一篇　基础篇 1
  第一章　定向运动概述 3
  第二章　定向运动文化 16
  第三章　定向地图与指北针 28
  第四章　定向运动技战术 46

第二篇　教学篇 55
  第五章　定向运动教学理论与方法 57
  第六章　中小学生定向运动教学 88
  第七章　大学生定向运动教学 129
  第八章　体育专业定向运动教学 143
  第九章　其他人群定向运动指导 151

第三篇　训练篇 165
  第十章　定向运动训练的基本理论 167
  第十一章　定向运动专项体能训练 187
  第十二章　定向运动技术训练 196
  第十三章　定向运动战术训练 219
  第十四章　定向运动心理技能训练 231
  第十五章　特殊条件下的定向运动训练 241

第四篇　竞赛、裁判篇 253
  第十六章　定向运动赛事组织与管理 255
  第十七章　定向运动竞赛编排与裁判工作 269

第五篇　地图测绘篇 289
  第十八章　OCAD 8.0 使用与定向地图的计算机绘制 291
  第十九章　定向地图测绘基础 307
  第二十章　定向地图测绘 324

第六篇 路线设计篇   341

第二十一章 路线设计概述   343
第二十二章 休闲、娱乐性路线设计   359
第二十三章 竞技性路线设计   370

第七篇 拓展篇   389

第二十四章 定向运动与拓展训练   391
第二十五章 定向运动俱乐部的组织管理与运营   400

主要参考文献   415

第一篇　基　础　篇

第一章　定向运动概述
第二章　定向运动文化
第三章　定向地图与指北针
第四章　定向运动技战术

本篇导读

　　定向运动是一项参与者借助地图和指北针，在尽可能短的时间内到访若干个标志（检查点）的体育运动。定向运动是一项集智能、体能于一体的运动。前世界定向锦标赛冠军奥尔森常说的一句话是："定向比赛，就好比一个人在同时进行马拉松和国际象棋比赛。"它形象地反映了定向运动的这一特征。定向运动是一项个人体验项目，只有亲自参与才能体验其乐趣和价值。定向运动也是一项团队协作项目，参与者分工协作完成比赛，体验团队的力量和价值，是一项融团队协作与个人体验为一体的项目。

　　定向即生活，我们的一生都是在定向。我们每时每刻都在对自己、对团队及自己和团队所处的社会环境予以评估，做出决策并执行。有的人脚踏实地，有的人好高骛远，有的人迅速果断，有的人犹豫不决，有的人彷徨失措；有的人锲而不舍，有的人半途而废，这就是定向！定向运动不仅仅是一种身体训练，更重要的是它还是一种团队训练和心智训练，是一种生活哲学的体验。

　　本篇分为四章。第一章从定向运动的概念、价值回答定向运动是什么、为什么；第二章从文化回答定向运动是什么、为什么；第三章从技战术回答定向运动是什么、为什么；第四章从基本工具——定向地图与指北针回答定向运动是什么、为什么，从而让你获得对定向运动完整理解，为学习定向运动夯实基础。

第一章　定向运动概述

> **本章导读**
>
> 本章按领域——竞技领域和休闲娱乐领域分别给出定向运动的定义，并以此为框架展开学习。在竞技领域，定向运动是一项参与者借助地图和指北针，在尽可能短的时间内到访若干个标志（检查点）的体育运动。在休闲娱乐领域，定向运动是一项用地图，或用地图和指北针导航的身体活动。通过本章的学习，将能够做到：
> 1. 从技术角度说明定向的形式、性质和特征；
> 2. 从竞技和休闲两个领域说明定向运动的定义；
> 3. 说明定向运动对个人发展的意义；
> 4. 根据教学或服务对象的需要，选择适当的定向运动活动形式。

Orienteering（定向运动）源自瑞典语 Orientering 一词，其原意是：借助地图和指北针穿越未知地带。定向运动既是一类竞技性运动，又是一类休闲娱乐性活动，随着对定向运动的认识和理解，你将发现，定向运动或者说定向技能已成为我们日常生活和工作的一部分，是人们必须掌握的一种基本技能。

按交通模式，定向运动可分为徒步定向（图 1-1）、山地车定向、滑雪定向、轮椅定向和其他交通定向。其中普及率最高、适应性和适用性最强的是徒步定向。目前，"定向运动"已成为徒步定向运动（Foot orienteering）的代名词，本"定向运动"教材是"徒步定向运动"教材，教材中凡涉及定向运动的，如果没有特别说明的，均指徒步定向运动。

图 1-1　IOF 徒步定向标志

第一节 定向运动的形式、定义与类型

一、定向运动的形式

定向运动的主要形式有点对点定向、积分定向、微型定向和团队定向。点对点定向是传统的和最基本的定向形式，积分定向在休闲、娱乐性定向中较常见，微型定向是一种不同于传统形式的点对点定向，团队定向是一种强调团队协作的定向形式。

（一）点对点定向

点对点定向是定向运动的传统形式，也是最基本的定向运动形式，国际大型赛事和世界各国主要赛事基本上都采用点对点的定向形式进行比赛。图1-2（A）中紫红色符号标绘的是一条点对点定向路线，也是通常所说的比赛路线。它包括一个起点（等边三角形），一个终点（两个同心圆）和若干个带有检查点序号的检查点（单圆圈），两个点之间是参与者应导航行进的路段，从起点开始，检查点按序号用连线连起来，直到终点。由此可见，路线实际上就是由多个具有方向性的路段组成的。路段的方向性由一对点确定，一个点确定起点，一个点确定目标，结果是路段向参与者提出了一个明确的点对点导航任务：尽快地由起点达到目标。一条路线由一系列点对点导航任务组成，完成一条路线的过程是一个点对点的导航过程。

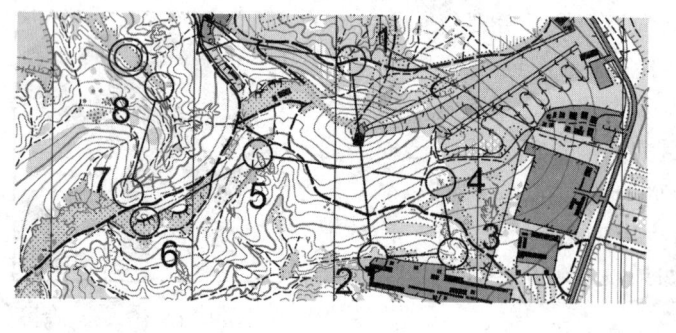

图1-2 一条典型的定向比赛路线（A）及其检查点说明表（B）

实地中检查点位于检查点圆圈圆心处的特征上，并用一个橘黄和白色相间的点标旗［图1-3（A）］在这个特征上或特征旁标记出来，这个特征被称为检查点特征。每个检查点上有一个或多个带有唯一编码——检查点代码的打卡

> 特征　指地图上和实地中可以作为识别和定位标志的地貌、地物及其局部特征与属性。
>
> 检查点特征　指位于地图上检查点圆圈圆心处用来定义检查点在实地中位置的特征。
>
> 导航特征　指在定向运动中对导航和定位具有重要意义的显眼、易辨识的特征。

器［图1-3（B）］为参赛者提供到访记录。比赛时，参赛者携带记录个人信息的检查卡，由起点开始，依据地图提供的信息做出决策，利用导航特征或指北针导航，在尽可能短的时间内按顺序依次到访一个又一个检查点，并在检查卡上打卡留下打卡器的编码信息［图1-3（C）］直到终点。如果在比赛中漏打或错打检查点，参赛者将被取消比赛资格，比赛成绩无效。

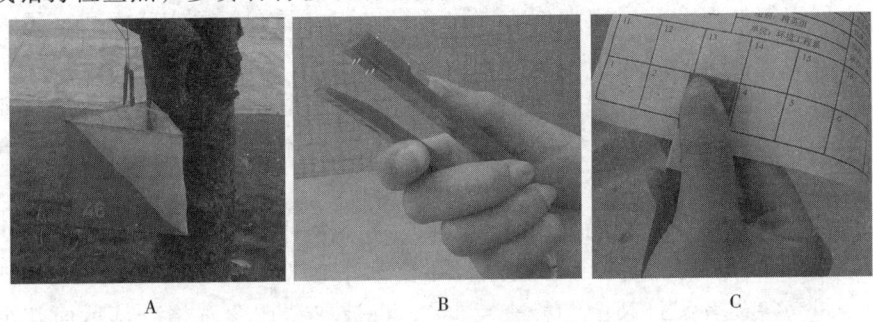

图1-3　一些传统的定向比赛器材
（A）点标旗，（B）机械打卡器，（C）在检查卡上留下打卡器的编码（打卡）

　　在比赛前，你还会得到一张如图1-2（B）所示的检查点说明表。检查点说明表是国际定向运动联合会（International Orienteering Federation，IOF）（以下简称国际定联）制定的一套对检查点位置进行精简说明的符号体系。在比赛中应用检查点说明表能减少路线选择的偶然性，提高比赛的公平性。如图1-2（A）的路线中，如果没有检查点说明，将不知第6个检查点的确切位置是在不能通行的陡崖上面还是下面。这时，从第5个检查点到第6个检查点的路线有两种基本选择，哪条路线更好没有确切的把握。如果有检查点说明表1-2（B）指明第6个点在陡崖下面，选择奔跑路线将变得非常容易。

（二）积分定向

　　如图1-4积分定向路线也包括一个起点、一个终点和若干个检查点，但检查点没有序号，而是根据地形的难易、离起终点距离的远近、各点间的位置关系被赋予不同的分值，参赛者每到访一个检查点将获得相应的得分。积分定向以参赛者在规定的时间内得到的积分决定胜负。在规定的时间内，参赛者必须找出满意的检查点的到访顺序并到访尽可能多的检查点，获得尽可能高的积分。如果超时，将按比赛规程扣罚参赛者的积分。积分定向比传统定向需要更高的认知技能，特别是对运用数学知识的能力和逻辑分析能力有较高要求。积分定向目前尚未进入大型赛事，主要被应用于教学、训练和休闲娱乐活动。

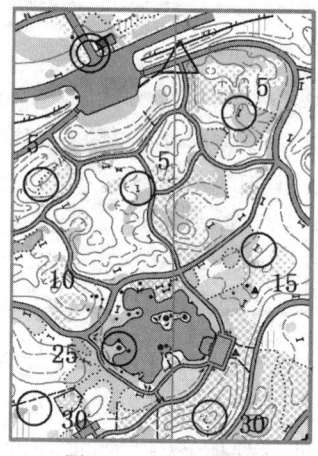

图 1-4　积分定向

（三）微型定向

微型定向的概念最早由挪威定向协会提出，主要有两种实践方式，纳入中距离定向中作为中距离定向的组成部分或作为一个独立的比赛项目。

微型定向（图 1-5）要求参赛者按规定的顺序到访检查点，从这一特征来看，它是一种点对点定向。但与传统的点对点定向不同，微型定向的检查点只有序号没有代码，检查点附近有一些假检查点与其一起构成"检查点群"，参赛者错打检查点将按竞赛规则罚时，但不会被取消比赛资格。如果参赛者在一个"检查点群"中打了几个检查点，即使其中包括真检查点，也将被罚时。此外，如果参赛者漏打某个"检查点群"，将被取消比赛资格。从后面几个特征来看，微型定向是一种新型的定向运动形式。

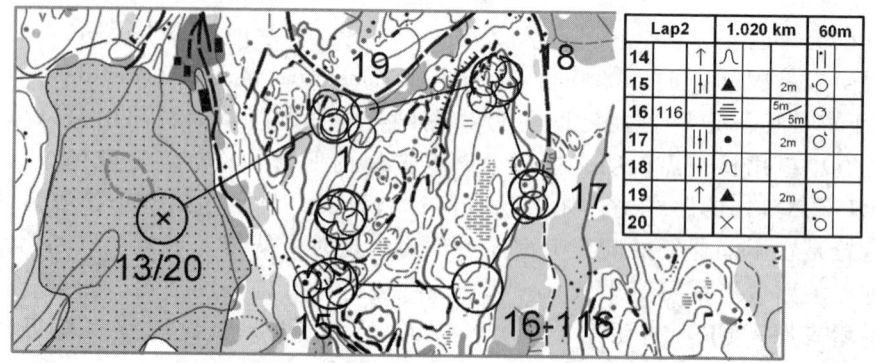

图 1-5　作为中距离赛组成部分的微型定向路线及其检查点说明

（引自 Bernt O. Myrvold. Micro-Orienteering-important innovation for international orienteering. Orienteering-sport. 2004（6-7）.）

两个微型定向"检查点群"之间可以设置一个或多个带有代码的传统点对点定向检查点,如图1-5中第16号检查点,参赛者漏打这个检查点将被取消比赛资格和比赛成绩。微型定向对参赛者的要求更高,参赛者因"运气"找到真正的检查点的机会更小。

(四)团队定向

团队定向(图1-6)是建立在团队协作基础上的定向形式。团队定向的检查点分为两类:一是要求所有团队成员都到访的必经点,二是只要求有一名成员到访的自由点。团队各成员分工协作到访所有的检查点,以最后一名到达终点成员的成绩为整个团队的成绩。团队赛中,团队各成员通常按分工要求分别到访自己应到访的检查点,但水平高的成员还应尽可能为完成任务有困难的成员提供帮助。团队定向有竞技和休闲娱乐两种实践方式,竞技方式为必经点规定了序号,团队成员必须按规定的顺序到访必经点,而休闲娱乐方式的必经点可以不规定序号按任意顺序到访。目前,除国内赛事外,团队定向尚未进入国际赛事体系和世界各国的主要赛事体系,而主要用于训练活动。近年来,国内定向界将团队定向应用于教学、拓展培训取得了很好的教育效果。

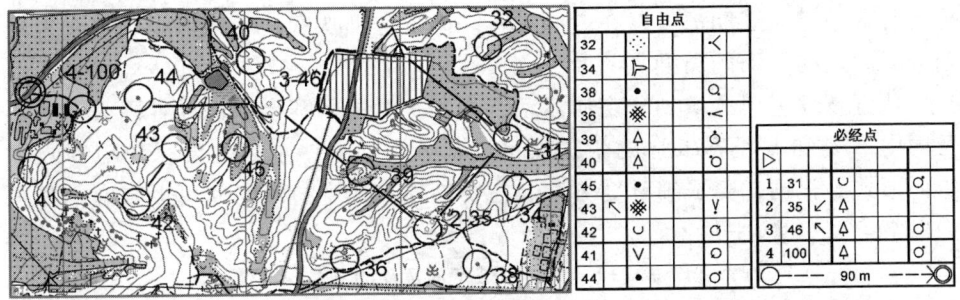

图1-6 团队定向

二、定义

国际定联将定向运动定义为:参赛者借助地图和指北针,在尽可能短的时间内徒步到访若干个标志(检查点)的体育运动。在国内,定向运动俗称为定向越野。

近年来,定向运动的实践已突破了以上定义的限制,分为竞技和休闲娱乐两个领域,其作用与价值、活动形式与活动要求,以及组织方式在不同的领域有较大的差别。

在竞技领域,定向运动是一项运动员借助地图和指北针,在尽可能短的时间到访若干个标志(检查点)的体育运动,这是传统定向运动。

在休闲娱乐领域，定向运动是用地图，或用地图和指北针导航的身体活动。这一定义包括两个层面的内涵：一是用地图导航的身体活动。这一定义适用于校园、城市街区、城市公园及室内等能用于导航的人造特征较多，基本上没有必要使用指北针来辅助导航的环境。二是用地图和指北针导航的身体活动。这一定义适用于森林、森林公园、野外等可用于导航的自然和人造特征较稀少或相似特征太多，需要用指北针来辅助导航的环境。

休闲娱乐领域的定向运动包含了竞技领域的定向运动。当"游戏"规则变得更加严谨、更加强调比赛的公平性和规范性，当参赛者强调追求获胜和完美表现，当活动组织者更加强调竞技性，休闲娱乐领域的定向运动就变成了竞技性定向运动。因此，竞技领域的定向运动可称为狭义的定向运动，而休闲娱乐领域的定向运动可称为广义的定向运动。

三、类型

定向运动可以在日间进行，也可在夜间进行。按比赛时间，定向运动划分为日间定向和夜间定向。只要对比赛场地和路线的安全性给予一定的限定，几乎所有日间定向运动都可以在夜间进行。以下分别从竞技和休闲娱乐两个领域划分日间定向运动的类型。

从竞技性定向领域划分定向运动，主要是对国际赛事和世界各国大型赛事及国内 A 类和 B 类赛事常设竞赛项目进行分类，这些项目主要采用点对点的定向形式。根据比赛成绩计算方法、比赛性质和比赛持续时间可以将它们划分为以下类型（表 1-1）。

表 1-1 竞技领域定向运动的分类

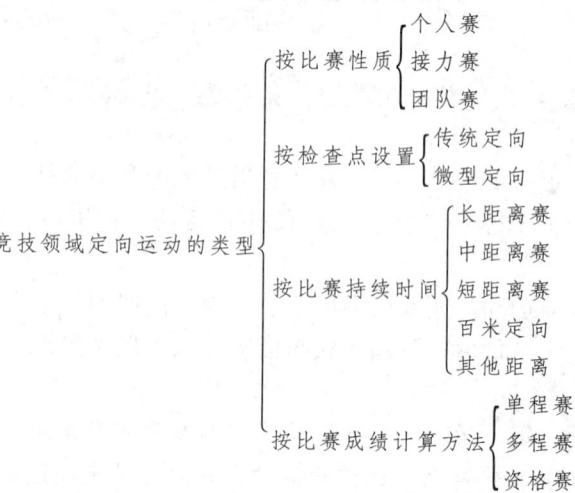

传统定向是指传统的点对点定向。长距离赛、中距离赛、短距离赛和百米定向除比赛的持续时间不同外，各比赛项目还各具特色，如长距离赛强调耐力和路线选择，中距离赛强调速度和技术，短距离赛强调速度和路线选择，百米定向强调节奏、灵敏和路线选择等。以上4个项目是最常见的定向比赛项目，在后续的章节中将作深入讨论。

单程赛以单一赛次的成绩作为最终成绩，目前我国各类赛事的大多数比赛项目为单程赛。多程赛以两轮或多轮比赛的成绩之和作为运动员的最终成绩，如追逐赛。资格赛指运动员通过一轮或一轮以上的分组预赛取得决赛资格，以决赛成绩作为运动员的最终成绩。例如，世界定向锦标赛的短距离赛、中距离赛和长距离赛。

从休闲娱乐性领域划分定向运动，主要是对定向运动实践中存在的定向运动活动项目进行分类。根据活动场地、活动目的和活动性质、活动所涉及的要素或活动结构可以将它们划分为以下类型（表1-2）。

表1-2 休闲娱乐领域定向运动的分类

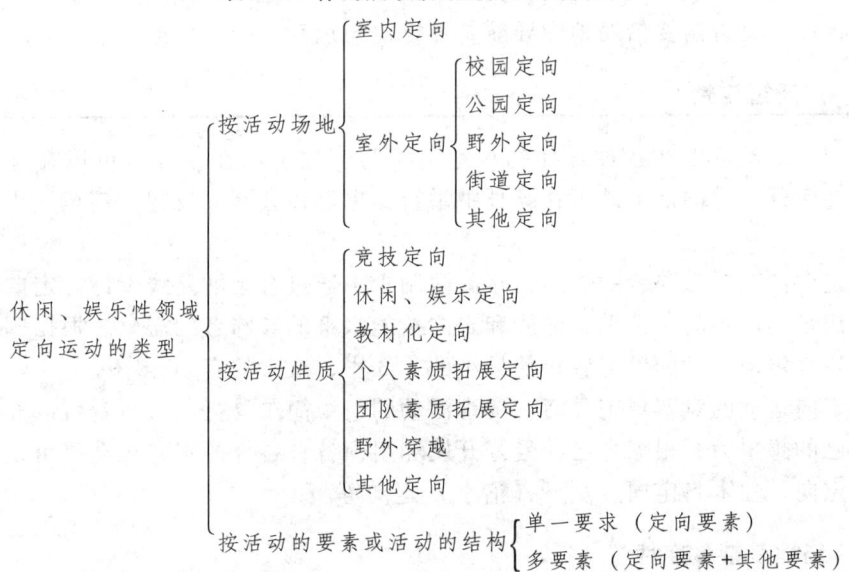

除竞技性定向外，组织休闲、娱乐领域的定向活动应根据活动对象的特点和需要，选择适当的定向运动形式。如利用定向运动进行团队素质拓展培训就应该采用团队定向，如果希望取得更好的培训效果，还应将一些团队拓展活动项目融入团队定向运动中，组织多要素的团队定向运动。如在团队定向运动中最后一个必经点到终点的必经路线上设置"求生墙"项目等。

第二节　定向运动的性质和特征

正确理解定向运动的性质和特征，有助于更好地掌握定向运动教学、训练和社会体育指导的特点和规律，提高教学、训练和指导的效果，也有助于深入认识定向运动价值，更好地发挥定向运动作用。

一、定向运动的性质

（一）借助地图或借助地图和指北针导航

定向运动是借助地图或借助地图和指北针导航的项目。定向运动中地图是主要的导航工具，指北针主要起辅助读图的作用，如标定地图的作用，但在相似特征丰富或导航特征稀少的环境中，指北针将和地图一样成为主要的导航工具。因此，是否需要借助地图导航是界定定向运动的唯一标准。

（二）广泛适应性

定向活动可以在各种各样的场地上举行。它可以在室外也可以在室内举行。在室外，定向活动既可在森林中举行，也可在公园、校园，甚至城市街头举行。

定向活动对参与者的性别、年龄限制少。通过合理的路线设计，定向活动可以满足不同年龄、性别、体能和定向技能水平的参与者的需要。根据国外有关报道，定向运动的参赛者年龄最小的才3岁，最大的有80多岁。

定向运动的竞赛规则灵活，赛事活动的组织简单易行。参与者可以充分发挥自己的想象力，根据自己的爱好开发和组织各种各样的定向运动赛事，如摩托车定向、独木舟定向、水下（潜水）定向等。

（三）场地复杂多变性

定向运动场地复杂多变是定向运动对场地的要求。定向运动场地的复杂多变性主要表现在三个方面：活动地形的复杂多变性、活动场所的复杂多变性及路段的复杂多变性。另外，竞技性定向运动还有场地特点无法准确预期，具有不确定性的特点。这使得定向活动具有更大的挑战性、刺激性，能带给参与者更多的体验和享受。

但是，定向运动场地复杂多变性及随之而来的比赛环境复杂多变性、通视度的多变性及路线选择场景的多变性在赋予定向运动更大的挑战性的同时，也给定向赛事的现场观赏和电视转播带来了众多的限制。至目前为止，尽管进行了许多尝试和努力，也取得了一些突破，但尚未找到一种能满足商业化要求的定向运动现场观赏和电视传播方法。定向运动的场地复杂多变性成了一把影响定向运动推广发展的双刃剑。

（四）耐力性

定向运动是一项耐力性项目。从持续时间来看，几个主要比赛项目的持续时间分别为：百米定向2~4分钟、短距离赛12~15分钟、中距离赛20~35分钟、长距离赛30~70分钟。从运动距离来看，百米定向在0.4~0.6千米之间，其他大多数项目在3~10千米之间。当然，不同定向运动项目的耐力性是不同的，如百米定向和短距离赛为中程耐力、中距离赛和长距离赛为长程耐力。相关的研究结果表明，定向运动的身体适能要求与3 000米障碍跑和马拉松跑相似。受项目特点的影响，定向运动的耐力性具有以下特点：

（1）能量消耗大：有关研究的结果表明，在森林中奔跑时受低矮林丛、坡度变化的影响，参与者的能量消耗增加了26%~72%（相对于在跑台上奔跑）。另外，由于奔跑环境变化大，特别是地面的植被、跑速和方向的不断变化对奔跑模式的干扰，也使能量消耗明显增加。

（2）伴有很强的无氧运动：定向运动中每分钟心率在140~180次之间，血乳酸水平在每升3.6~6.7毫摩尔之间变化。这些数据表明，定向运动以有氧运动为主并伴有很强的有无氧运动。

（3）对其他素质有很高的要求：场地的复杂多变性使力量、协调性、灵敏性和平衡能力成为影响跑步技能的重要因素，从而影响耐力运动水平。

（4）非稳态运动：定向运动中的速度和方向变化、心率和乳酸变化都表明定向运动是在非稳态条件下的耐力性运动。

（五）高策略性

定向运动是一项高策略性项目，认知技能起着关键的作用。定向运动要求参与者在两个检查点之间选择一条最适合自己的路线。两个检查点间有多少条路线，哪一条最近，哪一条最简单，哪一条最省时间，哪一条最省体力，哪一条最适合自己，参与者必须依据地图提供的信息予以快速评估，做出决策并制定相应的战术方案。执行决策时，参与者也要根据地形特点对导航条件灵活执行战术方案，运用适当的导航技术、导航工具和导航速度到达目标。

（六）个人体验性

定向运动是一项个人体验项目，只有亲自参与才能体验其乐趣和价值并获得人生的感悟。在复杂多变的环境中，参与者在独立做出决策、执行决策到达一个又一个检查点的过程中要体验对挫折的沮丧、失败的痛苦、成功的喜悦和决策的冲突，满足其享受刺激与快乐、感悟人生、体现自我价值和发展品德的需要。

定向运动的个人体验性是另一把影响定向运动推广发展的双刃剑。个人体验性与场地复杂多变性的结合使定向运动更具挑战性。从参与者的角度，大多数人一进入它的领域就会为之入迷，而从一般的旁观者却很难通过观赏体验到它带来的挑战、刺激和乐趣，就是有一定定向运动体验的旁观者，由于不能获得地图及路线信息，也难通过观赏获得真正所需要的体验。个人体验性在场地复杂多变性的基础上进一步增加了定向运动商业推广的难度。但是，如果我们从文化的角度去考查定向运动，可以发现定向赛事能够办成户外休闲文化活动，办成欢庆的定向文化派对。这为用文化的手段和方法推广定向运动提供了启示（详见第二章第三节）。

（七）团队协作性

定向运动是一项团队协作项目。定向运动原本是一项强调个人英雄主义的个人体验性项目，是与团队协作精神相冲突的项目。为弥补定向运动在团队协作性上的缺陷，创建者后开发了团队定向，使定向运动在保持独立性和个人体验性的同时被赋予了团队协作性。在团队定向中，参与者组成团队分工协作完成比赛，体验团队力量、展现团队及个人对团队的价值，培养和发展团队精神，满足个体社会归属感、社会团体培养团队文化的需要。

二、定向运动的特征

定向运动是由体能和认知技能主导的个人体验性体育项目。定向运动的特征是：在尽可能短的时间内找出并沿着最佳路线通过未知地带，需要准确读图、评估路线、操作指北针，在压力下集中、快速决策，在自然地形中奔跑等技能。

中程耐力和长程耐力是定向运动的关键体能要素，且随着项目的不同，无氧和有氧能力在其中发挥的作用有所不同。例如，百米定向运动，无氧能力是关键要素，而在短距离、中距离赛和长距离赛中有氧能力是关键因素，但无氧能力也有很重要的作用。另外，在路线的不同部分，有氧能力和无氧能力所发挥的作用也有所不同，如在精确定向区域有氧能力是关键因素，而在概略定向区域无氧能力和有氧能力都是关键因素。

力量、协调性、灵敏性和平衡能力等是定向运动的重要体能要素。在自然地形中奔跑，要在奔跑中进行读图、路线选择等认知活动，奔跑时路线和地表状况的临时性、多变性及无法准确预测性，使这种奔跑明显不同于包括越野跑在内的田径运动中的跑，对参与者的力量、协调性、灵敏性和平衡能力等体能要素提出了很高的要求。

  定向运动的认知技能是一种基于运动思维的认知技能。运动思维具有直觉思维的特征，它不是一个单纯的逻辑推理过程，而是将经验和推理结合起来，在不能保证每次都能成功的条件下使问题能有效解决的思维过程。因此，定向运动在理想上，希望参与者能找到一条完成每个路段的最佳路线，但在实践中，参与者实际上只是简单地考虑几种可能性来加以权衡，做出一个满意的路线选择，而不是做出一个最优的选择。

  在定向运动中认知过程和奔跑过程是相互促进和相互制约的，以认知过程为主导，处于一种心理能量和生理能量的协同变化状态。如概略定向时，认知过程对心理能量的需要少，生理能量的输出增加。在这个时段，优秀运动员的血乳酸水平可以升高到每升 4.4~6.7 毫摩尔的水平。而精确定向时，认知过程对心理能量的需要增加，生理能量输出下降。在这个时段，优秀运动员的血乳酸水平下降到每升 3.6~4.6 毫摩尔的水平。

第三节　定向运动与个人发展

一、定向运动与个人素质养成

（一）提高身体适能水平

  休闲娱乐性定向运动是一种有氧运动，在自然地形中奔跑是一种十分有效的发展心肺适能、肌肉适能与协调性、灵敏性和平衡能力等适能的好方法。另外，相对于一般的跑步活动，定向运动的乐趣增加了活动的吸引力，应对智力挑战转移了对身体运动的注意力，参与者的主动性和积极性非常高，运动起来更投入，运动时间和距离更长，对发展身体适能十分有益。

（二）增长知识和技能

  定向运动涉及自然地理学、环境地理学、数学、地图学和指北针应用等方面的知识与技能。地图是现代社会符号体系的重要组成部分，认识和理解现代社会符号的能力是基本生活能力。地图和指北针是开展野外工作和活动的重要工具，应用它们的能力是基本的野外生存技能。通过定向运动可以在休闲娱乐和健身中学习和掌握地图和指北针的使用，提高在现代社会和野外的生存、生活和工作能力。通过定向运动还能学习和应用自然地理学和环境地理学方面的知识。定向运动中比例尺、距离、方向、位置、形状、空间的确定、测量与分析，涉及应用数学知识解决生活中实际问题的能力。在定向运动中必须独立对众多的信息进行评估，并做出决策，从而培养独立综合分析问题、解决问题的能力。对生活在城市中的人而言，定向运动还为他们，特别是青少年提供了解自然环境的机会，有助于他们形成正确的自然观和环境观。

此外，定向运动是认知技能主导的项目，通过定向运动还有助于发展学习知识和运动知识的认知策略。

（三）促进心理健康

个人体验性和场地复杂多变性的结合使定向运动具有挑战极限的特点，是一项极好的个人素质拓展训练项目。如果再融合它的团队协作性，定向运动又是一项极好的团队素质拓展训练项目。定向运动可以从多个方面促进个体的心理健康，让个体认识并挖掘自身潜能，完善个性特征和自我意识，增强自信心，提高独立工作能力和自我控制能力及社会交往能力和工作效率等。

定向运动要求参与者在运动后广泛交流。定向运动在教学、训练、社会指导及拓展培训中，指导者通常无法直接对活动予以监控，只能通过加强与参与者的交流，根据他们的自我体验和自我评价予以指导。因此，定向运动有助于培养参与者自我评价能力和进行有效沟通的能力，提高社会交往能力，同时也有助于增进师生关系。

在寂寞的森林中，参与者只能独立做出判断和决策，执行决策到达目标，真正体验到成功感，产生自我效能感，提高自信心和在压力下独立解决问题的能力和应变能力。

定向运动强调明确目标，根据自己的能力选择实现目标的最佳路线，一步一步地实现目标。经常参加定向活动的青年人对生活有更明确的渴望和目标，工作勤奋努力，既有条理，又有建设性。

（四）培养团队精神

少儿参加定向运动，通常从以小组为单位完成比赛开始，使他们学会如何与别人合作。将团队定向用于团队素质拓展培训，可以培养团队成员的团队精神和协作能力，提高团队凝聚力。

二、定向运动与职业

定向运动为定向运动学习者和爱好者提供了就业机会和职业选择。参与者可以成为定向运动员、定向地图制图员，也可以成为定向运动教师、教练员、社会体育指导员及定向拓展培训师，还可以组织自己的定向运动俱乐部，组织定向赛事、野外穿越、素质拓展培训、组织定向休闲娱乐旅游，带领生活在都市尘嚣中的人们融入大自然中。

复习、思考与实践

1. 定向运动有几种主要形式？它们的主要特点和主要区别是什么？
2. 从竞技和休闲、娱乐领域分别定义定向运动有什么意义。
3. 定向运动的性质和特征将对定向运动的教学、训练和培训及应用有什么指导意义？
4. 在一张校园、公园或城市地图上确定自己的位置，然后在地图上离自己300~400米的区域内选择一个目标，试着从不同的路径到达目标并找出最佳路径。然后想一想：路线选择最主要的原则是什么？

第二章　定向运动文化

本章导读

本章从历史和文化的视角进一步阐述定向运动是什么，为什么。本章首先追溯了定向运动诞生的历史文化渊源，然后分析定向技能和定向运动所蕴涵的探索精神，以及定向运动所倡导的生活方式对人们现代生活方式的影响；最后，从参与者和观赏者的角度分别讨论定向运动带给人们的无限乐趣与生活哲理，以及定向运动的文化象征——"目标、选择、执行"对我们的启示。通过本章的学习，你将能够：

1. 了解定向运动的起源和发展历程；
2. 了解定向运动超越体育竞赛的文化价值；
3. 更好地享受定向运动的无限乐趣。

第一节　定向运动的文化探源

Orienteering（定向运动）最初的语源是德语单词 Orienterungs Lauf，其原意是：确定方向的奔跑。19世纪初，定向运动萌芽时，人们使用的是瑞典语 Orientering，意思是"借助地图和指北针穿越未知地带"。在定向运动正式成为一项世界性体育运动后才开始使用 Orienteering。

一、定向工具的诞生与发展

指南针和地图是确定方向、探索未知地带的重要工具，其产生与发展对定向运动的诞生起了重要作用。早在战国时期（公元前475年—公元前221年），我国人民就已经发现磁石具有指示南北的特性，并用天然磁石制造出了世界上第一个指南针——司南之勺（图2-1）。司南的发明及传播对人类文明的发展带来了巨大的影响。

图2-1　世界上第一个指南针——司南之勺

地图的出现远早于文字，因为文字是从地图上经常使用的象形符号中逐渐演变而来的。现知的人类最早绘制的简易地图大约出现在公元前4000年，巴比伦人绘制在陶片上的地图和我国夏禹时期（公元前2070年—公元前1600年）铸造有山川示意图的九鼎堪称地图的鼻祖。在古文化时期，生活在岛屿上和海岸边的人们为了采集海藻、鱼类和贝类等食物，就利用简陋的舟船航行于海上，古希腊和古罗马时期出现过许多表示海陆分布的地图。在湖南长沙马王堆汉墓出土的公元前

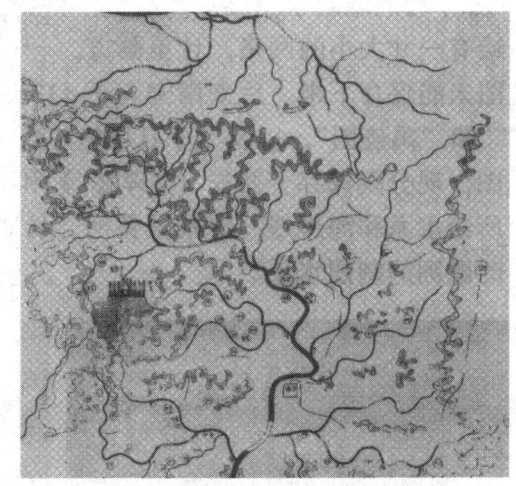

图2-2　湖南长沙马王堆汉墓出土的地形图（复原图）

168年以前编制的地形图（图2-2），是国际公认的世界上最早，而且测绘技术较高的地形图。

在公元10世纪之前，确定方向的技术和工具在我国社会得到最广泛使用的领域是军事和风水占卜。地形图是征战南北的将相们指点江山的必备物，而司南却成为风水先生观天看地预测未来的精密工具。

此后，指南针开始使用于海上航行及商贸来往。北宋人朱彧（yù）在1119年写的《萍洲可谈》中，有关于指南针用于航海的明确记载。其中记述1099—1102年间的事说："舟师识地理，夜者观星，昼者观日。阴晦观指南针"，可见我国最晚在11世纪末已将指南针用于航海了。而阿拉伯人和欧洲人则是在100年后，通过航海与中国人接触，才获得指南针并学会将它用于航海的。

指南针的重要意义日益在交通以及航海活动中表现突出。因为这项发明使得航海技术有了质的飞跃，人们可以知道他们究竟要去的是哪里，并且可以按照预定的方向前进。欧洲人掌握磁罗盘的使用后不断发展各种航海仪器，望远镜、象限仪、水银气压计、平板仪等精良工具的发明对测绘大比例尺地图提供了良好的物质基础，也为迎接人类文明史中重要的地理大发现时代做好了准备。

怀着对未知世界的向往，在15—17世纪的大航海时代（即地理大发现时代），欧洲航海者完成了除南北极以外的所有大陆的"发现"和探索。地理大发现最重要的是形成并验证了大地球形的概念。1409年，湮没了1 000多年的托勒密《地理学指南》被译为拉丁文后，大地球形说广泛传播。但是古代学者没有可能直接验证地球的形状，也很少可能精确地测定地球的大小和海洋陆

地的分布。15—17世纪，由欧洲通往印度新航路的被发现、美洲的被发现、环球航行的成功以及其他航海探险活动，圆满地解决了这个问题，使人类对地球的认识产生飞跃。另一方面，地理大发现也是欧洲各国发展航海探险、商业贸易、军事扩张、殖民掠夺的鼎盛时期，它加速了资本主义的原始积累过程，对世界生产力分布也产生了重大影响。

从帮助古代邓国人在山野采玉到16世纪葡萄牙航海家麦哲伦的环球航行，人类借助指南针和地图越跑越远，并最终完成了对地球上所有未知大陆的地理探索。

二、定向运动的诞生与发展

地图是部队作战的必备"武器"，在海上或陆地的行军、抢占要地及侦察等军事活动中，都必须依赖"地图"作为向导。军事上的需求是推动地图的测绘水平不断发展进步的最大动力。过去，大比例尺的精确地图大都是军队测绘部门制作的，并且作为国家机密专供部队使用。要想发挥地图的作用就必须具备识图能力和使用指北针。因此，测量、绘制地形图和使用指北针是大多数军事院校中的必修内容。1886年，读图和野外定向进入了斯德哥尔摩和奥斯陆的军官学校课程。这是军队中第一次使用Orientering（瑞典语"定向"）这个词，并在课程说明中解释了"定向"的含义就是借助地图和指北针穿越未知地带。几年后，对越野跑和读图的兴趣结合产生了Orienteringslopnng（字面意思是"定向赛跑"）。1893年5月28日，这种定向赛跑首次成为每年举行的斯德哥尔摩驻军运动会的正式项目。两年后，定向赛跑又成为综合军事体育比赛的项目之一。从那以后，在挪威、瑞典和英国，举行军事定向赛跑的活动逐渐多了起来。

工业革命以后，生产力的快速发展加剧了城市的不断扩张和拥挤，促使城市居民走向乡村、田野享受大自然的清新惬意，以缓解空气污染及精神高度紧张而带来的都市病。户外休闲娱乐活动在这一时期进入了人们的生活，在自然环境中健康身心的活动形式逐渐在欧美许多国家发展起来。过去在军队、航海船队使用的地图和指南针逐渐成为野外旅行者和其他户外休闲活动的工具。Orienterungs Lauf（确定方向的奔跑）能够演变成为Orienteering（定向），正是源于19世纪开始兴起的户外休闲娱乐热潮。1817年，一个德国人出书，向大众介绍了使用地图和测角器进行"寻找线路"的军事训练方法，使识图和使用指北针逐渐成为野外旅行者的技能学习内容和一种户外游戏。

从19世纪初期到中后期，在不列颠群岛和斯堪的纳维亚半岛开展的"回归自然"运动中，使用地图和指北针进行的野外寻宝游戏大受欢迎。1868年在英国举办了一种叫"野兔和猎狗"的越野跑比赛,在山涧丛林或公园郊外,扮演"野兔"的选手率先出发,进行方位布点及制订跑步线路,扮演"猎狗"的人们随后出发,根据野兔留下的线索及足迹去捕获"他"。这是"确定方向的奔跑"首次以竞赛的形式出现,这对定向运动的产生起到了非常重要的作用。这一游戏在欧洲得到广泛传播,1883年和1887年分别在斯德哥尔摩和挪威都举办过较大型的比赛。特别是挪威的第尔弗运动俱乐部将这一赛事持续举办了数年后,于1897年10月31日在挪威首都奥斯陆附近举办了世界上第一次公开的定向比赛。虽然当时参赛者只有8人,但这次比赛仍被认为是定向运动历史上的第一座里程碑,这一年也被确定为定向运动的元年。此后,定向比赛和定向俱乐部开始在挪威和瑞典零星出现。

20世纪初,斯德哥尔摩业余运动协会主席、瑞典童子军领袖吉兰特少校开始尝试将定向运动改造成一种大众化的运动形式。当时,田径运动在瑞典开始衰落,参加田径运动的年轻人越来越少,吉兰特想利用自然乡村风光激发年轻人的跑步热情。为了使这种在自然环境中的越野跑变得更有吸引力,吉兰特将定向运动引入到越野训练和比赛中,让运动员利用地图和指北针自己选择路线进行训练和比赛。他取得了极大的成功。1912年,在吉兰特的倡导下,定向运动成为瑞典的竞技运动项目。在被尊称为"现代定向运动之父"的吉兰特的持续倡导和努力下,定向运动逐渐规则化,迎来了以北欧为核心向世界各地传播的成熟发展时期。

图2-3 "现代定向运动之父"吉兰特

三、定向运动进入我国

20世纪80年代初期,定向运动的相关资料从欧洲传入我国后,首先被一些军事院校接收和吸纳,并结合自身教学开始举办定向越野比赛。1983年3月10日,在广州白云山,中国解放军体育学院举行了"定向越野试验比赛"。1983年5月,在重庆南山,解放军后勤工程学院也举行了定向越野比赛。同月,在郑州,解放军测绘学院还举行了难度更大的夜间定向越野比赛。1983年7月,北京市测绘学会在青少年夏令营期间,在密云举行了一次100多名中小学生参加的定向越野比赛。这些活动标志着定向运动在我国内地的发展拉开了序幕。

20世纪80年代后期开始,体育和教育行政部门都为定向运动做了大量工作,积极发展定向运动。1991年12月,原国家体委批准中国无线电运动协会下设"中国定向运动委员会",使定向运动作为一项体育项目开始有了自己的组织。1994年9月,首届全国定向运动锦标赛在北京怀柔举行,标志着国内定向运动赛制建设的开始。1995年,"中国定向运动委员会"发展成为独立的"中国定向运动协会",为定向运动有组织、规范化发展奠定了基础。

1993年4月,原国家教委在北京化工学院举办全国高等院校定向运动教练员培训班;1994年和1997年,武汉地质大学举办了两届地矿部定向运动培训班;1995年8月,原国家教委"中国大学生国防体育协会"在吉林成立,同时举行了首届中国大学生国防体育节暨定向越野锦标赛;1998年3月,教育部在湖南大学成立"中国大学生定向运动培训中心"。2000年后,定向运动从国防教育项目开始进入学校体育课程。2003年,中国大学生体育协会定向运动分会成立。2004年正式列为全国大学生运动会比赛项目。2005年教育部将定向运动列入"全国普通高等学校高水平运动队建设"项目之一。在教育系统的大力支持下,定向运动在我国站稳脚跟,进入蓬勃发展期。

此外,休闲健身和回归自然运动的兴起,为大众定向运动的发展提供了原动力。定向运动俱乐部纷纷成立,许多户外运动俱乐部及户外培训机构也开始增设定向运动作为主要活动项目。家庭定向、情侣定向、社区定向等趣味定向活动吸引了大批的爱好者,定向运动逐渐成为大众喜爱的休闲娱乐活动。近年来,定向运动还进入了一些大型城市文化活动,如云南国际旅游节和杭州西湖博览会等,都将定向运动确定为主要活动内容之一。

第二节　定向运动的文化特征

定向运动独具特色的运动形式和运动环境对参与者的思维方式和行为方式产生了极大的影响,并形成一定的群体共识,凝结成的物质和精神成果赋予定向运动丰富的文化内涵。

一、定向运动与生存技能

随着都市化的迅速扩张,人们逐渐定居于固定的城市中后,读识地图、判断方向的技能对生活在信息时代的人们来说,似乎变得有些无足轻重。生活在都市中的人们不用担心迷路等问题的出现,因为身边到处都是人群,张嘴一问就能得到帮助。而且,发达的高科技已经为我们测绘出详细的全球三维地图,无论是广阔陆地上的山川河流,还是蔚蓝海洋中的岛屿深沟都能在电脑屏幕上看个清楚,地球对我们来说已经没有什么"未知地带"了。在没有文盲的时代,不识地图的"图盲"却越来越多了。"图盲"自然就容易成为"路痴",

这样的人害怕独自出门，依赖离开熟悉的环境，久而久之，就会成为一只只圈养于都市的"家禽"。温顺懒惰的"家禽"难以具备勇往直前的激情和独立自主的果断。

对现代人来说，定向不应该再被看作是军人、野外勘测者、徒步旅行者、登山家、探险家的专利，人们更需要一场面向全民的新"扫盲"运动。在欧美、日本、韩国等国家，一直都将定向技能作为青少年教育的内容之一，这不仅能使青少年掌握读识地图、辨别方向的技能，更是通过技能的学习培养他们独立果断、不到目的不放弃的精神品质。独自远行也经常成为考验孩子综合素质的方法，以锻炼他们的生存能力。生存技能应该被理解为适应自身所处的自然和社会所需的身心力量和生存发展的技术技能。因此，无论怎样的时代变迁和社会发展，人类的众多基本生存技能都会展现出新的意义和价值（图2-4）。

图2-4　掌握定向技能是培养青少年生存能力的重要内容

进入21世纪后，人类回归自然的需求日益强烈。诞生于原始野生山林的人类，历经了数十万年野外生活后，进入人工建筑的都市生活才不过最近两、三百年。但今天人们强烈的回归欲望告诉我们，人类对自然的依赖就如同对母亲的依赖，只有在母亲的怀抱中才能找到滋养心灵的精神家园。瞬息万变的社会现象与亘古不变的人类本质需要得到协调。今天，人们通过徒步旅行、登山露营等休闲活动重新体验先祖们的原始生活经历，包含定向在内的许多野外生活技能从生存必须发展成为户外休闲娱乐的必需。定向运动之所以会诞生在斯堪的纳维亚半岛，主要因为半岛上有着丰富的森林资源和辽阔的未开垦土地，在这里，不仅能满足人们回归自然的需要，更是重新激发起人们穿越未知地带的激情和冲动。定向运动将"确定方向的未知穿越"规则化后演变成休闲娱乐的体育项目，实现了对人类原始而恒久不变的生存技能和精神的传承和发扬。

二、定向运动与探索精神

探索必定带来新的发现，正是这种不畏艰辛、勇往直前的探索精神，帮助人类实现了从原始到现代的文明进程。对未知事物的探求是整个人类赖以生存的希望和整个社会不断前进的动力。千百年来，人类用孜孜不倦的探索精神，不断扩展对应用科学、神奇大自然以及人类自身的认识，在永不停顿的对未知领域的探究中，人类构建起了多姿多彩的现代文明。

穿越未知地带是人类最原始的探索精神之一。在远古时期，为了更好地生存发展和繁衍生息，探索未知的原始欲望引领人们离开自己脚下的方寸土地，去寻找和探求更加广阔的天地。目前，大多数科学研究一致认为：大约在数万年至十数万年前，人类起源于非洲东部，然后迁徙而分散到了世界各地。当人类祖先开始从平原向山谷、从热带到温带迁徙时，也就开始了人类第一次穿越未知地带的定向之旅。历史的车轮行进到两千多年前时，勤劳智慧的中华先人发明了指南针和最早绘制出较精确的地图，使人们拥有了定向探索的先进工具。在我国，由于受农业文明悠闲文化的影响，指南针和地图并没有太多作用于探索未知，而在人们日常的生产生活方面发挥了重要功能。当指南针传入西方后，欧洲航海队借助指南针和地图进行了穿越无数未知地带的地理大发现，正是人类永不停息的探索精神拉开了地理大发现的序幕，书写了人类文明史上的重要篇章。穿越未知地带是定向运动的核心要素，定向运动将穿越未知地带发展成为生活化的健身娱乐方式，成为人类勇于开拓、不畏艰险的原始探索精神的现代载体。

站在前人肩膀上的我们惬意地享受着人类数千年积淀下来的文明财富时，容易产生惰性而失去探索求新的欲望和激情。在文明高度发达的现代社会，每一步小小的超越也变得更加艰难，更加需要不畏艰辛、勇往直前的探索精神。比起乏味的书面说教，鼓励孩子们走出都市，脱离一切庇护，亲身体验穿越未知地带的定向运动，将是激发和培养探索精神的最佳方式。作为文明的传承者，我们要在穿越未知的定向奔跑中继承和发扬堪称人类文明发展过程中最宝贵的精神财富——探索精神。

三、定向运动与生活方式

城市化的快速发展促使体育活动逐渐从户外的自然环境进入户内的人工建筑中。工业文明的发展标志着人类离开千万年来赖以生存的自然环境，逃离了优胜劣汰的自然选择，身体器官不再需要去适应自然条件，进入了舒适的生活空间。今天，人们更多的是在开着空调的健身房内跑步；在加满消毒剂的游泳池中游泳；在24小时亮着灯光的球馆内打球。在不见天日的室内，呼吸着浑浊的空气，分不出白天黑夜的体育锻炼，能为我们的身体带来健康吗？在工业化社会的消费主义思想指导下，体育运动也迷失在消费主义的世界里，健身锻炼也走进了追随时尚的消费误区。体育运动的形式和项目多种多样，人们可以根据自身情况自由选择。倡导正确的体育消费观，用主动的选择取代消极的体育参与。

医学之父西波克拉底说过:"阳光、空气、水和运动,是生命和健康的源泉"。充分享受和煦阳光、清新空气和洁净的水,锻炼身体的方式才是最符合生命本身和健康需求的最佳途径。定向运动就是充分利用大自然慷慨赋予我们的生命物质,用最简便的方式进行的身体运动方式。定向运动不需要人工修建运动场,广阔的自然天地都是定向运动的乐园。人们用自己的双腿在大地上自由奔跑,不用担心交通工具的废气排放,也不用担心运动场馆的计时收费。人体与花草树木之间愉快地进行着气体交换,享受丰富的负氧离子和日光浴的定向运动使人体获得了最舒适的健身休闲体验。

　　另一方面,由于定向运动与绿色自然的亲密关系,定向运动正逐渐成为环境教育的理想载体。将特定的植物设计成定向路线的检查点,这是国外许多学校开展的趣味定向运动之一。将定向运动与生物地理等环境课程结合起来,让青少年在户外通过亲身体验加深对自然的认识,以帮助他们形成正确的生态环境观念。北欧各国是世界上生态环境保护最好的国家,如千湖之国芬兰、森林之国挪威、雪山之国瑞士都是定向运动发展非常好的国家。可以肯定地说,是良好的生态环境促进了定向运动的发展,深入人心的定向运动也帮助人们形成了更加强烈的环保理念。

　　摆脱消费的枷锁、反生态的运动方式,让定向运动走进每个人的生活,有助于人们形成简单生活、绿色环保的生活方式,符合生态文明时代的需求,正是定向运动蓬勃发展的文化动因。

第三节　享受定向运动

一、参与者

　　定向运动是以跑步为基础的运动项目,活动距离一般都在 3~10 公里之间,中、短距离项目就相当于田径比赛的 3 000 米障碍跑,长距离项目更是等同于一场半程马拉松。但是,所有参加过定向运动的人都发出相同的感叹:啊,怎么在不知不觉中就跑了那么长的距离呢?如果是同样距离的普通长跑,自己是绝对完成不了的。无论是都市白领,还是青少年学生都能通过定向运动完成 3~5 公里的长跑。但如果是换成健身房里的跑步机或校园的操场,那样距离的长跑都是难以完成的。这是为什么呢?我们要从定向运动的特征中去寻找答案。普通的长跑是在较固定的场所进行重复性的周期身体运动,整个跑步过程不论是外部环境还是自我情绪都相对固定。长跑是最考验毅力的一件事,因为单调,所以枯燥。现代青少年大都不喜欢长跑。但同样是长跑,定向运动却赋予参与者完全不同的感受。在定向跑的过程中，参与者需要按照地图上标定的检查点分别完成各个赛段的奔跑，瞄准一个目标，完成一次跨越，享受一次成功。就是在这样一次次的瞄准、进攻、成功的体验中，参与者忘却了身体的疲惫和路途的遥远，完成了难以想象的奔跑距离。

在空气清新的田野山村中穿梭奔跑，定向运动参与者置身于这样优美的自然环境中，首先就获得了一种人与自然融合的身心愉悦感。在定向运动过程中，参与者的注意力高度集中于确定目标、寻找路线，定向运动以外的自我意识很快消失，全身心地投入到定向中。在享受一次次挑战成功的兴奋中，甚至感觉不到时间的存在，完全陶醉于其中，即使路途中会有困难艰辛也毫不在乎。这就是畅爽（flow），畅爽体验是人们在参与某项活动时最佳的心理状态。在能够发挥自己技能水平的挑战活动中，人们最容易产生全神贯注的心理状态，获得畅爽体验。普通长跑就不具备畅爽的潜力，因为那不需要什么创造性技能，也没有什么心理体验，所以吸引不了人们参与的兴趣。有很多研究结果证实：如果仅仅将体育运动作为增进健康的手段鼓励人们投入其中，是很难长期坚持的。人们参加体育运动更多的是在乎项目是否好玩，是否能有持续激发自我兴趣的因素。定向运动的魅力在于变化，不用拘泥于某个固定的运动场，校园、公园、山野乡村、森林荒野都可以看到手拿地图欢快奔跑的人们。虽然是同样的起点和终点，但每个人行进的路线都会不同，每一次目标的判断，每一次路线的选择，都是一次对未知世界的探索之旅，在此过程中自我得到最充分的展现，激发出自我最充分的自由感。这一次次新的挑战和新的体会，形成个人对外部环境和材料感知与同化的一种精神及情感过程。当我们将注意力集中于定向奔跑中时，与当时情境直接相关的理解和感知令我们完全沉醉于其中的精神过程就是畅爽体验发生的美妙时刻。畅爽从根本上来说是创造和求新，定向运动中的挑战性和新奇性具备帮助人们获得畅爽体验的基本条件，形成审美与喜悦、运动形式与自觉情感的特殊结合。定向运动的无限乐趣都在于奔跑中获得的畅爽体验，亲身参与其中是享受定向运动的最佳方式（图2-5）。

图2-5　"畅爽"奔跑

二、观赏者

从古至今，竞技比赛都犹如一场精彩的舞台演出。无论是古希腊奥运赛场还是罗马的古竞技场，运动员在舞台上的卓越表演和台下观众的欢呼雀跃相映成辉,构成了完整的竞技赛场。体育比赛是由运动员、教练员、裁判及赛事组织者,还有观众共同构成的多主体参与的社会文化活动。缺少观赏者的竞技赛场难免有些孤芳自赏的忧伤,运动员需要观赏者的热烈掌声,运动项目需要欣赏者的激情投入,竞技赛场需要观赏者的参与才能完美。

如今,定向运动已成为欧洲各国最受大众喜爱的体育项目之一,一年中大大小小的定向比赛为定向运动爱好者提供了参与和交流的好机会。无论是社区俱乐部组办的小型赛事,还是国际定联及相关协会主办的大型国际赛事,定向运动爱好者都汇聚一堂,享受定向运动的快乐。定向运动比赛一般都在都市郊区或山野乡村举行,清新宜人的自然风光吸引了无数户外休闲的爱好者。人们在树林旁草地边支起五彩的帐篷,参与和观看精彩的定向比赛。观赏比赛可以通过现场观看和视频直播两种形式。为方便大家观赏到精彩比赛,赛事组织者会在起终点及一些关键检查点处设置观看区,观众能在这些地方近距离地观看到运动员的比赛情况。2003 年在瑞士举行的世界定向运动锦标赛上,德国莱卡公司利用装载在运动员身上的 GPS 结合 3D 地图对定向运动赛事实现了首次直播,使传统的在森林深处进行的定向赛事在观赏性上获得了突破。人们就可以通过赛事中心设置的大型电视屏幕观看到更加全面整体的赛事图像和最新赛况。加上赛事解说员的激情讲解,观众们能充分享受到定向运动既紧张又热烈的比赛氛围。在比赛过程中,观众们穿梭于各个观赏区为自己中意的运动员加油助威,这种移动式的观看方式极大地增加了观众的参与度。比起那些像看电影一样,观众只能呆坐观众席上的比赛项目,定向比赛能赋予观赏者更多的亲身体验以激发他们的参与热情(图 2-6)。

图 2-6 观看定向比赛的热情观众

在欧洲,定向比赛已经发展成为一种大众户外休闲文化活动,在定向比赛举行的三、五天时间里,人们从四面八方汇聚于此,在定向运动爱好者的大家庭中,既包括参加精英组比赛的高水平运动员,也包括从老人到小孩的大众组比赛参与者,以及这些参与者的亲朋好友和户外休闲爱好者。人们以定向比赛为媒介,享受在山野中自由奔跑的畅快,享受在大自然中轻松简单的绿色生活。每天的比赛结束后,人们汇聚在赛事中心的休息区,观看电视大屏幕的比赛回放和精彩剪辑,沉醉在志同道合的惬意交谈中,沉醉在星空下露营野炊的欢乐中。每一次定向比赛就犹如一场盛大的户外派对,在这样节日般的庆典活动中,定向运动的意义和内涵得以传播和延续,从而形成自身独特的文化魅力。随着定向运动在我国的日渐成熟,相信在不久的明天,定向比赛在我国也会从只有少数人参加的竞技比赛发展成为众人欢庆的定向文化派对（图2-7）。

图2-7　户外派对——精彩的定向赛场

三、定向人生

  每项体育运动都通过不同的运动方式和竞赛规则表达出某种社会文化追求，形成其独特的文化性格，吸引持有相同文化需求的人群参与其中。如高尔夫球运动表达出的基本概念是目标、效率、儒雅，于是高尔夫球成为社会名流们的首选运动，其社交价值远远高于健身价值。橄榄球的狂野和冲击、马拉松的毅力和坚韧、篮球的自信，协作和领导力、足球的攻防拼抢和默契、体操的力与美结合、乒乓球的灵活与应变等，都是我们一提到该项目就会不由自主浮现出来的文化象征，每项体育运动的这种文化符号含义正是该项目的精髓所在。那么，定向运动的文化符号什么呢？根据定向运动的特点，我们将"目标、选择、执行"理解为定向运动的文化符号。在参与定向运动时，首先要确定检查点特征及其所处的环境，标定在地图上的检查点，在明确比赛阶段性目标的同时放眼于下一个目标。为迅速达到目标点，需要选择正确而高效的行进路线，最后就是坚定不移地去执行所选择的前进路线，并在路途中随时检查路线的正确性，出现偏差时要及时调整，力求迅速准确地到达一个又一个目标点，最终胜利到达终点。

  人生同样是一场在有限时间和空间里追求最大实效的竞赛。人生的每个阶段就好像定向路线的一个路段。在每一个人生阶段，我们都需要判断方向、确定目标和制订实现目标的计划。"条条大道通罗马"，但是哪条大道才是最适合自己的道路呢？我们还必须清楚自己的优势和缺点，确定一条能扬长避短，适合自身的路线是人生设计的关键。最后，是否能实现目标还取决于执行力，人生的许多遗憾往往都是因为半途而废，龟兔赛跑的人生寓意虽然世人皆知，但真正能做到持之以恒、坚持不懈的人才是生活的强者，人生的赢家。"目标、选择、执行"从定向运动中潜移默化到我们的生活理念中，为人生旅程选择好方向和目标并坚定不移地去实现，是定向运动所蕴涵的生活哲理。

复习、思考与实践

1. 如何理解定向运动文化对定向运动发展的意义？
2. 定向技能的学习对我国青少年可以起到哪些重要作用？
3. 如何通过文化的视角改善和提高定向运动在我国的普及发展状况？
4. 如何针对不同年龄人群进行定向文化讲解，撰写一份以中小学生或大学生为教学对象的定向运动文化课教案。

第三章　定向地图与指北针

> **本章导读**
>
> 　　定向地图是定向运动主要的导航工具,是学习和享受定向运动必须首先理解和掌握的基本工具。指北针是辅助读图的工具,在复杂地形或某些复杂路段中,还可能成为主要的导航工具,是中、高水平定向选手必须掌握的导航工具。通过本章的学习,你将能够:
> 　　1. 理解地图表现地形的原理;
> 　　2. 识别地貌,并能通过地图判读地貌、地物特征及其属性;
> 　　3. 学会指北针的基本使用方法。

第一节　定 向 地 图

一、定向地图概述

(一) 地图的定义和特征

　　地图是按一定的数学法则,运用符号系统,概括地将地球表面上各种自然和社会现象缩绘在平面上的图形。简单地说,地图是"地球表面(或局部)在平面上的缩写。地图具有以下基本特征:

　　1. 地图是按一定数学法则建立的图形

　　地球是个球体,需要按一定的数学规则将地球球面上事物和现象转化为平面图形,这些数学法则主要包括地图投影、地图比例尺和地图定向三个方面。

　　2. 地图是通过地图语言——符号系统直观地表示的图形

　　各种复杂的自然和社会现象是通过地图特有的符号系统——地图语言来实现的。阅读地图(通常简称为读图,以下同)只要理解地图符号系统,甚至只要读懂反映地图符号系统的图例,就可直观地读出地图所反映的事物及其属性。

3. 地图是经过制图综合图形

缩绘的地图不可能表示地球表面上所有现象，只能根据地图的用途有选择地表示某些主要内容。而且随着比例尺的缩小，单位平面内的地理特征将越来越多。为了保持地图的清晰易读，必须根据地图的用途和比例尺，对表达在地图上内容按照一定的规律和法则进行选取和概括，舍去和概括一些次要特征。如去掉地表特征中的某些细碎部分，保留或突出，其至夸大与地图用途密切相关的主要的、本质的特征。这个过程称为制图综合或称地图概括。因此地图是经过制图综合的图形。

（二）普通地图或普通地形图与国家基本地形图

各种各样的地图中最常见的是普通地图或普通地形图。普通地图是全面反映地球表面一定区域的自然和社会现象的一般概貌，即同时表示地貌、水系、居民地、交通网、土质植被、境界线和各种独立目标等内容的地形图。其中与定向运动关系最密切的是国家基本地形图，它是按照国家统一的编制规范和图式，统一组织测制的地形图。大多数地图都是在国家基本地形图的基础上测绘或编绘而成的。

> **地形**是指地表的形态，包括地貌和地物两部分。地貌是地球表面高低起伏的自然形态，如丘陵地、山地等。地物是指分布在地球表面上人工建造或自然形成的固定物体，如森林、江河、道路等。
>
> **独立地物**是指在实地形态较小，对于地图定向、判定方位意义较大但无法按比例尺表示的地物。

（三）定向地图

定向地图是一种专用地图，是一种附加了地面阻碍或妨碍通行信息和易跑性信息，用磁北方向线定向的详细地形图（图3-1）。为了能给在高速奔跑中的参与者导航提供帮助，定向地图强调在确保清晰易读的前提下，详细描述所有可能影响读图、路线选择及对导航有重要意义的特征及其属性，特别是强调描述奔跑中可能观察到的明显特征、阻碍通行和妨碍通行的特征、植被的易跑性和通视度。

1. 定向地图的基本内容

定向地图的基本内容包括三个部分：数学基础、地理要素和整饰要素。

1. 定向地图的数学基础

（1）地图比例尺：是指地图上某一线段的长度与实地相应水平距离之比。

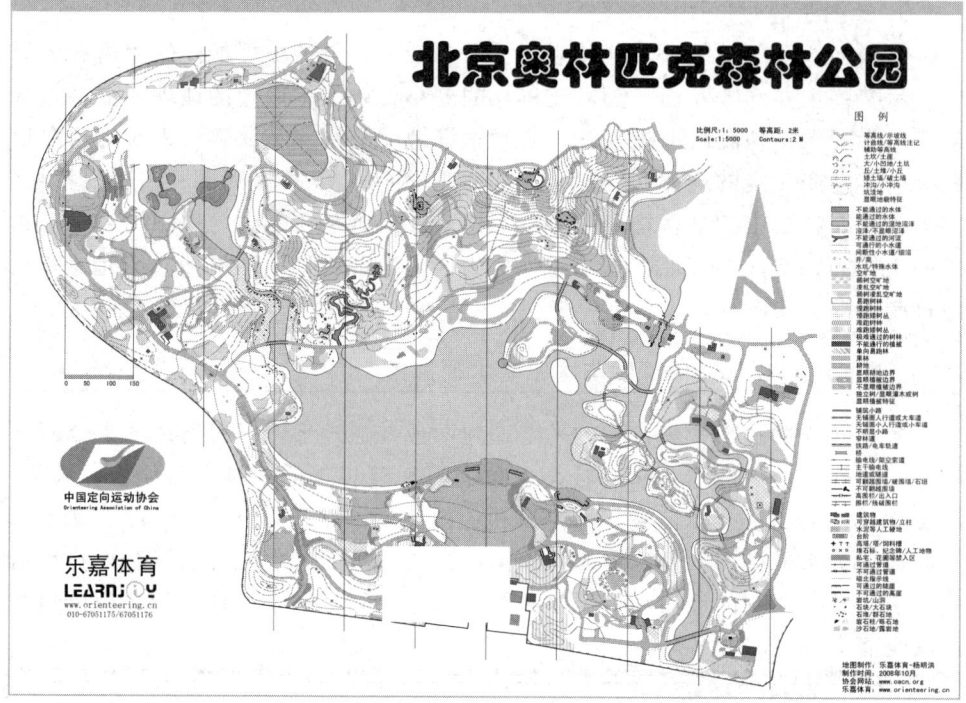

图 3-1　定向地图（由乐嘉体育和中国定向运动协会提供）

地图比例尺的大小决定了地图内容表示的详细程度和地图测量的精度。地图的比例尺越大，地图测量的精度越高。

$$比例尺 = \frac{图上长度}{实地长度} = \frac{1}{M}$$

地图比例尺有多种表现形式，用数字形式表示的，称数字比例尺，如 1∶10 000；用文字表示的，称文字比例尺，如万分之一，1厘米代表实地100米；用线段表示的，称直线比例尺（图3-2）。

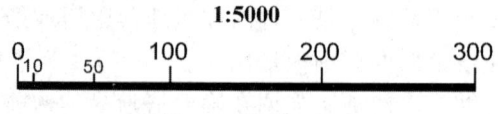

图 3-2　直线比例尺

定向地图的比例尺通常在 1∶500 至 1∶15 000 之间。比例尺的选择主要取决于项目类型、参赛者的年龄和使用领域。如百米定向地图通常为 1∶500 和 1∶1 000，长距离赛比赛地图通常为 1∶10 000 或 1∶15 000，如果使用 1∶15 000 的地图，应该为其中45岁以上和16岁以下的参与者提供 1∶10 000 的地图。中小学生定向教学地图通常从 1∶2 500 开始，然后逐步减小。

（2）等高距：是相邻两条等高线间的实地垂直距离。等高距的大小决定着地貌表达的详略程度，同一地区，等高距越大，则等高线条数少，地貌表现就越简略；等高距越小，则等高线条数多，地貌表现就越详细。但等高距的大小受地图比例尺的限制。地图比例尺越大，等高距就越小；地图比例尺越小，则等高距就越大。因此，大比例尺地图地貌表达相对详细，小比例尺地图地貌表达相对简略。定向地图的等高距通常为2米、2.5米和5米，百米定向地图也可能采用1米的等高距。

（3）地图的定向：国家基本地形图用地理坐标定向，以北极为北。而定向地图则用磁北方向线来定向，以磁北极为北。

2. 地图的地理要素

地图的地理要素是地图所要表达的地理内容，是地图的主体。地图的用途不同，其所要重点表达的地理内容也不同。定向地图所要重点表达的地理内容，主要包括实地具有导航意义的地貌和地物特征及其属性。

3. 地图的整饰要素

地图的整饰要素是为方便地图使用而在地图上附加的文字和工具性资料，如图名、图例、比例尺、编图单位、编图时间和编图依据等。

二、地理要素表达方法概述

定向地图用颜色、符号和等高线结合起来表达地物和地貌。

（一）定向地图的颜色

定向地图上可以有7种颜色，其中6种颜色用于表达地理要素和技术符号，紫色用于表达路线。6种颜色与各种符号结合即可表达出复杂的地物和微小地貌。

（1）棕色：表达地貌和人工铺筑的地表等；

（2）黑色：表达岩石和石头等微小地貌、人造地物及技术符号磁北线和套印标记等；

（3）灰色：表达露岩地等微小地貌、房屋及房屋中的通道等地物特征；

（4）蓝色：表达水系和沼泽、技术符号磁北线等；

（5）绿色：表达植被；

（6）黄色：表达植被。黄色和绿色结合而成的黄绿色用于表现居民地和禁区；

（7）紫色：表达路线。

另外，在定向地图中，地理要素分布区域中的空白部分也被用来表示植被——易跑林。

(二) 定向地图的符号

定向地图中使用的符号包括点状符号、线状符号、面状符号及配置符号4 种类型，分别用于表示相应的地物和微小地貌。

1. 点状符号（图 3-3）

用于表示实地中必须表示出来的具有重要方位意义的独立特征，如独立树、山洞等。独立特征通常形态较小，无法依比例尺表示，只能用规定的点状符号以夸大的形式表示出来。因此，点状符号是不依比例尺表示的符号，只能表示特征的性质、定位和分类等级，如石头和巨石。实地中，特征的具体位置在点状符号的重心位置。

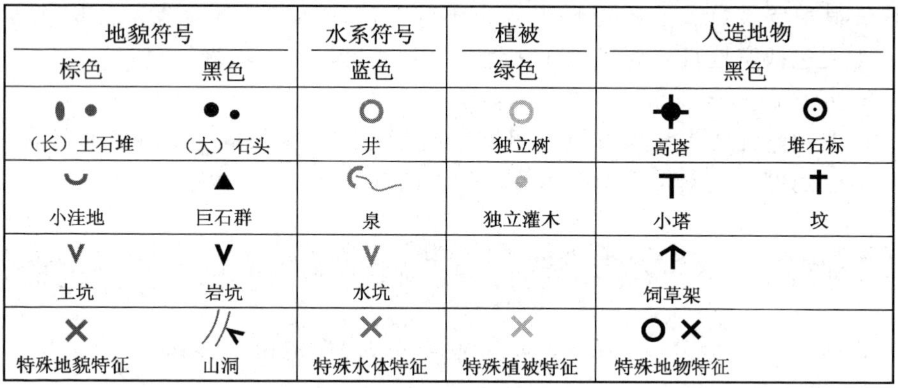

地貌符号		水系符号	植被	人造地物	
棕色	黑色	蓝色	绿色	黑色	
（长）土石堆	（大）石头	井	独立树	高塔	堆石标
小洼地	巨石群	泉	独立灌木	小塔	坟
土坑	岩坑	水坑		饲草架	
特殊地貌特征	山洞	特殊水体特征	特殊植被特征	特殊地物特征	

图 3-3 定向地图点状符号示例

2. 线状符号（图 3-4）

用于表示实地中的线状特征，如道路、沟渠、垣栅、输电线等。线状特征通常宽度较窄，无法依比例尺表示，只能以夸大的形式表示出来。因此，线状符号是半依比例尺符号，其长度是依比例尺表示的，而粗细是不依比例尺表示的。另外，线状符号还有多种线型，如粗实线、细实线、长虚线、短虚线、齿线、斜齿线、珠线等。线状符号通过颜色、线型及长度的组合，可以表现出各种线状特征的具体长度、类型与宽度等级（如路的易跑性）、高度等级（如陡崖的可通过性）、深度等级（如水道的可通过性）、导航等级（如明显和不明显小路）等属性。

3. 面状符号（图 3-5）

用于表示实地的面状特征，如房屋、湖泊、耕地等。面状特征的长和宽都可以依比例尺表示。因此，面状符号是依比例尺符号。面状符号通过颜色或颜色与图案的组合，可以表现出特征的具体位置、准确的分布范围、外部轮廓及属性（如阻碍或妨碍通行的情况，易跑性和通视性及特征的长、宽和面积等）。

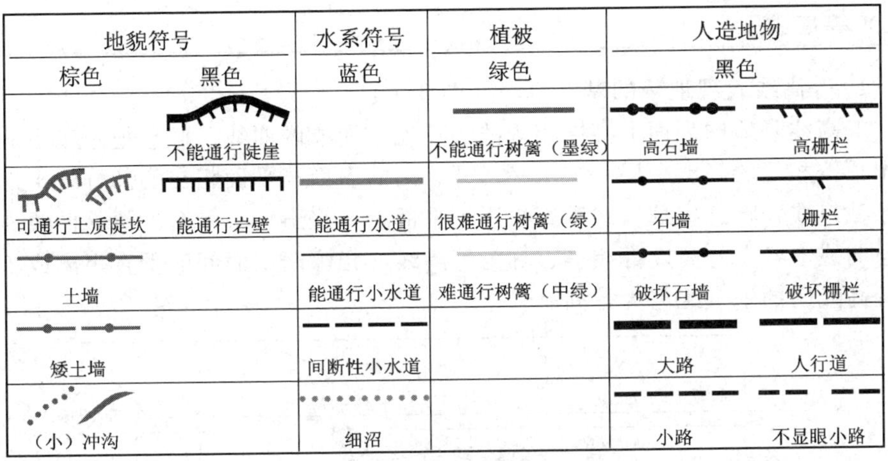

图 3-4　定向地图线状符号示例

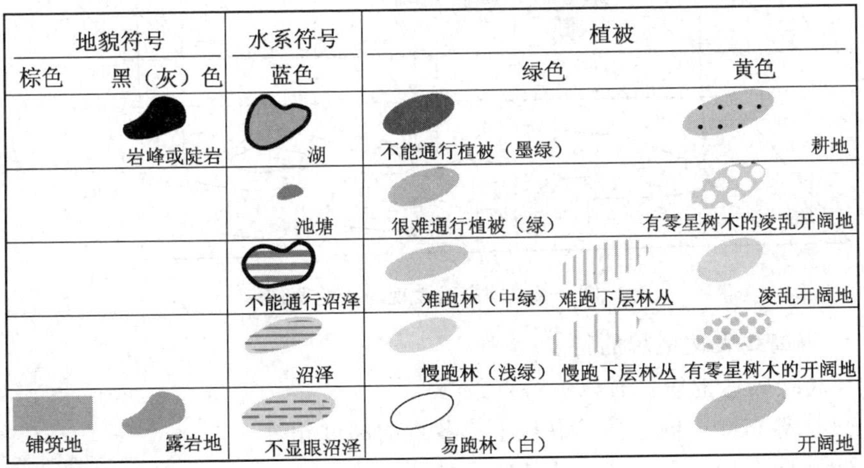

图 3-5　定向地图面状符号示例

4. 配置符号

配置符号指在一定空间范围内，按一定的密度配置相应的点状符号形成的类似面状符号的符号，用于表示实地中呈面状分布，但分布较零乱，分布界限、具体位置和数量很难确定的特征，如沙砾地、石块地等反映地表性质的区域微地貌及果林、坟地等地呈区域分布的地物特征。配置符号只能表示实地中达到一定分布密度的特征的范围及其相对边界。在实地中，边界外也可能有少量零散的特征分布。

(三) 等高线

1. 等高线表现地貌的基本原理（图3-6）

等高线是地球表面上高度相等的各点连接而成的曲线。假想把一座山从底到山顶按相等的高度一层一层水平切开，山的表面与平面相交的部分将出现一条条截口线，将这些截口线垂直投影到平面上，将出现一圈套一圈的曲线。同一条曲线上各点的高度都相等，称为等高线。相邻两平面间的垂直距离或相邻两等高线间的垂直距离为等高距。

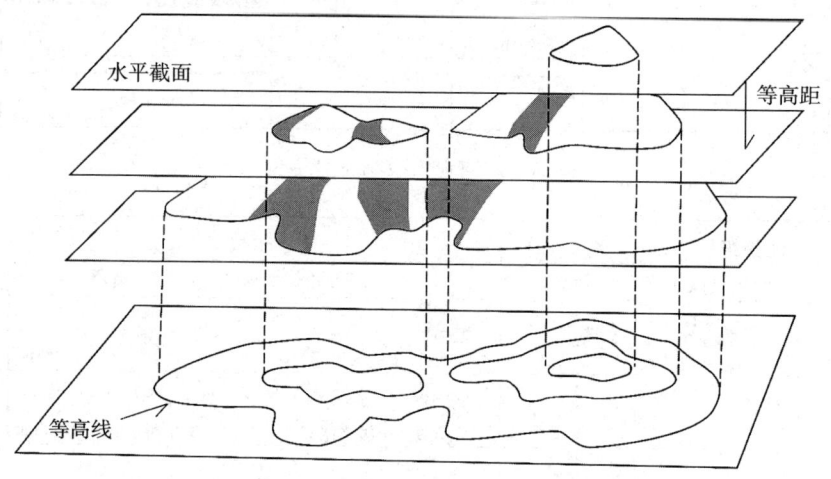

图3-6 等高线表现地貌的原理

2. 等高线表达地貌的特点

等高线表达地貌具有以下特点：

(1) 等高性：同一条等高线上，各点的高度相等。

(2) 闭合性：等高线为连续闭合的曲线。

(3) 密陡稀缓性：同一幅地图上，等高线越密，坡度越陡；等高线越稀，坡度越平缓。

(4) 相似性：等高线的弯曲形状与相应实地的地貌形态相似。

(5) 正交性：等高线与山脊线、山背线（分水线）、山谷线（合水线）正交。当等高线穿过河流时，逐渐折向河流上游，并与岸线正交。

3. 等高线的类型及示坡线

定向地图的等高线按其作用不同分为基本等高线（等高线）、加粗等高线、细节等高线三种（图3-7）。

(1) 基本等高线，是一幅地图中按注明等高距所绘的细实线，用以显示地貌的基本形态。

（2）加粗等高线，是一种为方便概略判读地貌、计算高程对基本等高线进行加粗以突出显示的等高线。在定向地图中，每隔4条（每5条）基本等高线，用一条加粗等高线代替一条普通等高线。这样，相邻两条加粗等高线间的高程为5倍等高距。

（3）细节等高线，是一种在相邻两条基本等高线之间补充测绘的细长虚线，用来表示基本等高线不能反映而又重要的局部形态（局部地貌）。由于只用于表示重要的局部地貌，细节等高线通常是没有具体高程的非闭合曲线。由于细节等高线是任意高度的，故也称为任意等高线。

（4）示坡线是一种与等高线垂直相交用来指示斜坡方向的短线，短线与等高线相连的一端指向上坡方向，另一端指向下坡方向。示坡线为坡向的判定提供了方便，在定向地图中，只有在表示较大洼地和丘时及坡向易混淆的情况下才用示坡线，其他情况下一般不用。

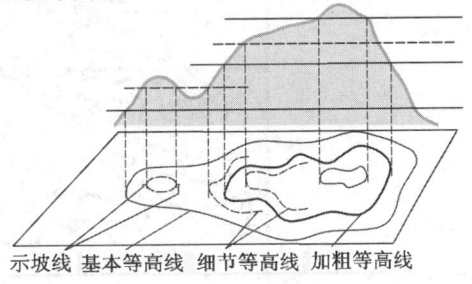

示坡线 基本等高线 细节等高线 加粗等高线

图3-7 等高线的类型及示坡线

第二节 地貌判读

定向运动主要在丘陵地，有时也在山地中进行。丘陵地和山地主要由丘陵、山及独立丘等由等高线来描绘的地貌形态组成，在它们的上面还分布着许多无法用等高线描绘，只能用符号表示的微小地貌形态。掌握地貌的判读就是要掌握这些地貌形态的判读。

地貌的特征点和地性线在地貌判读中具有重要意义。地貌的特征点是指地面起伏变化的转折点，如鞍部的中心点、山的顶点、山谷的顶端、斜坡的倾斜变换点。地性线是山的最高点、山顶沿山背或山谷向四周山脚、谷底伸展的脉络，如山脊线、分水线（山背线）和合水线（山谷线）。抓住了地貌的特征点和地性线就掌握了地貌形态的骨架，把握了地貌判读的基础。

一、山和丘陵的基本地貌形态及其判读

各具形态的山或丘陵都是由山顶、山脚、山背、山谷、鞍部、凹地、斜面和山脊等基本地貌形态构成（图3-8）。不管山或丘陵的地貌多么复杂，都可以将它们分解成基本地貌形态来进行判读。

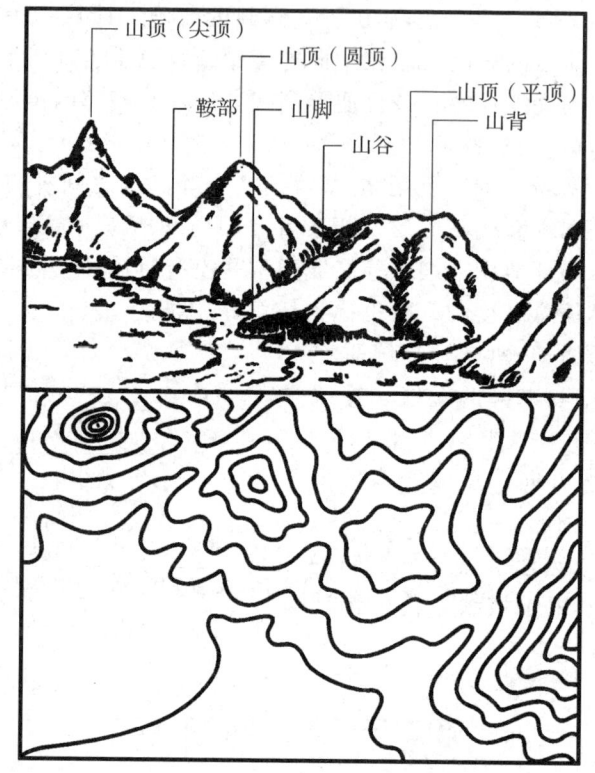

图 3-8 山的基本形态

（改编自：陈健安，黄胜春，胡国理《军事地形图》，1979）

（1）山顶：是山的最高部分，按其外部形态可分为尖山顶、圆山顶、平山顶和凹山顶等。在地图上，表示山顶的等高线呈小的闭合环圈（图3-9）。

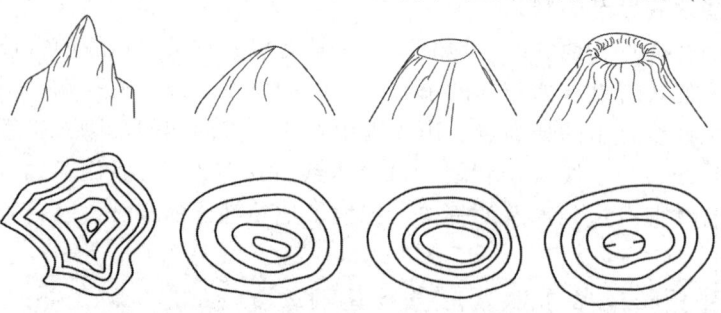

图 3-9 各种形态的山顶及其等高线

（2）山脚和谷底：山脚指山体下接平地的最下部。谷底指山谷下接平地或谷地的最下部。

（3）山背：指从山顶到山脚的凸起部分，按其外部形态可分为尖山背、圆山背、平山背等。在地图上，表示山背的等高线呈现为以山顶为准向外凸出,其中尖山背的等高线依山背延伸方向呈尖状回头;圆山背的等高线依山背延伸方向呈弧状回头;平齐山背的等高线依山背呈平齐状回头,各等高线凸出部分顶点的连线构成山背线(分水线)(图3-10)。

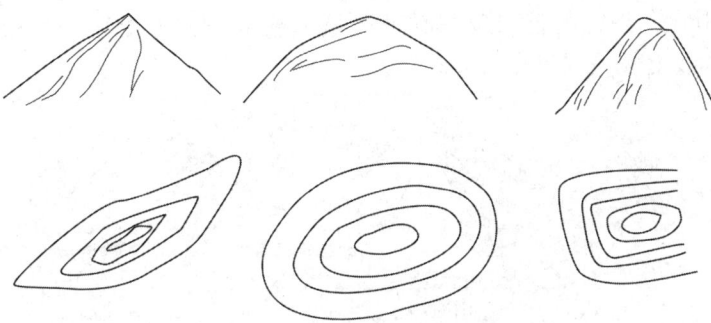

图3-10 各种形态的山背及其等高线

(4)山谷:是相邻两山背之间低凹的部分,按其外部形态可分为尖山谷、圆山谷、槽山谷等。在地图上,表示山谷的等高线以山顶或鞍部为准向里凹入(或向高处凸出),其中尖山谷的等高线向内弯曲呈倒"V"型;圆山谷的等高线呈倒"U"型排列,间隔较大,相距均匀,表示实地山谷圆浑宽敞;槽山谷的等高线呈马槽状排列。各等高线凹入部分的顶点的连线构成山谷线(合水线)(图3-11)。

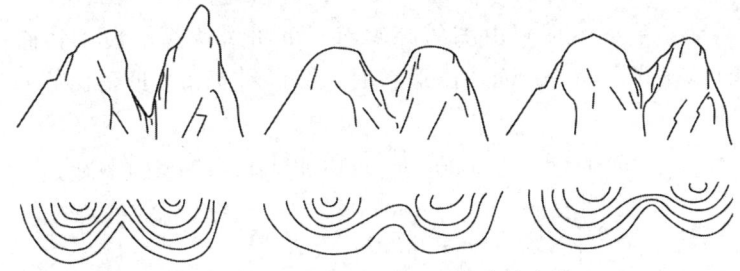

图3-11 各种形态的山谷及其等高线

(5)鞍部:是相邻两个山顶间形如马鞍状的凹下部分,按其外部形态可分为V型鞍部、U型鞍部、槽型鞍部等。在地图上,鞍部由一对表示山背和一对表示山谷的等高线表示(图3-12)。

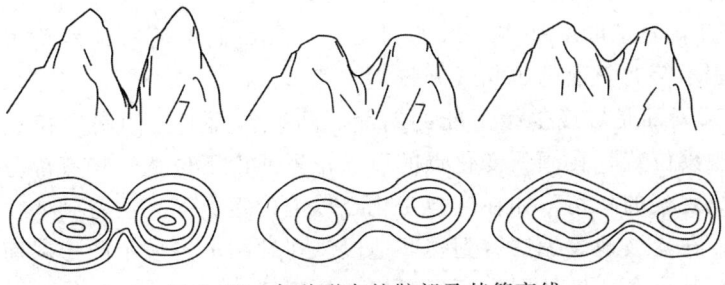

图3-12 各种形态的鞍部及其等高线

（6）凹地：是比周围地面低下，且经常无水的低地。通常大面积的低地称盆地，小面积的低地称凹（洼）地。在地图上，凹地用一个或数个呈小环圈的等高线，并在圈内加示坡线表示。

（7）山脊：是若干个山顶与鞍部连接而成的凸棱部分。山脊最高点的连线构成山脊线（图 3-13）。

图 3-13　山脊与山脊线

（8）斜面：是从山顶到山脚的倾斜面，也叫斜坡或山坡。斜面按其起伏和纵剖面的形态分为等齐斜面、凸形斜面、凹形斜面和波形斜面等四种基本斜面（图 3-14）。

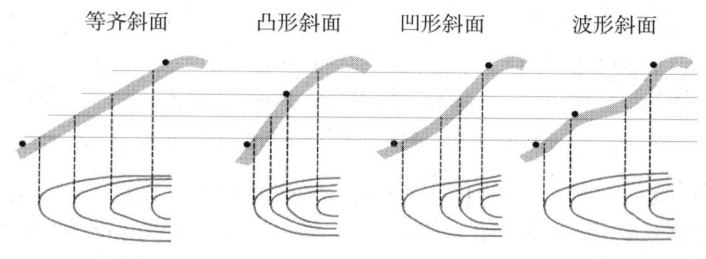

图 3-14　各种形态的斜面及其等高线

① 等齐斜面是坡度基本一致的斜面。等齐斜面上所有地段均可通视。在地图上，表示等齐斜面的等高线间隔基本相等。

② 凸形斜面是坡度上缓下陡的斜面。凸形斜面上的倾斜变换点是通视状态最好的观察位置。在倾斜变化点的以上位置或以下位置，均有部分地段不能通视，形成观察的死角，如在倾斜变化点以上的缓坡上无法看到变化点以下的陡坡地段，在陡坡地段无法看到缓坡地段。在地图上，表示凸形斜面的等高线上稀下密，其稀密变换处即为倾斜变换点的位置。

③ 凹形斜面是坡度为上陡下缓的斜面。凹形斜面的所有地段均可通视。在地图上，表示凹形斜面的等高线上密下稀。

④ 波形斜面是以上三种斜面的组合，坡度交叉变换、陡缓不一的斜面。由于倾斜变换点的存在，波形斜面上会出现若干不能通视的地段，形成观察的死角。在地图上，表示波形斜面的等高线疏密不一，没有规律，其稀密变换处为倾斜变换点。

二、独立丘的形态判读

独立丘是分布在山或丘陵之间，或分布在斜面上较平缓区域以及平山顶上的隆起。在地图上，独立丘通常由一或两条等高线表示，并且较低的等高线通常都带有示坡线（图3-15）。

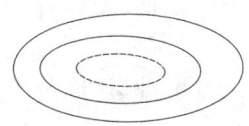

图 3-15 独立丘及其等高线

三、斜面上小地貌形态的判读

图 3-16 斜面上局部地貌形态及其等高线
（A：山凸，B：狭长山凸，C：台地，D：山凹）

斜面上的一些小地貌形态虽然从表示方法是没有什么特殊性，可以用等高线和细节等高线正常反映（图3-16）。但从定向运动的角度来看，它们通常具有重要的导航意义，也经常被作为检查点的位置。因此，在这里将它们单独列出来进行说明。

（1）山凸、山嘴：山凸指地面上"鼻状"突起部分，又称为小山脊。山嘴指山脚突出的尖端。

（2）台地：是山坡上平的或接近于平的部位。

（3）山凹：是斜面上的小山谷。

四、微小地貌形态的判读

等高线是一种不连续的分级法，用等高线表示地貌时仍有许多微小地貌无法表示，或受地图比例尺的限制需要用地貌符号予以补充表示。这些不能用等高线，只能用符号表示的微小地貌形态主要包括独立微小地貌、激变地貌和区域地貌等。

（一）独立微小地貌

独立微小地貌是指微小且独立分布的地貌形态，如土坑、土石堆、独立石、岩峰、山洞和山隘等，用点状符号表示。

（1）土石堆：不能依比例尺用等高线表示的小而显眼土堆、土石堆或岩石堆。

（2）岩峰：高耸的柱状岩石。

（二）激变地貌

激变地貌指较小范围内产生急剧变化的地貌形态，包括冲沟、土质陡坎和陡崖等，用线状符号表示。

（1）冲沟：斜坡上由暂时性水流冲蚀而成的大小沟壑；

（2）土质陡坎：与周围环境明显不同的一种可通过的土质陡变；

（3）陡崖：不能通过的陡峭崖壁，包括土质和石质两种类型。

（三）区域微地貌

区域微地貌指高差较小但成片分布的地貌形态，如凹凸不平地，或仅表明地面性质的地貌形态，如沙砾地、石块地等，通常用配置符号表示。

（1）凹凸不平地：杂乱的坑穴和土石堆交错分布区；

（2）沙砾地：沙地、砾石地、碎石地及沙石混合分布，且草木很少的地段；

（3）石块地：地表多石的或多岩石，且草木很少的地段。

五、地面起伏状态判读

在定向运动中,地面起伏状态的判读主要结合地貌基本形态的判读进行。通过识别行进路线上的各种基本地貌形态、地性线和特征点及它们与行进路线的关系来判定地面的起伏。如行进路线与等高线平行为平地,与等高线相交为下坡或下坡。沿着山背(分水线)和山谷(合水线)为下坡,逆山背和山谷为上坡(图3-17)。另外,对于地貌细节多,等高线复杂的局部起伏状态的,判读要善于利用示坡线、微小地貌特征的,如陡崖、土质陡坎等提供的线索,以其为参照点来判读起伏状态。

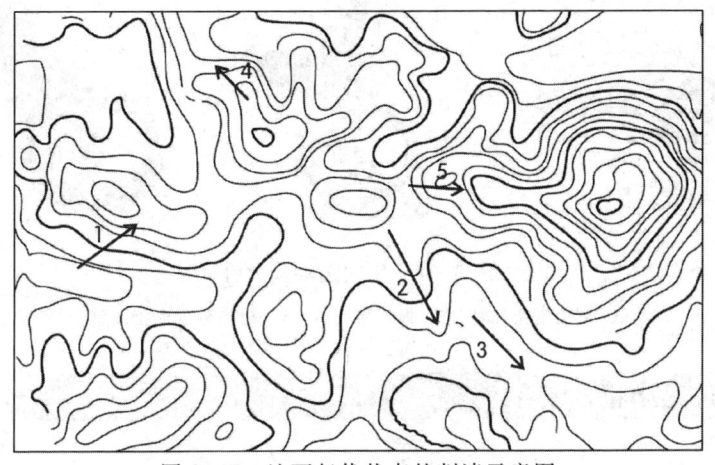

图 3-17 地面起伏状态的判读示意图

(1—上坡, 2—下坡, 3—平地, 4—下坡, 5—上坡)

六、通视状态判读

地貌通视状态的判读是指在图上判定两点间的通视情况。地貌通视状态的判定对路线选择及路线执行战术的选择具有重要意义。在定向运动中,通过判读站立点、观察点与特征点间的关系就可以确定地貌的通视状态。如果在站立点和观察点间没有特征点,通视状态良好,如果有特征点,需要进一步判读特征点是否能阻断参赛者的视线。如果特征点会阻断参赛者的视线,则通视状态不良,否则通视状态良好。

植被是影响通视状态的关键因素,判读实地的真实通视状态必须将地貌和植被的通视状态判读结合起来进行。

第三节 指 北 针

一、定向运动指北针的类型

常见的定向运动指北针包括三种类型：刻度盘指北针（图 3-18A）、拇指指北针（图 3-18B）、拇指刻度盘指北针（图 3-18C）。其中每类指北针又分专业型和适合初学者使用的简易型两种。

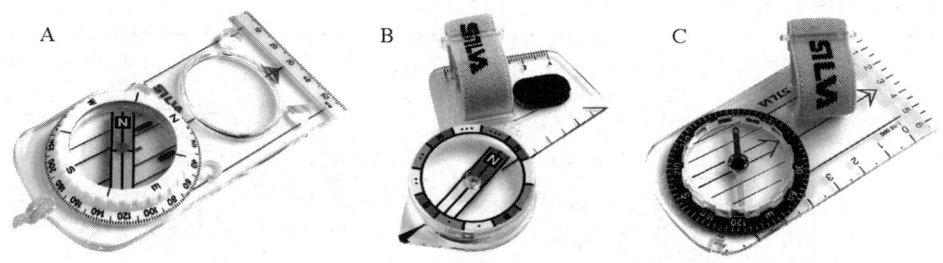

图 3-18 定向运动指北针

A. 刻度盘指北针 B. 拇指指北针 C. 拇指刻度盘指北针

二、定向运动指北针的结构

以刻度盘指北针为例（图 3-19）指北针主要由透明的基板、托架在基板上的充液磁针盒及刻度盘组成。在基板上刻有前进方向箭头，指示目标检查点的方位，磁针盒底部刻有磁北标定线，用此标定地图和确定前进方向。

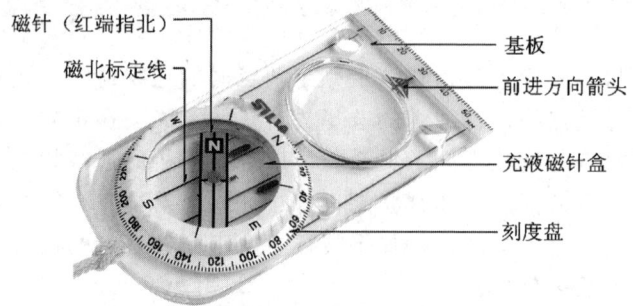

图 3-19 刻度盘指北针主要结构示意图

三、指北针的持握方法

（一）刻度盘指北针的持握方法

刻度盘指北针的持握方法是，读图时水平持握指北针于身体前面正中的位置，高与腰或与胸齐，前进方向箭头与身体正中线平行指向身体正前方（图 3-20）。

（二）拇指指北针持握方法

拇指指北针的持握方法是，读图时用拇指将指北针前端右侧顶角压在自己在地图上目前的位置后面，水平持地图于身体前面正中的位置高与腰或与胸齐，前进方向箭头与身体正中线平行指向身体正前方（图3-21）。

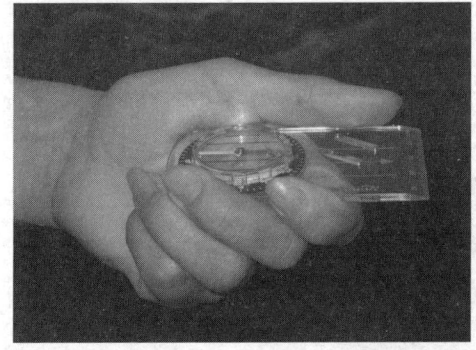
图 3-20　刻度盘指北针的持握方法示意图

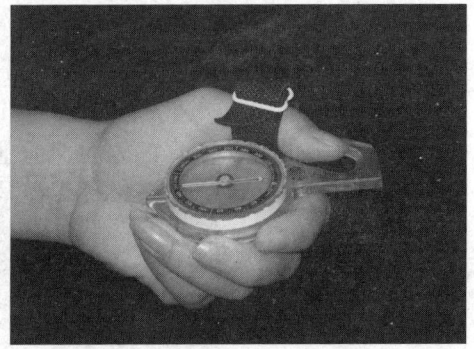
图 3-21　拇指指北针针持握方法

四、定向运动中指北针的作用

在定向运动中，指北针的主要用途是标定地图和确定前进方向。

（一）标定地图

标定地图包括原地标定地图和在行进中标定地图。在原地标定地图时，转动身体直至指北针磁针与地图磁北线平行且磁针红端（北端）与磁北方向一致时，地图即被标定。在行进中标定地图时，在沿着选定路线行进过程中，随着前进方向的改变，同时向身体转动方向相反的方向转动地图，当指北针磁针与地图磁北线平行且磁针红端（北端）与磁北方向一致时，地图即标定。

（二）确定前进方向

指北针（以拇指指北针为例）确定方向可分两步进行。

第一步：将拇指指北针的右侧顶角放在地图上自己当前站立点上，并使基板上的前进方向线与目前站立点与目标点间的连线平行，并使前进方向箭头指向目标点（图3-22）。

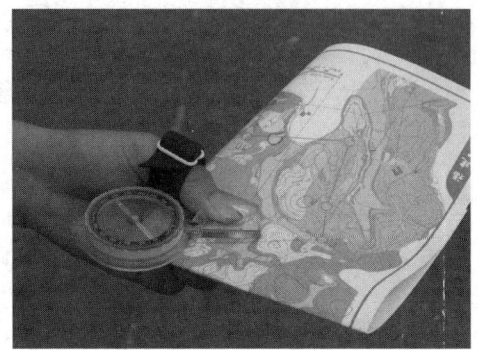

图3-22　拇指指北针确定前进方向第一步

第二步：水平持握指北针于身体前面正中的位置高与腰或与胸齐。转动身体直到指北针磁针与磁北线平行，磁针的北端（红端）与磁北标定线的北端一致。前进方向箭头所指的方向即前进方向或目标所在方位（图3-23）。

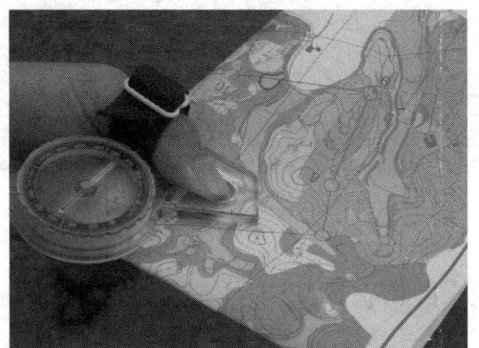

图3-23　拇指指北针确定前进方向第二步

复习、思考与实践

1. 简述地图的定义与基本特征。
2. 定向地图特征的表现方法有哪些？
3. 仔细研究定向地图图例，对定向地图中的符号进行分类整理。
4. 等高线显示地貌的原理是什么？等高线显示地貌有哪些特点？
5. 仔细判读地貌形态，然后将图3-24中的地貌形态对号入座。
6. 指出图3-25中"×"所表示的地貌形态。
7. 在图3-26中沿着行进方向指出地貌的起伏变化。

第三章 定向地图与指北针

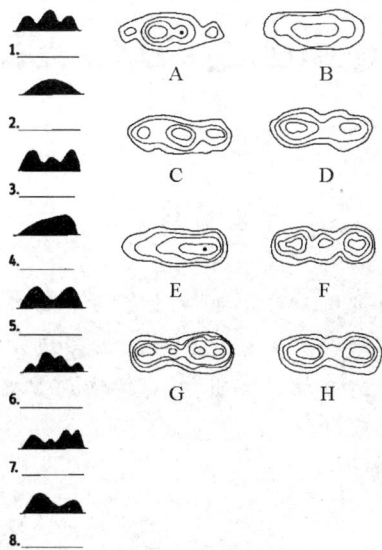

图 3-24

（引自 SILVA Sweden AB. Open Sesame!. Idrottens Hus：SISU Idrottsbocker, 1999.）

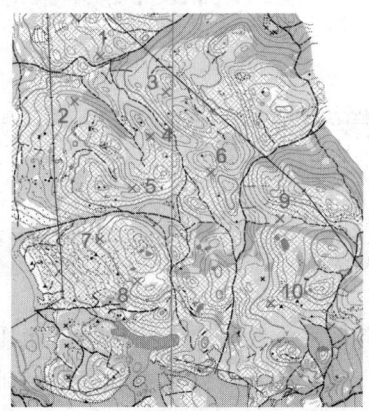

图 3-25

（引自 SILVA Sweden AB. Open Sesame!. Idrottens Hus：SISU Idrottsbocker, 1999.）

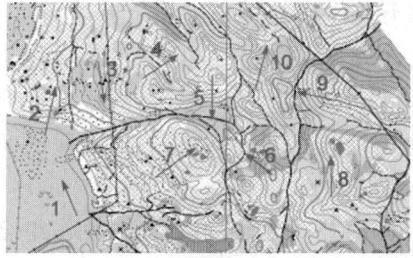

图 3-26

（引自 SILVA Sweden AB. Open Sesame!. Idrottens Hus：SISU Idrottsbocker, 1999.）

第四章　定向运动技战术

> **本章导读**
>
> 本章从技战术的角度进一步阐明定向运动是什么。技术是战术的基础，战术是技术的升华，二者密不可分，相辅相成，缺少任何一项都不可能取得最终的胜利。了解定向运动技战术体系及特征，掌握定向运动基本技战术。
> 通过本章的学习，你将能够：
> 1. 了解定向运动的技术体系及特征；
> 2. 了解读图技术的结构要素；
> 3. 了解各项定向基本技术的主要作用；
> 4. 了解定向运动的战术类型。

第一节　定向运动技术

一、定向运动技术概述

定向运动技术是指定向参赛者完成定向运动所运用的各种方法，科学合理地运用各种定向运动技术是参赛者取得比赛胜利的基础。定向运动技术具有以下特征：

（1）合理性：运动技术的合理性是指运动技术在符合规则要求的同时，还应该符合人体运动的力学规律和生物学规律方面的要求。在定向运动中经常表现出的是参赛者的技术虽然不规范，但是非常实用，同时又符合规则的要求，这样的技术就有其存在的价值。

（2）相对性：定向运动技术每个人都不是一样的，这说明定向运动技术对个体和整体而言都具有相对性。

（3）整体性：定向运动技术是由各个具体动作组合而成的，它不仅与参赛者有关，还与地形以及环境条件有关，任何一个技术动作的变化和其他因素的变化都会影响整体技术效果的发挥。因此，在对技术的理解与训练，要从整体上考虑各环节之间的联系。例如，野外奔跑速度是影响定向参赛者成绩的关键，但提高速度的同时又要考虑到读图速度能否与之相匹配。否则，就会破坏整个定向运动技术的完整性。

（4）个体性：定向运动技术只是一种理想化的技术动作模式，对于每个参赛者来说，并非都是最合理有效的。只有在以群体运动技术模式为基础，结合个体特点调整后确立的个体运动技术模式才是最合理有效的。例如，参赛者在选择路线时，可以根据自身体能和技术，合理选择穿越或沿路跑。从技术角度上讲，每个参赛者的技术都有其自身特点，在训练中和比赛要发挥自己的优势，完善自身的技术。

二、定向运动技术体系

定向运动技术体系由读图技术、指北针使用技术、距离判断技术、路线选择技术、重新定位技术和检查点捕捉技术几部分组成（图4-1）。

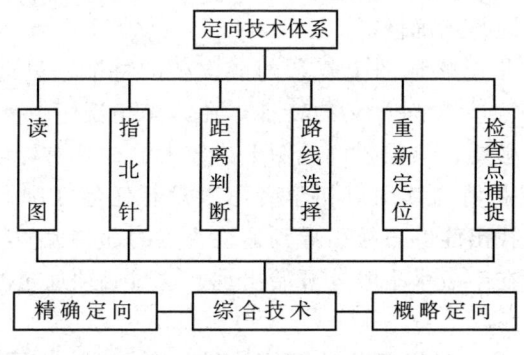

图 4-1　定向运动技术体系

（一）读图技术

读图是将二维的平面地图通过对地图知识的理解，在头脑中形成与实际地形相对应的认知过程。学习读图，首先要掌握一定的地图知识，并能够熟练的运用到读图中去，从而做到迅速准确地读图。为方便学习，现将读图技术分为动作技术和认知技术两个方面（表4-1）

表 4-1　读图技术分类

动作技术	认知技术
标定地图	简化地图
确定前进方向	概略读图
折叠地图	精确读图
拇指辅行	读图在前

读图的动作技术包括标定地图、确定前进方向、折叠地图和拇指辅行，这是快速、高效读图的基础。读图动作技能与认知技能的训练常常同步进行，只是不同阶段侧重点不同而已。通常先以动作技能训练为主，然后动作技能和认知识技能练习并重，当动作技能达到熟练水平甚至自动化水平时，则以认知能力练习为主。

（1）标定地图，使地图与现地保持一致。

（2）利用地图信息和指北针确定下一个目标的方位，是在标定地图后接着要掌握的技能。在很多情况下，标定地图和确定前进方向是同时进行的。

（3）折叠地图能更便捷有效地读图。拿到地图后应根据个人的习惯将地图折叠成方便持图的大小。在跑动中要不断根据需要地折叠地图，以便能更舒适的读图。

（4）拇指辅行是初学者所采用的基本技术。从起点开始，将拇指压于站立点侧后方，在行进过程中不断移动拇指，使拇指在地图上的移动与个体在实地行进过程保持同步。在用地图导航行进中，不断移动拇指，转动地图，保持位置、方位的连贯性与正确性。

（5）简化地图指忽略地图上复杂的或次要的特征，只选择出重要的对导航和"捕捉"检查点有实际意义的特征。在许多情况下并不是所有的细节都有导航作用，如非必要，只需要读地图上比较大的或具有导航作用的特征。

（6）概略读图和精确读图对初学者而言没有任何区别，初学者使用概略读图技术几乎总是找出能够直接引导到达检查点的那些大的特征，而概略读图和精确读图是到达在中级水平时才开始出现，这时必须通过检查点附近区域的地形细节来导航。

① 概略读图。是一种在简化地图的基础上发展起来的图-地对照技术，是指在快速行进过程中，忽略细小的特征仅核对地图上大的特征与实地中特征的一致性的读图技术。

② 精确读图。是一种在简化地图的基础上发展起来的图-地对照技术，是指借助拇指辅行技术，核对地图上大多数特征与实地一致性的读图方法。

图 4-2 显示了概略读图和精确读图的区别。左图为实际地图，右图为应该从地图中获取的有效信息。对于概略读图来说，只较大的明显特征具有导航价值，大多数细节都被忽略。而对于精确读图来说，简化地图同样重要，尽管需要仔细核对检查点周围大多数细节的一致性，但也不必获取地图上的所有信息，只需要获取具有导航意义的细节。

在实际应用中何时运用概略读图，何时运用精确读图主要取决于地图和地形，所选择的路线及定向技能的高低。多数情况下，路线的开始部分一般地形较简单，多应用概略读图技术，而在后一部分一般地形较复杂，应用精确读图技术的机会较多。

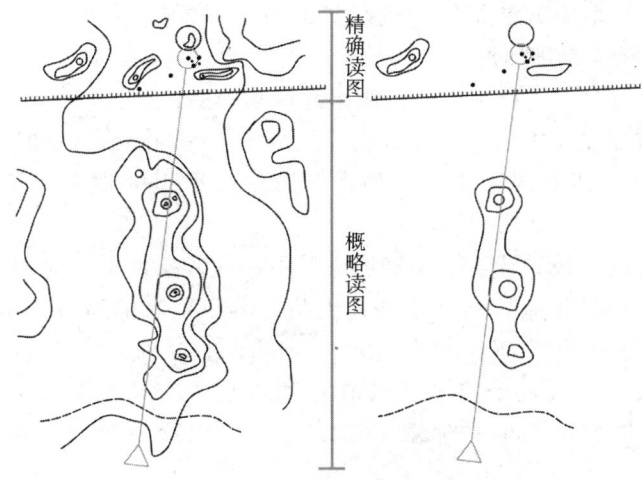

图 4-2　精确读图和概略读图示意图

（7）提前读图是中等水平以上定向参赛者需要掌握的一项技术。在定向比赛前，通过提前读图，将能随着地形的变化而跑得更快、更顺畅。在具备了一定的读图技巧之后，在继续的练习中就要开始有意地培养提前读图的技能。

掌握提前读图技能主要培养提前读图意识。当对地图的符号体系有了较好的理解并有了一定的标定地图、折叠地图、拇指辅行基础后，就可以在动作技能的练习中开始增加提示读图的练习内容，即在持图走中有意地进行提前读图，可反复按以下程序进行练习：确定站立点——标定地图（或标定地图—确定站立点）——确定前进方位——提前判读点前方、左右侧即将出现的特征——前进中对照实地地形，核查自己是否通过提前读图正确地预计到将要看到的特征，同时拇指也相应地向前移动。

（二）指北针技术

与地图的重要性相比，指北针只是一种辅助读图和导航的工具。指北针的应用必须建立在读图的基础上，在定向运动中指北针使用的要点如下：

（1）指北针的主要作用是标定地图和确定前进方位。

（2）用指北针确定前进方位时，应该确保指北针正好位于身体前方正中线位置。

（3）读指北针时应该确保指北针呈水平位，并在磁针稳定后再进行。

（4）如果要沿着前进方向穿越特征稀少的开阔地，仅依靠指北针很容易偏离航向，应该在用指北针确定前进方位后，沿着前进方位向前看，尽量利用前进方位方向上可视的目标来导航，减少对指北针的依赖。

（5）在使用地图就能很好地进行导航时，不要使用指北针。这时应用指北针反而可能降低行进速度。

（6）以下情况下，特别适合应用指北针来辅助读图：

① 读图技能差，需要掌握好方向才能沿着正确的路线行进时。

② 实地中特征或扶手很少，如在旷野中、平坦的地形，长的平缓的坡地中。

③ 在浓密的植被，或雾、雨和阴天等不良气候条件下林地中通视度不良。

④ 长路段穿过相似特征（小路，山凸，山凹）多的地域，不想降低速度来判读每个特征时。

⑤ 短路段或离开攻击点前往检查点的最后一部分路段上；地图上细节很少，需要掌握好方向时；地图上细节太多，判读每个细节可能使速度下降时。

（三）距离判断

距离判断是指利用所遇到的特征、步测技术、时间判断技术、比例尺和目测技术判断实际行进的距离。距离判断的准确性主要取决于平时积累的经验，它只是一种经验性的估计手段，受参赛者当时所处的环境影响，如地形、心理状态、外界干扰等。如何在复杂的地形环境中，在高度紧张的比赛中综合运用各种距离判断技能准确地判断距离，需要经过长期的练习和比赛实践，在实践中总结经验，形成自己的距离判断风格。

1. 基本步测技术

步测是定向运动中测量距离的基本方法，简单实用。在定向运动中，步测通过计算复步数，即以两步为一个单位（同一支脚的着地次数）来估计两点间水平距离。基本步测技能是指在平坦的地形中通过步测来估计距离的技能。通过步测技能培养比较精确的距离感，需要使用不同比例尺的地图进行反复练习。开始时练习者可能会因比例尺的变化出现距离感混乱，经过一定时间的练习后又会在更精确的水平上恢复良好的距离感。

2. 不同地形条件下奔跑时的步测技术

在实际比赛中，参赛者几乎都是在奔跑中穿越起伏多变的地形，因此掌握在不同地形上奔跑时的步测技能更有实用价值。奔跑中的步测技能在比赛中主要用于以下情况，由攻击点向检查点行进时、在网状特征中行进时（图4-3）、穿越通视度不良的树林时。

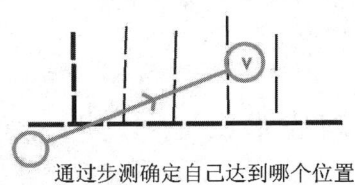 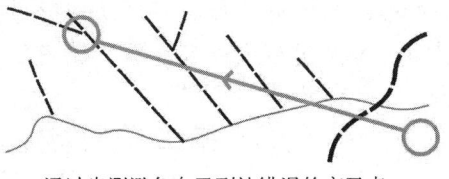

通过步测确定自己达到哪个位置　　通过步测避免自己到达错误的交叉点

图 4-3　步测技术在网状特征中的应用示意图

（四）路线选择

路线选择指在检查点间选择行进路线的技能，它是定向运动的灵魂，是定向运动区别于越野跑的最重要的本质特征。定向运动要求参赛者在尽可能短的时间内完成比赛，但距离最短的路线并不一定是最佳的路线。路线选择受到竞技状态、地形、植被、爬高量等因素影响。一般认为找到检查点最重要，但路线选择与找到检查点同样重要。在选择路线时，首先要确定检查点特征，然后确定攻击点，最后才确定路线。与路线选择相关的技术主要有攻击点技术、偏向瞄准技术、等高线技术等。

（五）重新定位

重新定位指在丢失站立点后利用标定地图、路线回忆、安全方位和重新定位特征重新确定站立点的技术。发现丢失站立点后首先要做的事是：立即停下来，标定地图，进行图—地对照、回忆与思考。重要定位时需要回忆和思考的主要内容有：

（1）经过的路线，步测距离与地图上的距离是否一致？
（2）是否在易跑路段发生了方向偏移？在此之前你经过那些特征地物？
（3）在此之前，在地图上能够准确定位的最后位置。
（4）目前能看到的最显著特征是什么？

如果得到的结论不能解决重新定位问题，应该检查地图，然后跑向最近的显著特征，在显著特征处通过标定地图进行重新定位。迷失后必须牢记的一点是：在迷失的地方漫无目的的搜索将会耽误更多的时间。

（六）检查点捕捉

捕捉检查点是定向运动的最重要环节之一，所有的技术都是围绕检查点的捕捉来进行的。捕捉检查点首先要找到检查点附近的大的地物、地貌，再根据检查点说明表上所指示的检查点的具体位置来捕捉检查点，在能够确定检查点的位置后，不要急于打卡，而是应快速确定下一个检查点的出口方向，确定后以最快的速度打卡并快速离开。从捕捉检查点到打卡再到离开检查点奔向下一个检查点，整个过程应做到快速、流畅。

第二节 定向运动战术

一、定向运动战术定义

在定向运动中，战术指为获得期望的比赛结果，参赛者比赛过程中根据比赛规则、比赛特点和定向运动的规律而采取的策略和行动。具体地说就是使自己的体能、技能、心理和智力在比赛时达到最佳状态，根据比赛的特点（项目、地形和难度）使体能、技能及心理和智力能力合理地组合起来，充分发挥出自己的竞技水平，取得好的比赛成绩以及使自己竞技水平不断提高的策略。定向运动战术有的特点主要表现在：明确的目的性，方案的合理性，行动的技巧性，其核心是智力的比拼。

二、定向运动战术分类

定向运动比赛是对参赛者竞技能力的全面考验。考虑到定向比赛的复杂性和阶段性，为了方便教学和应用，可根据需要采用不同的标准来进行分类，如解决问题所采取的措施、竞技能力的表现特点以及比赛进程来分类（表4-2）。

表4-2 定向运动战术的分类

分类标准	类　别
解决问题的措施	个人战术和团体战术
竞技能力的表现特点	体力分配战术和心理战术
比赛进程	赛前战术和赛中战术
比赛场地	公园赛、校园赛战术和森林赛

（一）依据参赛者解决问题所采取的措施分类

依据参赛者解决问题所采取的措施可划分为个人战术和团体战术。个人战术是指参赛者在比赛中以个人为核心，与其他队员没有直接联系，为达到目的所做的努力。团体战术是指参赛者的个人行为为全队的共同方案所决定。如团队赛中队长对检查点的分配，这种个人的判断目的和结果都将影响全队的成绩。

（二）依据竞技能力的表现特点分类

依据竞技能力的表现特点可划分为体力分配战术和心理战术。体力分配战术是指通过体力的合理分配而取得比赛胜利的战术行动。定向比赛中参赛者根据自身体能状况，在上坡、下坡、林地及小路合理分配自身体力，保证准确快速读图，避免出现失误。心理战术是指通过一定的方式和措施激励自己的竞技心理状态和避免受到他人干扰的参赛心理状态。如比赛中参赛者要根据自己的出发顺序调整好状态，通常最先出发的参赛者心理压力会比较大。比赛过程中，如遇到同一组别的其他参赛者，无论是先出发的还是后出发的，参赛者的心理状态都会受到影响。如果参赛者在比赛中能很好地排除这些因此，将能更好地其发挥出最佳水平。

（三）依据比赛进程分类

依据比赛进程可划分为赛前战术和赛中战术。赛前战术一般指为了准备一次比赛而有意识的根据该次比赛的特点所制定的相关的比赛目标、训练计划、最佳状态调整方案等。赛中战术是指参赛者在整个比赛中所应用的战术，可进一步具体划分为开始路段战术、中间路段战术和结束路段战术。在三个路段中，主要的是注意力的调整战术。在开始路段，注意力主要集中于如何顺利找到第一个点标上；在中间路段要关注疲劳带来的注意力下降问题；在结束路段要关注临近比赛结束而带来的注意力分散。

（四）依据比赛场地分类

依据比赛场地可划分为公园赛、校园赛战术和森林赛战术。在公园和校园中，战术的运用主要体现在快速准确上。在森林中比赛，由于地形复杂，战术的运动主要体现在以安全、简单为主。

三、定向战术的作用

采用战术的目的就是为了最大限度的发挥自身的力量和潜能，为在比赛中取得优异成绩创造条件。战术的作用就在于把参赛者已经获得的体能、技术、心理、智能等训练成果，在比赛中根据具体情况综合运用，力争取得比赛的胜利或充分发挥自己的水平。

（一）战术的基本作用

比赛中，参赛者会根据自身特点制定相应的战术，以充分发挥自己的优势，弥补自身的不足。如有些定向参赛者年龄较大，体能下降，这时应该围绕以自己的经验和技术优势，弥补体能上的劣势来制定和运用战术。而对于年轻队员，则应围绕发挥其体能上的优势，弥补其技术及经验上的不足来制定和运用战术。

（二）战术在各项目中的重要性

在不同的项目中，战术的重要性各不相同。依战术在项目中的重要性，可以将战术划分为 4 个等级（表 4-3）。

表 4-3 不同项目战术的重要性的 4 级判别

竞赛人数	竞赛项目	战术等级
集体	团队赛	4
	接力赛	3
个人	长距离赛 中距离赛	2
	短距离赛 百米赛	1

战术在集体项目中的重要性高于个人项目。在集体项目中，战术对团队赛的重要性高于接力赛。团队赛中，要求队长在全队中具有绝对的领导地位，思维敏捷，技术全面，对全队每个队员的技术、体能全面了解。在比赛中能根据比赛场地情况，对每名队员所完成的检查点个数进行合理分配。接力赛主要由教练员根据队员的技术水平和心理状态来安排组合。

在比赛中，战术与其他竞技能力之间有着非常密切的关系。战术是在一定的身体、技术、心理等训练水平的基础上形成的。同时，战术能力的提高有必然促进体能、技术、心理能力的快速发展。

复习、思考与实践

1. 标定地图、拇指辅行、折叠地图对地图认知有什么意义？
2. 为什么说路线选择是定向运动的灵魂。
3. 比赛难度、比赛环境和比赛项目如何影响路线选择？
4. 体能、技能与战术间的关系是什么？

第二篇　教　学　篇

第五章　定向运动教学理论与方法
第六章　中小学生定向运动教学
第七章　大学生定向运动教学
第八章　体育专业定向运动教学
第九章　其他人群定向运动指导

本篇导读

在定向运动学习过程中，我们经常会听到这样一些看似简单的问题：如小（大、中）学生的定向教学应该教什么？定向运动是不是很危险，怎样才能使教学环境尽可能安全？应该使用什么样的教学方法和练习步骤？如何避免教学中常见错误，如何纠正这些常见错误？如何对学习者的成绩进行评价？如何使定向运动学习更有趣味性？等等。这些看似简单的问题其实包含了定向运动教学基本原理的具体应用，也是本篇要回答的主要问题。

本篇共分为五章。第五章从理论层面阐述定向运动的教学原理和课程设计理念以及教学方法的设计及应用；第六七章分别阐述大、中、小学生定向运动教学、教学设计和教学方法；第八章阐述体育专业大学生在定向运动教学中的具体要求，如何成为一名优秀的定向教师或教练员；第九章主要阐述幼儿、中老年人、肥胖人群等定向运动指导应该注意的问题。

第五章 定向运动教学理论与方法

> **本章导读**
>
> 本章主要对定向运动教学理论与方法进行概括，阐明定向运动教学特点和教学原则，指出定向运动教学应该遵循的基本原理，并以此展开对定向运动教学设计、教学方法、基本练习手段和教学评价的讨论，为定向运动教学提供理论和实践指导。通过本章的学习，你将能够：
> 1. 理解定向运动的教学特点和教学原则；
> 2. 了解定向运动教学中所面临的安全问题，掌握应对措施；
> 3. 掌握定向运动的教学方法、基本练习手段及其安排顺序；
> 4. 了解定向运动教学评价的主要方法；
> 5. 学会根据不同教学对象设计教学方案。

第一节 定向运动的教学特点、目标和内容

一、定向运动教学特点

定向运动教学由于自身的性质和特征，具有以下特点：

（一）教学器材的特殊性

定向运动是参与者借助地图和指北针导航的活动，因此定向运动教学必须配备教学地图和指北针。定向运动有专门的定向地图，但也可以用其他地图代替，包括国家基本地形图、卫星地图、基础测绘图和室内手绘图等地图来代替。定向运动有专用的点标旗、打卡器和检查卡，但也可以用手机拍下检查点特征来代替。

（二）教学场地的开放性

定向运动教学实践一般在比较复杂的开放性环境中进行，这使得其教学空

间比其他体育项目更加复杂。当然，在教学的不同阶段，对场地的复杂程度有不同的要求。如在初学阶段要选择比较简单的场地进行，对于完整路线的定向教学，对场地的要求就必须具备复杂性的特点，才能使定向运动的教学价值得以体现。

（三）教学时间的多变性

定向运动教学时间的多变性和难控制性，主要是由教学对象的定向技能参差不齐造成的，同样一条路线的教学，技术水平不等的学生所花费的时间相差较大，由于场地的开阔而使教学时间难以把握。如何加入对教学时间的控制力度，一方面教师在设计路线时要充分考虑到教学对象的技术水平，另一方面有必要进行技术水平分组教学或采取团队的形式教学。定向运动教学时间的多变性需要教师合理设计教学时间，把定向课程尽量安排在上、下午、晚上的衔接段，或者周末。

（四）教学组织管理的复杂性

由于前面几项教学特点的存在，使定向运动教学在组织管理上具有复杂性的特点，这种复杂性集中体现于教师不能现场观察到每个学生的运动过程，使教学过程处于不可监控状况。这种复杂性的存在需要定向教师具备高度的责任心和控制力。合理的设计路线，充分考虑到教学对象的技术水平，采用不同的教学组织方式，加强安全意识教育是定向教师应该特别注意的问题。

（五）体验式学习

体验式学习是指学习者通过实践来认识周围事物。定向运动的教学必须要求学习者依靠地图和方向识别完成教学路线，是一项完全自主参与的体育项目，这就需要教师摒弃一味地单方面地传授知识的传统作法，要通过不同的教学设计，让学生产生一种渴望参与运动实践的冲动，自愿地全身心地投入学习过程，并积极地运用自己所掌握的定向技能，在户外的环境中进行自我体验和互相交流。

二、定向运动教学原则

由于定向运动自身的特点，在教学中除遵循一般体育教学原则外要特别遵循以下原则：

（一）安全性原则

定向运动教学的复杂性、开放性以及在比较复杂的地形中奔跑等特点，要求教师在教学中要充分重视定向运动的安全性，在为学生创造安全的定向运动环境和条件，让学生安全地从事定向运动实践的同时，要对学生进行安全教育。

1. 时时刻刻注意潜在的危险

教师在进行定向运动技术教学前必须充分考虑所有潜在的危险因素，通过对场地和教学过程的设计，消除一切可以消除的潜在危险。

定向运动中的安全问题主要涉及6个方面：

（1）学生态度带来的安全问题。

（2）学生身体条件、技术水平与练习内容不适应带来的安全问题。

（3）教学与练习场地带来的安全问题。

（4）特殊天气带来的安全问题。

（5）生物侵袭带来的安全问题。

（6）运动损伤。

教师在技术教学中应该采取如下措施：

（1）技术教学与练习场地的选择应循序渐进，包括练习场地的类型从教室、学校操场、学校开始，逐步过渡到公园、野外；场地的通视性由通视性高，逐步过渡到通视度复杂多变；地形由大特征为主，逐步过渡到大特征不明显、小细节多的地形；植被特征由面积大、边界明显，逐步过度琐碎、相似、边界不明显。要对场地进行全面的实地勘查，危险地域应该在地图上注明。

（2）技术教学用地图应循序渐进，包括地图比例尺由大比例尺逐步过渡到小比例地图，地图细节由突出大特征，忽略细节到大特征和细节并重。

（3）练习前要反复告诫学生，要注意避开地图上标出的存在潜在危险的障碍和特征，如悬崖、多石区域、带刺的栅栏、深水河流和溪流等。

（4）对地图上不能标出的一些潜在危险，如近地砍伐后留下的竹签、小树桩等应该反复强调，提醒学生注意安全，必要时可在实地拉上隔离带。

（5）在进行野外练习之前，应该确定学生已掌握安全方位技术。在出发之前应该为学生提供一个安全的方位，并反复强调。

（6）在路线设计时，要对路线的安全性进行充分考虑，要避开危险地带，要避免设计可能诱导学生选择通过荆棘或浓密植被等有潜在危险区域的路线。

（7）实地中如果存在的荆棘或浓密植被，应对学生的着装作出规定，通过适当的着装来进行保护。

（8）在刚开始野外练习时，应该让学生以2至3人为一组的形式完成练习。

2. 时时刻刻对学生进行安全运动教育

（1）在技术教学和练习中时时刻刻进行安全运动教育，对学生在练习中可能出现的安全隐患不断进行提示。

（2）在教学方案中要安排专门的时间讲解相关的安全知识和要领，将学生掌握互相帮助的技能。

3. 根据实际情况配备安全装备

（1）为学生配备安全口哨，最好能让学生携带轻便的通信工具，以便能及时通报安全信息。

（2）在比较容易发生危险或比较容易导致迷失的区域设置必要的警示标志或提示牌。

（3）注意教学时间的把握。

（二）交流性原则

交流性原则是指在定向运动技术练习中将教师与学生间、学生与学生间在定向运动练习及比赛后，在定向运动教学练习间隙中的交流，作为定向运动技术教学的有机组成部分，进行合理安排。学生在完成一个技术教学任务后，教师必须安排一定的时间与学生进行交流，同时也应安排一定的时间，使学生与学生间有交流的机会。通过交流发现问题，为学生提供及时的反馈。通过在定向运动技术教学中合理安排交流，提高教学的针对性和有效性的同时，还可弥补定向运动集体活动不足、社会化价值不高的缺陷。

定向运动强调个人体验，特别是强调认知过程的体验。从本质上看，定向运动过程是一个个体不断独立地解决问题的认知过程，学生在户外独立的挑战定向路线，得到成功的体验，在这个过程中，教师和其他人很难观察或了解到学生完成各路段的实际过程，更不用了解其认知过程了。定向运动的个人体验性让定向运动失去了集体性和群众体育活动的社会化价值，同时也使定向运动的练习过程具有不可观察性，为定向运动技术教学带来了难度，因此在定向运动教学中应遵循注重交流原则。定向运动技术教学中的交流内容包括情感交流、路线选择交流、技术与战术的交流，以及基本技术的流畅性分享。

（三）体能和认知能力均衡发展原则

定向运动是一项体能与定向认知能力紧密结合的运动，也是以地图认知技能和问题解决技能为基础的越野跑。定向运动中体能与认知能力均衡发展是定向运动项目特性所规定的。

体能与认知能力均衡发展的原则，是指在定向运动技术教学中应让学生的体能与认知能力得到协调、均衡的发展。定向运动的基本要求是通过地图导航到达目标。在定向运动过程中，练习者要边读图边行进。当练习者读图及利用地图导航的技能处于低水平时，需要停下来仔细读图，然后前行，如此反复，最终到达目标。这时定向运动对练习者的体能要求相当低。当练习者读图及利用地图导航的技能达到较高水平后，可以边读图，边跑步行进，快速到达目标。练习者读图和利用地图导航的技能越高，读图导航时的跑动速度越快，对体能的要求就越高。对于体能水平较高的定向运动初学者，在最初的练习中必须严格控制其体能发挥，使之与其当时的认知水平相协调。否则，初学者就会出现体能水平越高，学习效率越低的情况，从而影响初学者的学习兴趣。

教师在贯彻体能与认知相结合原则应该注意以下几点：

（1）强调运动中读图的重要性，并且针对性的安排读图技巧（比如折图法、拇指辅行等技巧）。

（2）适当的加入地图记忆的教学内容，增加跑动的速度。高水平定向运动员一次能够记住3个检查点以上，这极大地提高了他的奔跑速度。

（3）记住定向运动的黄金法则："永远不要让自己的跑动速度快于自己的读图速度"，这句黄金准则代表了定向运动中体能与智能相结合的项目本质特征。

（4）在跑动中读图时强调安全性，不要因为频繁读图而出现在跑动时受伤的情况。

（5）确定自己的读图节奏，读图节奏的间歇时间随着技术水平的提高而逐渐加长，只有掌握一定的读图节奏后才能更好地发挥体能和认知能力，同时也能体验到定向运动所带来的无限乐趣。

三、定向运动教学目标与内容

（一）定向运动教学目标体系

定向运动教学目标体系如图 5-1 所示，包括以下内容：

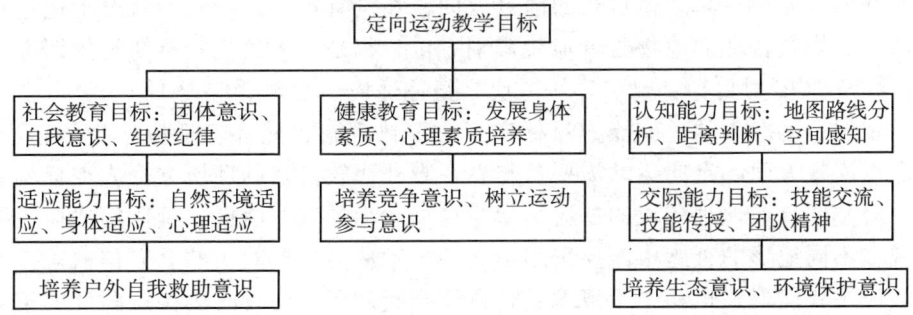

图 5-1　定向运动教学目标

1. 社会教育目标：团体意识、自我意识、组织纪律

定向运动的社会教育目标主要是指通过定向运动实践实现人的社会化，在项目教学体验中锻炼学生的社会适应能力。这种社会适应能力主要包括：团体意识、自我意识、组织纪律等。团体意识的实现主要体现在定向运动的团队赛中必须依靠本队中的每一名成员完成各自的任务从而实现团队的总目标，在团队赛的体验学习中，参与者清醒地认识到团队中每一名成员都很关键，必须依靠团队的力量来完成教学任务，这种体验式的学习过程无形中提升了参与者的团体意识。对于自我意识的建立主要体现在定向运动中必须依靠自己的能力完成规定检查点的寻找，参与过程中没有任何人提供帮助，这对加强参与者的个人意识具有重要意义。组织纪律是生活在社会中每个人都必须遵守的行为准则，在定向运动参与中如果没有一定的组织纪律性，将会带来迷路、耽误时间、户外伤害等安全问题，为了避免安全事故的发生，要求参与者必须遵守定向运动的安全性原则。

2. 健康教育目标：发展身体素质、培养心理素质

定向运动是一项体能与智能相结合的项目，他对人的健康教育目标的实现主要体现在：在寻找点标过程中的奔跑对人的体质进行锻炼，目标定位时的识图和决策对心理素质的培养。定向运动的双重参与性对健康教育目标的实现具有自身独特的优势。

3. 认知能力目标：地图路线分析、距离判断、空间感知

定向运动对认知能力目标实现主要体现在地图路线分析、距离判断、空间感知等技术方面，定向运动中的很多技术都具有认知心理学的相关特点。路线分析主要是定向运动参与必须依靠识图、记忆、分析达到对前进路线的判断，通过对路线的分析使参与者知道设计自己的最佳奔跑线路达到目标点，路线分析的过程本身就是对参与者认知能力的培养和锻炼。距离判断是指参与者通过地图上的比例尺预知自己需要通过的距离路程的长度，或者是参与者自身对距离的识别和判断能力。空间感知在定向运动中主要是指人对方位的识别，通过指北针的导航很容易知道自己的前进方向，在没有指北针指示的情况下通过周边的具有导航特征的地物或者地貌辨别方位，都是对人的空间感知觉的训练。

4. 适应能力目标：自然环境适应、身体适应、心理适应

定向运动对人的适应能力目标实现主要体现在自然环境适应、身体适应、心理适应等方面。定向运动需要参与者在野外比较复杂的环境下完成点标的寻找，对不同自然地理环境的适应是参与这项运动的基本前提。身体的适应主要体现在不同地形的奔跑中需要采用不同的技术从而达到对人的全方位锻炼。心理适应主要体现在运动中不停地进行方位判断需要参与者时刻保持高度的警觉性，否则就会导致迷路、丢失站立点而不能完成教学比赛任务。

5. 培养参与意识和竞争意识

运动参与目标在体育健康标准中是学生发展体能、获得运动技能、提高健康水平、形成乐观开朗的生活态度的重要途径。促使学生主动参与体育活动，培养参与体育活动的兴趣和爱好，形成坚持锻炼的习惯和终身体育的意识。竞争和参与意识目标在定向运动的实现是由其项目本身特点决定的，定向运动是一项以分批次出发寻找点标到达终点的竞赛项目，相对于其他比赛方式，这种出发方式导致比赛结果的不确定性，更加增加比赛本身的刺激性，参与者能够在比赛中感觉到是与自己比赛。由于定向运动是一项特别的体验式项目，一旦参与其中往往会很快领略到里面的奥妙，从参与者自身的兴趣出发而产生参与的欲望，甚至可以将参与这项运动贯穿于终生。

6. 交际能力目标：技能交流、技能传授、团队精神

定向运动的教学原则之一已经明确交流在定向运动教学中的作用，通过参与者之间的技术交流以及运动中所发生的路线选择合理性的探讨，不但促进定向运动的技术进步，更重要的是潜移默化地提升了参与者公平竞赛和交流交际能力，有利于建立比赛中的友谊。相对于其他运动定向运动的魅力之一就是每个参与者完成完整地图线路后，总有一种想把自己的体会与其他的参与者交流的冲动，这也是定向运动作为体验式项目的外在表现。定向运动参与中对交际能力目标的实现主要体现在：技能交流、技能传授、情感交流、团队精神。技能的交流需要教师在教学计划中特意安排出交流的教学时间，参与者也应该以一种积极主动的态度表达自己在定向中的自我感受和经验。团队精神是通过队友之间的互相配合，在完成同一目标情况下团结在一起的交流过程。

7. 培养户外自我救助意识

户外自我救助是指人处在户外环境中面对一些危险和潜在危险所采取的安全预防手段和采取的求救措施。研究表明各种在户外所发生的事故有很大比例与野外迷路有关，因此参与定向运动本身就是一种自我救助技能的学习过程。除此以外在自然环境中的受伤和对野生动植物的识别与预防知识也同样可以在定向运动的实践中获得。户外自我救助的技能主要包括：如何联系、交流及使用通讯器材；如何使用卫星定位系统等导航器材；最基本的自我保护、自我救助及救助他人的方案；各种装备的操作；上升器、下降器等设备的故障维修；最基本的天气及预测知识；最基本的医学知识、队员之间及各部门之间的协调工作专用术语等。培养现代人的户外自我救助意识是定向运动实践不可缺少的目标，在这一目标指引下，教师（教练）在定向运动教学中应该对户外救助的知识进行专门教授。

8. 培养生态意识、环境保护意识

定向运动的户外体验特点使参与者大部分在户外的环境中进行，运动参与

过程中，对动植物的保护，对环境卫生的自觉维护，都是我们在定向运动实践过程中必须遵守的标准。教师在教学和训练时也应该加强环保和生态意识的教育，使学生在体验定向运动的同时，也能和谐融入大自然。

（二）定向运动教学内容

定向运动的教学内容主要包括：认识和了解定向运动；定向运动的基本技能；定向运动的教学实践；定向运动比赛规则和裁判；定向运动教学评价；定向运动器材装备；定向运动项目研究与推广；与定向运动相关的学科知识等（图5-2）。对于定向运动教学内容的描述将在本篇的后面章节中针对不同的学生进行详细说明。

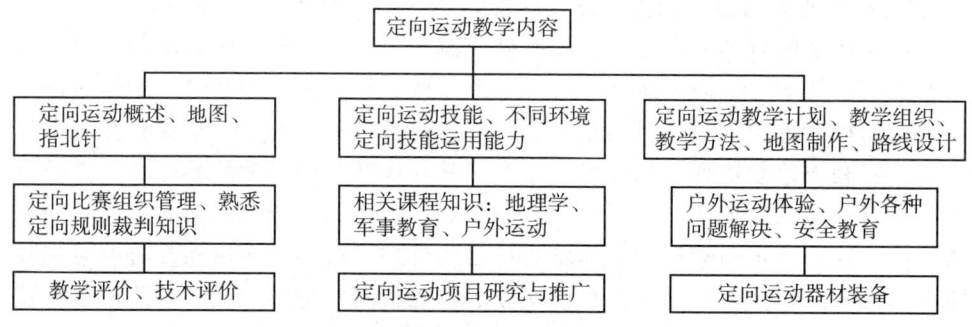

图 5-2　定向运动教学内容示意图

第二节　定向运动教学设计

教学设计主要是运用系统方法，将学习理论与教学理论的原理转换成对教学目标、教学内容、教学方法和教学策略、教学评价等环节进行具体计划，创设教与学的系统"过程"或"程序"，以促进学习者的学习。本节分别以教学时间、运动技能学习与提高、学生的年龄特征为主要划分依据来讨论定向运动的教学设计。

一、以学期单元教学大纲为标准的教学设计

定向运动教学大纲从总体上规定了定向运动课程的性质及其在学校课程体系中的教学目的和任务、内容范围以及选择内容的主要依据、编排学科内容的顺序等。教学大纲中的内容还应包括教学时数、教学活动和课外活动、作业量和测验、考试要求，提出运用教学方法、教学手段和教学参考书的建议和指导等。教学大纲的编制是教师工作的指南，也是编订教材、测量和评价学科教学

质量的基本标准。

根据定向运动教学时间和学生的不同,一般可以分为学期教学大纲、单元教学计划、课时教案等几种形式:

(一)学期教学大纲

学期教学大纲规定定向运动在一个学期的教学活动中具体教学内容、教学时间以及教学组织形式的安排。

案例一:定向运动学期教学大纲

课程编号:×××××

总学时数:32学时(其中理论教学10学时,实验或实践教学22学时)

学分:2学分。

一、本大纲适应专业

本大纲适应于高等学校体育各专业定向运动课程教学。

二、课程的性质与任务

1. 性质

本大纲是根据教育部日前印发的《全国普通高等学校体育教育本科专业课程方案》所确定的培养目标、课程设置及学时分配等有关规定(定向运动是"必修课程"中"主干课程"的内容之一),并结合××大学体育教学计划所确定的培养目标、课程设置及学时分配等有关规定以及本院多年来的教学实践制定的。

2. 任务

(1)通过定向运动教学,要求学生能够基本掌握定向运动的基本理论、基本知识、基本技能,掌握定向运动的健身方法,提高学生教学能力,做到"会讲解、会示范、会教学",同时胜任中等以上定向运动教学和课余训练工作。

(2)通过教学和野外实践,使学生具有一定的野外定向能力和越野技能,提高学生独立思考、独立判断的能力,培养学生吃苦耐劳、开拓进取的精神。

(3)通过教学和实践,要求学生能够正确使用指北针、打卡器,具备一定的定向地图测绘能力,同时具有组织基层定向运动竞赛和裁判工作的能力。

(4)通过学习定向运动课程,开发智力,增强体能,促进身心全面发展。

三、教学方式及学时分配

根据以下表格形式按章节填写主要内容、采用的主要教学方式、使用的教具以及学时分配和辅导答疑比例等。

分类	教学内容	学时	%
理论部分	定向运动概述	2	30
	定向运动技术体系	2	
	定向运动教学与训练理论	2	
	定向运动地图设计	2	
	定向运动竞赛的组织和裁判规则、户外自我救助	2	
实践部分	户外基本识图、标定地图、辨别方向、站立点	2	70
	户外地图地形、地物、导航特征识别	2	
	野外对照地形、确立站立点和目标点	2	
	出发、打点技术、终点技术介绍	2	
	野外实地定向运动（单独出发，简单地图）	2	
	定向运动初级技术教学	2	
	野外实地定向运动（单独出发，10~15个点标）	2	
	定向运动中级技术教学	2	
	定向地图设计（上机操作）	2	
	竞赛组织和实施	2	
	野外实地定向运动技术评价	2	
总计		32	100

四、教学内容、重点

（略）

五、成绩考核

成绩评定分为三部分：作业占30%，技评与达标占50%，平时成绩占20%。

六、教材和主要参考书目

（略）

（二）单元教学计划

单元教学计划是以学期中的学习单元作为划分原则的教学计划，一般要求在几个课时的学习单元中掌握某项学科知识的教学过程。在中学的定向运动教学中可以按单元教学计划设计。

案例二：定向运动单元教学计划

课程名称	初中二年级体育课
单元专题	定向运动
教学目标及基本要求	初步掌握定向运动的基本技能，了解定向运动的基础知识，初步具有定向运动的独立实践和应用能力，培养初中生对定向运动的兴趣，达到主动参与运动的目的
教学重点	定向识图、标定地图、指北针导航技术、简单的线状路线户外定向实践
教学难点	标定地图、户外定向实践
教学内容与时间分配	定向识图（1学时） 标定地图（1学时） 指北针导航技术（2学时） 简单的线状路线户外定向实践（2学时）

注：本案例的详解请参看第六章。

（三）课时教案

课时教案是指对某一课时教学设计的完整表达，内容应该包括课程名称、课型（新授课等）、多媒体使用（是或否）、教学目标、教材分析（重点、难点）、教学方法、新课讲授和总结等。

案例三：定向运动课时教案

课程名称	室内标定地图、持图练习
授课内容	

1. 讲解内容

初步了解标定地图的概念。介绍定向地图的构成；建立地图与实际地物的概念；介绍拇指辅行技术。

2. 室内标定地图练习

（1）目标：初步了解标定地图的概念。

（2）练习方法：在教室里让每9～15个学生围着一张桌子坐好（图1），在黑板上画出平面图，学生在纸上复制平面图。根据自己所处的位置，将平面图与实际对应（把地图改变一下，尽量用教室图）交换座位，再进

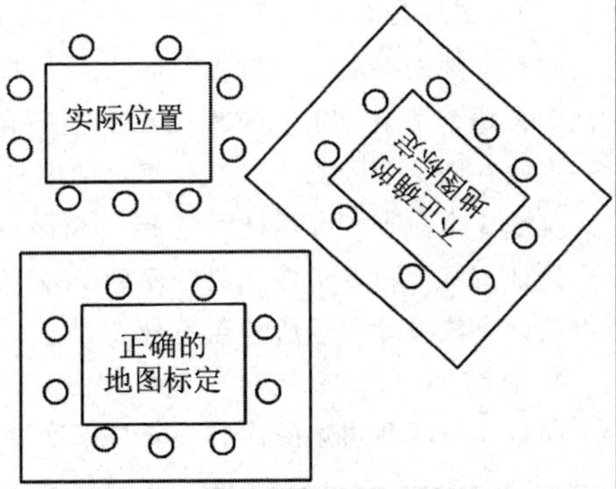

图1 室内标定地图练习示意图

授课内容
行标定地图的练习；反复练习直到掌握标定地图的基本方法。 （3）教法提示：可以画出教室不同地点的平面图，或者整个教室地图，让每个学生进行平面图标定；教给学生比例尺的计算方法，自己按比例描绘平面图。 3. 持图练习 （1）目标：介绍定向地图的构成；建立地图与实际地物的概念；介绍拇指辅行技术。 （2）练习方法： 步骤一：准备一张授课教室的平面图，在图上标注 10~15 个检查点，包括终点和起点（图2）。 步骤二：折叠地图比指北针稍大的面积。将折叠好的地图与地面平行拿在手上，并使地图上起点到 1 号检查点的连线正对自己前方，转动身体直到标定地图（图地对应）使自己面对 1 号检查点。将拇指紧贴在地图上起点处附近（图3）。 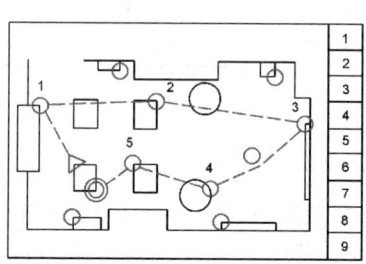 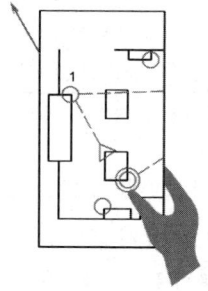 图 2　完整路线教室平面图　　图 3　折叠地图，拇指辅行 步骤三：前进到 1 号点标，按上面方法，将自己身体与标定好的地图从 1 号检查点面对 2 号检查点，重新折叠地图同样尺寸，使检查点 1 和 2 显示出来，保持拇指指向地图上自己的位置。（图4） 步骤四：行进到检查点 2，面对检查点 3，依此类推，走完所有检查点后回到终点。 （3）教法提示： 将教室地图平面图在黑板上演示；每个学生手持一份地图；两个学生一组，一人站在图上三角形起点位置，一人站在图上双圆圈终点上；每对学生可以在地图上随 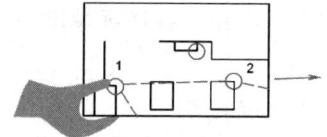 图 4　重新折图，拇指辅行 意挑选 5 个检查点并用连线连起（起终点固定），组成一张定向地图；练习完后可互相交换地图练习，要求按代码顺序到访每个检查点（练习 10~15 次）。学生熟练掌握后可以按此方法将练习场所移至室外。 4. 总结 回顾本节课所讲述的内容，安排下次课的教学内容。

注：本案例的详解请参看第六、七章和第八章。

二、以定向运动技术学习与提高为标准的教学设计

(一) 进阶体系

根据定向运动技术难度的高低及对学习者定向运动技能的要求，可以将学习者定向运动技术学习和技能掌握划分为不同的进阶水平。目前国际上最常用的进阶体系是色级体系。色级体系是一种用颜色来表示定向运动路线难度的进阶体系，每一种颜色对应一个包括一定定向技能和体能要求在内的难度标准。色级体系由难度最低的白色开始，按黄、橙、红、绿、蓝、棕和黑色的顺序难度依次递增。以定向运动技术学习与提高为标准的教学设计，实际上就是根据学习者的实际水平和发展需要，选择适宜的色级，并按相应的色级标准进行定向练习或定向活动设计。不同国家的色级体系有所差别，一般在教学中使用较多的主要是按5级水平划分的色级体系。

水平	技能达标	技术掌握	色级定位
初级	认识和了解地图的具体应用，在户外理解地图和实际地形的对应关系	沿线形特征物行进	绿色
1	沿单一道路定向；能识别地图颜色和大部分图例；通过指北针和特征地物定向；在地图上使用拇指辅行技术；在树林中理解地图	拇指辅行、折叠地图	白色
2	利用线形地貌的扶手定向；通过道路辨别特征物；通过不同道路定向	距离判断、检查点特征、打卡技术	黄色
3	简单路线选择；利用攻击点和特征地物进行简单定向；距离判断；利用指北针定位	偏向瞄准、路线选择、选择攻击点、完整路线距离判断	橙-红色
4	利用大石块等突出地物定向；掌握重新定位技术；理解等高线；短路段中等精确定向；长路段通过捕捉特征参照物进行概略定向	步测技术、等高线判断、合适特征地物选择	浅绿色
5	难度较大的检查点；高难度定向中速度调整；长路段或长距离捕捉特征参照物；面对困难时运用恰当的调整技术；识别等高线细节，使用竞赛速度	综合技术、精确定向、技术发展	绿-蓝-棕色
5+	长距离奔跑中对攻击点的选择、流畅打卡过程	地图记忆、个性技术	蓝-棕色

注：本案例的详解请参看第六章、第七章和第八章。

（二）以进阶体系为标准的教学设计案例

在我国定向运动教学实践中，通常将色级体系简化为初级、中级和高级三级进阶体系。以下按这种进阶划分，分别提供三个教学设计案例。

案例一：初级水平教学计划

教学适用对象：第一次接触定向运动的学生，一般作为大、中、小学体育课程中的一个项目			
教学时间安排：8次课，每次课90分钟			
课次	课的性质	教学内容	教学环境与用具
1	室内理论课	介绍定向运动的现状、发展历史、基本知识	多媒体教室
2	室内实践课	图地对照，按图行走，出发技术练习，简单的点到点定向	校园、公园地图
3	室内外复合课	室内：标定地图，拇指技术，室内积分定向练习 室外：操场接力定向、积分定向游戏、特征地物辨别	校园地图
4	室外实践课	用指北针指针标定地图，步行布置检查点接力，两人一组路线选择练习，双人定向接力游戏（距离控制在600~1000米）	公园、野外地图
5	室内理论课	介绍扶手定向和特征地物等理论知识，或介绍等高线、初级制图知识（手工），或介绍指北针、利用指北针选择捷径、定位/距离测量判断、打卡技术	定向运动录像影片
6	室外实践课	介绍等高线或者指北针技术、点到点定向、线状特征物、路线选择	公园、野外地图
7	室内理论课	介绍竞赛规则、比赛准备、高级阶段地图（彩图）	多媒体教室
8	室外实践课	定向竞赛、测验	校园、公园、野外地图
备注：教学计划可根据实际情况进行调整；室外实践课程需要配备两名教师或配备辅助人员进行教学，在教学前5分钟布置完检查点；出发间隔时间一般定为2分钟，出发人数、顺序、时间间隔也可根据实际情况进行调整；出发后的等待时间可用于教师对学生的问题解答；地图路线设计应考虑学生具体情况和教学时间。教学环境的选择应充分利用现有资源，可以选择校园也可以是较安全的野外环境，关于户外活动受伤预防本书有专门章节介绍。			

案例二：中级水平教学计划

教学适用对象：适用于具有一定定向基础的学生，一般作为大、中、小学体育选修课			
教学时间安排：15 次课，每次课 90 分钟			
课次	课的性质	教学内容	教学环境与用具
1	室内理论课	录像影片介绍；阅读推荐	多媒体教室
2	室内外复合课	检查点说明和图例	彩色地图
3	室内理论课	高级地图制作（彩图）	制图软件、电脑
4	室内外复合课	扶手定向	地图
5	室外实践课	获取特征地物	精细地图
6	室内外复合课	指北针介绍	指北针
7	室内理论课	竞赛分析	录像分析
8	室外实践课	图地对照，按图行走、检查点布置；打卡技术（附检查卡片或打卡器）、识别检查点说明和图例；白色等级点到点定向，结合跑动和打卡技术，重复练习	公园、野外地图
9	室外实践课	两人一组线形定向、2 组 250~400 米；单人出发技术；微型定向	小比例尺地图
10	室外实践课	直线步测（距离判断），分组教学并记录各自的步测结果；卡片游戏和记忆测试	公园、野外地图
11	室外实践课	两人一组路线选择练习；指北针标定地图；集体积分定向比赛	公园、野外地图
12	室外实践课	估计距离、步测距离；线状定向，结合简单的距离估计技术；两人接力练习	公园、野外地图
13	室外实践课	结合实际介绍等高线；简单重新定位技术；星形定向	公园、野外地图
14	室外实践课	指北针使用练习	公园、野外地图
15	室外实践课	测验、竞赛	公园、野外地图
备注：将所有的练习控制在 2 000 米；每节课后要求学生将知识要点记笔记；解释每节课的学习目标；可以安排有经验的学生辅助初学者			

案例三：高级水平教学计划

\multicolumn{2}{l}{教学适用对象：适用于具有一定定向运动经历的学生，一般作为大学体育专业学生的专业课程}		
\multicolumn{4}{l}{教学时间安排：16次课，每次课90分钟}
课次	课的性质	教学内容	教学环境与用具
1	室内理论课	漏缺地图复原回忆（锯齿地图）；教室团队积分定向；定向运动电影录像等视觉教学；观看地图图例；标定地图；拇指技术；图例记忆游戏；训练录像	多媒体教室
2	室外实践课	出发技术练习；短距离（1~2千米）点到点定向；结合检查卡和检查点说明； 理论：指北针介绍	校园、公园、野外
3	室外实践课	使用指北针定向，寻找捷径； 理论：指北针导航技术，攻击点技术，偏向瞄准技术，导航/距离判断游戏	校园、公园、野外
4	室外实践课	指北针导航，同一起点三条路线，结合检查卡和检查点说明；概略定向/偏向瞄准，攻击点技术，检查点搜索理论：路线选择，选择特征地物，"交通灯"练习	校园、公园、野外
5	室外实践课	介绍等高线，估计距离，集体积分定向 理论：等高线修正素描	校园、公园、野外
6	室外实践课	步测技术，指北针步测技术，精细地图测绘 理论：路线计划	校园、公园、野外
7	室外实践课	重新定位技术，简单检查点位置练习 理论：竞赛规则，掌握地图，比赛分析，身体心理适应	校园、公园、野外
8	室外实践课	室外竞赛或测试：中等水平（橙色级）竞赛 理论：国内外定向赛事简介	校园、公园、野外
9	室外实践课	室外竞赛或测试：难度短距离竞赛（绿色级） 理论：国内外定向赛事简介	校园、公园、野外
\multicolumn{4}{l}{备注：理论课可以结合实践课在室外进行，或在遇到恶劣天气时在室内进行；选择合适定向活动环境}

三、以教学对象年龄特征为标准的教学设计

（一）年龄组的划分

在定向运动教学实践中，通常按教学对象的年龄特征为标准，划分为6~10岁年龄组、11~15岁年龄组、16~18岁及成年组进行教学设计。不论教学对象属于哪个年龄组，都应首先让教学对象理解两个基本概念：①地图是缩小的地面平面图；②持图时必须使地图与周围实际地面特征一一对应（标定地图）。

对于不同年龄组的教学设计，应注意各年龄组的认知水平和身体能力以及对事物的理解能力，进行循序渐进的安排定向运动的学习。对于10岁以下年龄组对象的教学，必须安排时间和练习让他们理解上面两个基本概念的基础上，再安排进一步的学习。

（二）以年龄特征为标准的教学设计案例

案例一：6~10岁年龄组教学设计

教学适用对象：6~10岁的儿童			
教学时间安排：8次课，每次45分钟			
课次	课的性质	教学内容	教学环境与用具
1	室内理论课	介绍定向	多媒体教室
2	室内实践课	点对点定向：理解地图、标定地图	教室、教室地图
3	室外实践课	专线定向、理解地图、标定地图	操场、操场地图
4	室外实践课	星形定向、理解地图、标定地图	操场、操场地图
5	室外实践课	点对点定向（百米定向）	操场、操场地图
6	室外实践课	积分定向	操场、操场地图
7	室外实践课	接力定向	操场、操场地图
8	室外实践课	公园定向	公园、公园地图

案例二：11~15岁年龄组教学设计

教学适用对象：11~15岁的少儿

教学时间安排：8次课，每次45分钟

课次	课的性质	教学内容	教学环境与用具
1	室内理论课	介绍定向	多媒体教室
2	室外实践课	专线定向、理解地图、标定地图	操场、操场地图
3	室外实践课	星形定向、理解地图、标定地图	操场、操场地图
4	室外理论和实践课	点对点定向、路线选择	操场、操场地图
5	室外理论和实践课	介绍指北针、星形指北针定向	操场、操场地图
6	室外实践课	积分定向、百米定向	操场、操场地图
7	室外实践课	公园接力定向	公园、公园地图
8	室外实践课	公园团队定向或参加比赛	公园、公园地图

案例三：成年组的教学设计

教学适用对象：成年人或大学生

教学时间安排：8次课，每次90~120分钟

课次	课的性质	教学内容	教学环境与用具
1	室内理论课和实践课	介绍定向、室内定向	多媒体教室
2	室外实践课	专线定向、星形定向、理解地图、标定地图	校园、校园地图
3	室外实践课	点对点定向、积分定向	公园、公园地图
4	室内理论课	指北针、等高线、路线选择	多媒体教室
5	室外实践课	星形指北针定向、专线定向（理解等高线）、点对点定向（路线选择）	公园、公园地图
6	室外实践课	放点练习、公园接力定向	公园、公园地图
7	室外实践课	记忆定向、团队定向	公园、公园地图
8	室外实践课	参加当地的比赛	公园、公园地图

说明：以上三个案例在实际操作中应该按年龄的不同设计难度不同的地图。具体包括：点标数量比例尺、地形复杂程度、路线设计、线路距离等。

第三节 定向运动技术教学方法

定向运动技术教学常用的教学方法主要有完整教学法、分解教学法。另外，定向运动的认知特征决定了定向运动特别适用于采用自主学习法、探究式学习法、发现式教学法和合作学习法等现代体育教学方法进行教学。

一、完整教学法与分解教学法

定向运动教学通常先采用完整教学法，让教学对象在体验定向乐趣的过程中首先熟悉地图符号、地图持握技术、利用特征标定地图及拇指辅行技术，然后再采用分解教学法学习指北针技术，路线选择和路线执行技术。

（一）完整教学法

定向运动技术完整教学法，是让初学者在适宜的地形中以走或跑的形式完成定向路线，体验定向运动。在进行初次定向运动体验之前，应该安排持图走练习，向初学者介绍定向地图图例、正确的地图持握方法、利用实地特征标定地图的方法以及拇指辅行方法等最基本的定向技术。

（1）持图走路线的选择：持图走应选择便于用实例说明主要图例的路线，应能让初学者方便地学习标定地图和拇指辅行技术。在实际应用时，通常首先选择线状特征作为持图走路线。

（2）路线设计：路线设计的目的是让初学者在体验定向乐趣中掌握定向地图图例的具体意义。因此，为初学者设计的路线应该是只需要初学者沿着道路、小径、各种植被特征边缘及其他熟悉的地物特征寻找检查点的路线；应该能让初学者在没有指北针的情况下，也能够通过地图与地形的对照找到检查点；应该避免设置比较难的检查点。所有检查点的特征都应该非常鲜明，能反映地图图例定义的典型特征。

（3）按顺序寻找检查点：初学者初次体验定向时往往会忘记按顺序寻找检查点的练习规则。在初学者出发前应该反复强调按顺序寻找检查点的规则。另外，应该通过路线设计引导他们按顺序寻找检查点。

（二）分解教学法

分解教学法是定向运动技术教学中最常用的方法。在尝试野外定向之前，应通过分解教学法让教学对象在教室、会议室、体育馆、办公楼、校园或城市公园等环境中，学习读图技术，指北针技术，掌握读图技术与指北针技术的配合运用的技能，掌握路线选择及路线执行的基本技术。在进行野外定向练习时，通过分解教学法的应用，可以使教学对象全面细致地掌握各种高级定向技术。

二、现代体育教学方法在定向运动中的应用

（一）自主学习法

定向运动中路线选择的过程实际上是一个决策过程。学习和掌握路线选择技能的过程是一个学习和掌握路线决策原则和灵活运用原则进行决策的过程。路线选择是适合采用自主学习法学习的学习材料。

采用自主学习法学习路线选择时可先安排学生查阅路线选择的相关资料，然后观摩其他运动员的路线选择资料，最后按老师提供的路线，进行用不同行进路线完成一个个路段的练习，并对练习结果进行比较分析，最终形成富有自己个性特点的路线选择原则。

（二）探究式教学法

路线选择适合采用探究式教学方法进行教学。采用探究式教学法时，可以由教师首先提出"路线选择的基本原则"，由学生分组讨论，提出各种路线选择原则的假设。接着，由教师提出一条实际的路线，让学生分组讨论各个路段可能存在的行进路线，并估计完成时间。然后，让同组的学生分别按不同的行进路线完成一个个路段，每完成一个路段都应进行讨论，验证选择的路线。最后可按体能分组组织学生进行路线选择比赛，看谁的路线选择最好、最适合。

（三）合作学习

当学生已掌握了基本的定向知识后，在进一步的教学中可以团队赛为组织形式进行合作学习。使用合作学习进行教学时，教师一般采用异质分组，将学生分为若干个团队进行团队赛比赛练习。在出发前，教师给学生安排一定的时间进行讨论和分工，并要求同队学生应在比赛中互相提供帮助。比赛完成后，教师安排学生进行讨论，最后安排每个团队派出一名成员代表团队作总结性发言。

第四节　定向运动技术基本练习手段

定向运动技术基本练习手段是指在定向运动技术教学中，教师为使教学对象尽快地学习和掌握技术所采用的一些与技术动作密切相关的具体练习手段。定向运动技术教学中主要的基本练习手段有安全方位练习、有约束的定向练习、持图走练习、专线定向练习、星形定向练习、盲区定向练习等。

一、安全方位练习

安全方位指可借助指北针定位，引导迷路者到达大而易辨识特征的方位。或在定向活动前，由活动组织者提供给参赛者，以确保参与者能安全返回的方位。

安全方位练习是定向运动技术指导中重要的练习手段，它既是最基本的指北针技能练习手段，又是最基本的运动安全措施和保护手段。在定向运动技术指导中，服务对象进入野外森林中进行定向练习之前，必须进行安全方位练习。

（一）方法一

在室内或操场，利用指北针走方形路线，如图 5-3C；

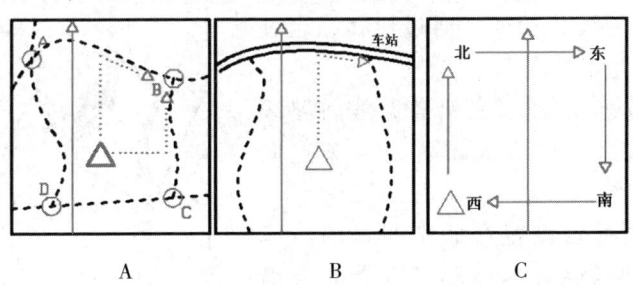

图 5-3　安全方位练习示意图

（二）方法二

（1）在一块具有明显边界（道路）的树林中，给每个练习者发一张地图和指北针。

（2）确定最后的集合地，如图 5-3B 中的建筑物。

（3）确定安全方位，如北方。

（4）练习者自己在林地中确定起点，然后由起点出发向北行进到公路，然后沿着公路向东到达建筑物。

(三) 方法三

（1）在每个交叉路口设置一个点标旗作为集合点，以林地的中心地带作为出发点（图5-3A）。

（2）教师者任意指定一个集合点，练习者两人一组在林地中任选一位置作为起点，然后由起点确定安全方位，沿安全方位到达集合点。在图5-3A中，如果集合点为B，安全方位可以是北，向北到达小路，然后沿小路向西到达B；安全方位也可以是西，向西到达小路，沿小路向北到达B。

二、有约束的定向练习

有约束的定向练习是指进行定向练习时，通过设置标志物、障碍物将练习者限制在一定区域内进行练习的练习手段，是一类保护和帮助性练习方式。有约束的定向常用于少儿刚刚开始进入森林中进行定向练习的阶段，或由有保护的定向向完全独立的定向过渡的阶段，能够加快少儿适应森林中定向的过程。

(一) 方法一 (图5-4)

（1）在简单地图上标出一条简单的路线。沿着简单明显的线状特征，通过树林、越过小溪，甚至穿过灌木林。

（2）用绳索和/或彩旗沿着路线将路线上的特征连起来，在实地布置出一条定向路线。

（3）将检查点设置在非常明显的特征上，最好是在独特的特征上，点标旗挂在绳索上。

（4）让练习者沿着绳索，尽可能快地完成每个检查点。练习者每完成一个检查点，在检查卡上留下记录的同时，在地图上标出检查点的位置。

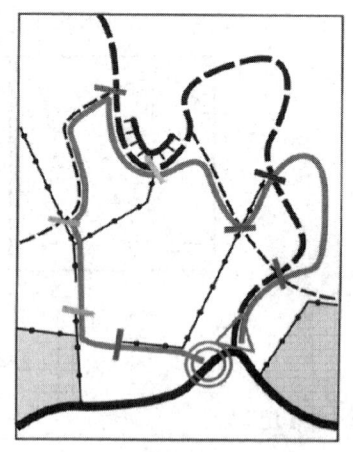

图5-4 有约束的定向练习
方法一示意图

（引自：Carol McNeill, Jean Cory-Wright, Tom Renfrew Teaching Orienteering (2nd ed). Human Kinetics, 1998.）

（二）方法二（图5-5）

（1）在地图上标出一条沿着线状特征的路线，线状特征既应包括明显的线状特征，如道路，也应包括不明显的线状特征，如不同植被区域的边界；

（2）用路线为中心线，在路线两侧一定距离范围内，沿着路线以绳索和/或彩旗作为安全线，隔离出一活动区域；

（3）将大部分检查点沿路线设置在明显特征上，将少量检查点设置在离路线一定距离的明显特征上；

（4）让练习者在安全线范围内进行路线选择，尽可能快地完成每个检查点。

（三）方法三（图5-6）

这是一种将有约束的定向练习与普通路线结合起来，并将有约束的路线作为普通路线的一部分进行练习的方法。有约束的路线通常设置在普通路线中难度较大的部分，如穿越林地的部分（图5-6）。

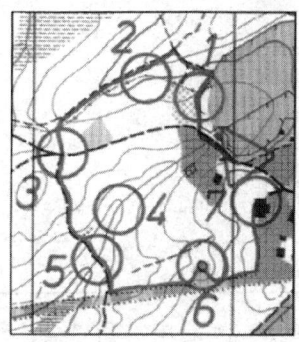 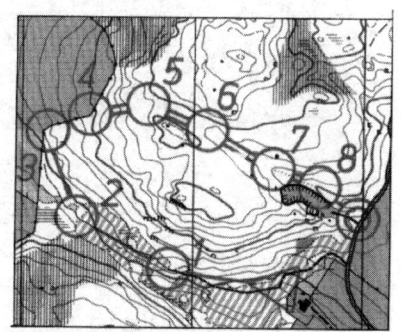

图5-5 有约束的定向练习方法二示意图
（引自：Carol McNeill, Jean Cory-Wright, Tom Renfrew Teaching Orienteering (2nd ed). Human Kinetics, 1998.）

图5-6 有约束的定向练习方法三示意图
（引自：Carol McNeill, Jean Cory-Wright, Tom Renfrew Teaching Orienteering (2nd ed). Human Kinetics, 1998.）

三、专线定向练习

专线定向是一类练习者沿着规定的路线行进，并在地图上标出练习者站立点的练习手段。专线定向是最常用的定向基本技能练习手段，是理解地图符号及符号间的关系、发展标定地图、拇指辅行技能的有效方法。在技术指导中常用的专线定向练习有持图走练习、跟随领头人走练习和经典专线定向练习。

（一）持图走练习

持图走练习是指在地图上标出行进路线，检查点设置在沿着行进路线的特征上，练习者沿着行进路线在实地行走，在行走中将看到的检查点在地图上准确标出的一种练习手段。

持图走是一种适用于初学者的练习手段，能有效地让初学者迅速理解地图符号、理解和掌握标定地图和拇指辅行技术。持图走实质上是一种保护与帮助的指导手段。在持图走练习中，指导者通常与服务对象一起持图行进，在行进中适时地启发、提示服务对象（图5-7）。

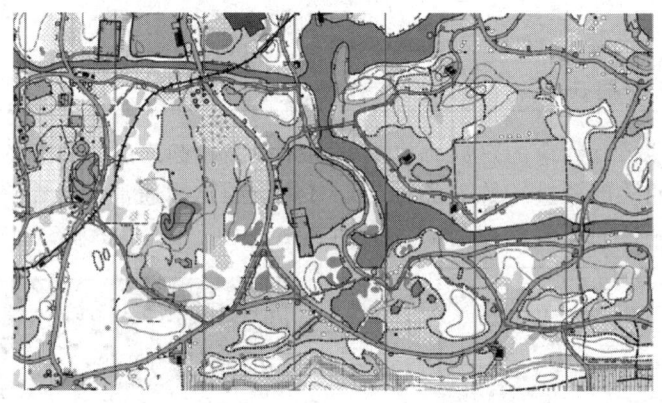

图 5-7 持图走练习示意图

（引自：SILVA Sweden AB. Open Sesame. Idrottens Hus：SISU Idrottsbocker, 1999.）

（二）跟随领头人走练习

跟随领头人走练习是持图走的变式或高级形式，既适用于初学者，又适用于有一定基础的练习者，是一种练习标定地图、拇指辅行、确定站立点、记忆地图的有效手段。练习中教师指定的练习者作为领头人持图沿着自己选择的路线领跑，间隔一定距离（约20米），其他练习者（2~5人）持图在后面跟随。每跑约500~1 000米，领头人停下来，让其他练习者指出目前的站立点，从上一个站立点到达目前站立点的实际路线。

（三）经典专线定向练习

专线定向是指让练习者在实地沿着标绘在地图上规定路线行进。专线定向有三种类型：

（1）地图上和实地中无检查点，练习者沿规定路线前进。这种专线定向较简单，是一种入门的练习形式；

（2）地图上和实地中有检查点，练习者沿规定路线前进，通过检查点来检验练习者是否正确地执行了路线；

（3）地图上无检查点，实地中在规定路线上或规定路线两侧的一些特征上设有检查点。指练习者在沿规定路线行进的过程中，将发现检查点的位置准确地标绘在地图上。包括两种情况：

（1）实时将检查点位置标绘在地图上；

（2）在完成整个专线后，凭记忆将检查点位置标绘在地图上。

专线定向练习适合所有水平的练习者，是提高路线执行能力，特别是标定地图、拇指辅行、等高线认知能力的重要练习手段，同时也可以作为提高地图记忆能力的重要练习手段。专线定向的难度可随着练习者的水平变化。

（1）由室内到室外、由校园到公园、由公园到野外；

（2）由没有检查点到有检查点、由检查点在专线上到检查点在专线附近、由检查点在明显大特征上到检查点在小特征。

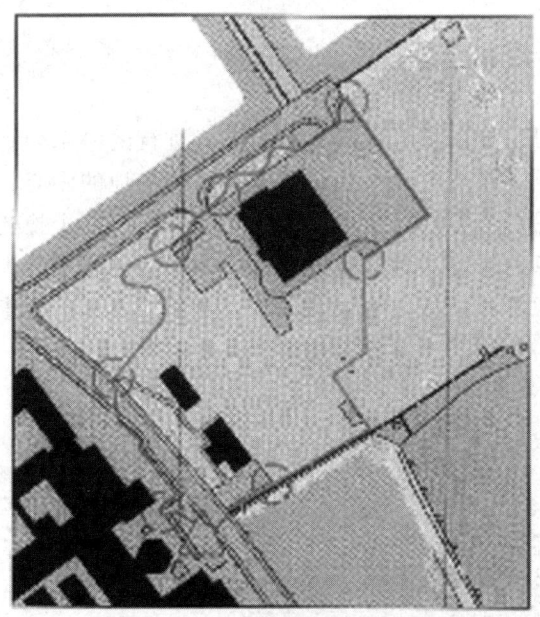

图 5-8　专线定向练习示意图一

（引自：Carol McNeill, Jean Cory-Wright, Tom Renfrew Teaching Orienteering (2nd ed). Human Kinetics, 1998.）

（3）由发生检查点后在地图上实时标出检查点位置到完成整个路线后标出检查点位置。改变可提高专线的难度：由室内到室外，专线由短到长，由没有点到有检查点，由检查点在专线上的特征上到在专线附近的特征上。

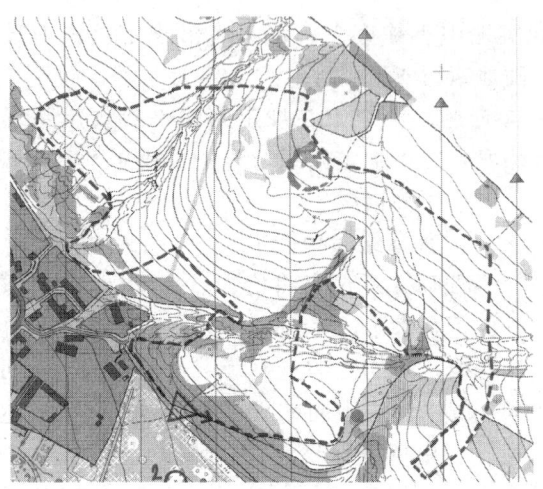

图 5-9　专线定向练习示意图二
（引自：PWT 杨瑞 2003 年杭州讲学资料）

四、星形定向练习

　　星形定向练习是指以星形定向为组织形式进行的一系列练习。在星形定向中，将练习的起点和终点放在一起，设置在练习场地的中心，教师在场地中心指导。参加练习的练习者同时由起点出发，各自完成一个检查点或一条路线返回终点。回到终点后的练习者，可以就练习中遇到的问题与教师进行交流。然后，练习者间交换练习任务，继续练习，直至完成所有的检查点或路线。

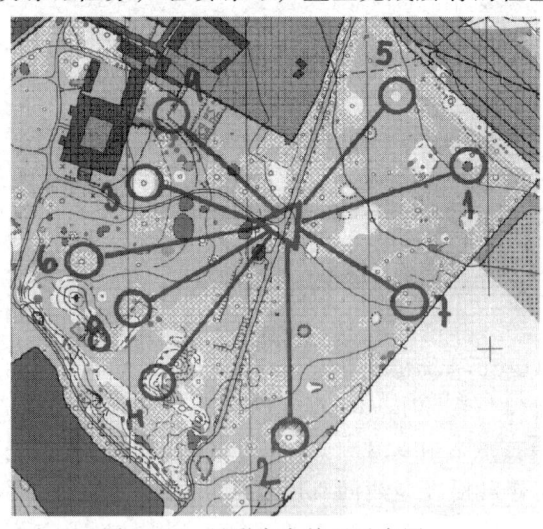

图 5-10　星形定向练习示意图一
（引自：PWT 杨瑞 2003 年杭州讲学资料）

星形定向是一种高效的定向练习组织形式。采用星形定向组织练习，多名练习者同时出发，完成任务后回到场地中心，可以及时得到教师指导，并且能立即将教师的提示应用到练习中。依此循环，直到完成所有练习任务。练习时间的利用率高，练习质量高、练习效果好。

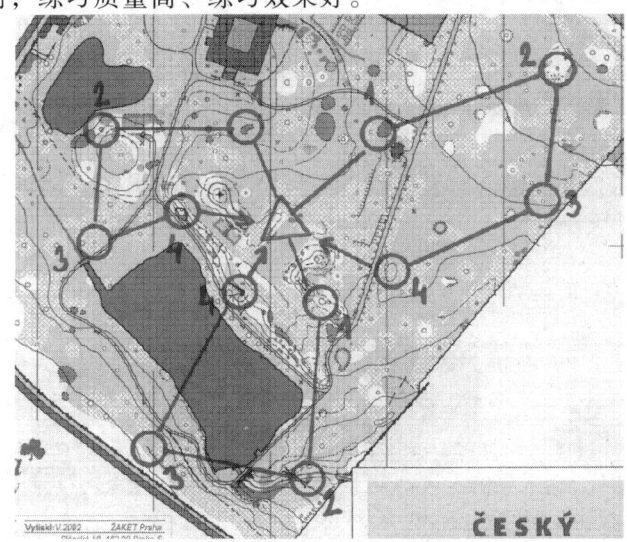

图 5-11　星形定向练习示意图二

（引自：PWT 杨瑞 2003 年杭州讲学资料）

五、盲区定向练习

盲区定向练习是指利用练习路线上带有盲区的地图进行定向技能练习的一

图 5-12　盲区定向练习——经典盲区定向示意图

（引自：Kjetil Kjernsmo. How to Use a Compass. From http://www.learn-orienteering.org/old/）

类练习手段。所谓盲区是指练习路线上被黑色或白色遮盖，而不能提供任何导航信息的地图区域。盲区定向练习是练习指北针技能、培养方向感、距离感的常用练习手段。常用的盲区定向练习包括经典盲区定向、廊式定向、窗式定向、空白图定向等形式。

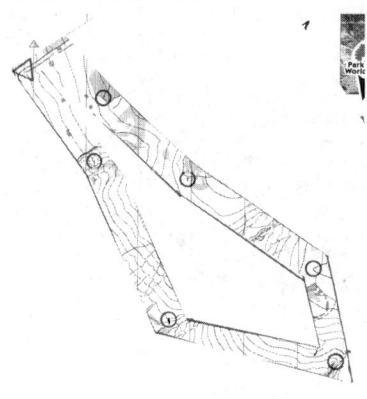

图5-13 盲区定向练习——廊式定向示意图　　图5-14 盲区定向练习——窗式定向示意图

（引自：PWT 杨瑞 2003 年杭州讲学资料）

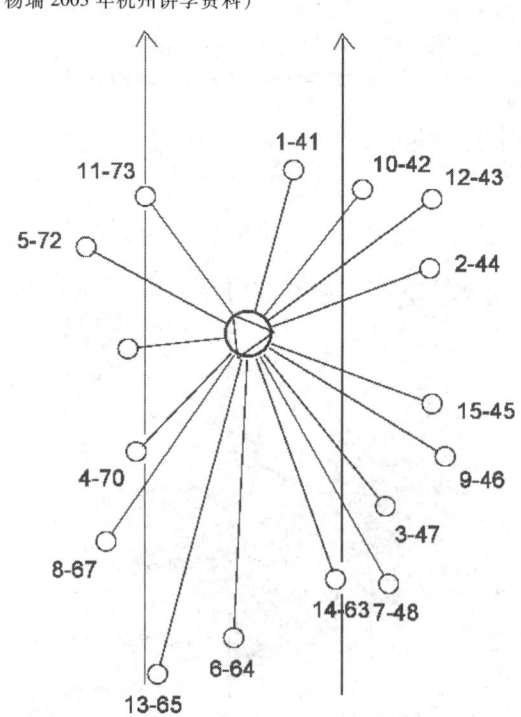

图5-15 盲区定向练习——空白图星形定向示意图

六、教学路线

教学路线是指在地图上标出各种保护与帮助信息,并在实地设有各种保护与帮助标志,指导初学者安全、顺利地完成第一次或最初的几次定向体验的一种练习手段。教学路线是定向运动技术指导的"速成"路线,适用于不能系统参加定向运动锻炼,也不要求熟练掌握定向运动技能,只是想体验定向运动乐趣的参与对象。

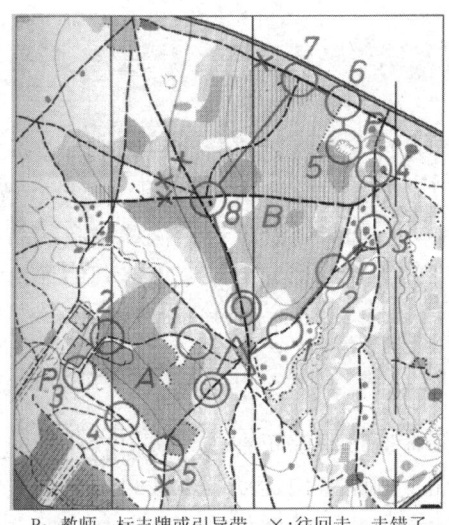

P:教师、标志牌或引导带　×:往回走,走错了

图5-16　教学路线示意图

(引自:Carol McNeill, Jean Cory-Wright, Tom Renfrew Teaching Orienteering (2nd ed). Human Kinetics, 1998.)

第五节　定向运动教学的评价

一、卷面或图上评价法

卷面或图上评价法是让教学对象在试卷、作业簿或地图上完成一定的任务而判断教学对象对定向运动技术知识、理论、技术概念及技术运用条件掌握的情况。卷面或图上评价法是定向运动指导效果评价的基本手段。图上评价法一般采用将参与者走过的路线在地图上标绘出来,教师根据路线合理性进行评价。

二、比赛评价法

比赛评价法是通过组织教学对象进行比赛，根据比赛成绩对定向运动教学效果进行判断的一种方法。定向运动比赛的场地是不断变化的，因此定向运动中的比赛评价法是一种相对评价。但是，定向运动比赛路线的难度在一定程度上是可以控制的，因此定向运动中的比赛评价法也可以看成一种准绝对评价法。

三、交流讨论评价法

交流讨论评价法是在练习后或比赛后组织教学对象进行交流讨论，通过交流讨论的情况判断学习者对定向运动技术知识、理论、技术概念的掌握状态，运动技能的实际运用能力。如果将交流讨论法和比赛法结合起来进行定向运动教学效果评价，通常可以得到对指导效果全面客观的评价。

四、跟踪评价法

跟踪评价法是指教师通过跟踪正在进行练习或比赛的对象，观察并记录他们的运动技能运用状况，判断定向运动教学效果的方法。跟踪评价法是根据定向运动的特点开发的评价方法，能够客观地判断教学对象定向技能掌握和运用的情况，是定向运动技能指导效果评价的特有手段和方法。用跟踪评价法评价运动技能效果时应注意：

（1）教师要预先深入了解练习或比赛路线的情况，最好能亲自体验一次，以对完成练习路线所需要的体能、技能有一个清晰的概念。

（2）从两个检查点之间读图和使用指北针情况、进入检查点技能、离开检查技能、检查点流畅性、奔跑技能、速度调整技能、路线选择技能、出错处理技能、重新定向技能及抗干扰能力等多个方面对教学对象进行观察和记录。

五、定点评价法

定点评价法是指教师站立在路线中的某个点标附近，观察跑动中的教学对象技术实施的水平，从而进行客观评价。相对于跟踪评价法，定点评价更有利于教师对教学对象的技术评价，这是由它的可操作性决定的，教师可以大范围的对学生的技术进行一个总体的观察，但缺点是可能导致评价的片面性。任何一种单一的评价方式都不可能对参与者的技术水平进行客观的表述。

用定点评价法评价运动技能水平应注意：

(1) 观察参赛者在打点的技术流畅性问题，如果出现这样或者那样技术阻滞，应该记录再案；

(2) 教师所处的位置应该不易被学习者发现，保证评价的客观性；

(3) 对发生跟跑和集体打卡的现象要根据实际情况进行评分。

复习、思考与实践

1. 定向运动的教学特点和教学原则包括哪些内容？
2. 分析定向运动色级技术体系的特征。
3. 分析目前定向评价存在的优缺点。
4. 定向运动教学中的安全性包括哪些内容？
5. 定向运动教学设计方案有哪些设计方式，各自的应用对象有什么不同？

第六章　中小学生定向运动教学

本章导读

本章根据中小学《体育、体育与健康课程标准》的要求结合定向运动的教学特点，阐述中小学定向运动教学方法，并对单元教学设计、课时教学设计、常见错误与纠正和教学评价作了详细的举例说明。通过本章的学习，你将做到：

1. 了解中小学定向运动教学的目的和任务；
2. 把握中小学定向运动教学的特点和注意事项；
3. 能根据校园定向教学环境设计适合中小学生的定向教学方案。

第一节　中小学生定向运动教学要点

中小学生定向运动教学与大学生和成年人相比，由于成熟水平、年龄、认知的差异，在教学中具有一些自身的特点。要根据定向运动的特点确定中小学生定向运动的教学要点。只有把握中小学生定向教学要点，才能做出适宜的教学设计。

一、中小学定向运动教学的安全性

中小学生的心智发育不成熟，对风险的控制能力并不强，不能恰当地处理各种意外情况。因此，中小学生定向教学的安全性尤为重要，教师要加强安全指导，教学场地应以简单地形和小范围为主，最后以校园为主，公园为辅，路线设计应充分考虑完成时间和地图范围。

二、在定向运动教学中体能和认知能力的均衡发展

中小学生的定向运动教学应该充分考虑学生的身心特点、教学进度，包括路线长度和技术难度应循序渐进，以基础练习为主，确保体能和认知能力均衡

发展。只有这样，才能提高学生的学习兴趣和学习效果。

三、把定向运动教学当作提高学生品德素质的手段

要充分利用定向运动教学对中小学生进行思想品德和品质教育。定向运动不但是体力的角逐、智力的较量，也是意志品质的考验。教学中要时刻注意培养中小学生勇敢顽强、吃苦耐劳、团结协作的优良品质。

四、把定向运动教学当作促进学生智力发展的手段

中小学生正处于智力发育的高峰阶段，定向运动要求独立思考和灵活果断地独立解决问题，教学中应充分利用定向运动的认知特点促进学生智力的发展。

五、使定向运动教学立足于学生健康发展之上

在教学过程中教师应该向学生系统地传授卫生保健基础知识和运动的基本技能、技巧，增强学生体质，以提高他们的生命质量，发展他们的运动能力，丰富他们的生活内容。

六、中小学生定向运动教学场地选择的广泛性

中小学生定向运动教学的场地选择非常广泛，可以是教室、大厅、操场、教学楼、校园、公园，在教学中既要注意充分利用这些场地资源开展教学活动，又要注意场地的安全和路线的难易程度。

第二节 中小学生定向运动单元教学设计

一、以中小学年龄为依据的教学设计

中小学生基本分布于7~18岁这个年龄阶段。教学设计要注意各年龄层次的认知水平和身体能力以及对事物的理解能力，根据他们所处的年龄段合理设计教学内容和教学进度，进行逐年递进的教学设计，每个年龄阶段都是对下一年龄阶段的铺垫，形成定向运动终生学习和锻炼习惯，与大学阶段的学习形成

良好的对接。中小学生定向运动教学单元设计的关键点是:学习难度的递进要适度,不要过早增加学习难度,以免造成学习兴趣的降低,影响后续学习和实践。

(一) 7~10岁的教学设计

教学对象诊断	大脑发育日益成熟,儿童认知能力的发展对识图和方向感的理解具备一定条件
教学目标	培养空间方位感,发展对二维空间(地图)与三维空间(实地)转换的理解能力即图地对照的能力;建立对定向运动的兴趣;识别简单的定向地图图例,掌握定向运动的简单技能;初步建立地图与实地比例的正比关系;能完成大比例尺的简单地图(校园、小公园)的定向任务
地图准备	室内地图:教室/大厅的平面图;操场(大比例尺)地图或手绘地图;校园、公园(1:1 000~1:3 000)定向地图
技能学习内容	认识定向地图的特殊符号;识别地图颜色、简单的线形地物和建筑物等图例
	折叠地图;利用线状地物行进的技术(扶手法)
	使用指北针识别东南西北的空间方位;利用身边地物在地图上定位;利用指北针标定地图;利用直长的线状地物标定地图
教学方法	在教师指导下持图行进;手绘简单地图;扶手定向;专线定向和积分定向;出发练习。教学组织:单人或双人练习,教师指导,分组讨论,教师巡回指导
教学评价	竞赛游戏,卷面作业,完成简单定向任务

(二) 9~12岁的教学设计

教学对象诊断	9~12岁的少年在情绪、意志的发展逐渐形成,定向地图可以设计较为复杂,路线距离可以适当增加,达到锻炼这个年龄阶段的意志水平
教学目标	发展对定向运动的兴趣;发展识图技能,初步介绍野外定向;通过独立完成定向任务培养自信心
地图准备	适度复杂的地图,如:操场和1:1 000左右的地图;校园、公园、野外(1:3 000~1:5 000)地图

续表

技能学习内容	了解更多的定向地图图例；理解检查卡和检查点说明；建立比例尺的概念
	拇指辅行技术；了解扶手技术；了解攻击点技术；指北针偏向瞄准技术的简单运用；认识简单的等高线地貌（小山，悬崖、平地）
	简单路线选择技术，寻找捷径
教学方法	白色~黄色路线（具体参见第五章色级技术体系，以下同）；在线状特征线路上放置大量的检查点；专线直线定向、积分定向；教学组织：单个或双人练习；给予简单奖励
体能要求	奔跑能力（快乐），游戏，户外中距离路线
教学评价	游戏、卷面作业，完成定向路线任务

（三）13~18岁的教学设计

教学对象诊断	身高增长加快，体重迅速增长，大脑发育渐臻成熟，可以学习中级以上技术
教学目标	熟练使用地图和指北针在各种地形定向，具备路线选择的初步分析和判断能力
地图准备	教室/大厅地图；操场、开阔地、野外地图；校园、公园地图（1∶5 000~1∶10 000）；野外地图（1∶10 000~1∶15 000）
技能学习（初中阶段）	掌握地图图例、比例尺；初步认识基本地貌的等高线描述；认识地图细节图例；绘制简单定向地图
	掌握扶手技术；掌握攻击点技术；指北针技术；路线选择技术；步测法
	概略定向：利用明显参照物通过较长路段；中等难度的精确定向：仔细读图通过短路段
中、高级水平技能学习（高中阶段）	掌握等高线知识，能判别等高线的细节；沿等高线行进；重新定位技术；打卡流程
	各项技术的综合运用；学习简化地图，概略定向和精确定向的实际运用；路线选择技术
	比赛准备和赛后分析

续表

教学方法	黄-橙-红色路线，绿-蓝色路线；教学组织：独立练习，提供奖励
身体要求	奔跑能力（快乐），游戏，户外中、长距离路线
教学评价	游戏，野外定向，卷面作业，颜色识别测试

二、依年龄递进的定向运动单元教学设计案例

案例 6-2-1　小学 4~6 年级单元教学设计

（一）指导思想

本单元根据《体育课程标准》中对小学 4~6 年级的教学要求，关注学生运动兴趣的培养，强调"以学生发展为中心"，确立学生的主体地位，从本学校的实际情况出发，制定实际可行的教学计划。

（二）教学目标

使学生具备主动、积极地参与体育活动的意识和行为；获得基本的体育健康知识；学习基础的运动技能，树立安全意识；养成良好的思想品德，为提高学生的身心健康水平和社会适应能力打下良好的基础。

（三）内容选择

课次	课的内容	教学目标	重点与难点	教学方法
一	1. 简单的户外定向游戏	1. 了解定向运动的含义和历史	重点、难点：激发学习兴趣	1. 教师讲解、示范 2. 师生一起练习
二	1. 认识地图 2. 室内定向游戏 3. 观看定向教学短片	1. 了解地图的意义 2. 学会简单的室内定向运动	重点难点：地图的认知	1. 教师讲解 2. 利用地图、模型和多媒体进行现场演示 3. 学生分组开展室内定向游戏

续表

课次	课的内容	教学目标	重点与难点	教学方法
三	1. 场地定向运动 2. 校园识图练习	1. 学会使用指北针确定空间方位 2. 学会使用指北针标定地图 3. 利用线状特征标定地图 4. 利用身边的地物在地图上定位 5. 结合实地识别地图图例	重点：地图的标定 难点：图~地对照	1. 教师讲解、示范 2. 学生分组讨论、练习 3. 教师巡回指导
四	1. 校园定向练习	1. 运用图地对照的方法寻找检查点 2. 能进行简单的校园定向运动 3. 和同学友好相处、团结互助	重点：图~地对照 难点：准确地找点	1. 教师讲解练习规则和要求 2. 学生分组探究练习 3. 教师帮助、指导、总结

案例 6-2-2　初中基础单元教学设计

（一）指导思想

本单元根据《体育与健康课程标准》水平二的目标，面向没有接触过定向运动的初中一年级学生来进行教学设计，通过各种形式、带有游戏性质的定向活动激发学生的学习兴趣。要求在教学中创设各种情景条件，充分发挥学生主动参与学习的积极性，培养学生互帮互助的优良品质，使学生在"玩中学，学中玩"的过程中，身、心等各方面都得到健康的发展。

（二）教学目标

运动参与目标：让学生积极地参与定向运动，在活动中感受到乐趣。

运动技能目标：理解地图的颜色及常用的地物符号，学习基本的运动方法，了解定向运动的安全问题。

身体健康目标：增强体能，发展身体的协调性和灵敏性。

心理健康目标：体验到参与定向运动的各种感受，培养学生自信、自立、不怕困难的优良品质。

社会适应目标：能够和同学一起练习，一起完成学习任务。

(三) 内容选择

课次	课的内容	教学目标	重点与难点	教学方法
一	1. 定向运动的历史与发展 2. 认识地图	1. 了解定向运动的历史和发展 2. 理解地图颜色的含义，掌握常用地物符号	重点：提高学习兴趣 难点：地图颜色和地物符号与实地对照	1. 利用多媒体进行教学 2. 实物、图片的展示
二	1. 标定地图 2. 图~地对照练习	1. 读懂地图 2. 用直长地物标定地图 3. 学会图~地对照	重点：标定地图 难点：图~地对照	利用线性特征物导航
三	拇指辅行	1. 学会确定站立点 2. 使用拇指辅行法 3. 培养学生团结协作、互帮互助的优良品质	重点：拇指辅行 难点：确定位置	1. 用简单校园地图进行持图走练习 2. 结合拇指辅行进行练习
四	扶手技术	1. 利用线状特征作为扶手对象 2. 学会简单的定向运动技术	重点：扶手定向 难点：准确找点	1. 教师讲解示范 2. 用校园地图进行实地练习

案例6-2-3 初中提高单元教学设计

（一）指导思想

本单元根据《体育与健康课程标准》水平三的具体目标，面向前接触过定向运动，已具备了水平二基础的初二、初三年级学生来进行教学设计，培养学生的创新精神和合作意识，让学生主动地学习，逐渐掌握定向运动的各种基本技术，为学生终身体育打下良好的基础。

（二）教学目标

运动参与目标：能主动地参与到定向运动的学习中。

运动技能目标：初步掌握定向运动的基本技术，学会定向运动的基本技能，了解安全的运动方法。

身体健康目标：发展体能，了解运动与营养的关系。

心理健康目标：养成勇于挑战、不怕困难的优良品质，正确对待所遇到的一切困难。

社会适应目标：关爱他人，积极参与社会上的各种活动。

（三）内容选择

课次	课的内容	教学目标	重点与难点	教学方法
一	1. 定向运动地图理论 2. 指北针知识	1. 进一步理解定向运动地图符号的意义和地图成图原理 2. 了解指北针的结构和功能 3. 室内用指北针标定地图	重点：地图原理 难点：地图的标定	利用多媒体进行教学
二	1. 利用指北针确定方向 2. 距离判断	1. 利用指北针标定地图 2. 学会判断路线距离 3. 学会主动学习	重点：确定方向 难点：指北针和地图的结合	用校园地图进行实地练习
三	1. 攻击点知识 2. 路线选择原则	1. 学会找点的三步曲："方向、攻击点和路线" 2. 了解安全的运动方法	重点：攻击点和路线的选择 难点：快速找点	1. 教师讲解示范 2. 学生分组练习 3. 学生个别练习
四	简化读图	1. 利用攻击点简化地图 2. 利用简化读图来找点 3. 勇于挑战、不怕困难	重点、难点：简化读图	1. 教师讲解分析 2. 学生2~3人一组练习 3. 沿线形地物行进

案例6-2-4 初中单元教学设计

（一）指导思想

本单元根据《体育与健康课程标准》水平一至水平三的具体目标，面向没有接触过定向运动的初二、初三年级学生来进行教学设计，通过多种形式的、带有游戏性质的定向活动来引导学生主动地学习，初步掌握定向运动的基本技术，培养学生的创新精神和合作意识。

（二）教学目标

运动参与目标：让学生积极、主动地参与定向运动的学习。

运动技能目标：学习地图的基本常识，初步掌握定向运动的基本技术，掌握安全运动的方法。

身体健康目标：发展体能，增强身体的协调性和灵敏性，了解运动与营养的关系。

心理健康目标：体验到参与定向运动的各种感受，培养自信，养成勇于挑战、不怕困难的优良品质。

社会适应目标：培养学生团结协作的精神，养成关爱他人的优良品质，积极参与社会上的各种活动。

（三）内容选择

课次	课的内容	教学目标	重点与难点	教学主要方法
一	1. 定向运动的历史与发展 2. 认知地图	1. 了解定向运动的历史 2. 了解地图的基本知识 3. 使学生养成积极、主动的学习习惯	重点：地图认知 难点：地图和实地联系	1. 利用多媒体进行教学 2. 实物、图片的展示 3. 黑板演示 4. 学生进行画图练习
二	1. 标定地图 2. 扶手定向 3. 拇指辅行	1. 利用线状地物标定地图 2. 学会用直长地物进行扶手定向练习 3. 结合扶手进行拇指辅行练习	重点：拇指辅行 难点：标定地图	1. 利用线状地物结合拇指辅行法进行练习 2. 学生分组练习 3. 教师巡回指导
三	指北针原理和使用	1. 了解指北针的原理 2. 使用指北针标定地图 3. 使用指北针确定前进方向	重点：确定方向 难点：指北针和地图的结合	1. 教师讲解示范 2. 用校园地图进行实地练习 3. 学生集体练习
四	路线选择	1. 学会简单的路线选择 2. 培养学生团结协作、互帮互助的品质 3. 掌握安全运动的方法	重点难点：路线的安全性	1. 学生分组练习 2. 用简单校园地图进行路线选择练习

续表

课次	课的内容	教学目标	重点与难点	教学主要方法
五	参照点和攻击点的选择	1. 学会选择参照点和攻击点 2. 利用参照点和攻击点来简化识图 3. 利用简化识图来找点	重点：参照点和攻击点的选择 难点：简化识图	1. 教师讲解示范 2. 学生讨论分析 3. 学生个别练习 4. 教师巡回指导
六	校园定向练习	1. 学习定向运动的基本技术 2. 提高学生的运动技能 3. 培养学生团结协作、关爱他人的品质	重点：安全找点 难点：攻击点确定	1. 沿明显的地物和地貌布点 2. 学生2人一组进行练习 3. 教师指导，学生练习

案例 6-2-5　高中入门单元教学设计

（一）指导思想

本单元根据《体育与健康课程标准》水平一至水平三的具体要求，面向没有接触过定向运动的高中学生来进行教学设计，引导学生在合作学习的过程中掌握定向运动的基本知识、基本技术和基本技能，并熟悉安全运动的方法。

（二）教学目标

运动参与目标：让学生有兴趣地学习，发挥学生学习的积极、主动性。

运动技能目标：学习定向运动的基本知识和技术，掌握定向运动的基本技能，掌握安全运动的方法。

身体健康目标：增强身体素质，发展体能，了解运动与营养的关系。

心理健康目标：体会参与定向运动的感受，培养学生自信、自立、和自理的能力，养成勇于挑战、不怕困难的坚强意志品质。

社会适应目标：培养学生养成良好的合作精神和体育道德，形成积极参加社区体育活动。

（三）内容选择

课次	课的内容	教学目标	重点与难点	教学方法
一	1. 定向运动的概念 2. 地图要素 3. 指北针的结构和原理	1. 了解定向运动的意义 2. 理解地图基本要素和成图原理 3. 学习指北针的结构和原理	重点和难点：地图原理	1. 地图原理利用多媒体进行教学 2. 实物、图片的展示 3. 用粉笔在黑板上演示 4. 沙模演示 5. 师生互动
二	1. 指北针技术 2. 距离判断	1. 利用指北针标定地图 2. 利用指北针确定方向 3. 进行距离判断练习	重点：指北针技术 难点：标定地图	1. 教师讲解示范 2. 学生分组讨论、练习 3. 校园地图实地练习
三	1. 扶手技术 2. 拇指辅行 3. 图-地对照	1. 利用线状特征作为扶手 2. 利用拇指辅行读图 3. 进行图-地对照练习	重点：扶手技术 难点：拇指辅行	1. 利用线状特征进行练习 2. 扶手结合拇指辅行练习 3. 图-地对照练习
四	1. 路线选择 2. 攻击点技术	1. 了解选择路线原则 2. 初步学会选择参照点	重点：路线的安全性 难点：确定攻击点	1. 学生分组自主练习 2. 结合简单校园地图进行路线选择练习 3. 结合路线选择练习进行攻击点练习
五	简化读图	1. 学会简化识图的基本方法 2. 路线和参照点选择	重点和难点：简化地图	1. 路线和参照点选择 2. 学生讨论分析、两人一组分组练习
六	定向运动练习赛	1. 了解正确的打卡技术 2. 培养学生养成良好的合作精神和体育道德	重点难点：准确安全地打卡	1. 教师讲解练习程序和规则 2. 沿线状特征布点

案例6-2-6 高中基础单元教学设计

（一）指导思想

本单元根据《体育与健康课程标准》水平四的具体目标，使学生进一步掌握定向运动的技战术，了解比赛规则，了解合理处理安全问题的方法，发展体能，增强学生自信。

（二）教学目标

运动参与目标：能够科学合理地安排运动时间，自觉地利用各种条件进行定向运动的练习。

运动技能目标：掌握定向运动的技战术，学习比赛的基本规则，能合理地避免安全事故的发生。

身体健康目标：发展有氧耐力、速度和灵敏性。

心理健康目标：增强自信，明确学习目标。

社会适应目标：与同学友好相处，关心外界相关信息。

（三）内容选择

课次	课的内容	教学目标	重点与难点	教学主要方法
一	1. 运动中读图 2. 确定站立点	1. 加深对地图的认知，巩固图~地对照的技术 2. 初步掌握重新定位技术	重点：地图和实地的联系 难点：重新定位技术	在校园内或公园按规定的路线进行持图走和确定站立点的练习
二	概略读图和精确读图	1. 了解概略读图和精确读图的区别和含义 2. 掌握概略读图和精确读图的方法	重点：理解概略读图和精确读图的区别和含义 难点：概略读图和精确读图的正确运用	1. 教师讲解 2. 学生讨论分析，自主练习 3. 师生讨论
三	"红绿灯"技术	1. 理解红绿灯技术 2. 初步掌握定向运动基本战术	重点：红绿灯技术的含义 难点：红绿灯技术的具体应用	1. 教师集体指导 2. 学生集体在校园或公园进行练习 3. 学生分组练习 4. 师生共同讨论分析

续表

课次	课的内容	教学目标	重点与难点	教学主要方法
四	利用较大的山脊和山谷定向	1. 学会判读等高线 2. 利用较大的山脊和山谷定向	重点：理解等高线的 难点：利用等高线判读地貌	1. 教师指导、学生自主学习 2. 学生分组进行实地练习 3. 教师进行现场分析与学生共同探讨
五	定向运动战术	1. 了解定向运动战术 2. 初步学会运动定向运动基本战术	重点：定向运动战术的概念 难点：定向运动战术的实际应用	1. 教师讲解 2. 实地练习 3. 师生讨论
六	野外定向	1. 了解野外定向的相关知识 2. 初步掌握野外定向基本方法 3. 初步掌握合理处理安全问题的方法	重点：野外练习的安全问题 难点：野外练习的组织	1. 在野外定向 2. 学生以组为单位定向 3. 教师指导学生一起参与比赛的组织工作 4. 教师在某些关键点指导

案例6-2-7 高中提高单元教学设计（一）

（一）指导思想

本单元以《体育与健康课程标准》水平五的具体目标为依据，提高学生定向运动的技战术水平和运用能力，增强学生体质，让学生形成良好的学习习惯，养成良好的体育道德。

（二）教学目标

运动参与目标：制订科学的锻炼计划，形成良好的锻炼习惯。

运动技能目标：提高定向运动的技战术水平和运用能力，掌握处理安全事故的能力，了解在野外的相关知识。

身体健康目标：发展肌肉力量和耐力，形成良好的生活习惯。

心理健康目标：能科学地进行锻炼，不怕困难，敢于挑战。

社会适应目标：养成良好的体育道德和合作精神，及时了解外界信息。

（三）内容选择

课次	课的内容	教学目标	重点与难点	教学主要方法
一	确定站立点	1. 培养学生标定地图的能力 2. 掌握选择路线原则	重点：随时确定站立点 难点：路线的选择	1. 在校园内或公园内进练习 2. 2~3人一组练习
二	重新定位	1. 发展重新定位能力 2. 培养处理安全事故的能力	重点：保持良好的心态 难点：重新确定站立点	1. 2人一组一人拿图，另一人跟跑，讨论分析后再换人 2. 学生自主练习，老师指导
三	1. 山地定向 2. 概略定向	1. 等高线的判别 2. 利用大地貌进行概略定向	重点：等高线三维认知 难点：技术的合理运用	1. 教师讲解 2. 学生分组讨论 3. 学生自主探究练习 4. 教师指导、评价
四	短距离与精确定向	1. 学会在短路段中进行精确定向 2. 提高学生的运动技能	重点：图-地对照 难点：速度控制	1. 教师讲解 2. 学生分组练习 3. 教师指导
五	定向战术	1. 了解定向战术的概念和分类 2. 定向战术的运用方法 3. 了解做好赛前准备的重要性及具体程序	重点：战术的概念 难点：战术的应用	1. 教师讲解 2. 学生结合地图讨论分析 3. 教师指导、总结
六	野外定向运动教学比赛	1. 掌握野外比赛规则和安全要求 2. 培养学生大胆尝试、勇敢、果断的品质和团结协作精神	重点：野外方位的控制 难点：技战术的运用	1. 教师讲解比赛规则和安全注意事项 2. 学生以组为单位进行比赛 3. 赛后学生分组进行地图、实地分析 4. 教师指导、点评

案例 6-2-8　高中提高单元教学设计（二）

一、指导思想

本单元以《体育与健康课程标准》水平六的具体目标为依据，增加学生定向文化方面的知识，让学生参与定向活动的组织管理，培养学生参加体育活动能力及参与体育活动组织管理的能力。

二、教学目标

运动参与目标：积极、科学地参加体育活动。

运动技能目标：熟练地运用运动技能，安全地进行体育活动，获得野外活动的基本技能。

身体健康目标：掌握运动和养生的方法，形成良好的锻炼习惯。

心理健康目标：学会正确地分析自己的身体状况来进行练习，能主动地克服各种困难。

社会适应目标：建立和谐的人际关系，具备良好的合作精神和体育道德。

三、内容选择

课次	课的内容	教学目标	重点与难点	教学主要方法
一	定向运动的文化和发展前景	1. 加深对定向运动文化的理解 2. 了解定向运动的价值和发展前景	重点：定向运动的价值 难点：定向运动的文化	1. 通过图片和视频介绍定向运动文化 2. 通过案例和数据分析定向运动的价值
二	1. 复杂检查点 2. 奔跑节奏	1. 学会寻找复杂的检查点 2. 学会在比赛中控制奔跑节奏 3. 学会在复杂的环境中合理地运用技术	重点：复杂检查点的寻找和奔跑节奏 难点：奔跑节奏的控制	1. 教师讲解 2. 学生分组讨论 3. 学生分组练习 4. 教师指导 5. 学生个别练习
三	1. 攻击点技术 2. 各项技术的综合运用 3. 定向安全知识	1. 学会使用攻击点技术找点 2. 学会在中距离定向中综合运用各项定向技术 3. 学会安全地进行定向活动	重点：攻击点的选择 难点：各项技能的合理应用	1. 教师讲解 2. 学生分组讨论 3. 学生分组练习 4. 学生个别练习 5. 教练在关键点指导

续表

课次	课的内容	教学目标	重点与难点	教学主要方法
四	复杂环境中定向战术的应用	1. 学会在复杂环境中正确运动定向战术 2. 培养学生团结协作、互帮互助的优良品质	重点：复杂环境下定向战术的应用 难点：战术的合理运用	1. 教师讲解 2. 学生分组讨论 3. 学生双人、单独练习 4. 教师在关键点指导、点评
五	定向运动比赛组织	1. 学会定向运动比赛的组织方法 2. 建立和谐的人际关系，培养合作精神和体育道德	重点：比赛的组织 难点：赛前准备工作	1. 引导学生探究比赛的组织机构及其职能 2. 分组进行赛前准备 3. 组织小规模比赛

第三节　中学生定向运动课时教学设计

中学生定向运动教学的课时设计应以《体育与健康课程标准》的理念为指导，以学生发展为中心来进行设计。制订课时教学计划时应突出以下几点：

（1）学习目标明确具体。

（2）围绕学习目标选择适宜有效的教学手段和方法。

（3）教学组织形式的设计新颖有效。

（4）创造良好的学习情境，调动学生主动参与讨论

（5）灵活、合理安排各项内容的教学时间。

（6）重视教学安全

案例6-3-1　小学4~6年级课时教学设计

一、指导思想

本课根据小学4~6年级的教学要求，以"健康第一"为指导思想，全面贯彻实施素质教育，突出情境创造和思维开发。本课以"跋山涉水寻宝藏"作为主线，进行情景游戏教学，激发学生的运动热情，开发学生思维，并在游戏中顺利完成本次课的教学任务。

二、教材分析

"跋山涉水寻宝藏"是一项定向运动的基本知识融入"寻找宝藏"的过程中的教材。本教材结合地形知识创设寻宝情境，让师生围绕寻宝的路径展开互动讨论，在讨论中引入定向运动的概念，激发学生学习定向运动的兴趣。

在课前准备一块大的、可以移动的黑板，在黑板上画好山、路、树林、河流和宝藏。准备好相应的跳箱、粉笔、羽毛球、海绵垫和点标旗作为山、路、树林、河流和宝藏的替代物。在学习中，学生可以分组在黑板前或是场地边先分析、讨论练习的路线和方法，再进行练习。

三、教学设计

教学内容："跋山涉水寻宝藏"游戏。

教学目标：①激发学生的学习兴趣；②了解定向运动的基本概念。

重点难点：学习兴趣的培养。

场地器材：篮球场、移动黑板、跳箱、粉笔、羽毛球、海绵垫和点标旗。

教学顺序和内容：

① 课堂常规（3 分钟）（略）。

② 师生布置场地（7 分钟）。

学生动手按照黑板上的画分组布置场地，摆放好跳箱、粉笔、羽毛球、海绵垫和点标旗作为山、路、树林、河流和宝藏。老师负责组织、指导，并提供必要的帮助。

③ 师生一起"跋山涉水寻宝藏"（25 分钟）。

教师活动：教师布置练习任务和要求，巡回指导、和学生一起探究。

学生活动：学生先分组在场地边或是黑板前讨论寻宝路线和方法，再自行练习。

④ 总结分析（5 分钟）。教师和学生一起讨论本次课"寻宝"的路线和方法，进行总结，提出建议，表扬先进。

案例 6-3-2　初中基础单元课时教学设计

一、指导思想

本次课根据初中一年级学生好动、兴趣易激发、表现欲望强烈等特点，采用"情境"教学方法，以学生为主体，发挥学生的积极性、主动性，从而使学生在宽松、和谐的环境里"玩中学，学中玩"，让学生在活动中充分体验到快乐。

二、教材分析

本次课是初中基础单元课时教学的第一次课，属于启蒙课，目的是介绍定向运动的基本概念和特点，通过简单的室内定向游戏，增加学生对定向运动的爱好和兴趣，同时培养学生养成热爱运动的习惯。

三、教学设计

教学内容：①定向运动的含义和特点；②简单的室内定向游戏。

教学目标：①培养学生对定向运动的兴趣；②了解定向运动的基本知识。

重点难点：培养学习兴趣。

场地器材：多媒体教室、教室平面图和六个带号码的点标旗。

教学顺序和内容

1. 导入（15 分钟）

老师提问：大家在放假期间，和家人一起去外地旅游或是去亲戚家时是否走错过路，迷失过方向？

导入本次课的内容：定向运动的概念。

介绍定向运动的特点和运动形式。

教师活动：教师在教学过程中采用提问法和讨论法与学生交流，自然地把定向运动的含义和特点告知学生，采用多媒体教学，展示一些实物：如扩大的地图、点标旗等，以提高学生学习兴趣。

学生活动：学生积极思考并回答老师的提问，在互动中了解定向运动的含义和特点。

2. 室内游戏（25 分钟）

"下面我们一起来做一个游戏"，教师说："先看我在黑板上画的教室平面图"。教师在黑板上展示教室平面图（图 6-1），指出哪里是讲台、哪里是课桌、哪里是教室前门和后门。教师标出六个点标旗的位置、代码、布好点标旗。把练习路线的找点顺序在黑板上写出来，要求学生按规定的号码顺序依次找到各个点标旗，第 1 次和第 2 次练习时连四个点，第 3 次练习

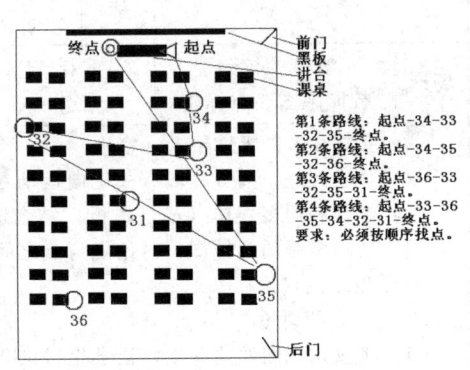

图 6-1 室内练习图

时连五个点，第 4 次练习时连六个点，每次要求 1～2 名学生主动参加练习。其他学生边思考边观察，再增加难度，师生一起练习。

教师活动：采用游戏的形式教学，并要提醒学生不要因为求快而摔跤或是碰到课桌和墙壁。

学生活动：学生积极主动参与练习。

3. 总结分析（5 分钟）

教师总结课堂上所学的内容，强调本次课的学习重点，表扬表现积极、学习认真的同学。

案例 6-3-3　初中提高单元课时教学设计

一、教材

（一）选择参照点。

（二）路线选择。

二、指导思想

本次课是一堂室内教学和室外实践相结合的课，本着以"以学生发展为本"的理念，采用自主学习、探究学习、合作学习的教学方式，为学生创设开放和谐的学习环境，促进学生身心健康发展。

三、教学设计

本次课采用室内课和室外课相结合的方式教学，在课的开始部分通过短片引入本次课的内容，激发学生学习兴趣。再通过学生之间、师生之间在室内的分析探讨，让学生掌握确定参照点和选择路线的原则和方法。然后再让学生以多种形式在校园内实地验证，巩固本次课所学的知识。

教学内容	参照点和路线选择	教学目标	1. 培养自主、协作、探究的学习习惯 2. 掌握通过参照点和路线选择找点的基本方法 3. 发展体能，了解安全运动事项 4. 养成勇于挑战、不怕困难的优良品质
场地	教室、校园 校园地图、点标旗	重点 难点	参照点和路线的选择
一、主题展示、情景导入（室内） （1）师生问好，播放一段有关定向运动参照点和路线选择的短片，引入本次课内容 （2）老师利用多媒体（或是黑板）结合地图讲解参照点和选择路线的方法和原则 （3）展示多张局部地图，讨论点与点之间最适合自己的参照点和路线 ① 学生之间讨论 ② 师生之间讨论 （4）将校园地图发给学生，让学生讨论并按老师的规定画出点与点之间最适合自己的参照点和路线 ① 学生之间讨论 ② 师生之间讨论 二、体验探究、积极参与（室外） 注：本次课采用星形定向练习，起终点在一起。在课前准备中，老师在校园内布好点标旗 （1）学生分成 2~4 人一组练习 （2）老师巡回指导学生练习 （3）在集合地点总结分析，一起讨论 （4）以组为单位，开展找点接力游戏 方法：如图 6-2 所示，全班分成若干组，第一位成员拿一张打卡纸，按顺序找到一个规定的点后，跑回起点，把打卡纸交给下一人，依次进行，最先正确完成所有点的组获胜。			

续表

教学内容	参照点和路线选择	教学目标	1. 培养自主、协作、探究的学习习惯 2. 掌握通过参照点和路线选择找点的基本方法 3. 发展体能，了解安全运动事项 4. 养成勇于挑战、不怕困难的优良品质
场地	教室、校园 校园地图、点标旗	重点 难点	参照点和路线的选择

三、收获成功、愉悦身心
（1）整理放松
（2）师生共同小结
（3）布置作业，收器材，下课

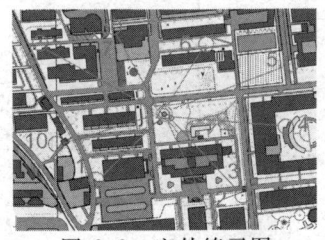

图 6-2　室外练习图

案例 6-3-4　初中单元教学课时设计

一、教材

（一）持图走练习。

（二）用直长地物标定地图。

二、指导思想

通过本次课的学习，学会简单的持图走练习，学会练习用直长地物标定地图，了解定向运动的安全问题，发展身体素质。通过让学生主动学习，共同完成任务，体验参与定向运动的各种感受，培养自信和协作精神。

三、组织教法

本次课以集体练习和分组练习相结合的形式教学，在技术教学过程中运用讲解法和示范法，让学生初步掌握持图走和利用直长地物标定地图的技术，全面完成本次课的任务。

教材	1. 持图走练习 2. 用直长地物标定地图
教学目标	运动参与目标：让学生积极地参与定向运动，在活动中感受到乐趣。 运动技能目标：学会简单的持图走练习，练习用直长地物标定地图，了解定向运动中的安全问题。 身体健康目标：发展身体的协调性和灵敏性。 心理健康目标：通过本次课的学习，体验到参与定向运动的各种感受，培养自信，不怕困难。 社会适应目标：能够和同学一起学习、完成学习任务。

续表

重点		地图的认知	难点		标定地图	场地器材	校园、校园图	课的密度	35%	
课序	时间	课的内容				组织、教法及要求			运动负荷	
									次数	强度
一	2′	1. 整队集合、清查人数 2. 宣布本次课内容，提出学习要求和目标				组织：学生成四列横队 教与学： 1. 体育委员整队集合 2. 老师宣布学习要求和学习内容 要求：集合快、静、齐				小
二	6′	准备活动 （1）绕篮球场慢跑 （2）徒手操				组织：学生成四列横队 教与学： 1. 老师指导 2. 学生练习 要求：服从指挥，动作到位				中
三	14′	持图走练习				组织：将学生分成几组，老师示范作领头人，然后由水平高的学生当领头人 教与学： 1. 学生分组在校园内练习 2. 老师巡回指导 要求：按要求练习，注意安全				中
四	18′	用线状地物标定地图练习				组织：把学生分成几组，由水平高者出任领头人。 教与学： 1. 学生分组在校园内练习 2. 老师巡回指导 要求：认真练习，相互协作				中
五	5′	1. 放松 2. 总结评价 （1）指出优缺点，提出希望 （2）宣布下课				组织：学生成四列横队站好 教与学： 听音乐，师生一起做 要求：全身心放松，注意课后卫生				小

案例 6-3-5 高中入门单元课时教学设计

一、教材
（一）指北针的结构和原理。
（二）指北针标定地图技术。

二、指导思想
本课采用的是自主学习和协作学习相结合的教学方法，根据高中学生的生理和心理特点，以激发学生兴趣，培养学生爱好体育、创新精神和合作意识为目标，引导学生在自主学习与合作学习的过程中掌握本次课的学习任务，并熟悉安全运动的方法，为学生终身参加体育活动打下良好的基础。

三、组织教法
本次课是一堂室内课和室外课相结合的课，在课的开始部分在室内用多媒体或是黑板演示讲解指北针的结构和原理，使学生对指北针有一个初步的感知，然后再让学生通过练习，在运动中体验技术动作要领和学习的快乐。

教材	1. 指北针的结构和原理 2. 指北针标定地图技术	课型	室内课和室外课相结合
教学目标	1. 体验学习的乐趣，领略定向运动的时尚感受 2. 了解指北针的结构和原理，初步掌握使用指北针标定地图的技术 3. 进一步提高学生对定向运动的兴趣，养成良好的体育锻炼习惯		
重点难点	指北针的原理和地图的标定		

课的结构	时间	教学内容	教师活动	学生活动
一	15′	1. 指北针的结构和原理 （1）指北针的结构 （2）指北针的原理 把指北针形容成一个双手侧平举并俯卧的人，人的上半身表示指北针的北方，下半身表示指北针的南方。学生都知道"上北、下南、左西、右东"这句话（图6-3）	组织：室内 1. 利用多媒体或黑板讲解指北针的结构和原理 2. 要求学生先在室内练习 3. 师生讨论学习 4. 分析总结 图 6-3 指北针原理示意图	1. 学习指北针的结构和原理 2. 在指北针表面上找出"东西南北"四个方位 3. 在室内用指北针找出地图上"东西南北"四个方位 要求：认真听课，积极思考

续表

课的结构	时间	教学内容	教师活动	学生活动
二	25′	2. 指北针标定地图技术（图6-4） （1）指北针和地图的正确持法 （2）用指北针标定地图 图6-4　标定地图练习图	组织：室外 1. 老师讲解示范指北针和地图的正确持法和"红对红"原则 2. 师生讨论分析技术动作 3. 教师指导、纠正错误 4. 分析总结 5. 要求学生按照右图所示；从起点开始，沿着所规定的路线前进，进行用指北针标定地图练习	1. 结合地图掌握指北针的正确持法 2. 讨论分析用指北针标定地图的技术动作要领 3. 分组练习 4. 学生独自练习 5. 互帮互助，合作学习 要求：独立思考，相互帮助
三	5′	1. 放松操 2. 总结评价	1. 组织学生放松练习 2. 总结，表扬鼓励学生	1. 成四列横队站好 2. 积极参与，放松身心 3. 师生互动 要求：轻松愉快
运动密度	25%	平均心率	110~120次/分	场地器材	指北针、地图、点标旗

案例6-3-6　高中基础单元课时教学设计

一、教材

（一）持图走。

（二）确定站立点。

二、指导思想

本课时教学设计以学生为主体，结合学生身心特点，在进行持图走和确定站立点的练习中充分发挥学生的主观能动性，不仅让学生的运动技能得到发展，而且学习能力得到提高，促进学生全面发展，培养学生终身体育意识。

三、组织教法

本次课组织形式有个人、小组活动和集体活动几种形式，在课的开始部分利用游戏创建良好的课堂气氛，教学中采用了设疑引导、探究学习等学习方法，调动了学生主观能动性的发挥，使学生的技能和身心得到全面发展。

教材	1. 持图走（专线定向） 2. 站立点练习		场地器材		
课的任务	1. 认知目标：能理解持图走和找站立点的动作要领 2. 技能目标：掌握正确的技术动作 3. 健康目标：能合理地安排训练时间和内容，自觉地进行体育锻炼 4. 情感目标：敢于表现自我，能和同学友好相处，一起完成学习任务				
重点	地图和实地的联系	难点	重新定位技术	课的密度	45%
课的结构	时间	教学内容	教与学	次数	时间	强度
一	2′	课堂常规（略）	1. 体委组织整队、清查人数 2. 教师宣布本课内容、任务 组织：四列横队		2′	小
二	6′	准备活动 1. 队列练习 2. 游戏（略）	1. 教师示范，讲解 2. 学生认真练习 组织：游戏方式	4×8拍	4′	中
三	12′	持图走练习 要领：在地图上标出行进路线，在沿行进路线的特征上设置检查点。练习者沿着行进路线在实地行走，在行走中将看到的检查点在地图上准确标出	1. 老师讲解示范 2. 适时提醒学生注意地图符号 3. 时刻注意标定地图和运用拇指辅行技术 4. 在持图走练习时，老师和学生一起持图行进，在行进中适时地启发、提示学生 5. 学生自由分组练习 6. 老师巡回指导、适时提问 组织：分组和集体练习相结合		12′	中

续表

课的结构	时间	教学内容	教与学	次数	时间	强度
四	20′	寻找站立点游戏 1. 在实地中找出地图上的站立点 2. 在地图上找出实地中的站立点	1. 讲解地图和路线 2. 学生读图、识图 3. 学生分组交流与讨论 4. 学生练习，相互提问，看谁找得快，合作学习 要求：互相交流、团结协作，解决问题		20′	中
五	5′	1. 放松操 2. 总结本次课 3. 下课	组织：四列横队 要求：随教师做放松操，散点站位，轻松愉快	4×8拍	5′	小

案例6-3-7 高中提高单元课时教学设计（一）

一、教材

（一）等高线的识别。

（二）概略定向。

二、指导思想

本次课以提高学生运动技能，增强学生体质为宗旨。通过教师的引导，师生互动，营造和谐、融洽的课堂气氛，让学生积极投入到学习中，养成良好的体育道德和合作精神，从而达到学会知识、掌握技术、提高技能，增强身体素质，渗透德育教育的目的。

三、设计思路

本次课在课的开始部分就对野外练习的安全问题作了说明，预防安全事故的发生。在进行等高线识别练习时采用原地和慢走相结合的形式练习，通过从实地中找出在地图上标明的地貌特征和从地图上找出实地中的地貌特征两种练习方法，让学生进一步理解等高线的概念和成图原理。在概略定向的学习中采用集体教学和分组教学，让学生在讨论中、在合作中学习，完成学习任务。

教材	1. 等高线的识别 2. 概略定向		课型	室外课
教学目标	1. 学习等高线的识别和概略定向的技术，了解野外运动的相关知识。 2. 发展肌肉力量和耐力，形成良好的体育锻炼习惯。 3. 培养学生良好的体育道德精神。			
重点难点	等高线以及大的山丘和山谷的实地判断。			
课的结构	时间	教学内容	教师活动	学生活动
一	3′	课堂常规（略）	1. 宣布课的内容和野外学习安全注意事项 2. 安排见习生	1. 体育委员整队集合、清查报告人数 2. 全班成四列横队 要求：认真听讲，明确学习内容和要求，了解安全注意事项
二	5′	热身活动	1. 有序地把学生组织到户外练习场地 2. 强调热身运动的重要性	1. 进行徒手操或慢跑练习 2. 全班按四列横队或两路纵队站 要求：积极活动，防止受伤
三	15	等高线的识别	1. 通过学生已掌握的等高线知识，实地判断大的山背和山谷 2. 教师讲解分析 3. 让学生按水平分组练习 4. 教师巡回指导	1. 采用原地和慢走相结合的方法练习 2. 从实地中找出在地图上标明的地貌特征 3. 从地图上找出实地中的地貌特征 4. 分组练习、相互合作 要求：注意安全，积极思考，密切配合
四	17	概略定向	1. 结合实地实际情况，介绍概略定向的要领和基本方法 2. 结合实地实际情况，介绍概略定向应用的基本情况 3. 组织学生分析讨论 4. 组织学生练习	1. 根据教师的介绍，认真思考、积极讨论 2. 分组练习，相互鼓励 3. 互相提问，共同完成学习任务 要求：注意安全，团结协作

课的结构	时间	教学内容	教师活动	学生活动
五	5′	放松总结	1. 组织学生做放松操 2. 总结本堂课的学习情况 3. 下课。	1. 积极放松 2. 认真听讲，共同参与小结，明确存在的问题 要求：动作放松，心情愉快
运动密度	45%	平均心率	110~120次/分	场地器材	户外、地图

案例6-3-8　高中提高单元课时教学设计（二）

一、教材

定向运动比赛的组织

二、指导思想

本次课以学生为主体，教师为主导，共同参与，共同学习，共同讨论，较好地实现教学目标。实现教学从被动向主动转变，从教向学转变，从重结果向重过程转变，从传授知识学习向研究性学习转变，从单项能力向综合能力转变。让学生参与到定向运动的组织和管理当中来，使学生既能参与体育活动也能参与体育活动的组织和管理工作。既锻炼了学生体魄，又让学生学会建立和谐的人际关系，具备良好的合作精神和体育道德。

三、设计思路

本次课首先采用慢跑熟悉场地和比赛流程的方法教学，使学生既熟悉了比赛的基本流程，又达到了热身的效果。在课的基本部分，通过比赛的形式教学，教师先讲解裁判和参赛学生的各项注意事项，用言语激励，评价反馈等，激发学生的活动兴趣，使学生在比赛中发现问题，又在比赛中解决。最后由老师评价总结，表扬优秀，鼓励后进。

教学内容	定向运动比赛的组织	场地	校园、校园图、标志杆、标志绳、点标旗等
教学目标	1. 组织校园定向比赛 2. 提高学生耐久跑和识图能力 3. 培养学生独立思考、独立解决困难和果断决定的能力	重点难点	人员的安排、赛前的准备工作

一、课堂常规（2分钟）

（一）师生问好。

（二）体育委员整队，报告人数。

（三）宣布本次课内容。

续表

教学内容	定向运动比赛的组织	场地	校园、校园图、标志杆、标志绳、点标旗等
教学目标	1. 组织校园定向比赛 2. 提高学生耐久跑和识图能力 3. 培养学生独立思考、独立解决困难和果断决定的能力	重点难点	人员的安排、赛前的准备工作

（四）检查服装安排见习生。
组织：四列横队。
要求：集合快、静、齐。

二、慢跑（5分钟）
本节课的起终点和各个检查点在课前就要准备好，每个点标旗上写好特定的号码。起终点设计要求相距不远，让学生从起点开始，经过附近几个检查点，再慢跑回终点，这样循环练习，既熟悉了比赛的基本流程，又达到了热身的效果。
组织：两路纵队。
要求：队列整齐，注意观察。

三、赛前准备（6分钟）
（一）提出安全注意问题。
（二）讲解裁判规则、安排学生裁判。
（三）讲解比赛规则和注意事项，要求学生把自己所跑路线上各个检查点特定的号码按顺序写在地图上规定的地方。
组织：四列横队。
要求：认真听教师讲解，积极思考设计路线。

四、比赛（23分钟）
（一）把学生分成若干组比赛。
（二）裁判和参赛学生互换练习。
教师活动：
（一）组织学生成散点站立。
（二）教师讲解方法及规则，事先把地图发给学生。
（三）教师在场内提醒学生遵守规则，及时指导学生练习。
学生活动：
（一）认真练习，积极配合。
（二）队员间相互鼓励，努力争取胜利。

五、总结分析（8分钟）
（一）学生返回场地分析纠正错误。
（二）老师和学生一起分析。
（三）学生边分析，边放松。
（四）老师在边分析，边总结。

第四节 中学生定向运动技术教学方法

在定向运动中,许多技术对不同水平的学习者有不同要求。定向运动技术教学,要根据学生的年龄、水平采用不同的教学方法,以达到掌握不同技术的目标。本节以读图、选择路线、使用指北针基本技术为例,介绍针对不同年龄阶段和不同水平学生的教学方法。更高水平技术的教学可参见第十二章:定向运动技术训练。

一、读图技术教学方法

对于定向运动技术学习来说,读图是最基础、最重要的技术。迅速、准确地读图是提高定向运动水平的关键。

(一)对于初中生或没有基础的学生,读图技术的教学主要是让学生掌握地图的基本知识,了解地图颜色和地物符号所表示的特征,掌握图-地对照、折叠地图、拇指辅行、利用线状特征标定地图等技术,教学场地以校园为主。

1. 读图技术教学方法示例一

目的:掌握折叠地图和拇指辅行的基本技术动作。

教学方法:

(1)交代折叠地图和拇指辅行的技术要求,准备若干张教室平面图,标注起终点和若干个检查点,并把教室平面图画在黑板上(或是通过多媒体展示出来)。

(2)学生先在座位上练习折叠地图和拇指辅行技术动作。

(3)在教室内边移动边练习折叠地图和拇指辅行技术动作。

(4)在室外利用校园图进行以上练习。

2. 读图技术教学方法示例二

目的:进行标定地图和图-地对照练习。

教学方法:

(1)选择地图上的路、电线以及围墙等线状地物作为参照物,使它们与实地的地物一一对应,地图即被标定(图6-5)。

(2)在一个视野开阔的位置站立分析地图、对照地形和分析地形、

图6-5 利用直长线地物标定地图练习

进行图-地对照练习。

（3）在运动中进行上述练习，并根据熟练程度加快运动速度。

（4）如果实际站立点低于周围地形，就应以站立点为圆心，由远到近分析站立点周围地形，如果实际站立点高于周围地形，就应以站立点为圆心，由近到远分析站立点周围地形。

（二）对于高中生和有基础的学生，读图技术的教学主要是在确保安全的情况下，把学生带到公园或野外去学习，通过分解教学等方法，强化学生图-地对照、折叠地图、拇指辅行和标定地图等技术动作，并要求学生初步简化识图、记忆读图、提前读图、概略读图和精确读图等综合技术。

1. 读图技术教学方法示例一

目的：强化学生图-地对照、折叠地图、拇指辅行和标定地图等技术动作。

教学方法：

（1）在室外进行图-地对照、折叠地图练习。

（2）结合地图上的检查点在行进中进行图-地对照、折叠地图、拇指辅行的练习。

（3）利用指北针标定地图。

2. 读图技术教学方法示例二

目的：强化折叠地图和拇指辅行的技术动作，要求学生掌握简化地图、记忆读图、提前读图等技术要领。

教学方法：

（1）星形定向练习法之一：将起点和终点放在一起，设在练习场地的中心（图6-6），在起点为每个检查点放置一张地图，几个学生用20秒的时间看图后同时起点出发，各自完成一个检查点返回终点。然后交换路线，继续练习。

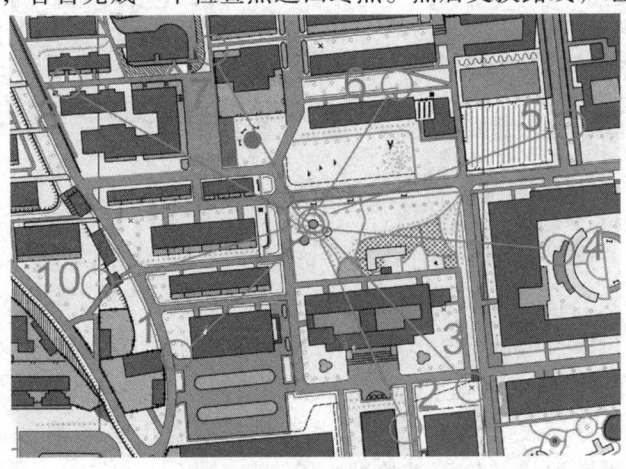

图6-6　星型定向练习一

（2）星形定向练习法之二：各自完成2个检查点或是3个检查点再返回终点。然后交换路线，继续练习（图6-7）。

（3）学生在练习过程中不带图，在起点和每个检查点准备一张地图，标示出下一检查点的位置，学生分批出发，采用记忆地图和提前读图技术进行练习。

（4）在上一方法上增加难度，在起点和每个检查点上准备一张地图，标示出下两个检查点的位置，学生分批出发，采用记忆地图和提前读图技术进行练习。

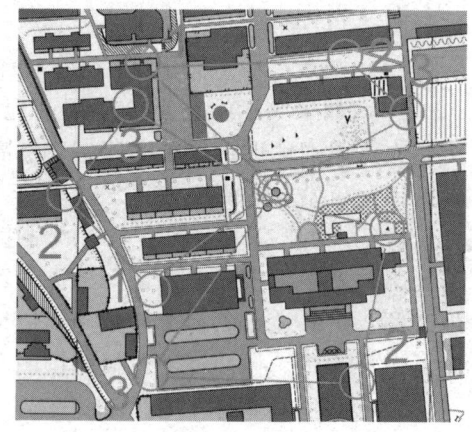

图6-7　星型定向练习图二

3. 读图技术教学方法示例三

目的：初步掌握概略读图和精确读图技术。

教学方法：

（1）讲解概略读图和精确读图技术的概念和区别，在室内用多媒体在地图上分析概略读图和精确读图技术，要求学生用手在地图上画出该注意和该忽略的细节。

（2）概略读图是指：在快速行进的过程中，忽略小的特征，核对大而明显的特征与实地一一对应的读图技术。在室外进行概略读图技术练习时，仅核对用黑圆描绘出来的特征（图6-8）。

图6-8　概略读图示意图

（3）精确读图是指：在快接近检查点和途径比较复杂的地形地貌的地段时核对地图上大部分特征与实地中一致的读图技术（如图6-9）。

（4）结合概略读图和精确读图技术进行"红绿灯"综合练习（图6-10）：学生从出发点开始，经过两个池塘、一个居民区、一个植被分界处到达最后一个池塘，在这段距离内奔跑速度可以加快，读图时注意大的明显的特征，可采用概略读图和绿灯速度，从最后一个池塘到检查点上必须降低速度，仔细读图，采用精确读图和"红灯"速度。

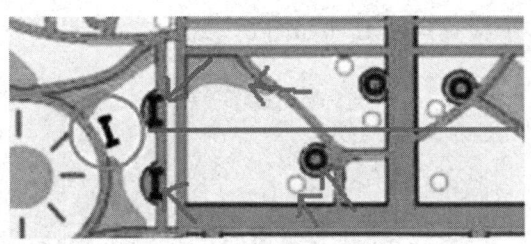

图 6-9　精确读图示意图

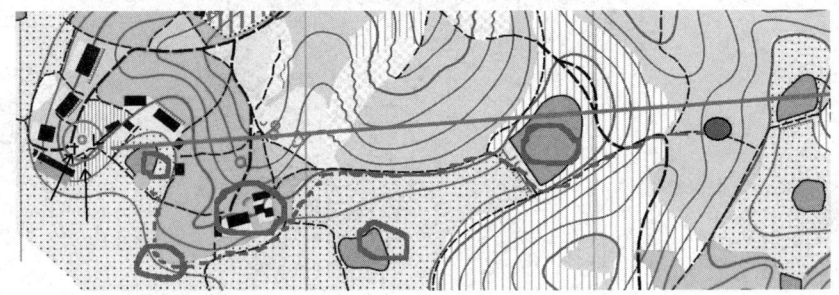

图 6-10　概略读图和精确读图技术结合练习示意图

二、路线选择教学方法

路线选择是指在检查点之间选择最适合自己的、最快捷的路线，是定向运动的核心技术与精髓所在。

（一）初中生和没有基础的学生学习路线选择技术主要是掌握扶手技术、攻击点技术和偏向瞄准技术。

1. 路线选择技术教学方法示例一

目的：学习用明显的地物作为攻击点。

教学方法：

（1）利用多媒体在大屏幕上演示攻击点的选择和攻击点技术。

（2）准备一张画好路线的地图，让学生在室内练习。

（3）实地的单个检查点练习（如图 6-11A 和 6-11B）。

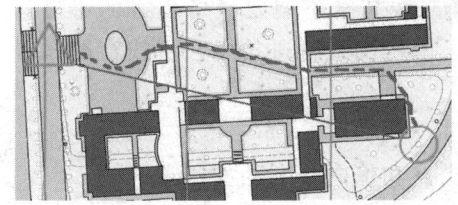
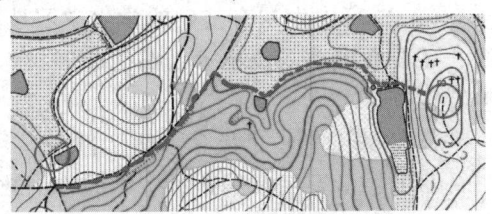

图 6-11A　单个检查点练习示意图　　图 6-11B　单个检查点练习示意图

(4) 实地的多个检查点练习（如图6-12）。

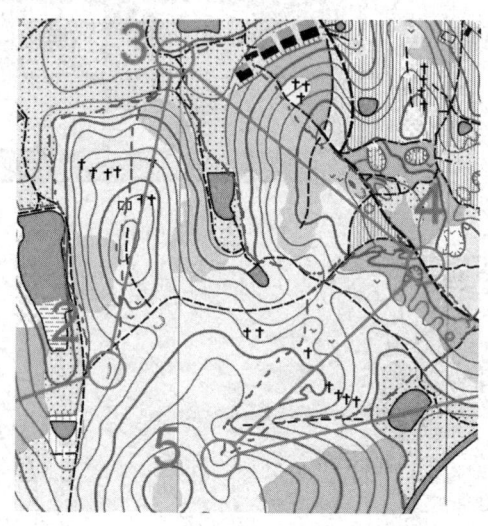

图6-12　多个检查点练习示意图

2. 路线选择技术教学方法示例（二）

目的：在简单的地形中学习偏向瞄准技术。

教学方法：

（1）准备一张标有3个到5个检查点的地图，先每次练习一个点，边练习边分析，如下图：要找到位于水坑的检查点，最好是沿着植被分界线从西北方向往东南方向搜索（如图6-13）。

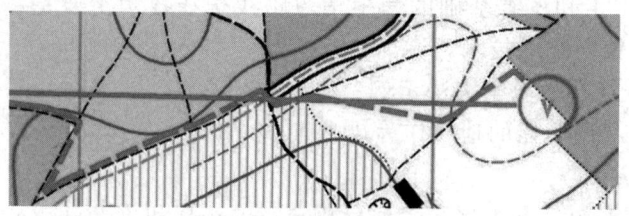

图6-13　偏向瞄准技术练习

（2）运用偏向瞄准技术进行连续找点练习，在练习中运用指北针练习。

（二）高中生和有基础的学生学习选择路线技术不但要具备良好的心理素质，还要掌握攻击点技术、偏向瞄准技术、沿等高线行进技术、直线穿越和导航特征等。

1. 路线选择技术教学方法示例一

目的：学习用复杂地物、地貌作为攻击点和偏向瞄准的控制点。

教学方法：图6-14中，在攻击6号检查点时，不要盲目去找点，应把6号点西北面的小路和植被分界处作为攻击点和偏向瞄准的控制点，到了攻击点时：

放慢奔跑速度、标定好地图、估计好距离。在攻击 7 号检查点时，应把 7 号检查点西南面的电线、小路和植被分界线的交叉处作为控制点，按照以上步骤找点。

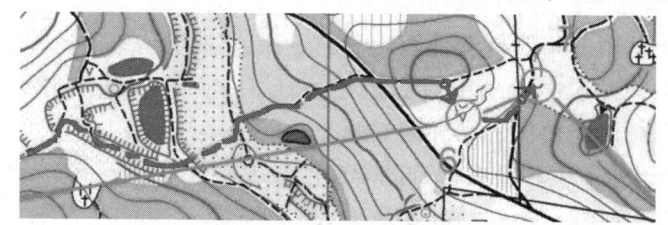

图 6-14　用复杂地物、地貌作为攻击点

2. 路线选择技术教学方法示例二

目的：学习运用沿等高线行进、直线穿越和导航特征等技术。

教学方法：

（1）等高线是一种非常重要、非常好的地貌特征，沿着同一高度的地方跑，既节省了体能和时间、又不容易迷失方向（图 6-15）。

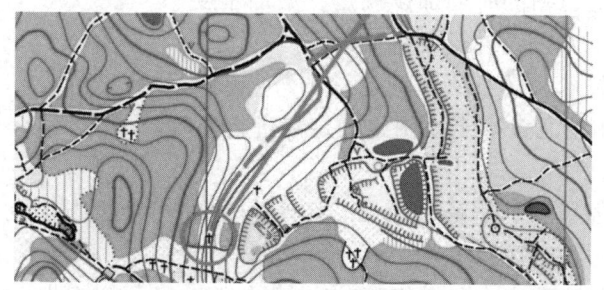

图 6-15　沿等高线行进

（2）在行进过程中的地势较平缓，可跑性极高的情况下，可考虑采用直线穿越的技术，在练习过程中，练习者在方位感知、距离确定和重新定位等方面，都要具备很好的能力，要充分利用行进过程中两边的地物和地貌细节特征来导航（如图 6-16）。

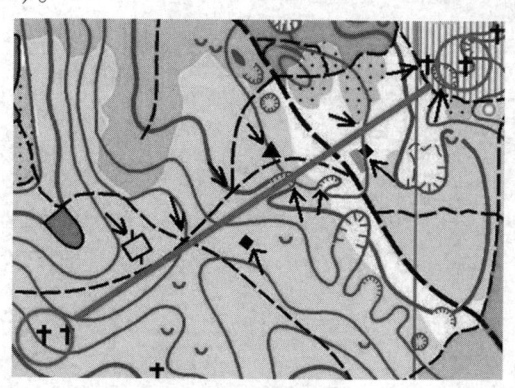

图 6-16　直线穿越和导航特征

三、指北针技术教学方法

在定向运动中，指北针和地图一起起着标定地图、确定运动方向和运动路线的重要作用，在定向运动中只有把指北针、地图和实地三者有机地结合起来，才能达到简便、快捷、准确的效果。

（一）对于初中生和没有基础的学生主要是要求他们了解指北针的结构和原理，利用指北针标定地图、确定前进方向等。

1. 指北针技术教学方法示例一（室内练习）

目的：了解指北针的结构和原理，利用指北针标定地图。

教学方法：

（1）在室内用多媒体或是黑板演示指北针的结构和原理。

（2）在课桌面上利用指北针进行标定地图练习。

（3）对标定地图的时间加以规定，增加难度。

（4）学生2人一组进行互帮互助练习。

2. 指北针技术教学方法示例二

目的：利用指北针标定地图、确定前进方向等。

教学方法：

（1）在田径场或是篮球场练习，沿着场地的边线边走边利用指北针标定地图（注意红对红原则）。

（2）地图的磁北方向线要随着前进方向的改变而时刻与指北针的磁北方向保持一致（注意：人转左、图转右，人转右、图转左的规律）。

（3）在地图上设计多条共用一个起点的路线，沿着线状特征布点（如图6-17所示）。

图6-17　利用指北针标定地图、确定前进方向

（4）要求学生按"二步法"完成练习。

① 标定地图，确定站立点。

② 确定前进方向，找点。

注意：练习时要求学生先标定地图，再前进，技术熟练后可以在行进中边标定地图，边找点练习。

（二）对于高中生和有基础的学生主要是要求他们掌握利用指北针进行直线穿越和精确导航等技术练习。

1. 指北针技术教学方法示例一

目的：在野外进行标定地图的练习，学习利用指北针进行直线穿越。

教学方法：

（1）在野外进行原地标定地图的练习。

（2）在野外边行进边结合拇指辅行进行标定地图的练习。

（3）翻越或是穿越没有很好导航特征的山地或是开阔地，利用指北针结合偏向瞄准技术进行穿越练习，从 14 号到 15 号点，先找到围墙的西北角，再利用指北针导航技术找 15 号点（如图 6-18 所示）。

2. 指北针技术教学方法示例二

目的：学习指北针精确导航技术。

教学方法：

（1）把"廊式定向"和"窗式定向"有机地结合起来练习。

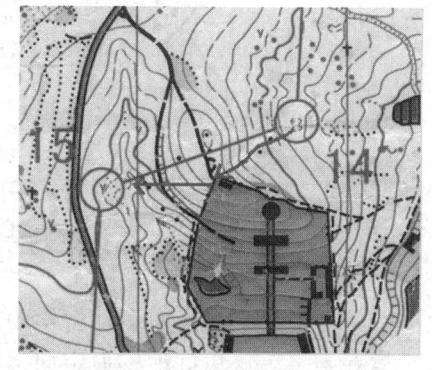

图 6-18　直线穿越练习

（2）把地图上不要的地方用黑色或白色涂去（也可以用"画图"或 OCAD 软件处理），绘制出如图 6-19 所示的训练用图。

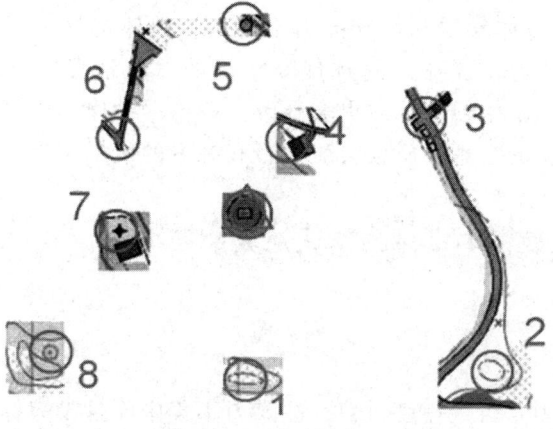

图 6-19　精确导航 A

（3）在空旷地上进行百米定向练习，练习者利用指北针判断前进的方向，寻找检查点（图6-20）。

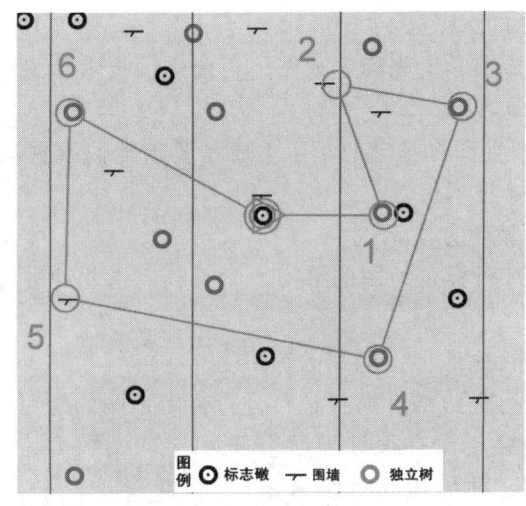

图6-20 精确导航B

第五节 在中学生定向运动教学中常见的错误及其纠正方法

了解中学生在定向运动教学中易出现的常见错误及其纠正方法，不但有利于指导学生更快更好地掌握定向运动技能，也能有效地避免运动伤害。

中学生在定向运动教学中出现错误的主要原因可能是：（1）教师动作技术概念讲解不清，导致学生出现理解错误，无法抓住关键技术环节；（2）教师安排的教学内容和指导方法与学生的接受能力有差距，导致出现错误的动作；（3）学生的身体素质和认知能力不均衡导致体能好、识图差的学生跑过头，体能差、识图好的学生在对体能要求高的复杂地形中出现认知错误。另外，在疲劳的情况下学习和练习也会导致一些错误动作的出现。学生原有的一些错误技能、学生的心理素质也会对学习和练习的效果产生很大的影响。

一、在水平二教学中常见的错误及其纠正方法

迷失方向
1. 错误原因
最常见的原因是行进速度过快，注意力不集中而且没有标定好地图。

2. 纠正方法

控制行进速度，强调在练习中集中注意力，标定好地图再前进。

二、在水平三教学中常见的错误及其纠正方法

（一）指北针标定地图不准确

1. 错误原因

对用指北针标定地图的原理理解不准确、对指北针的操作不熟练，指北针磁针与地图磁北线没有完全平行、地图没拿平、指北针持握位置不当，导致在观察指北针磁针与地图磁北线的位置关系时出现偏差。

2. 纠正方法

理解指北针标定地图的原理，在进行指北针技术练习时注意技术细节，培养规范的指北针使用习惯。

（二）180°错误

180°错误是指在用指北针确定行进方向时，确定的行进方向与实际行进方向正好相反。

1. 错误原因

对指北针磁针的判读错误，指北针磁针与地图磁北线平行，但磁针的指向与地图的磁北线正好相反。

2. 纠正方法

在确定前进方向时，在使磁针与磁北线平行的同时，注意使磁针方向与地图磁北线方向保持一致，时刻注意"红对红"。

三、在水平四教学中常见的错误及其纠正方法

提前停下来

1. 错误原因

提前停下来的原因主要有：站立点错误、没有提前读图、距离判断失误、导航特征与导航能力不匹配、没有注意地图比例尺等，主要原因是拇指辅行和提前读图技能不过关。

2. 纠正方法

加强拇指辅行、提前读图、判断距离、简化地图等练习，养成拿图先读比

例尺的习惯。

四、对水平五教学中常见的错误及其纠正方法

（一）精确读图时迷失位置

1. 错误原因

简化地图不够好、受相似特征的干扰、不能根据地形调整速度。

2. 纠正方法

加强提前读图、简化地图练习和速度调节技能的培养。

（二）平行错误

平行错误是指误用与目标特征相似且平行的特征确定站立点而导致的站立点定位错误，或指误用与目标特征相似且平行的特征确定行进方向而导致的行进方向错误。

1. 错误原因

读图太粗心或速度太快，导致混淆相似地形。

因疲劳导致读图错误。

2. 纠正方法

认真读图，提前预防前进方向上出现的平行错误。

控制体能与认知能力的均衡，在疲劳的情况下降低速度，保持头脑清醒，保证读图质量。

第六节　对中学生定向运动教学的评价

教学评价是教学工作的重要组成部分，是检查学生学习情况和教师教学质量的有效方法。通过教学评价，有助于调动学生的学习自觉性和积极性，激发学生努力学习、刻苦锻炼，达到巩固提高定向运动技术和增强学生体质的目的；同时，也为教师总结和改进定向运动教学工作提供可靠的依据。

一、对教学评价的目的

（一）了解中学生的学习情况与表现，以达到学习目的。

（二）检验学生的学习效果和老师的教学效果，分析并找到原因，改进教与学的方法。

（三）给学生展现自己的机会和平台，增强学生自我认识、自我教育的能力。

二、对教学评价的内容、方法和形式

《体育与健康课程标准》规定：教学评价的内容要包括四个方面：体能、理论知识、技能和学习态度。这样才能更好地促进学生全面发展，真正体现评价的公平性。教学评价的方法不仅要注重对学习结果的评价，还要注重对学习过程的评价；不仅要注重定性评价，还要注重定量评价；不仅要注重绝对性评价，还要注重相对性评价。教学评价的形式既要有教师对学生的评价，还要有学生的自评和学生之间的相互评价。

案例 6-6-1　对中学生定向运动学习的评价

（一）定向运动评价内容及其比重

评价内容	技能	体能	理论知识	学习态度
比重（%）	40	30	20	10

（二）评价方法

1. 对体能评价的方法

依照《学生体质健康标准》中耐力项目的标准进行考核。

2. 对技能评价的方法

在规定的时间内完成校园百米定向或校园定向，成绩有效的，第一名记100分，第二名记99分，依此类推。成绩无效者排在所有成绩有效的同学后面，有两个点无效的同学排在只有1个点无效的同学后面，依此类推。

3. 对理论知识评价的方法

对学生理论知识的掌握和运用的能力，根据学生水平的不同，要采用闭卷和开卷相结合的方法进行评价，这样才能真正了解学生掌握理论知识的广度和深度以及分析问题和解决问题的能力。

4. 对学习态度评价的方法

评价学生的学习态度采用自评和互评相结合的方法，自评和互评各占5分。学习态度的评价主要指学生在心理健康和社会适应能力方面的表现，包括：学习是否积极主动、是否全身心投入、是否和老师积极配合、在学习过程中是否不怕困难、与同学友好合作等。

复习、思考与实践

1. 中学生定向运动的教学特点包括哪些内容？
2. 高中定向运动单元教学设计的内容一般有哪些？
3. 初中一年级定向运动课时教学设计的内容有哪些？
4. 中学生定向运动教学中常见错误有哪些，如何纠正？
5. 请根据自己学校的特点设计一份单元定向教学计划和课时教学计划。

第七章　大学生定向运动教学

本章导读

本章依据《全国普通高等学校体育课程教学指导纲要》的要求和定向运动教学特点，阐述大学生定向教学的目标和要求，并对大学生定向运动教学设计、教学方法、教学组织、教学评价和安全问题进行了详细说明。通过本章的学习，你将做到：

1. 了解大学生定向运动教学的目标和要求；
2. 根据大学体育课程中定向运动选项课的安排设计教学计划；
3. 掌握大学生基本定向运动技能的教学方法和手段；
4. 避免大学生定向运动教学可能存在的安全问题；
5. 设计大学生定向运动课程学习评价方案。

第一节　大学生定向运动教学要点和目标

大学生身体生长发育趋于成熟，身体形态以及生理机能与成年人基本接近。促进学生身体机能提高和保持良好的状态是大学体育课程重点考虑的问题。定向运动进入大学体育选项课的教材内容应该符合大学生的生理和心理特点，有利于增进大学生身心健康和提高身体基本活动能力，且符合实效性原则。

一、大学生定向运动教学要点

（一）提高学生参与运动的兴趣，做好项目宣传

目前高校体育课程基本采用选项课的形式，突出了"三自主"的教学理念。大学生定向运动选项课能够得到顺利的开展，前提是需做好对项目的宣传工作，使学生对定向运动产生浓厚的兴趣。大学生对运动项目的选择源于兴趣倾向和社会需要，社会需要直接影响大学生对运动价值的判断。"知之深则爱之切"，教师在介绍项目时要突出定向运动能提高"生活和生存技能"等实效

性的宣传，只有让学生真正认识到定向运动项目的价值，他们才会积极地参与。

（二）加强安全教育和教学组织管理

在定向运动实践教学中，由于场地大、人员散、环境变化大等因素，要特别加强学生的安全教育和组织管理。尤其在野外教学时，一定要事先多次考察地形，对危险区域在地图上圈注，在实地用警示带标示。教师在设计路线时，要避免涉及危险的区域。另外，在野外定向课程的教学中，对初学者可采用结伴和小组的形式。

（三）教学内容与教学方法力求丰富多样

定向运动的个人赛、积分赛形式能够适应大学生渴望成功、强烈的竞争意识和表现欲等心理特点，团队赛形式和结伴形式、小组形式的定向任务又能培养大学生的团队意识和协作精神。另外，定向运动与纯粹的跑步锻炼相比又具有愉悦性和实效性的特点。大学阶段的体育选项课教学时数多达36课时，不但有利于定向运动技能的学习，同样可以促进多项教学功能的实现，如心理素质、合作精神、生态意识、环境保护意识、自然环境适应、身体适应、心理适应、培养户外自我救助能力等。因此，大学定向运动选项课教学内容与教学方法应力求丰富多样，充分体现其锻炼身心的运动价值。

（四）结合项目特点，锻炼学生意志品质

定向运动有着使人在不知不觉中完成长距离奔跑的特点，以定向运动为主要耐力训练手段的教学法，更容易为大学生所接受。因此，教师应结合定向运动的项目特点，合理地安排每次课的运动量和强度，鼓励学生坚持完成逐步增加的定向路线长度，有意识地锻炼学生的意志品质，培养其健身理念和锻炼习惯，为其终身体育奠定良好的基础。

二、大学生定向运动教学目标

（一）基本目标

（1）参与运动的目标：爱好定向运动，积极参与各种定向活动，基本形成终身体育的意识和习惯，能根据定向运动的特点和要求测试和评价自身体质健康状况，编制可行的个人锻炼计划，具有一定的定向运动文化和竞赛欣赏能力。

（2）运动技能目标：通过学习，使学生学会识图、用图、掌握越野跑的基本技能，能科学地进行体育锻炼，掌握常见运动创伤的处置方法，经常参加和组织野外定向活动。

（3）身体健康目标：通过学习提高学生的身体素质，发展心肺功能、速度和反应能力等素质，掌握3~5种定向运动的练习方法，形成健康的行为生活方式，为将来健身打下基础。

（4）心理健康目标：根据自己的能力设置定向学习目标，自觉通过定向活动改善心理状态，养成积极乐观的生活态度；在参与定向活动中有意识地培养自我决策能力、团队配合协作能力，在定向运动中体验运动的乐趣和成功的感觉，克服各种困难。

（5）适应社会的目标：锻炼学生意志品质，培养学生克服挫折的勇气和应对突发事件的能力，以及团队协作的意识和互助精神。

（二）发展性目标

（1）参与运动的目标：形成良好的参与定向活动的习惯，能够依据自身身体状况独立制订自己的健身运动处方；具有较高的定向文化素养和高水平的定向竞赛观赏水平。

（2）运动技能目标：提高定向技术水平，发展自己的户外定向能力；能参加有挑战性的野外定向活动。

（3）身体健康目标：能选择良好的定向运动环境，掌握科学锻炼方法，发展定向运动的身体适应能力，练就强健的体魄。

（4）心理健康目标：在具有挑战性的野外定向活动中表现出勇敢顽强的意志品质。

（5）适应社会的目标：形成良好的环境保护意识，积极参与、组织社区定向运动。

第二节　大学生定向运动课程设计

根据《全国普通高等学校体育课程教学指导纲要》（简称《指导纲要》的要求，大学生定向运动课程设计和课程内容应把"健康第一"的指导思想作为确定课程内容的基本出发点，突出定向运动的文化内涵和实效性，促进学生健康发展。充分反映和体现教育部、国家体育总局制定的《学生体质健康标准（试行方案）》的内容和要求。

在定向运动教学中应根据地域、气候、定向场地器材条件等不同情况灵活确定课程内容，以人为本，遵循大学生的身心发展规律和兴趣爱好。课程既要考虑适应学生个性发展的需要，也要考虑适应社会发展的需要，便于学生课外自学、自练，为终生体育实践打下坚实基础。

根据《指导纲要》要求，本章根据目前国内高校体育教学的实际情况，将定向运动课程分为一学期的教学计划和一学年的教学计划，学时数分别为36学时和72学时。学期教学计划包括基础课程阶段和提高课程阶段；学年教学计划包括从初级基础入门到中级定向水平，加深对定向运动的理解，培养稳固的定向兴趣爱好。

一、课程的性质与任务

（一）性质

本大纲根据教育部日前印发的《指导纲要》所确定的培养目标、课程设置及学时分配等有关规定制定。

（二）任务

（1）培养学生对定向运动的兴趣，养成终身锻炼的习惯。

（2）掌握定向运动一般练习原则及手段、方法，通过定向教学和野外实践，使学生具有一定的野外定向能力和越野技能；学习野外动植物知识，具有一定的户外救助技能常识。

（3）通过教学和实践，要求学生能够掌握简单的定向运动规则及裁判法。

（4）通过学习定向越野运动课程，提高学生独立思考、独立处事的能力，培养学生吃苦耐劳、开拓进取的精神，促进身心全面发展。

二、学期教学计划大纲

定向运动学期教学计划大纲主要是针对高校公共体育课安排一学期的选项课程，在一学期内学习定向运动，达到健身和学生个性发展的目的，同时掌握定向运动的健身方法和手段。学期教学计划大纲的目的主要在于运用合理的教学组织方法激发大学生对定向运动的兴趣爱好，同时增强大学生体质健康水平。

（一）课时分配

类别	内容		教学时数	百分比
理论教学	定向运动基础理论知识		2	11.1%
	体育与健康理论		2	
实践教学	定向运动技术实践		8	22.2%
	定向运动体验		12	33.3%
	身体素质练习	定向运动专项体能训练	4	11.1%
		体质健康测试指导练习		
	机动		4	11.1%
考核	理论考核		4	11.1%
	实践考核			
总　　计			36	100%

（二）教学进度表

类别	课次	教学内容	备注
基础阶段	1	1. 本校体育课程设置简介、学生体育课须知 2. 定向运动的现状、发展历史、基本知识，定向运动的特点及锻炼价值	室内理论课：了解学校体育基本情况，初步认识定向运动
	2	1. 理论：读图的一般原则，指北针标定地图、辨别方向、确定站立点的方法 2. 实践：校园定向地图的图地对照练习 3. 定向运动体能训练——中长跑	自身实地位置在图上的准确定位；指北针使用方法

续表

类别	课次	教学内容	备注
基础阶段	3	1. 理论：定向地图与其他地图的图例分析、比较 2. 实践：校园地图地形、地物、导航特征识别 3. 实践：校园走点练习 4. 定向运动体能训练——中长跑	明确地图比例尺所示的含义；明确各图例信息的含义，并加以记忆；尝试寻找检查点
基础阶段	4	1. 理论：线状地物特征识别，扶手定向和偏向瞄准 2. 理论：积分定向（不定点）的规则 3. 实践：校园积分定向	将图例与实物对照，在跑动过程中寻找检查点；怎样利用线状地物寻找检查点（扶手法与偏向瞄准）
基础阶段	5	1. 理论：选择攻击点、特征物导航 2. 理论：点对点定向运动的规则 3. 实践：校园定向运动练习	学习使用攻击点找点技术；估计自己在单位时间内所跑的距离
基础阶段	6	1. 理论：学习简单的路线选择技术 2. 实践：校园定向运动练习	提高在快速奔跑状态下的路线选择能力
基础阶段	7	1. 理论：定向接力赛规则 2. 实践：校园定向运动接力赛 3. 体质健康测试指导练习	通过比赛提高学生在紧张、快速奔跑状态下的选择路线，判定方向的能力
基础阶段	8	理论：体育与健康理论	室内理论：学习体育与健康理论知识，培养终身体育锻炼意识
基础阶段	9	1. 理论：百米定向运动规则 2. 实践：百米定向运动教学比赛	高度兴奋，在紧张条件下的快速判断，培养快速奔跑能力
提高阶段	10	1. 理论：野外地图地形、地物、导航特征识别 2. 理论：学习检查点说明 3. 实践：野外、公园小组定向运动	进一步提高识图能力，对野外进行定向运动有初步的认识；培养团队协作意识

续表

类别	课次	教学内容	备注
提高阶段	11	1. 理论：等高线知识（1） 2. 理论：野外遇险自救常识 3. 定向运动体能训练——中长跑	认识等高线，进一步提高识图能力；加强户外运动安全教育
	12	1. 理论：等高线知识（2） 2. 实践：野外、公园两人结伴专线定向运动	进一步提高识图能力，严格按照所示路线行进；互相帮助、互相提高定向运动技术
	13	1. 理论：记忆地图训练 2. 实践：校园记忆地图定向运动 3. 体质健康测试指导练习	提高识图能力和记忆能力
	14	1. 理论：团队定向赛规则 2. 实践：公园团队定向活动	体验定向运动团队赛，培养团队协作精神
	15	定向运动理论考核：论文形式	对个人参与定向运动的经验和对定向运动的感悟进行总结
	16	定向运动实践考核：公园定向运动	
	17	机动	
	18	机动	

备注：具体教学组织和练习方法可参看第六、十二章及其他章节。

三、学年教学计划大纲

定向运动学期教学计划大纲主要是针对高校公共体育课安排一学年的选项课程，在两个学期内学习定向运动知识。学年教学计划大纲在学期教学大纲基础上增加教学时间，对定向运动的教学要求较高，合理设计教学内容和进度，采用多样的教学组织方式，增加练习的丰富性和趣味性是学年教学设计的基本原则。在定向运动体验过程中，既增长知识又能达到锻炼身体和心理的目的。

（一）学年教学课时分配

类别	内容		教学时数	百分比
理论教学	定向运动基础理论知识		4	11.1%
	体育与健康理论		4	
实践教学	定向运动技术实践		16	22.2%
	定向运动体验		26	36.1%
	身体素质练习	定向运动专项体能训练	8	11.1%
		体质健康测试指导练习		
	机动		8	11.1%
考核	理论考核		6	11.1%
	实践考核			
总 计			72	100%

（二）教学进度表

1. 第一学期教学进度表（同上）
2. 第二学期教学进度表

阶段	课次	教学内容	备注
中级提高体验	1	1. 定向运动规则及裁判法 2. 定向运动的高级技能理论	室内理论课：了解定向运动竞赛规则和裁判法；通过多媒体教学讲解演示定向运动高级技能
	2	1. 理论：中级读图技术，折叠地图、拇指辅行、几种站立点确定方式 2. 实践：校园训练 3. 定向运动体能训练——中长跑	在校园内练习各项定向运动技术；提高专项体能
	3	1. 理论：等高线知识（3） 2. 实践：堆沙盘 3. 定向运动体能训练——中长跑	通过在沙坑中堆沙盘的方式加深对等高线的理解；提高专项体能

续表

阶段	课次	教学内容	备注
中级提高体验	4	1. 理论：步测法 2. 实践：校园窗口定向运动练习	提高运用指北针精确导航、判断距离的能力
	5	1. 理论：概率定向运动与精确定向运动 2. 实践：校园指北针定向练习（白图）	使用白图进行指北针定向练习，提高方向感和距离感
	6	1. 理论：沿等高线行进；攻击点选择技术、特征地物导航选择 2. 实践：校园定向运动 3. 定向运动体能训练——中长跑	在校园内进行各项定向运动技术训练；提高专项体能
	7	1. 理论：路线选择技术 2. 实践：校园定向运动	通过多媒体演示和室外实践提高路线选择能力
	8	理论校园或公园中距离定向运动实践	单独出发；地图比例1∶3 000以上
	9	理论：体育与健康	室内理论：学习体育与健康理论知识，培养终身体育锻炼意识
	10	野外山地小组定向运动实践	对野外定向运动有初步的认识，培养团队协作意识
	11	1. 理论：重新定位运动技术 2. 实践：野外山地结伴专线定向运动	严格按照所示路线行进，互相帮助、互相提高在野外山地环境的定向运动技术
高级体验	12	野外博格维克跑练习	小组练习（3~5人一组），地图比例1∶5 000
	13	野外山地团队定向运动竞赛	培养团队协作精神
	14	野外山地定向运动竞赛	单独出发，地图比例尺1∶5 000以上

续表

阶段	课次	教学内容	备注
高级体验	15	定向运动理论考核	
	16	定向运动实践考核：公园中距离竞赛	
	17	机动	
	18	机动	

备注：具体教学组织和练习方法参看第十二章和第六章以及其他章节。

四、教学内容、教学重点

（一）理论教学

（1）定向运动概述：定义、特点、意义、历史沿革、在中国和当地的开展情况。

（2）定向运动地图（定向地图、基础测绘图、卫星地图、交通地图、城市地图等）、指北针知识、器材、一般技术介绍。

（3）定向运动练习原则及手段、娱乐体验方法。

（4）野外地图地形、地物、导航特征识别；户外自我救助、安全教育。

（5）定向运动竞赛介绍、定向运动基本规则及裁判法。

（二）实践教学（具体教学组织和练习方法参看第六、十二章及其他章节）

1. 技术教学

（1）读图技术：校园基本识图；图地对照、标定地图、折叠地图、拇指辅行、确定站立点。

（2）指北针技术：标定地图、确定前进方向、重新定位等。

（3）路线选择技术：线状特征地物识别、攻击点选择、攻击点技术、特征地物参照导航等。

2. 项目体验教学

专线定向、微型定向、积分定向、定向接力、团队定向、野外博格维克跑等。

第三节　大学生定向运动教学方法与组织形式

大学生的神经系统趋于健全，抽象思维能力和逻辑思维能力接近于成人，独立性明显提高，自我控制能力增强，相比中小学生有更强的风险防范意识。因此，在大学生定向运动课程的教学组织形式上应多采用形式多样的竞赛形式，教师在教学方法上应多采用"启发式"、"讨论式"、"交流式"等，爱护学生的自尊心，培养学生的独立思考能力，引导学生对定向运动的兴趣，从而激发学生学习的内在动机，取得更佳的教学效果。

一、大学定向运动教学方法

大学生在身体和思维发展上已经具备掌握定向运动的各项技术的能力。因此，定向实践课应以讲解法和完整法教学为主，示范法为辅，即更多地采用个人或者团队形式的竞赛。

（1）在一些简单的场地中（简单的校园和公园地图），教师在讲解、示范之后，就可以立即组织学生进行定向运动教学比赛，在比赛中教师如发现学生因出错导致寻找某检查点用时过长，可以马上通过图上分析和赛后带学生走点实地纠错来提高学生的定向技术。

（2）在有一定难度的场地上采用完整法教学时，可通过路线设计时降低路线的难度和长度，循序渐进地提高学生掌握定向技术的能力。

在大学生定向运动课程中具体的定向技能教学方法在本书第六、十二章中已有详细介绍，在本章第二节大学生教学进度中所涉及的各教学内容及具体教学方法详见以上章节。

二、大学定向运动教学组织形式

在大学定向运动教学组织中，应该根据定向场地的难易程度、学生的综合能力等方面，合理组织教学。一般包括集体练习形式、小组练习（竞赛）形式、结伴练习（竞赛）形式、单独练习（竞赛）形式、积分赛练习形式、接力赛练习形式、团队赛练习形式等。

（一）集体练习形式

主要在课程的开始阶段和等高线学习阶段采用较多，例如：校园"图-地对照"的教学内容，学习地图图例和检查点说明的教学内容，学习等高线知识的实践教学内容，定向场地的走点教学内容及赛后的实地走点纠错阶段。

（二）小组练习（竞赛）形式

主要在学生初次接触野外定向场地进行技能教学和比赛时，为保证教学过程的安全，课程采用这种组织形式。小组练习形式除能有效保证野外定向的安全，还能通过学生小团体之间的相互帮助，提高小组成员的定向技术，帮助个别学生克服对野外陌生环境的恐惧心理，有助于学生凝聚力和团队意识的培养。

（三）单独练习（竞赛）形式

采用定向运动单独练习（竞赛）的教学组织形式，如在人来人往的公园和校园中进行定向运动，需要学生综合分析目前所处的环境，迅速地做出正确的判断和选择，可锻炼学生的抗干扰能力；如在幽静的森林里进行，需要学生克服面对孤独所带来的恐惧感，可锻炼学生勇敢坚毅的心理素质。当然，定向运动教师在选择采用单独练习的教学组织形式时，需注意必须在学生掌握了应对该教学场地相应的定向技能的条件下进行，另外还需把场地的安全因素考虑在内，尤其是在野外场地的时候。

（四）积分赛练习形式（详见第十二章、第二十二和二十三章）

（五）接力赛练习形式（详见第二十二和第二十三章）

（六）团队赛练习形式（详见第二十二和第二十三章）

第四节　大学生定向运动教学评价设计

考核与评价

（一）考核内容

1. 理论考核：讲授的内容。
2. 实践考核：技术评定。

3. 平时考核：课外作业。

（二）考核方法与形式

1. 理论考核：笔试。
2. 实践考核：以技评为主，通过记录在规定的时间内，能正确地找到目标点的数量来确定技术水平。
3. 平时考核：课外作业、学校态度。

（三）评分标准

1. 理论部分：满分 20 分，卷面成绩为学生实际得分。
2. 实践部分：满分 50 分。

例一：积分定向测试，以 10 个点为例。

优秀：在有效时间内准确找到 10 个点　　　　　　43~50 分
良好：在有效时间内准确找到 8 个点　　　　　　38~42 分
及格：在有效时间内准确找到 6 个点　　　　　　30~37 分
不及格：超出有效时间，或在有效时间内找到 5 个点以下　29 分以下

例二：公园短距离定向测试（直线距离 2 000 米，10 个检查点）

标准：

A：全程检查点无错误，否则成绩无效，重新考试，成绩加 30 秒。
B：时间

男子时间	女子时间	得分
12 分~12 分 30 秒	14 分 30 秒~15 分	45~50
12 分 31 秒~13 分	15 分 01 秒~15 分 30 秒	40~44
13 分 01 秒~13 分 30 秒	15 分 31 秒~16 分	35~39
13 分 31 秒~14 分	16 分 01 秒~16 分 30 秒	30~34
14 分 01 秒~14 分 30 秒	16 分 31 秒~17 分	25~29
14 分 31 秒~15 分	17 分 01 秒~17 分 30 秒	20~24
15 分 01 秒~15 分 30 秒	17 分 31 秒~18 分	15~19
15 分 31 秒~16 分	18 分 01 秒~18 分 30 秒	10~14
16 分 01 秒~16 分 30 秒	18 分 31 秒~19 分	5~9
16 分 31 秒~17 分	19 分 01 秒~19 分 30 秒	0~4
超时		

3. 学习态度：满分 30 分

由于本项目在野外授课中存在着一定的不安全因素，本着安全第一的原则，对学生要求特别严格。具体评分方法如下：

（1）旷课 3 次，取消考试资格。

（2）缺勤 1 次扣 3 分，缺勤 2 次取消考试资格。

（3）迟到、早退各 1 次，取消考试资格。

复习、思考与实践

1. 大学生定向运动教学要点包括哪些？
2. 如何有效地组织大学生定向运动教学？
3. 如何有效地评价大学生定向运动学习效果？
4. 根据自己所在大学体育课程的特色，设计一个大学生定向运动选项课教学设计方案。

第八章　体育专业定向运动教学

> **本章导读**
>
> 目前对体育专业定向运动教学还缺乏系统深入的研究，本章依据《全国普通高校体育教育专业课程方案》（以下简称《课程方案》）和《全国高等学校社会体育本科专业指导性专业规范（初稿）》（以下简称《专业规范》）的要求，结合定向运动的特点阐述了定向运动课程的教学目标与教学要点，并提供了定向运动课程教学计划、教学进度和教学效果评价的案例以供体育专业定向运动课程设计提供参考。
>
> 通过本章的学习，你将能够：
> 1. 了解体育专业定向运动的教学目标和教学要点；
> 2. 设计体育专业定向运动课程教学计划、教学进度和教学效果评价方案。

第一节　体育专业定向运动课程目标与教学要点

课程目标与教学要点

（一）教学目标

体育专业定向运动课程是为培养未来的体育教师、教练员和社会体育指导员服务的。参照《课程方案》和《专业规范》的规定，体育专业定向运动普修课程的教学目标是使学生掌握定向运动的基本理论与知识、基本方法与技能，并达到一定的定向运动竞技水平，使学生具备从事中等学校定向运动教学、训练等各项工作和定向运动社会体育指导工作的基本能力。

（二）教学任务

（1）让学生从教育、竞技、娱乐休闲、健身及文化特征等方面充分了解定向运动。理解定向运动对人的生活和工作的价值，认识定向运动在学校体育和社会体育中的地位和作用，树立正确的学习态度，培养终身体育观念。

（2）全面发展学生在自然环境中的走、跑等基本运动能力，提高体能。

（3）使学生掌握定向运动的基本理论知识和基本技术及增强体质的手段和科学方法，并达到一定的竞技水平。

（4）使学生具备定向运动课程的基本教学能力、业余训练能力、竞赛组织与裁判的工作能力和定向运动健身的指导与管理能力。

（5）培养良好的意志品质、创新能力、独立思考能力、独立处事能力、合作精神和开拓进取的精神，促进身心全面发展，适应社会发展的需要。

（三）教学要点

为了实现以上教学目标，在体育专业定向运动课程教学中应该把握以下要点：

（1）突出基本理论、基本技术和基本方法的教学，使学生达到一定的运动技能水平。定向运动是一种体能与认知技能相结合的运动，在定向运动中动作技术并不多，除了在复杂多变的环境中的越野跑技能，定向运动只有辅助读图技术中的运动中标定地图、折叠地图和拇指辅行技术是一种体验性项目，打卡技术中含有较高的动作技能成分，大多数定向技能更多的是以认知成分为主。定向运动认知技能的掌握需要建立在不同的场地中反复实践的基础之上。36个课时的定向运动只有突出基本理论、基本技术和基本方法的教学，使学生达到一定的运动技能水平，才能为学生进一步的实践夯实基础，达到定向运动课程的教学目标。

（2）突出教学内容的系统性。在突出基本理论、基本技术和基本方法的教学过程中，要注意教学内容的系统性，让学生了解定向运动的知识和技术体系，了解定向运动知识和技术体系的层级结构及相互关系，系统掌握定向运动知识和技术体系中基本层级的知识和技术内容。只有这样，才能为学生在定向运动方向上的进一步发展奠定基础。

（3）培养定向运动的教学能力或社会体育指导能力。体育专业定向运动课程设置是为培养未来的体育教师、社会体育指导员教练员服务的，在定向运动课程的教学中必须突出定向运动教学能力和社会体育指导能力的培养。

（4）培养定向运动创新能力。创新能力的培养是当代社会对人才培养的基本要求。在《课程方案》和《专业规范》中有关培养规格的要求中都强调培养体育专业学生的创新能力。在定向运动教学中培养定向运动创新能力是指以培养学生围绕定向运动的独特特征对定向运动的形式、内容和实际应用的创新能力。

（5）小组学习。定向运动教学中的很多活动都要以小组的形式组织，如课前场地布置，裁判工作、练习后的交流讨论，教学安全，团队赛和接力赛及团队素质拓展等。要求以及定向运动的教学安全要求特别适合组织小组学习。如可让学习小组轮流负责布置场地和检查点及回收检查点，在练习后可以小组为单位组织交流讨论、在开始公园特别是森林公园定向时以小组为单位进行将更加安全有效。另外，地图测绘和路线设计如果以小组学习的形式进行教学效果和效率都会有明显的提高。

第二节 体育专业定向运动课程教学计划和进度

体育专业定向运动课程有一学期普修和选修及 2~4 学期专修两种主要形式。本节针对一学期普修和选修这种开课形式阐述体育专业定向运动课程教学计划和进度。

一、定向运动普修（选修）教学计划（案例）

表 8-1 定向运动课程课时分配表

教学内容	学时	教学类型					备注
		理论	实践	作业	达标	考试	
定向运动概述	2	+		+		+	
定向运动教学理论与方法	1	+		+			
定向运动训练的理论和方法		+		+			
定向运动竞赛、裁判组织	2	+		+		+	
定向运动技战术理论	1	+		+		+	
定向拓展理论	1	+		+			
定向运动地图测绘与制作	2	+	+	+			理论 1
定向运动路线设计	2	+	+	+	+		
定向地图与指北针	1		+	+		+	
越野跑技术	18		+	+			理论 4
读图技术		+	+	+			
指北针技术			+	+	+		
寻找检查点技术			+	+			

续表

教学内容	学时	教学类型					备注
		理论	实践	作业	达标	考试	
导航技术	18	+	+	+			理论 4
重新定位技术		+	+	+			
打卡技术		+	+	+			
路线选择策略		+	+	+			
速度控制策略（"交通灯"）		+	+	+			
非竞技性定向		+	+	+			
竞技性定向		+	+	+			
定向团队素质拓展训练	2		+	+			
理论考试	2						
机动	2						
	36						

备注：具体教学组织和练习方法参看第六章和第十二章以及其他章节。

在本案例中，定向运动技术划分为读图技术、指北针技术、寻找检查点技术、重新定位技术、导航技术和打卡技术，而将路线选择和速度调节划分为定向战术。教学计划中的读图技术包括两个部分，认知技术和辅助读图动作技术，寻找检查点技术包括攻击点和偏向瞄准技术，导航技术包括扶手技术、精确定向技术和概略定向技术。

二、教学进度（案例）

表 8-2 定向运动课程教学进度表

课次	教学内容
一	定向运动概述、观看定向运动比赛视频
二	1. 地图与指北针 2. 体验校园定向
三	1. 介绍读图技术和导航技术 2. 读图辅助技术基本练习 3. 指北针技术基本练习 4. 专线定向练习

续表

课次	教学内容
四	1. 定向教学理论与方法 2. 定向训练理论与方法 3. 定向技战术理论
五	1. 复习读图辅助技术基本练习 2. 介绍寻找检查点技术和路线选择策略 3. 校园定向练习
六	定向运动竞赛组织和裁判工作
七	1. 复习读图辅助技术基本练习 2. 介绍打卡技术和速度控制策略（"红绿灯"战术） 3. 公园定向：打卡技术和"红绿灯"战术
八	1. 复习读图辅助技术基本练习 2. 介绍重新定位技术和越野跑技术 3. 重新定位技术练习 4. 越野跑技术练习
九	路线设计
十	1. 介绍接力赛 2. 接力赛练习
十一	定向运动地图测绘与制作（作业为百米定向图的测绘）
十二	1. 介绍积分定向和百米定向 2. 积分定向和百米定向练习（用第十次课的作业作为练习图）
十三	1. 介绍星形定向和空白图定向 2. 星形定向 3. 指北针空白图定向
十四	公园定向（技能达标测试）
十五	定向拓展理论
十六	定向团队素质拓展训练：团队定向

在本教学进度表有以下特点:

(1) 强调基本动作技术的练习。标定地图、折叠地图和拇指辅行是定向运动中最基本的动作技术,也是定向运动中最基本的认知技能、读图技能中的读图辅助技术,是学习其他技能的前提和基础。因此,在前面几次实践课中以课堂练习的形式安排了的读图辅助技术练习。读图辅助技术的练习还可以作为每次课的一般准备活动的内容。

(2) 强调完整教学。实践课的练习活动主要以完整练习的形式进行。为了更好地发挥完整教学的特点,同时也为了培养学生的教学能力,本教学进度表将定向教学理论与方法、定向训练理论与方法和定向技战术理论放在较前的位置。

(3) 强调让学生参与教学。让学生参与到教学中是培养学生教学能力和社会体育指导能力的较好方法。为了更好的让学生参与教学,本进度表中将定向运动竞赛组织和裁判工作、路线设计和定向运动地图测绘与制作这些按传统应该放在较后位置的内容前移。学生学习了定向运动竞赛组织和裁判工作后可以让学生以学习小组为单位参与教学准备和教学组织工作。学生学习了路线设计后可以让学习为练习设计路线,学生学习了定向运动地图测绘后,可以用学生测制的地图作为练习用图。

第三节 体育专业定向运动学习评价

一、评价内容

定向运动课程教学或学生学习效果的评价应该从在以下五个方面进行评价:

(一) 传承定向运动文化方面

1. 对定向运动的文化特点的了解与掌握程度。
2. 对定向运动竞赛规则、场地、器材和装备的了解与掌握程度

(二) 身体基本运动能力和身体素质方面

越野跑能力。

（三）教学基本技能方面

1. 定向运动教学基本理论知识和基本技能的掌握程度。
2. 定向运动主要项目（校园和公园）的运动技术水平。
3. 定向越野课程教学组织的基本能力。
4. 定向越野健身锻炼的指导与管理能力和竞赛活动的组织与裁判能力。

（四）社会适应能力方面

1. 对定向运动课程对促进心理健康和提高社会适应能力的积极作用的理解程度。
2. 学习过程中意志品质、创新能力、独立思考能力、独立处事能力、合作精神和开拓进取的精神的表现。

（五）定向运动相关理论与技能方面

1. 定向地图测绘理论与实践（简单校园地图的简易测绘）。
2. 定向路线设计理论与实践（教学路线设计、休闲娱乐路线设计）。
3. OCAD 软件基本操作技能（路线设计和地图绘画）。

二、评价方式（案例）

（一）理论考试（25%）

笔试，卷面成绩为 100 分。

（二）体能测试和实践考核（45%）

1. 测试内容

体能测试主要是测试越野跑能力。实践考核主要检验学生综合运动基本技术和战术的能力。在本评分标准中，体能测试与技能达标合并进行。

2. 路线规格和评分标准

（1）路线规格：公园定向，检查点数目 15~20 个，直线距离：2 800~3 000 米（男），2 500~2 700 米（女）。检查点数目与地形难度相关，地形难度越大，检查点数目越少。

（2）评分标准

表 8-3　体能和技能达标评分标准（耗时/公里）

	男	女
优	5 分 30 秒或 6 分钟以内	6 分 15 秒或 6 分 45 秒以内
良	6 分钟或 6 分 30 秒以内	6 分 45 秒~7 分 15 秒
中	6 分 30 秒或 7 分钟以内	7 分 15 秒~7 分 45 秒
合格	7 分钟或 7 分 30 秒以内	7 分 45 秒~8 分 15 秒
不合格	超出 7 分 30 秒	超过 8 分 15 秒

备注：各等级的具体耗时/公里标准由地形决定。如果需要对达标评分标准进一步细化，可以将同一等级的学生按实际完成进行排名，按排名计算成绩。漏打错打检查点计为不合格。

（三）课外作业（10%）

（四）平时考核（10%）

（五）小组考核（10%）

小组考核包括两部分，一是教师对小组的总体评价，一是小组对组内各成员的考核。另外，对表现突出的小组，可给予加分奖励。

1. 教师对小组的总体评价（5%）主要包括小组的团队协作精神和学习态度、开展探究式学习和合作学习的情况，完成以小组为单位的任务情况，以小组为单位进行发言的情况，小组总结。

2. 小组对成员的评价（5%）包括成员的团队精神、学习态度、创新精神、为小组作出的贡献等。

复习、思考与实践

1. 对本章中提供的教学计划案例进行进一步改进和完善。
2. 对本章中提供的教学进度案例进行进一步改进和完善。
3. 对本章中提供的学习评价案例进行进一步改进和完善。

第九章 其他人群定向运动指导

本章导读

本章从幼儿地图认知的规律和特点出发，对幼儿定向运动的教学思路、策略和实际操作进行了详细的介绍。总结和探讨了中老年人、肥胖人群进行定向运动的注意事项。通过本章的学习，将能够：

1. 认识幼儿的认知规律和特点以及幼儿定向运动的指导思路；
2. 举出具体的幼儿定向活动形式，并能举一反三的设计出适合幼儿的定向游戏；
3. 掌握中老年人定向运动指导方法和注意事项；
4. 掌握肥胖人群定向运动指导方法和注意事项。

第一节 幼儿定向运动指导

通过定向运动帮助幼儿和儿童学习地图知识，可以培养他们的空间想象力、抽象能力、逻辑思维能力和认知能力，又能从身体活动和运动中让他们获得成功与欢乐。教师可以针对孩子的年龄特点，创编适合的定向运动游戏，让孩子们从特征物很少的小区域地图逐渐地扩大到特征物较多的较大区域，从书桌、到教室、到户外小区域，到整个运动场、校园、公园，到更多不熟悉的地方，了解地图上符号意义，辨别方位，提高认知能力，获得知识，体验成功和快乐。

一、幼儿定向运动教学的指导思想

3岁儿童开始理解地图或者地图类似物中蕴含的具体类似物表征关系。从3岁起儿童就能根据真实房间的物体摆设找到自己在房间的模型图中所处的位置。5~6岁的儿童已经基本形成了地图概念，具备了初步阅读地图的能力，但对生动的、具体的地图表征的理解比抽象的地图表征好。并且，幼儿期是儿童掌握空间方位词最迅速的时期，从3岁起，他们就开始辨别空间方位，到5岁时，大部分儿童已经基本做到能以自身为中心辨别特征物的方位。因此，幼儿的定向运动教学应开发定向运动的教材内容，遵循直观性、启发性、循序渐进、可接受性等教学原则，选择受教年龄段幼儿对地图认知能力范围内的教材内容，发挥定向运动特有的"寻宝"游戏特点，融兴趣与情境之中，创编出多种多样的定向游戏，让孩子们能在玩中学，在学中玩。对3~4岁幼儿进行定向运动教学，应在他们比较熟悉的室内和户外环境（房间或教室、幼儿园）中进行。通过定向运动游戏，能让他们接受和认识地图的概念和功能；发展辨别空间方位的能力；掌握"上下-前后-左右"空间方位词的语言表达能力；识别特征和辨别距离和方向的关系；对简单的定向地图图例符号和定向运动特殊符号形成共识。对5~6岁幼儿进行定向运动教学，应考虑到较大的安全区域，如运动场、校园、小公园等有办法控制安全的户外环境中进行，培养他们挑战陌生环境的勇气，提高运动能力。学习并掌握定向地图上符号代表的意义；发展辨别东南西北的空间方位感和表达能力；提高观察环境特征并在地图上辨别出来的能力；提高确认方向和距离关系的能力；提高在地图上定位自己的能力；提高辨别和选择路线的能力；培养小区域简单地形定向能力。

二、幼儿定向运动的教学策略

通过综合儿童地图认知的研究和国外对儿童定向运动的教学实例，儿童定向运动教学的策略大致分为两类：一类是以地图或者地图类似物为自变量，让儿童利用地图及其类似物进行定向的教学模式；另外一类是以地图或者地图类似物作为因变量，即要求儿童根据真实环境绘制地图及其类似物，作为提高地图认知能力的教学模式。前一类教学模式能够有效地控制地图符号的抽象程度，可以根据各个年龄阶段儿童对地图符号的理解程度选择适合的地图和教学场地。后一类教学模式主要通过儿童喜好的绘画方式，让他们主动、自觉地利用地图符号来描述真实环境，从而达到定向教学的目的。

（一）趣味化和不重复的教学情境

幼儿的神经系统方面表现出活泼好动、注意力不集中等特点，将定向运动游戏化、变形化，营造有趣的情景氛围才能吸引他们。当重复一个游戏内容时，需要变换游戏的情境氛围，情境的改变会打破了他们对原有事物的认知状态，新的信息能吸引他们乐此不疲地投入，从而使游戏蕴含的定向知识得到巩固和提高。

（二）简单和简短的教学语言

幼儿对事物推论的能力受限于可观察的情形，他们的有意注意的时间短，不可能接受冗长的解释或指令。教师应多采用直观的动作示范，运用简单易懂的形象化语言，教学的手段尽可能生动活泼和丰富多样。

（三）简单的教学方法

最好不要在短时间内讲太多复杂的东西，也不要试图用任何定向的技巧向孩子解释该怎样去做，这样都会使孩子厌烦，而教师则感到无助和困惑。不管教师怎样做，在孩子们眼中，一切只是游戏。用鼓励的方式，引导孩子在游戏中体验才是唯一的办法。

（四）地图＝画图画

对于幼小的孩子来说，给他们灌输地图正式的概念，不如让孩子感觉地图就是一幅图画，可能更容易让他们理解。对地图的直觉理解是以后正确理解地图的基础，经常接触地图有助于孩子们对地图建立一种熟悉感，问他们一些有关地图的简单问题，也可以有助于孩子培养这种感觉。

三、幼儿定向运动的教学途径

（一）书桌上的定向游戏

（1）适合年龄段：3~4岁幼儿。

（2）教学目标：初步建立地图的概念；识别特征物和与之相对应的地图符号，理解地图符号的含义；学习和表述特征物的几何形状，圆形、椭圆形、正方形、长方形、三角形；学习表达远与近、上下-前后-左右等空间方位词，认识地图和实际中距离和方向的一致性；认识定向运动中简单的符号。

（3）教学用图：幼儿各自书桌和书桌上物品的自绘图画。

（4）教学情境启发：

①"我的小岛"——教师可以先给孩子讲关于地图的故事，引导孩子对地图的认知，引发孩子的兴趣，如故事中的藏宝地图等。之后再告诉孩子他们将要绘制一张用他们桌上的东西，作为他的小岛上特征的地图（图9-1）。

②以"藏宝游戏"为基础创设的各种情景，如"小蜜蜂采花蜜"——教师："小蜜蜂在寻找鲜花来采蜜，小朋友们，你们能帮助它找到鲜花么？提示：鲜花就在你们小岛地图上画着圆圈的地方，你们能在你们的小岛上帮助小

蜜蜂找到鲜花么（检查点是花）"（图 9-2）。

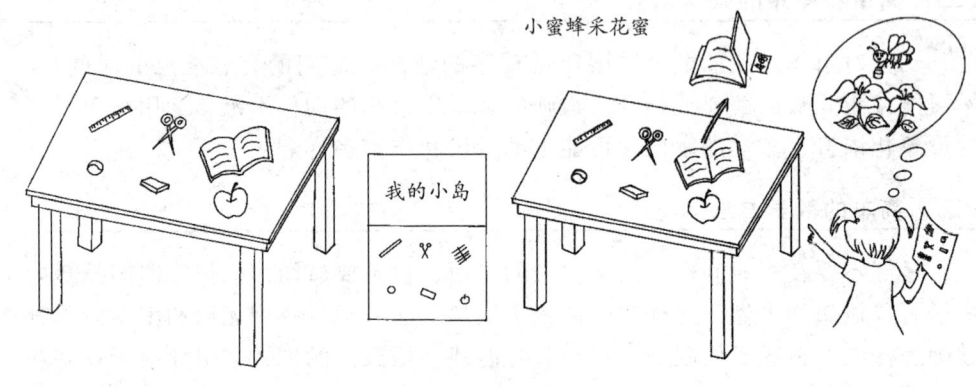

图 9-1 "我的小岛"示意图　　图 9-2 "小蜜蜂采花蜜"示意图

（5）教学思路：定向运动的重要技术是识别特征、辨别距离和方向的关系。虽然地图经常被认为非常复杂和难以理解，但对简单地图的基本理解常常自然地或本能地被年幼孩子掌握。对地图的理解过程就是对空间的理解过程，孩子们在游戏的过程中，将会认出在实际环境中的特征与地图之间远、近关系，方向是一致的，进而达到定向运动的教学目标。

（二）房间或教室内的定向游戏

（1）适合年龄段：3~4 岁幼儿或 5~6 岁幼儿初学者。

（2）教学目标：获得比桌子大的区域地图经验，建立被认同的地图符号。提供使用地图上的圆（检查点）寻找房间内的检查点标签或替代物，利用找到的"圆"（检查点）确定自己在地图上精确位置；逐步领悟当身体方向变化时，必须旋转地图到适当位置，重新确定方位的定向能力；提高当身体方向变化时，表述特征物方位的语言表达能力；建立定向运动地图特有符号所代表的含义（起点、终点、路线）。

（3）教学用图：幼儿对所在房间、教室的自绘图画，或由教师统一制作的房间、教室地图。

（4）教学情境启发：

① 以定向积分赛形式开发的定向游戏，如"送小熊回家"，教师："小熊（检查点）走散了，熊妈妈很着急，我们帮她把她的孩子们找回家（终点）吧"。

② 以定向路线形式开发的按顺序找点定向游戏，如"帮小老虎找朋友"（图 9-3），教师：小老虎要去找他的朋友们去动物乐园玩，但是在森林里他迷路了，我们帮他找到动物乐园好么？他要先去找小猪（检查点1），然后去找小熊（检查点二），再去找小鹿（检查点三）等，最后他们要一起到动物乐园

(终点)，我们比一比看哪一个小朋友帮小老虎找的快。

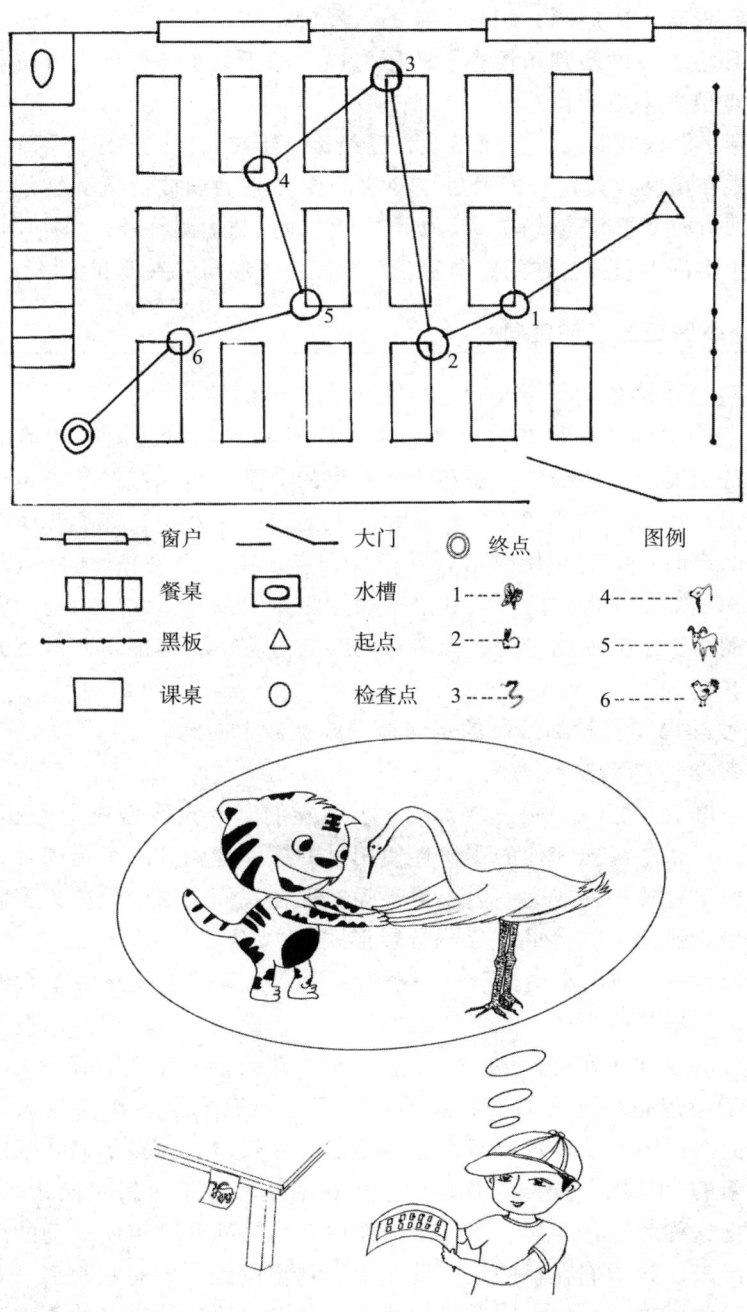

图 9-3 "帮小老虎找朋友"示意图

（5）教学思路：

①"送小熊回家"是采用积分定向形式所设计的幼儿定向游戏，其优点：孩子分布在检查点的周围，相互尾随的情况少；孩子寻找检查点时的压力要小于在同样环境下按顺序到访检查点的压力；有助于孩子练习确定方位和利用已知的检查点位置重新定位。

②"帮小老虎找朋友"这个游戏，已经接近于一场正式的定向赛事，虽然地图仍然局限在房间或教室，但通过变换房间内物品的摆放位置和增加一些特征物，或者通过改变检查点代码，教师可以方便地控制地图符号，变换不同地游戏情境，衍生出许多新鲜有趣的定向游戏，激发孩子参与的兴趣和积极性。

（三）户外小区域的迷你定向

（1）适合年龄段：5~6岁已有室内定向经验的幼儿。

（2）教学目标：获得在较大区域中定向的经验和挑战陌生环境的心理锻炼。初步认识地图上路线的长短和实地距离的关系；对一些简单地定向地图符号建立共识。在陌生的全新地图和新地形上的定向游戏中，能逐步体会和运用一些简单的定向技能（利用攻击点寻找检查点、扶手法等）；建立全新的空间方位词（东-南-西-北）的含义和语言表达能力，以及指北针在地图游戏中的作用，并能初步掌握使用方法；在游戏的参与过程中，体能得到锻炼并体验成功的快乐。

（3）教学用图：教师绘制的定向地图或类似定向地图。

（4）教学情境启发：

①"小勇士去探险"——教师："小朋友们，今天我们决定一起去探险，我们手里有一张星星狐和他的小伙伴使用过的探险地图和一个指南针，你们有没有勇气像星星狐一样成为一名小勇士呢？现在我们用这张地图去探险吧，看看谁找到星星狐留下的宝贝多（积分赛形式）"。

②"谁是最勇敢的小勇士"——教师："星星狐的探险路线上会遇到很多困难，谁是最勇敢的小勇士呢？让我们比比看，谁能在最短时间内按顺序找到星星狐去过的地方并到达营地——终点（定向路线形式）"（图9-4）。

（5）教学思路：孩子们在熟悉的教室里已经完成了多次的定向活动，多数孩子将会对读图活动表现出越来越强的信心和热情。为孩子们在限定的户外提供一些新的"地图"游戏，让他们体验在陌生环境下进行定向运动的感觉，我们可以把这称为迷你定向。当孩子们面对新的挑战时，定向运动的乐趣将更大的体现出来。孩子们在新的定向游戏中，判定位置、方向和距离——寻找检查点，体验到成功的快乐。同时，挑战陌生环境，给他们带来的心理锻炼，可能是引发他们兴趣的更主要的因素。

第九章　其他人群定向运动指导　157

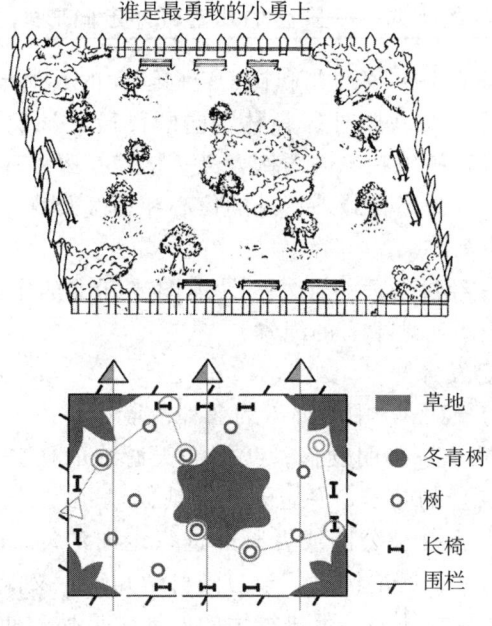

图 9-4　"小勇士去探险"示意图

① 迷你定向运动的场地：可以是一个小的限定区域，一块网球场上的线，一片草地和一些矮树、灌木丛组成的封闭区域（幼儿园，一个小公园等）。需要注意的是，活动场地的选择应建立在教师能够视野所及全体参与者。并注意活动前的安全教育。

② 迷你定向运动的地图：孩子们通过阅读地图，能够了解区域环境中的特征，其目的就已达到。地图上的地形特征符号，不管大小，只需方向和距离基本正确，孩子能从中成功地找到从一个地方到另一个地方的路就是好地图。

只要有助于孩子发展识地图技巧，迷你地图可以是手绘图加上颜色，也可以是彩色的标准定向地图。让孩子画新的地图可提高他们对地图的理解和减少老师的准备工作，更重要的是锻炼了孩子们的思维能力，教师要做的事，是引导他们建立必要的地图符号，如用"十"字代表一个垃圾桶，用绿圆圈代表一棵大树等。

③ 迷你定向运动的游戏：从提高孩子的乐趣出发，教师可以变化检查点的替代物，可以利用变化检查点代码，也可以变化定向运动的活动方式即接力形式、积分赛形式、结伴形式、任务形式创编游戏。在户外进行活动时，刚开始最好采用结伴方式。通过重复进行一些伙伴式的迷你定向运动后，再慢慢过渡到让他们独立地进行地图导航。

（四）"沿绳索行进"的定向——安全的儿童野外定向形式

（1）适合年龄段：5~6岁幼儿和初学定向运动的其他年龄段儿童。

（2）教学目标：获得在野外、森林定向的体验，认识更多的定向地图图例，尤其是对描述各种植被状况的图例含义；培养在野外环境下精确定位的能力和简单的定向技巧；提高在野外行进的信心和勇气及身体运动能力。认识多种植物、树木的种类名称。

（3）教学用图：经过处理的野外简易地图或标准的定向地图（检查点之间用线段相连接以表示实地中有的绳索）。

（4）教学情境启发：

① 与本节（二）、（三）中所列举的各种情境相同；

② 定向任务形式——小朋友们，我们今天游戏的任务是，收集地图上标记着的大树（检查点）的叶子，一定要找对哦！

（5）教学思路：去森林公园或者野外进行定向活动，可以使孩子在自然环境中欣赏美丽的风光，陶冶情感，学习到科学知识，又能在定向运动中锻炼了体格，身体的活动更加协调，促进智力的发展。另外，使用结伴方式进行比赛，孩子在比赛中必须和小伙伴密切配合，相互合作，有利于培养他的集体主义精神，使他学会如何与人合作，如何在集体中体现自己价值的方法。

这里介绍一种安全的野外定向方式"沿绳索行进"的定向。沿绳索行进的定向是专为儿童设计的一种特殊的定向运动形式，这种定向形式从头到尾都有标识，因此不会使人迷路，简易地图上会显示出指定路线和检查点标志所在的位置。出发时，仔细读图，了解地图上符号意义，辨别方向，从而明确他们自身所处的位置，然后沿着被标识的路线前进。这样的路线同样也适合初学者，他们要做的就是按顺序找到与地图上用点做出标记的相应具体方位。

① 幼儿野外定向的场地选择：在活动前，教师应提前考查场地。幼儿野外定向的场地应选择平缓或微有起伏的丘陵地貌，植被以森林和稀疏的林地为主，避免沟壑、悬崖等险峻的地貌，最好能有建筑物、小路、栅栏等孩子们已经熟悉的地图符号在内。

② "沿绳索定向"的地图：在路线设计时，一是路线的距离不需太长，二是实地检查点之间用连续的绳索或者彩色的毛线连接起来的线段要在地图中有明确的标示。孩子们只要跟着绳索走，找到所有的对应点就不会迷失。地图可以用简图，也可以用标准的定向地图（图9-5）进行。地图只包括路线周围的区域。为了便于控制，把路线的起终点设在相同位置。使儿童从中得到了身体的锻炼，获得乐趣，又了解了地图知识，还增强了自己只身在森林中前行的信心。

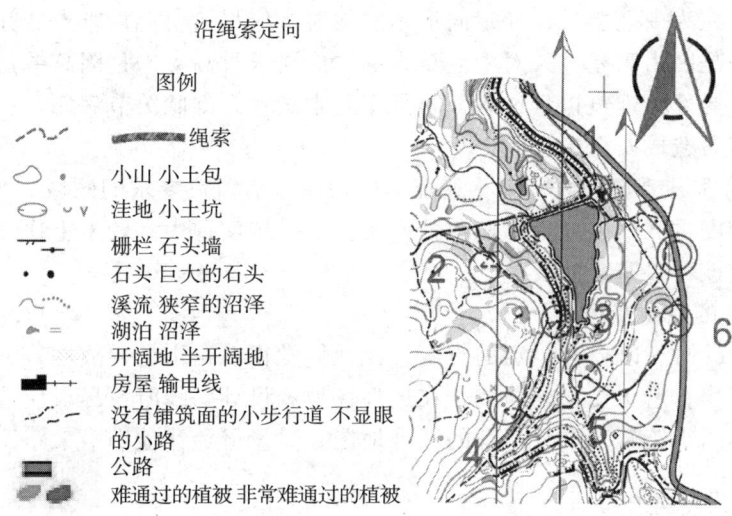

图 9-5 "沿绳索定向"地图

③ 难度的把握：对于那些渴望挑战的孩子，可以将地图上检查点标记删除，迫使他们必须判断出实地上点标在地图上对应的位置。也可以将拿掉比较简单的检查点之间的连接绳索，只保留较难的检查点之间的绳索，以增加活动的难度。

第二节 中老年人定向运动指导

众所周知，中老年人经常参加体育锻炼，能够改善睡眠，消除疲劳和精神紧张，提高各器官系统的工作能力，减缓因年龄增长机能衰退的速度，使人动作敏捷，精力充沛，工作效率提高，起到预防老年性疾病，延缓身体机能的衰老的作用。

一、中老年人定向运动的指导思路

（一）场地的选择

随着年龄渐大，中老年人应对危险时神经系统的反应速度和身体素质下降。故从安全角度出发，组织者应主要根据中老年参与者的身体条件、健康程度等因素，综合考虑选择适合的定向场地。

（二）路线设计的原则

1. 尽量避免高差过大

组织者在为中老年人设计定向运动路线时，应尽量避免检查点之间有较大的高差。一是因为高差过大对中老年人的体能要求过高。二是因高差过大，造成膝关节的局部生理负担量过大，容易引起中老年人的膝关节病痛。三是因高差过大，容易造成安全隐患。

2. 尽量避开难度过大、对平衡能力、灵敏性有过高要求的区域

避开难度过大的区域，以避免他们受伤。如果实地中有较多土坎和沟渠的地方，就应该尽量避免涉及。

3. 适宜的路线难度

路线设计时，既要有一定的难度，让他们觉得有一定的挑战性，又要防止他们跑得过快，避免受伤。因此，在选择场地和设计路线时，尽量应选择地形较琐碎，林间小路较多、较杂乱的区域地图，尽量避免让他们沿大路跑而导致跑速过快。

4. 路线的长度

控制在慢跑下或健步走 30~40 分钟能够完成的距离。

二、中老年人参加定向运动的注意事项

1. 活动前要进行必要的体格检查和运动负荷试验

中老年人参加定向活动时，组织者必须对其进行严格地体格检查和运动负荷试验，确认排除了运动"禁忌症"后，方可允许参加。

2. 淡化竞技，乐趣第一

比赛时，定向运动员能量消耗是一种以有氧代谢为主的运动过程。作为一种以休闲娱乐为目的的健身方式，在寻找点标的定向过程中，使枯燥的身体锻炼变得充满乐趣。中老年人参加定向运动，根据个体的健康状况，可以选择同样是有氧运动之一的散步，或是健步走和慢跑的方式完成，从而达到健身的目的。

3. 加强医务监督和自我身体状况监督

加强医务监督的目的是为了安全，防止过度疲劳或意外损伤。如慢跑时不能太快，一者是快容易造成踝关节扭伤，再者有高血压的人容易出事故，还可能由于缺氧诱发心绞痛。定向中可以慢跑、走交替，呼吸要自然，动作要缓慢而有节奏，避免做憋气或过分用力的动作。尤其是有动脉硬化的老人，更应该避免引起血压骤然升高的动作，如打点时骤然低头弯腰，动作一定要缓慢。

经常了解自己的脉搏、血压及身体健康状况，做好自我监督。在运动之后，若达到心胸舒畅、精神愉快、轻度疲劳、食欲及睡眠较好、脉搏稳定、血压正常，说明运动负荷适宜，身体状况良好，可继续参加运动。如果运动后出

现头痛、胸闷、心跳不适、食欲不振、睡眠不佳及明显的疲劳、厌练现象，说明运动负荷过大，应及时调整或暂时停止一段时间。

4. 中老年人参加定向运动的运动负荷

通常，对已过45岁的相对健康的个体而言，通常使用的计算运动时最大心率的公式（220-年龄）。但为了安全起见，中老年人在进行锻炼时，在运动负荷和运动强度上不宜过大，运动后的即时心率应尽量控制在（170-年龄）这一范围内，尤其是老年人运动时的心率一般不宜超过110次/min。也可以利用运动后的恢复时间来控制运动负荷，运动后5~10分钟之内恢复到运动前的脉搏水平为宜。

第三节 肥胖人群定向运动指导

超重，肥胖，已成为影响人类健康和寿命的重要因素之一，很多疾病与肥胖症有关（表9-1）。据统计，因病而死亡的患者中有15%~20%合并有肥胖症。此外，肥胖症者动作迟缓，工作易疲劳，不能耐受高温，影响体型美。随着现代社会的发展，人们更加地关注健康，针对肥胖症的各种各样的减肥方法也相应产生，但人们逐渐认识到运动减肥是最佳的方法。因为运动可以在食物摄入量保持不变的情况下，消耗掉人体内多余的脂肪达到减肥的目的。科学的运动减肥方法比药物减肥和节食减肥更加安全，而且对人体不产生任何副作用。

表9-1 与肥胖有关的疾病

与肥胖有关的疾病	
1. 心血管疾病	7. 胆囊炎
2. 高血压	8. 胰腺炎
3. 肾脏病	9. 某些癌症
4. 糖尿病	10. 不孕症
5. 痛风	11. 月经失调
6. 脂肪肝	12. 关节炎

一、肥胖人群定向运动的指导思路

（一）运动减肥的最佳强度

大多数人认为运动强度越大，运动越剧烈，减肥效果越佳。其实，只有持久的小强度有氧运动才能使人消耗多余的脂肪。这是由于小强度运动时，肌肉主要利用氧化脂肪酸获取能量，使脂肪消耗得快。运动强度增大，脂肪消耗的比例反而相应减少。当接近大强度运动时，脂肪供能比例只占 15%。因此，轻松平缓、长时间的低强度运动或心率维持在 100~124 次/min 的长时间运动最有利于减肥。中等强度的有氧运动最适宜减肥，且中等强度的有氧运动不会增加食欲，这就避免了通过饮食摄入更多热量加剧脂肪在体内的堆积。

（二）定向运动可以解决减肥者无法持之以恒的问题

运动减肥成功的关键在于坚持，但往往减肥者会在枯燥的、重复性的活动中败下阵来。而定向运动所特有的趣味性使人能乐与坚持长时间的耐力锻炼，参加一次定向运动的时间，一般为 1~2 小时。许多自认为不能完成 800 米的人，在不知不觉中也能跑完直线距离为 3 000 米的定向越野。定向运动是一种有氧运动，在风景优美、空气清新的森林、山地、湖泊等自然环境中奔跑的过程中，周围的自然景观和地图的对照、路线、方向的判断和富氧的环境，再加上找到每个检查点带来的成功的喜悦，都在无形中转移了人对肌体疲惫的注意力，在不知不觉中得到了锻炼，从而达到减肥的目的。

二、减肥者参加定向运动的注意事项

（一）足够长的距离和运动时间

只有运动持续时间超过大约 40 分钟，人体内的脂肪才能被动员起来与糖原一起供能。随着运动时间的延长，脂肪供能的量可达总消耗量的 85%。可见，短于大约 40 分钟的运动无论强度大小，脂肪消耗均不明显。减肥者参加定向运动，要根据体力情况而定，可从健步走 1 小时、慢跑 40 分钟中距离定向开始，逐步增加距离和运动时间。

（二）平衡膳食

运动虽能消耗人体内的热量，但仅靠运动减肥效果并不明显。即使每天打数小时网球，但只要多喝一两听易拉罐饮料，辛辛苦苦的减肥成果便会化为乌有。因此，要想获得持久的减肥效果，除了坚持运动外，还应从饮食上进行合理调控。

中国人的膳食是以粮食制品为主食，是人体碳水化合物的主要来源，用以满足人体对热能的需要。另外，粮食还能供给人体一定量的蛋白质、B 族维生素、矿物质和膳食纤维。粗米杂粮中含有更丰富的维生素、矿物质，特别是膳食纤维，能增加饱腹感。另外一些杂粮如燕麦、荞麦、玉米等都具有降脂降压、清热通便、防止代谢性疾病等食疗作用。多吃蔬菜和水果。蔬菜和水果不仅含水量高、体积大、热量低，而且是维生素和矿物质的丰富来源。尤其是新鲜的绿叶蔬菜，含有丰富的维生素和人体必需的微量元素。多吃含热量低的蔬菜和水果，有利于调节生理功能和减轻体重。另外，蔬菜水果中还含有丰富的膳食纤维，多有祛脂降糖、帮助消化、促进肠蠕动和利便等功能，可有效减肥。食量大者，应把饭量减至正常量，为减轻饥饿感，可补充黄瓜、西红柿、萝卜等。粮食类；肉、蛋、奶及豆类；蔬菜水果类；烹调油类。减肥者的膳食安排也不例外。

同种类的食物所含的热量各不相同，减肥者在膳食安排中应尽量选择热量低的食物。如鱼、虾、蟹肉、海参、海蜇等水生动物，由于脂肪低，所含的热量均低于其他肉类；牛羊肉的热量低于猪肉的热量，瘦肉低于肥肉。在奶制品中，脱脂牛奶比全脂牛奶的热量低；同是蔬菜，绿叶蔬菜、瓜类蔬菜的热量比根茎类蔬菜低。因此，减肥者要在日常饮食中注意选择食用，主食中注意粗细搭配。

（三）甄别肥胖类型，加强医务监督

由于肥胖者往往伴有高血压、糖尿病等体育运动的禁忌症。因此，为确保安全，肥胖人群在参加定向运动时，组织者应进行详细调查，并保证有医务人员加强监督和指导。必要时，需要向老年人一样严格进行体格检查和运动负荷试验。

（1）详尽的问卷调查：指导者应对每一位营员进行运动习惯、饮食情况、遗传疾病史的调查，根据这些数据，在定向活动的安排过程中根据具体情况加以强度和运动负荷的调整。

（2）严格的体检：体检是安全保障工作中重要一环，血液指标的医学检测和体质测试。血液指标的医学检测是为了排除病理性肥胖。体质测试是了解参加人员的体质状况、运动能力、心血管系统功能，以便制定定向路线的难度、长度，合理安排运动强度和运动负荷。

（3）完备的运动和医务监控：在整个定向活动过程中，安排专人进行运动过程和医务监控，确保运动安全。

复习、思考与实践

1. 幼儿地图认知的特点？幼儿阶段（3~6岁）的地图认知能力与大童（7~11岁）有什么区别？

2. 为幼儿进行定向运动教学有什么意义？
3. 试举出适合3~4岁和5~6岁幼儿定向运动的游戏情境。
4. 如何避免中老年人和肥胖人群进行定向运动时出现安全问题？
5. 尝试列举一个以定向运动为主题的儿童减肥训练营的可行性计划。

第三篇　训　练　篇

第十章　定向运动训练的基本理论
第十一章　定向运动专项体能训练
第十二章　定向运动技术训练
第十三章　定向运动战术训练
第十四章　定向运动心理技能训练
第十五章　特殊条件下的定向运动训练

本篇导读

"定向运动中，体能更重要还是技能更重要"，定向教练员在定向运动员选材和训练过程中经常会因这个问题而难以权衡。其实，对与这个问题的解答，不同的定向人考虑问题的角度和层次不同，给出的答案也不尽相同。编者希望读者通过对本篇的学习和理解，能找到属于自己的答案。

定向运动的独特特征是体能与认知相结合，可以用"在奔跑中导航"来刻画。因此，定向运动的训练要以体能与认知能力训练相结合，围绕着提高运动员在奔跑中的导航能力来展开。本篇以定向运动的独特特征为核心，在我国当代训练理论的框架下分别阐述定向运动的训练理论、专项体能、技术能力、战术能力、心理技能训练和特殊条件下的定向运动训练。但是，定向运动员的竞技能力是以上各种竞技能力相互联系、相互作用的结果。虽然运动员竞技能力各因素中某种能力的缺陷可以由其他高度发展的能力在一定范围内予以弥补，但这种弥补效应在定向运动中是有限的，有时甚至会导致负面效应，如在技能发展不足的情况下，体能的高度发展甚至会导致定向运动员竞技能力的下降。因此，定向运动竞技能力的发展应以各种竞技能力的均衡发展为基础。

本篇分为六章。第十章阐述定向运动训练的基本原则、训练计划和选材方法；第十一章从发展专项体能的角度阐述定向运动的体能训练；第十二章阐述定向运动技术训练的主要方法和手段；第十三章阐述定向运动战术和战术训练方法；第十四章阐述运动心理训练基本知识、视觉化训练及赛前训练准备程序与方法。第十五章高温、寒冷、高原及女子经期等特殊环境和条件下的定向运动训练。

第十章 定向运动训练的基本理论

本章导读

定向运动训练的内容涉及体能、技战术能力、心理能力和智能训练，在进行这些能力训练时都需要遵循一些共同的理论和原则，这就是定向运动训练的基本理论。本章主要从定向运动训练的基本原则、定向运动训练计划、青少年定向运动训练和定向运动员选材四个方面阐述了定向运动的基本理论。通过本章的学习，你将能够：
1. 掌握定向运动训练的基本原则；
2. 根据定向运动赛事规程和运动员的当前状态制定适宜的训练计划；
3. 根据青少年运动员的特点合理的组织青少年运动员的训练；
4. 了解定向运动选材的步骤和方法。

第一节 定向运动训练的基本原则

运动训练原则是组织运动训练所必须遵循的基本准则。运动训练原则具有普遍性，但在将他们运用到具体项目时还应考虑项目的特殊性。另外，各项目因其特殊性还具有相应的特殊或专门训练原则。组织定向运动训练应遵循的基本原则包括：竞技需要与定向发展原则、动机激励原则与有效控制原则、身体训练与认知训练相结合原则、一般训练与专项训练相结合的原则、系统训练与周期安排原则、集群组训与区别对待原则、适应负荷和适时恢复原则。

一、竞技需要与定向发展原则

竞技需要与定向发展原则是指依据提高运动员竞技能力及运动成绩的需要，从实战出发，科学安排训练的阶段划分及训练内容、方法、手段和负荷等因素的训练原则。在定向运动中贯彻这一原则就是既要根据定向运动的整体特征出发，又要根据定向运动各项目的特征确定决定定向运动员竞技能力的主导因素，根据这些主导因素帮助运动员确定重点发展内容，组织训练。

二、动机激励与有效控制原则

动机激励与有效控制原则是指通过多种方法和途径，激发运动员主动从事艰苦训练的动机和行为，并对运动训练过程实施积极有效控制的训练原则。定向运动是一种趣味性很强的运动，但要想在定向运动中取得好成绩，还必须进行长期、艰苦和单调的专门体能训练。定向活动和体能训练心理感觉间的巨大反差常常会使运动员不重视体能训练或不愿意进行体能训练，青少年运动的情况更是如此。因此，在体能训练中一方面要通过合理的训练设计使训练变得生动有趣，另一方面要让运动员充分认识体能在定向运动竞技能力中的重要意义，提高他们进行体能训练的积极性。另外，运动员可能也会对定向运动本身失去兴趣或信心，教练员应该时刻关注运动员在这些方面的心理变化，与运动员一起设置合理的训练目标，让运动员不断享受到成功的快乐和幸福。

在我国，不少中学生参加定向运动除了兴趣和爱好的原因之外，还有一个重要的因素就是升学。一旦进入大学，他们中的许多人或由于升学的目标已经达成，或由于学习的压力而失去了继续努力训练的动力。对这些学生除了通过相关的行政措施加强管理，为他们创造良好学习和训练条件外，更应该加强训练的目的性教育和正确价值观教育，不断激励他们产生刻苦训练的动机。

运动员竞技能力受多方面因素的影响，而且这些因素本身也处在不断变化之中，要保证训练效果，必须有效地把握这些因素的变化情况和它们对竞技能力的影响，实施有效控制并及时根据实际情况调整训练计划，保证预定目标的实现。另外，还必须对运动训练过程本身实施有效控制、保证训练过程按质按量、按技术要求进行。对定向运动更是应重视对训练过程的有效控制。定向运动由于其训练环境的特殊性，教练员很难全面把握运动员的实际训练情况。因此，在设计训练方案时教练员应着重考虑训练监控的问题，训练监控计划应成为训练计划的重要组成部分。如在路线设计中设计几个检查区或交流区，使教练员可以利用这些区域对运动员实施监控或指导。

三、体能训练与认知能力训练相结合的原则

体能训练与认知能力训练相结合的原则是指在进行体能训练的同时进行认知能力训练的训练原则。定向运动是一项体能与认知相结合的运动，在运动中清晰、快捷的读图能力和决策能力是构成运动员竞技的关键因素。定向运动要求运动员在不断变化的环境、不断变化的跑速和疲劳状态的干扰下进行大量的

认知活动。反过来，在运动中进行认知活动也会干扰机体对身体活动的控制能力。因此，除了技术训练，在体能训练中也要为运动员安排适量的认知任务，培养运动员在运动中和疲劳状态下的认知能力，同时也培养运动员在进行认知活动的同时灵敏控制身体运动的能力。

四、一般训练与专项训练相结合原则

一般训练是指用一般性身体练习全面提高运动员各器官系统机能，发展各种运动素质的训练。专项训练是指用专项性练习和比赛性练习提高专项水平所需要的各器官系统的机能和运动素质。

一般训练与专项训练相结合的原则是指导定向运动体能训练的主要原则。身体素质是相互联系和制约的（图10-1），各个项目对各种素质有不同的侧重，为了使某一身体素质获得最大限度的发展，必须相应发展其他素质。各项运动素质的全面发展有助于专项运动素质的发展，专项能力的提高反过来也可以促进一般身体素质的提高。定向运动本身特有的运动环境不但使定向运动有明显的专项素质要求，也对各项素质的全面发展提出了很高的要求。

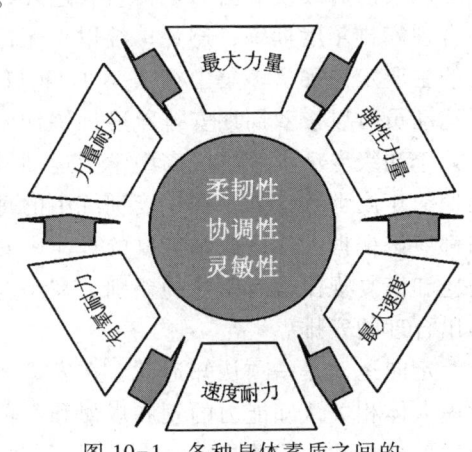

图10-1　各种身体素质之间的相互联系和制约作用

在定向运动体能训练中贯彻一般训练与专项训练相结合原则就是要根据专项特点、运动员训练水平、不同训练时期和阶段的任务，恰当地安排两者的训练比重。定向运动专项运动环境复杂并存在着诸多的安全隐患，体能消耗大，对运动员机能和素质要求高，要求运动员具有全面协调发展的身体素质。所以，一般训练应该占较大的比重。特别在多年训练的基础训练阶段和年度训练的一般准备期更是如此。

另外，对于年龄小、训练水平低的运动员，一般训练应占较大比重；而对于年龄大、训练水平高的运动员，则应该加大专项训练的比重。在多年训练的基础训练和初级专项提高阶段、年度训练的一般准备期、过渡期和恢复调整小周期，一般训练的比重应该大；而在年度训练的专门准备期和比赛期，则应该加大专项训练的内容。

五、系统训练与周期安排原则

系统训练与周期安排原则是指根据运动训练结构特点、竞技技术呈现特征和重大赛事安排规律，系统持续地、周期性地组织训练过程的原则。系统训练与周期安排原则是由人的生物适应的周期性和长期性、竞技能力形成和发展的连续性、周期性与训练效应的不稳定性决定的。

在定向运动中贯彻系统训练与周期安排原则就是要尊重运动员成长的阶段性规律，有目的、有计划、有侧重地合理组织多年训练，避免因拔苗助长而影响运动员的后续发展潜力。再者，还要结合运动员的成长阶段和赛事组织的规律合理安排年度训练，避免单纯以重大比赛为核心来安排年度训练，如目前国内的主要定向赛事多集中在 7~8 月和 11~12 月两个时间段，对于大学生高水平运动员可以按双周期安排年度训练计划，但对于处于基础训练阶段的初中生和处于初级专项训练阶段高中学生运动员，以及普通大学生运动员则应坚持单周期的年度训练计划。在年度训练中的每个训练阶段，每个训练中周期和小周期都应该根据人体适应和恢复的规律来安排。另外，人体各项身体素质训练的适应和恢复规律也有明显的差别，在小周期的训练中也应根据他们的发展规律作出合理的安排。

定向运动是一项认知运动，在安排运动员技能特别是认知技能训练时应该考虑人体相关认知能力的发展规律和各项认知能力间的相互作用，如空间能力的发展规律和性别差异。

六、集群组训与区别对待原则

集群组训与区别对待原则是指运动员以组、队形式共同训练，同时依运动项目、个体特征、竞技水平的不同而进行不同训练安排的训练原则。

七、适宜负荷与适时恢复原则

适宜负荷与适时恢复原则是指根据人体机能的训练适应规律和负荷承受能力，给予运动员适宜的负荷刺激并在负荷后及时补充运动员训练中的物质消耗，消除训练中产生的身心疲劳的训练原则。将该原则应用于定向运动中要注意，定向运动是一种体能与认知能力相结合的运动，运动员在训练中不但要承受身体负荷，往往还要承受很大的心理负荷，因此，在安排训练计划时要同时考虑心理负荷的大小，在考虑恢复问题时，要重视心理过程的恢复。

第二节　训　练　计　划

一、训练过程的基本结构与训练计划的类型

（一）训练过程的基本结构

一个完整的训练过程由图 10-2 所示的几个基本环节组成。比赛要求分析和运动员竞技水平起始状态诊断是训练过程的出发点，它决定了训练的目标。训练计划是对运动训练过程预先做出的理论设计；训练计划的实施则是将训练计划付诸于实践；检查评定是对训练计划实现训练目标的有效性进行检验，为训练计划的调整提供科学依据。如此循环，从而使训练过程朝着实现训练目标的方向发展。

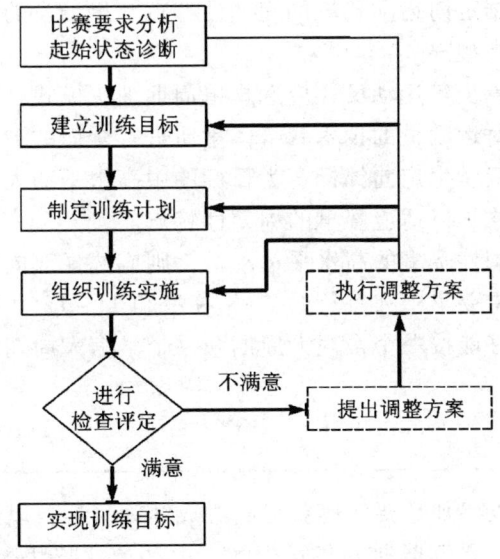

图 10-2　训练过程的基本结构

（二）训练计划的类型

依据系统训练和周期安排的原则，根据训练的目标可以将训练计划划分为不同的类型，如多年训练计划，年度训练计划，大周期训练计划，中周期训练计划（单元训练计划），周训练计划和课训练计划。目前，我国定向运动训练尚没有形成一个上下贯通的全程性多年训练系统，训练计划处于小学训练与中

学训练相脱节，中学训练与大学训练相脱节的状况。因此，本节重点讨论年度训练计划、大周期训练计划、周训练计划。中小学教练员在制定青少年定向运动员区间性多年训练计划时一定要注意青少年运动员的身心特点，在追求运动员早出成绩，出好成绩的同时注意运动员身心素质的全面协调发展，为运动员的可持续发展打好基础。大学教练员在制定大学生定向运动员区间性多年训练计划时，一定要对运动员的身体素质、机能状态及技术水平进行全面诊断，纠正中学阶段留下的缺陷与不足，为大学的训练奠定好基础。

二、年训练计划

（一）年训练计划的类型

大周期是构成年度训练周期的基本单元。根据年度训练中大周期数量可以将年度训练划分为单周期（包括双高峰单周期）、双周期和多周期等类型。定向运动教练员要根据定向运动赛事的周期性特点和运动员的训练水平来安排年度训练计划的周期类型。

对于初学者和青少年运动员，应选择单周期训练模式，以保证教练员和运动员有充足的时间对运动员的技术和身体素质进行全面的训练。对于以参加省级定向锦标赛或省级学生定向锦标赛为目标的中高水平的大学生运动员，也应选择单周期训练模式，以适应赛事的周期性特点。

对于以参加全国性赛事的高水平运动员，则应选择双周期训练模式。目前的全国性定向赛事主要集中在每年的 7~8 月份和 11~12 月份两个时间段。因此，年训练计划最好能按一个常规大周期和一个微缩大周期的双周期训练模式安排。

（二）大周期的基本结构

训练大周期是以参加重要比赛获得满意成绩为目标，以运动员竞技状态发展过程的时相性为主要依据划分和安排的。运动员竞技状况的发展包括获得、保持和消失三个依次发展的时相。与三个时相相对应，训练大周期划分为准备期（训练期）、比赛期（竞赛期）和恢复期（过渡期）。

1. 准备期。准备期是大周期中持续最长的一个时期。单周期训练的准备期通常持续 20~24 周，双周期的第一个大周期的准备期通常持续 16~20 周，为了更好地安排训练计划，可以将它们的准备期划分为一般准备期和专门准备期两个阶段。而双周期的第二个准备期通常只持续 6~8 周，没有必要进一步进行划分。

准备期的主要训练目的是提高运动员的竞技能力水平和逐渐培养及发展运动员竞技状态。准备期的训练是一个由一般到专项、局部到整体的训练过程。其中，一般准备期的主要任务是为增进运动员的健康水平，全面发展运动素质和身体机能，特别是一般耐力和长耐力，为进一步的训练打好基础。在一般准备期应注重有针对性地对运动员运动素质中相对较弱的环节进行训练，以构建全面发展的运动素质，如定向运动员可以针对自己的弱项进行专门的力量训练或柔韧性训练。而在专门准备期，应提高训练的专项化水平，如应针对定向运动的特点，发展运动员骨骼肌肉系统，尤其是使支撑阶段对抗肌能适应大负荷训练的需要，以保证重复性的支撑反作用力不会对机体造成伤害，如山地跑、跳跃等。

对于运动技能，在准备期应注重运动员基本技能，特别是跑动中读图能力的培养和打卡技能的培养。要仔细了解运动员对地图知识掌握的情况，进一步帮助运动员加深对地图的理解。除此之外，准备期还应对运动员在技能上的强项和弱项进行分析，针对运动员的弱项进行训练。

准备期训练负荷的特点是低强度，大训练量。在大运量训练中应考虑训练形式的多样性，各种运动交叉训练有助于保持更好的运动量而不会给关节和肌肉带来太多的负担。以防止过度训练综合征。对定向运动员而言，山地自行车、水中跑步、游泳都是很好的训练方式。另外，在准备期的后期应安排少量比赛，以促进运动员竞技状态的逐步形成。

2. 比赛期。比赛期一般持续 6~12 周。比赛期可划分赛前准备期和集中比赛期。赛前准备期一般在 6~8 周之间，最少不应少于 4 周，最多不应超过 10 周。赛前准备期的主要训练目的是发展专项运动能力，发展竞技状态。在我国，全国定向锦标赛和全国学生定向锦标赛主要集中在每年的 7~8 月间，两大赛事间隔的时间较短，每一赛事的持续时间通常在 1 周左右。因此比赛期持续时间通常在 3 周左右。全国定向冠军赛和精英赛主要集中在 11~12 月间，间隔时间稍长，每一赛事的持续时间则稍短通常约 3~4 天左右。比赛期持续时间通常在 3~4 周左右。集中比赛期的主要训练目的是维持赛前准备期所达到的体能水平，为比赛做好充分的准备，参加比赛并在比赛中充分表现出自己的竞技水平。

在赛前准备期的训练中，教练员应把运动员竞技能力影响最大、表现最集中的方面置于训练的首位，集中主要精力发展这些能力。如根据不同定向运动员的主项项目特征分别有针对性地发展在复杂地形中的奔跑能力和在公园中高速奔跑能力，并同时发展在高速奔跑中的读图能力。将技能训练的重点由基本技能训练转移到完整技能和战术能力的训练。适当安排一定数量的模拟赛和赛前准备，特别是赛前心理准备的练习。

表 10-1 历时半年的训练大周期各时期阶段的训练学特征

时期	准备期		比赛期		恢复期
阶段	一般准备	专门准备	赛前准备	集中比赛	
时间	1.5~2个月	1~1.5个月	2~2.5个月		0.5~1个月
	3个月				
任务	增进健康，发展素质，增强意志品质，掌握新战术，改进基本技术	提高专项技术水平，逐步过渡到完整技术，改进多人或全队战术配合	发展专项素质，发展竞技状态，参加热身比赛	发展专门素质，熟练完善技术技巧，保持稳定的竞技状态，创造好成绩；保持最高竞技状态，参加重要比赛，创造优异成绩	积极恢复，消除生理和心理疲劳，总结经验，制定新计划
比赛	没有或少	少	中	多	—
负荷 量强度	中→最大或大→中→小或中→中或大→大或最大→最小	小→中→大→中或大→小或最大→最小	以重复法、间歇法为主	以比赛法、重复法为主	以游戏法、持续法、变换法为主
方法 发展素质改进技术	以持续法、间歇法为主	以间歇法、重复法为主			
方法 手段	以分解法为主	分解法、完整法	以完整法为主	以完整法为主	
方法 手段	以多种多样的一般练习为主，辅助少量专项练习	以专项身体练习为主，练习手段相对集中	以专项训练形式为主，仍保持一定专项身体练习	比赛、一般生积极恢复性练习	改变环境及练习形式，增加一般身体练习
恢复	注意负荷节奏，各种积极的与自然的恢复措施		注重负荷节奏，采用各种积极的与自然的恢复		减少负荷，变换负荷的形式、地点与组织
检查评定	负荷及机体适应情况		负荷及机体适应情况，技、战术水平		心理、生理恢复状况

（引自：田麦久．运动训练学．北京：高等教育社，2006）

赛前准备期还应有针对性地发展定向运动比赛的主要能量供应系统，即要通过提高最大吸氧量、最大乳酸稳定状态水平和跑的经济性来提高机体的能量供应能力。考虑具体训练方法时要逐渐增加与比赛地形相似的森林和丘陵中的训练。训练最好是间歇式训练和持续快速跑训练。

赛前准备期训练负荷的特点是，逐渐由低强度大运动量向高强度低运动量变化，通过渐增负荷来增加强度。集中比赛期训练的关键是要处理好保持运动员运动素质和使运动员在比赛前得到充分恢复的关系。比赛期的训练既要有足够的量又要有足够的强度，而为了使运动员在每个训练单元和每场比赛前能得到充分恢复，比赛期的训练又要求大幅度减少训练负荷和训练量。处理这一关系，首先是应对运动新手和优秀运动员区别对待。在比赛期，如果减量训练期较长，运动新手在准备期获得的运动素质将会出现大比例消退，而优秀运动员的消退要慢得多。其次对不同的运动素质应区别对待，对于肌肉力量的维持，每周一次的训练就可以实现，而对有氧运输系统功能水平的维持每周要进行2～3天的训练。

一般来说，维持比赛期体能水平的训练重点应该放在强度上，而且应该超过比赛时的强度要求。对训练量也应该有一个基本的要求，训练量的减少不应该只在几个训练单元内作大幅度调整，而要逐渐降低，每次下调的幅度不应该超过平时训练量的3%。临近比赛时，力量训练、循环训练及超等长训练都应该停止。主要比赛前3～5天训练量必须进一步减少。

考虑比赛期的具体训练方法时，应以间歇训练、法特莱克跑、在森林中以距离感培养为目的的跑为主。比赛期中的技术训练应以短的训练路线完成。

3. 恢复期。恢复期一般持续3～6周，主要目的是使运动员在身体上和心理上得到充分的恢复，并使一些慢性损伤得到完全恢复。恢复期运动员应该先进行一段时间的完全休息，然后再进行包括一些拉伸性练习在内的主动性休息和恢复性训练。

（三）大周期中训练内容的安排

1. 训练内容的安排。在每个训练时相，高水平运动员的训练应以3～4周为单位划分出数个板块结构（中周期），分阶段地为每个板块结构确定1～2个训练目标，在相对集中的时间内接受单一的、或者两个比较大的训练刺激。

训练是以一个训练单元的训练组成的，但是各单元的训练的效应是有联系的，可以发生相互影响，安排训练内容时不能将一个训练单元孤立起来考虑，而应按板块结构来对训练单元进行搭配，每个板块结构有其不同的主要任务。

训练单元按任务和目的分为三类：提高发展运动能力、保持运动能力和恢复运动能力。每类训练单元都有一定的训练负荷强度和生理恢复时间（表10-2）。每个不同任务的板块结构中必须包含一个、两个或多个提高发展运动能力的重点单元及恢复运动能力的调整单元。

表10-2　不同训练单元的负荷强度和恢复时间一览表

训练单元的任务	训练负荷强度	恢复时间（小时）	负荷评估度
提高发展运动能力	极限负荷	72	5
	最大负荷	48~72	4
	次最大负荷	24~48	3
保持运动能力	中等负荷	12~24	2
恢复运动能力	低负荷	12	1

另外，板块结构还要求每个训练单元在内容的安排上，要考虑主要发展的专项素质和其他专项素质训练之间搭配的兼容性，以及单元之间在内容搭配上的兼容性。表10-3列出了一个训练单元内可以兼容的多项运动素质训练内容。

表10-3　训练单元中不同运动素质训练的可兼容性一览表

主要发展的专项素质	可兼容发展的其他素质
有氧耐力	非乳酸能力（短跑）
	力量耐力—有氧
	之后，最大力量（发展肌肉体积）
无氧耐力	力量耐力—无氧
	有氧恢复练习
	有氧、无氧耐力
非乳酸能力（短跑）	有氧耐力
	爆发力
	之后，最大力量（发展肌肉体积）
	有氧恢复练习
最大力量（发展肌肉体积）	最大力量—提高神经支配能力
	灵活性
	有氧恢复练习
学习新技术	在学习新技术之后可以发展所有素质

在安排单元和单元间的训练内容时，应注意以下几个问题：

（1）在板块结构的重点单元中，应以 65%～70% 的训练时间用于提高和发展 1~2 项重点素质。

（2）重点单元的大负荷量或大强度训练后，应安排负荷明显降低的调整训练日。

（3）以增加肌肉体积为主要目标的训练单元，大强度负荷将使肌肉合成代谢的恢复过程受阻。在重点力量训练单元后，开始下一个单元训练之前应该至少有 20 小时的休息时间，并且下一个单元应该是一个负荷较小的训练单元。

（4）高水平运动员各训练单元的训练任务应尽量少而精，简单明确。训练单元的任务应少于 3 个，以一个主要素质为主，一个为辅。而青少年的训练单元则应注意全面发展和训练的趣味性。

2. 训练负荷的安排。训练负荷的安排也要考虑各训练单元的相互关系，通常以周为基本单位来安排。在大强度训练后，必须安排小强度训练（恢复）以防止过度训练的发生（图10-3、图10-4）。准备期和赛前准备期由几个小周期组合形成中周期（图10-5A）和大周期（图10-5B）。

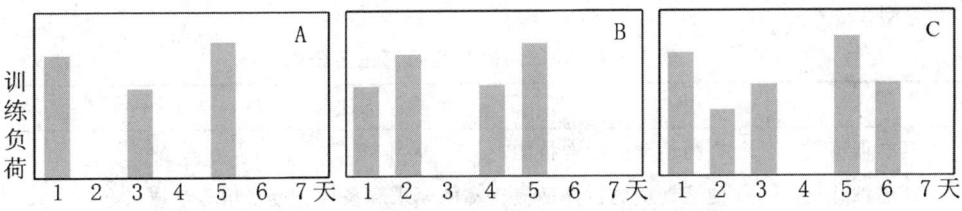

图 10-3　以周为基本单位的训练负荷安排

A. 每周训练三天；B. 每周训练四天；C. 每周训练五天

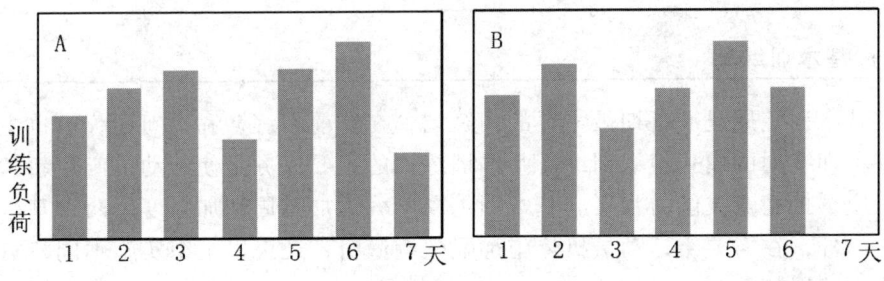

图 10-4　以周为基本单位的训练负荷安排（续）

A. 每周训练七天；B. 每周训练六天

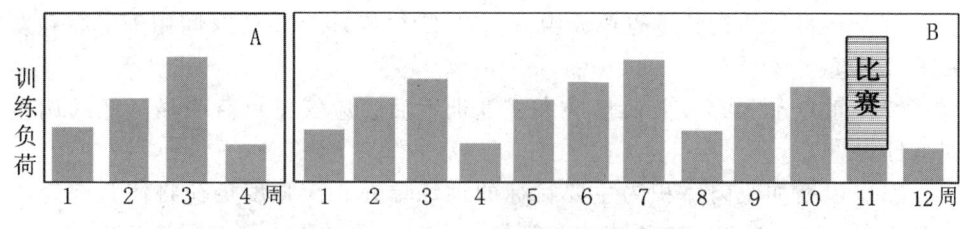

图 10-5 中周期和大周期的负荷安排
A. 中周期；B. 微缩大周期

三、周训练计划

（一）训练周的类型

训练周是教练员组织训练活动的基本单位。根据训练任务及内容的不同，可以把训练周分为基本训练周、赛前训练周、比赛周以及恢复周等 4 种基本类型。

表 10-4 训练周的类型及其主要任务

类型	主要训练任务
基本训练周	提高运动员的竞技能力
赛前训练周	使运动员的机体适应比赛的要求和条件，逐步培养竞技状态
	充分做好赛前准备，形成理想的竞技状态；
比赛周	参加比赛，并力求实现预期的目标
恢复周	消除运动员生理上和心理上的疲劳，准备投入新一轮的训练

（二）基本训练周

基本训练周是准备期最主要的训练周；在赛前训练期和赛间训练中也主要按基本训练周的模式组织训练。基本训练周的主要任务是使运动员产生新的生物适应，提高竞技能力水平。基本训练周可分为加量周和加强度周两种基本类型。另外，在需要给运动员机体施加强烈刺激时，还可以组织实施不同特点的强化训练周。

基本训练周训练内容的安排主要应从两个方面来进行考虑：训练目标与机体负荷后的恢复情况。训练目标决定应该把什么内容放入训练计划，恢复情况决定训练内容的组织方式（表 10-5）。训练内容安排时应注意：

（1）不同内容的交替安排。

（2）以大负荷安排为核心组织训练内容。训练内容的安排首先要确定大负荷训练的次数。如果只安排 1~2 次大负荷课，对运动员的刺激难以达到必要的深度，也不可能产生相应的训练效果；安排 3~5 次大负荷课，则可对运动员机体产生深刻的影响。

表 10-5 与不同机能状态相适应的训练内容

发展竞技能力类型	机能状态		
	充分恢复后	局部疲劳时	非常疲劳时
素质	最大速度 最大力量 快速力量	速度耐力 一般耐力 力量耐力	一般耐力 力量耐力
协调 技术 战术	协调能力 精细技巧 战术配合	—— 辅助技术 战术配合	—— —— ——
心理品质	判断 反应	自控能力	顽强拼搏的意志品质

（引自：田麦久．运动训练学．北京：高等教育社，2006）

表 10-6 基本训练周训练计划示例

星期	下午 4：15—6：30	负荷	
		量	强度
一	①40 分慢跑+柔韧练习 20′；②1 600 m×5 间歇 5′；③放松练习 30′。	中	中
二	①40 分慢跑+柔韧练习 20′；②1 200 m×5 间歇 5′；③放松练习 30′。	小	大
三	①小时轻松跑+柔韧练习 30′+40′慢跑②放松	大	小
四	重复星期二	小	大
五	重复星期三	大	小
六	山地定向	大	中
日	公园定向	小	中

（三）赛前训练周

赛前训练周的主要任务是力求使运动员的机体适应比赛的要求和条件，把长期训练过程中所获得的各个方面的竞技能力，集中到专项竞技所需要的方向中去，使运动员在比赛中能够充分发挥其所获得的竞技能力。

赛前训练周的训练内容安排的基本要求也是通过训练内容的合理交替，使运动员能够保持系统的持续训练，在一周中承受多次训练负荷，更加有效地发展专项竞技能力。其主要的特点为训练的内容更加专项化，采用的练习更加接近专项的运动形式，练习的组织形式更加接近于专项的比赛特点。在素质训练方面，一般运动素质的比例减少，而专项运动素质的比例增加。在技术训练方面，分解练习的比例减少，完整练习的比例增加，并努力提高练习的流畅感和稳定性。

（四）比赛周

比赛周的主要任务是为比赛做好充分准备，形成理想的竞技状态，参加比赛，创造优异成绩。

比赛周一般是以比赛日为该周的最后一天，倒计一个星期左右来确定。一般情况下，运动员的最佳竞技状态一定要在比赛前一周左右的时间内激发出来，否则很难在比赛中获得理想的表现。

比赛周训练内容以专项技战术训练、模拟训练、热身性比赛、专项比赛和心理训练等专门性的内容为主。赛前几天可安排一次有一定强度的热身赛或热身性质的高强度训练，便于进一步激发运动员最佳竞技状态的出现。应对赛前热身赛及类似的赛前训练进行严格控制。首先，热身赛的强度不能过大，其次时间不能过早也不能太晚。安排过早，最佳竞技状态可能出现在比赛之前，安排太晚，最佳竞技状态则可能出现在比赛之后。通常的安排模式是，将力量和高强度的专项能力训练安排在赛前3～5天，而将恢复性的有氧代谢训练和中低强度的一般性训练安排在赛前1～3天进行，从而使运动员多种竞技能力变化曲线（超量恢复曲线）的最高点交汇于比赛日。

表10-7　国家队捷克集训期间连续比赛周训练计划表

星期	上午	下午	晚上
一	9：00—11：30 准备活动 山地小路上的轻松跑（1小时） 10×200米上坡冲刺（95%速度）	3：00—5：00 地图记忆训练	总结，识图基础训练 （1小时）
二	9：00—11：30 准备活动 专线定向，固定路线匀速跑， 爬高量90—150米（90分钟） 放松跑（40分钟）	3：00—5：00 专项技术训练	定向游戏（1小时）
三	9：00—11：30，专项身体训练 核心训练	3：00—5：00 定向技术训练	总结，识图训练 （1小时）

续表

星期	上午	下午	晚上
四	9：00—11：30，森林间歇跑（60分钟），间歇30′	3：00—5：00 训练赛	定向技术分析（图上作业）（1小时）
五	9：00—11：30，接力训练	赛前准备活动	休息
六	比赛日	比赛日	比赛总结
日	比赛日	比赛日	比赛总结

（五）恢复周

恢复周的主要任务是消除运动员生理上和心理上的疲劳，准备投入新一轮的训练。

第三节 青少年定向运动员的训练

一、青少年定向运动员的生理特点及训练注意事项

（一）青少年定向运动员骨骼与关节的生理特点及训练注意事项

青少年随着年龄的变化，其生理特点也发生相应变化。年龄越小，骨质越疏松，越富于弹性且硬度越小，在突然外力作用下不易发生骨折，但容易在长期的重力和外力作用产生变形。因此，在青少年定向运动员训练中应该重视保持正确的姿势，防止局部用力过多，形成畸形或受伤问题的出现。尤其力量练习的负荷应适宜，避免脊柱变形。特别在生长高峰期应该采用轻负荷、高频率的练习。为了预防早期骨化，跳跃练习尽量放到草地上或泥地上进行。

（二）青少年定向运动员肌肉的生理特点及训练注意事项

1．青少年的肌肉发育过程中身体成分呈"一多三少"的特点，即水分多，蛋白质、脂肪、无机盐类偏少，糖原也偏少，在运动能力上表现为耐力差、易疲劳。而且年龄越小，这一特点越明显。因此，青少年运动员年龄越小越不适宜进行长时间大运动量和高强度的力量练习，而应以灵敏性、柔韧性、协调性活动及全身的身体素质训练为宜。

2. 肌肉发育不平衡，随着年龄的变化，肌肉的发育呈现屈肌先于伸肌、上肢肌先于下肢肌、躯干肌先于四肢肌、大块肌先于小块肌的发育的特点。肌肉在生长加速期主要呈纵向发展，长度增长较快，肌肉收缩力和耐力较差。生长加速期之后，肌肉横向发展加快，肌纤维明显增粗，肌力明显增加。女孩17~18岁，男孩18~19岁时，肌力增长最明显。因此，在力量训练中应该注意以下几点：

（1）全面发展：在训练中特别重视小肌肉群和伸肌力量的发展，促进肌肉的协调均衡发展。

（2）科学训练：生长加速期应采用伸长肌体练习及弹跳和支撑自身体重的力量练习，尽量减少重负荷练习。生长加速期结束后为注意减缓肌纤维快速增粗，如在负荷力量练习后，马上做20~30米大幅度或快速或跳跃练习8~10次，可以在提高肌纤维的力量的同时减缓肌纤维的快速增粗。另外，肌肉力量训练应以动力性力量练习为主，静力为辅，合理调整比例。最好以主、辅相结合的练习。静力练习时的负荷不宜太大，持续时间不能太长。

（3）区别对待：根据运动员的年龄和性别特点制订不同的训练计划，合理安排运动量。

（三）青少年定向运动员心血管的生理特点及训练注意事项

（1）易出现运动性贫血，青少年运动员饮食应注意保证充足的蛋白质、铁、无机盐和维生素供应。

（2）青少年在青春期发育前心脏发育不够完善，血管发育超过心脏的发育，心收缩力弱，但血管弹性好、口径相对比成人大。

（3）青少年在青春发育期后心脏发育速度增快，血管发育处于缓慢状态，血压明显升高，同时由于性腺、甲状腺等分泌旺盛而引起的血压快速升高，易出现"青春期高血压"。

（4）青少年青春发育期前由于血管和心脏发育不同，虽然每搏输出量和每分输出量的绝对值比成年人小，但每公斤体重的相对值却比成人大。这说明青少年的心脏可以胜任较紧张的肌肉活动，主要依靠提高心率来增加心输出量从而保证血压相对平稳。

因此，青少年运动员的训练应严格控制运动量，运动训练过程中应采用一些匀速、低强度的耐力训练来发展心血管机能。特别是对青春期前生长快的高个子和性发育迟缓的女孩，应针对他们心血管机能系统发育较差的特点降低训练强度和训练量。对有青春期高血压的青少年，如果平时训练没有不适宜感觉，可以照常进行训练，但要注意降低训练强度和训练量。

(四)青少年定向运动员呼吸系统的生理特点及训练注意事项

青少年呼吸系统发育不完善,呼吸能力有限,主要通过提高呼吸频率来调节呼吸过程,有氧和无氧供给能力比成人差。因此,青少年运动员在大强度训练时易疲劳。另外,青少年运动员在呼吸能力上还有明显的性别差异,女运动员的有氧能力和无氧能力均较差,承受氧气的能力也较弱。

因此,在进行大强度运动时,应提示青少年运动员同时用口鼻同时进行呼吸,而在进行小强度运动时应要求他们尽量用鼻呼吸。青少年的耐力训练应以有氧代谢能力训练为主,随着年龄的增大逐渐加强无氧代谢能力的训练。训练时应要求运动员注意动作与呼吸配合,保持平稳的节奏,尽可能用腹式呼吸。

(五)青少年定向运动员神经系统的生理特点及训练注意事项

青少年运动员神经过程灵活性高,训练时各中枢和各器官的机能能够被迅速动员和启动,并且,神经细胞还具有物质代谢旺盛,合成代谢迅速,神经疲劳消除较快的特点。此外,青春期还会因内分泌的影响偶尔出现不稳定,动作不协调现象。这一现象在女性中表现更为明显。

因此,青少年运动员的训练在内容上应注重生动活泼、多样化、简单化。此外,还应注意因内分泌活动带来的神经系统功能活动稳定性的暂时性下降,并对青少年运动员进行有针对性的心理辅导。

二、青少年定向运动员训练的特点

(一)采用强度小运动量大的训练方法

强度小运动量大训练方法的基本特点是以有氧代谢为基础的一般耐力训练要在训练量中占有很大的比重。在青少年训练中采用该方法的优点主要表现在以下几个方面:

(1)一般耐力训练是保证青少年身体全面发展,增进健康及适应大运动量训练的必要条件。

(2)耐力训练是定向运动教学与训练顺利进行的基础,它决定着完成运动的数量和质量,决定着运动员抗疲劳能力的加强与恢复功能的提高。

(3)速度力量素质的提高是渐进的,并与青少年身体发育相适应。

(4)能使少年的骨骼、韧带和关节都得到良好的发展。

(5)能使少年的心血管系统得到较好的锻炼,并保证在4~5年后能显著提高训练强度和运动量。

（6）有利于基本技术的掌握。

（7）使身体素质与专项技术得到协调发展。

（8）有利于良好训练作风的形成。

（二）重视青少年身体素质发展敏感期的训练

青少年的各项身体素质的发展是不平衡的，各项素质的发展都有其时间上的先后、快慢，各项素质的发展都有快速阶段和敏感阶段（表10-8）。教练员应抓住敏感期组织有针对性的训练，使素质的发展在敏感期得到科学、充分的发展，为后续阶段的训练打下扎实的基础。

表10-8 青少年各项素质发展的敏感期

素质	敏感期
速度	10~13岁（速率为主）
力量	12~14岁一般性力量，15~17岁较大的专项力量
耐力	10~13岁一般性耐力，14~16岁专项性耐力
灵敏	12~14岁
柔韧性	10~13岁
爆发力	12~14岁

（三）开展早期专项化的训练

虽然青少年的早期专项化训练尚存在着一些不同的观点，但大量实践已证明青少年不但能进行早期专项化训练，而且十分有必要进行早期专项化训练。早期专项化训练的关键是科学训练。早期专项化训练具有以下基本特征：

（1）强调科学选材，科学训练。

（2）强调以技术为中心的全面身体训练，内容多样化，不单纯追求能力，以学习掌握项目的基本技术为主。

（3）强调培养技术动作的正确性、合理性。

第四节 定向运动员选材

一、定向运动员选材概述

运动训练实际上就是对运动员的机能储备的认识（选材）和挖掘（训

练），因此，选材对于运动训练具有重要的意义。运动员选材经历了选优意识、经验选择、科学选材三个阶段。在定向运动领域，运动员的选材尚处在经验选材阶段，只能根据定向运动的特征，结合教练员的经验，辅以一些科学测量方法和手段进行自然淘汰选材。

二、定向运动员选材要求

（一）形态特征

定向运动员与长跑运动员有相似的形态特征，如女子精英定向运动员的体型与精英马拉松运动员非常相似，有相似的内胚叶分值（2.8）和中胚叶分值（3.6），但马拉松运动员的外胚叶分值（4.6）更高，这一点也表现在定向运动员比长跑运动员具有更高的体脂水平上（13%~17%对19%~22%）。男子精英定向运动员的内胚叶分值和外胚叶分值与马拉松运动员非常相似，但中胚叶值比马拉松运动员低（3.5对4.3）。

（二）体能要求

定向运动员体能方面的要求与3 000米障碍跑或马拉松运动员的要求相似。定向运动在复杂且多应变能力的环境中进行，对定向运动员的其他素质，如灵敏、平衡能力、协调能力和力量素质有比马拉松运动员更高的要求。

（三）个性特征

定向运动员的神经类型分布以亚稳定型和易扰型为主，以血质和黏液质居多。中国人"大七"人格量表测试的结果表明，我国定向运动员有严谨和随和的人格特征。

（四）认知特征

定向运动员有较高的注意广度水平和注意集中稳定能力，有较强的空间定向能力和空间想象能力以及空间视觉加工能力，有较好的图形记忆能力。在认知风格上，定向运动员以独立型为主，反应认知方式体现为慢反应准确型。

三、定向运动员选材程序

在我国，定向运动员选材主要在三种情况下进行，第一种情况是从没有任何定向基础的人群中选材，第二种情况是从定向初学者中选材，第三种情况是从具有一定定向运动竞技水平的中学生中选拔大学高水平运动队队员。下面主要介绍第一、二种情况下的定向运动选材，对于第三种情况，选材的重点应放在考察候选对象潜能挖掘的程度，或者说是不是还有进一步发展的空间。可以从成熟水平、定向运动基础知识掌握情况、定向运动技战术知识掌握情况来综合评价。

定向运动员的选材可以按以下几个主要程序进行：

（1）体能选材：可参考中长跑和障碍跑运动员的选材标准进行。

（2）遗传与家系调查：主要是通过掌握选材对象直系亲属中的身体状况、运动经历和健康状况对选材对象的发展前景进行判断，了解选材对象是否有先天性身体疾病。另外，还应重点了解选材对象的过敏史、对动物敏感（狗、蛇）、恐高病、晕车、色盲等情况。

（3）意志品质和个性特征测量：着重考虑选材对象是否具有较强的群体意识，是否具有吃苦耐劳和顽强拼搏的意志器质和是否具有严谨、随和的人格特征。

（4）认知特征和认知能力测试：着重考虑选材对象是否具有场独立型认知风格、是否具有优秀的图形记忆能力和快速准确的认知反应特征。

（5）健康检查和视野测试：视野测试主要是判断选材对象是否具有视野狭窄问题。

（6）试训：通过前5步程序被选拔出现的选材对象还应进行1~2周的试训，在试训中考查他们的意志品质、空间感和方向感、运动中的观察能力和图形记忆能力。测试训练是一种最常用的诊断方法是专线定向。具体的方法是：

① 沿专线在离专线两侧20~50米的范围内的特征上设置10~15个点标旗。

② 试训运动员沿专线前进，并注意观察专线两侧的点标旗，并仅凭记忆记住所观察到的点标旗位置。

③ 试训运动员回到终点后在地图上尽可能准确地标出点标旗的位置。

④ 根据训练运动员完成专线定向的时间，观察到的点标旗数、标出的点标旗位置的准确性综合进行评价。

复习、思考与实践

1. 确定定向运动训练原则的依据是什么？
2. 定向运动训练基本原则的主要特点表现在哪些原则上？
3. 青少年定向运动员训练中应重点注意哪些问题？
4. 试根据当年全国定向运动锦标赛竞赛规程为自己制订一个参赛训练计划。
5. 试制订一个从自己所在系选拔定向运动员的选材方案。

第十一章 定向运动专项体能训练

> **本章导读**
>
> 定向运动是体能与认知能力相结合的运动,体能是决定定向运动员竞技能力的关键因素之一。实践证明,发展体能训练的核心是专项体能训练。本章重点介绍专项体能训练的方法和手段。通过本章的学习,将能够:
> 1. 认识专项体能训练的重要性;
> 2. 理解并掌握有氧和无氧耐力,力量耐力和速度耐力,柔韧素质、灵敏性和协调性训练的一般原则;
> 3. 掌握以上各项体能要素的有效训练方法和手段;
> 4. 根据定向运动的特点开发新的专项体能训练方法和手段。

第一节 定向运动的耐力训练

一、定向运动与耐力素质

定向运动对于初中级水平者来讲是间歇+非周期性变速跑,而对高水平者主要还是非周期性变速跑。运动员在比赛途中常常需要看图、辨别方向、打卡等,在长时间激烈的奔跑中要不断地完成跨越、跳跃、攀爬等动作,需要一定的爆发力、加速能力和协调能力,尤其是长时间的持续奔跑对力量耐力、速度耐力、心血管系统、呼吸系统要求很高。因此一个训练有素的定向运动员除具备聪明智慧和熟练的定向技术外,必须有良好的有氧耐力、无氧耐力、力量耐力和速度耐力。

二、定向运动员各种耐力训练方法

(一)有氧耐力训练方法

1. 结合专项技术训练的持续跑和法特莱克跑

提高定向运动员有氧耐力的训练最好能够结合专项技术的练习，如选择在有森林、草地的公园或风景秀丽的野外场地进行持续跑和法特莱克跑并结合定向的识图训练。训练时，先慢跑热身，然后快跑和慢跑交替进行，距离控制在100～600米之间，要求在识图时不要停或走，提高在跑动中图地对照的能力。跑的总距离在10～20千米，时间控制在60～180分钟左右。这样的训练优点是可在提高运动员身体能力的同时，提高识图的能力，提高运动员的兴奋性，使机体承受较大的运动负荷，从而使运动员在放松的心理状态下完成训练任务。缺点是教练员不能准确的计算参赛者的运动负荷，完全由运动员自觉完成训练内容，有时难以完成定量的负荷，这种训练主要为培养运动员的长时间奔跑能力。

2. 其他方法

（1）定时跑。在田径场、公路或森林中做10～20分钟或更长时间的定时跑。

（2）定时定距跑。在田径场或公路上做定时跑完规定距离的练习，如要求在规定时间内跑完5 000米。

（3）变速跑。在田径场进行变速跑训练，一般常以400米、600米800米、1 000米等段落进行。一般以心率控制，快跑段心率控制在140次/分钟左右，慢跑段心率恢复到120次/分钟以下，间歇时心率恢复到100次/分钟以下时，开始下一组练习。

（4）重复跑。在田径场进行，发展有氧耐力的重复跑练习强度不应大，跑距应较长些。

（5）越野跑。在公路、树林、草地、山坡等场地进行，跑的距离一般在5 000～20 000米。

（6）水中定时游泳。不规定游泳姿势及速度，只规定在水中游一定的时间。

（7）5分钟以上不间断的篮球运球跑、30分钟以上的足球游戏或15分钟以上的跳绳。

（8）5分钟以上的循环练习。选择8～10个练习，组成一套循环练习，反复循环进行5分钟以上。心率控制在140～160次/min左右，休息恢复到120次/min以下，开始下一组练习。

（二）无氧耐力训练方法

无氧耐力训练主要采用间歇训练法。训练时，练习段落先短后长，逐渐增高体内血乳酸浓度，并控制好两次之间的无氧间歇能力，使身体适应这种持续的乳酸刺激，从而提高耐乳酸能力，以适合专项速度耐力的需要。

1. 结合定向专项技术训练的间歇跑

以间歇跑方法发展全程最高的平均速度的能力训练时，教练员可设计星形的定向折返跑训练，以结合定向专项技术训练提高运动员的体能。教练员在星形定向时，规定运动员完成一个点的任务后必须回到星形的中心点才可进行下一个点的训练。教练员根据每一个点折返到中间点的距离和完成时间，通过测算运动员即时心率可有效监控运动员的负荷量。例如，跑第一点的运动员距离（2点之间）为3 000米，完成时间14分钟，即时心率160~170次/min。跑另一点的运动员距离（2点之间）为600米，完成时间2分钟，持续跑（快），心率170~180次/min。跑完一个点的运动员间歇时间以不低于心率130次/min进行下一次练习。采用间歇跑方法发展全程最高平均速度能力的训练是突出跑的强度，可有效提高运动员较长时间快速跑的能力。

2. 其他方法

（1）原地间歇高抬腿跑。原地做快速高抬腿练习。主要发展乳酸性无氧耐力，则可做1分钟练习或100~150次为一组。

（2）高抬腿跑转加速跑。行进间高抬腿跑20米左右转加速跑80米。

（3）原地或行进间间歇的车轮跑。

（4）反复跑。重复跑次数应根据距离的长短和运动员水平而定。

（5）5 000米的重复计时跑。

（6）反复加速跑。跑道上加速跑100米或更长距离，跑完后放松走回再继续跑。

（7）变速跑。变速快跑与慢跑结合进行，主要发展乳酸性无氧耐力，常采用400米快200米慢或300米快200米慢，或600米快200米慢等。

（三）力量耐力训练方法

运动员力量耐力水平取决于多种因素，其中最主要的是血液循环系统和呼吸系统的机能能力，无氧代谢的机能能力和工作肌群协同有效地供给工作能力以及运动员克服自身疲劳的意志品质。此外，力量耐力和最大力量有密切的关系，不同的运动员在完成同一负重的次数，主要取决于最大力量。最大力量大，则重复组数多，力量耐力好。

循环训练法是提高力量耐力的主要办法。循环训练主要有两种不同的方式，大强度间隙循环训练和低强度间隙循环训练。循环练习要保证一定练习的密度和练习强度，练习中不可安排间隙休息，或者没有练习时间限制，但必须确定一组或三组循环练习的时间要求。提高训练强度的方法是重复次数和负荷不变而减少完成每组循环的时间，可用心率计算的方法来对照间隙休息时间，当心率下降到每分钟120次时，即可开始下一组。

运动员力量素质训练必须要贯彻在每个阶段的训练中，力量耐力训练要结合专项有计划、系统的进行，这样才能保证运动员体能不断的巩固与提高，以适应比赛的要求。

（1）1分钟立俯撑：由直立姿势开始，下蹲两手撑地，伸直腿成俯撑然后收腹成蹲撑，再还原成直立，每组1分钟，4~6组，间歇5分钟，要求动作规范，也可以穿沙背心做该练习。

（2）连续跑台阶：在高20厘米的楼梯或高50厘米的看台上，连续跑30~50步，也可穿沙背心做该练习。

（3）原地高抬腿：每组100~150次，6~8组，也可负重练习。

（4）后蹬跑：每次100~150米或负重后蹬跑80~100米，6~8组。

（5）长距离多级跳：在跑道上做多级跳，每组跳80~200米，3~5组。

（6）连续深蹲跳：每组20~30次，7~8组。

（7）双摇跳绳：每组跳40~50次，5~6组。

（8）跨、攀越障碍：设置一个或多个障碍物，让学生跨越、或攀越障碍物，每组15~20次，7~8组。

（四）速度耐力训练方法

速度耐力是定向运动的核心，而速度则是速度耐力的基础和保证。定向运动员奔跑中机体的无氧代谢贯穿于整个运动过程中。由于运动时无氧代谢比例加大，发展糖酵解功能的能力就必须使运动负荷达到一定强度，以提高运动员抗酸、耐酸的能力，所以速度耐力训练应该贯穿于训练的全过程。具体方法有：

1. 比赛/计时法

（1）超强度训练：较正规比赛强度大，但是持续时间或运动距离较正规比赛短。

（2）最大强度训练：训练强度与比赛相同或略小于比赛，训练的距离或持续时间与比赛时间相同。

（3）次最大强度训练：训练强度较比赛低，但是距离或持续时间比较长。

2. 距离/持续时间法

（1）持续训练法（以70%~90%的比赛强度持续练习）。

（2）变换训练法（按事先设计好的强度变化、时间变化、运动量变化、密度变化等进行训练）。

（3）法特莱克训练法。

3. 间歇训练法

（1）大运动量训练：训练强度为中—低水平（比赛强度的60%~80%），

持续时间距离为短~中（例如，高级运动员以 14~180 秒跑 100~1 000 米，初级运动员以 17~100 秒跑 100~400 米）。运动量要大，高级运动员可重复 8~40 次，初级运动员可重复 5~12 次。密度要高，间歇短，恢复不完全，高级运动员恢复到 125~130 次/min 即可，初级运动员心率恢复到 110~120 次/min 即可。相当于完全恢复所需时间的 1/3 以下，高级运动员可恢复 45~90 秒，低级运动员可恢复（间歇）60~120 秒。

（2）高强度训练：训练强度高，相当于比赛强度的 80%~90%。持续时间/距离要短，高级运动员以 13~180 秒跑 100~1 000 米，初级运动员以 14~95 秒跑 100~400 米。运动量要小，高级运动员可重复 4~12 次，初级运动员可重复 4~8 次。密度中等，间歇时间延长，但仍不能完全恢复，心率恢复到 110~120 次/min 即可，高级运动员需要 90-180 秒，初级运动员需要 120~140 秒。

4. 重复训练法

（1）训练强度很高，90%~100% 比赛强度。

（2）训练持续很短。

（3）训练运动量很小，重复 3~6 次。

（4）训练密度很低，间歇较长，接近完全恢复再进行下一组，心率恢复到 100 次/min 以下，需时 3~45 分钟。

第二节　定向运动的柔韧性训练

柔韧素质是指人体的关节活动幅度，肌肉和韧带的伸展能力。良好的柔韧素质不仅能防止运动训练中的损伤，而且能使完成动作的灵活性、协调性更好。柔韧素质的好坏是取决于骨的结构、关节周围组织的韧带、肌腱、肌肉、皮肤的伸展能力和弹性。另外，中枢神经的调节、对抗肌之间协调性的改善，以及对肌肉紧张和放松的调节能力的提高，都影响柔韧素质的发展。

一、影响柔韧素质的因素

（1）肌肉、韧带组织的弹性：第一，取决于男、女性别和年龄特征。如男子与女子的肌肉组成成分不一样，则弹性不同；少年儿童较成年人弹性好。第二，取决于中枢神经系统的兴奋性，因为在中枢神经系统的影响下，肌肉的弹性会起显著的变化，如在比赛中情绪高涨时柔韧性会增大。

（2）关节的骨结构和周围组织体积的大小：关节的骨结构是影响柔韧性的最不易改变的因素，基本上由遗传决定。关节周围组织体积的大小对关节活动有限制作用。

（3）心理紧张：可通过中枢神经系统影响到有机体各部位的工作状况，过度紧张会使神经系统转为抑制，严重影响各部位的协调能力，从而影响柔韧性。

（4）外部环境的温度：当外界温度在18°以上时，是表现柔韧性最有力的条件，而在18°以下则不利。例如，早晨明显下降，中午要好一些。

（5）疲劳程度：在疲劳的情况下柔韧性有很大的变化，主动柔韧性指标下降，而被动的柔韧性指标则提高。

二、发展柔韧素质所应注意的问题

发展柔韧素质通常采用的方法是伸展练习。伸展练习可在训练前、中或后进行，以哪种顺序方法通常取决于个人的习惯、时间限制等。

（1）充分准备：每次训练前可先用两至三分钟热身，再伸臂抬腿，全身伸展，以促使肌肉"苏醒"。热身顺序为：从头部开始，慢慢地移动身体各部位，动作缓慢轻柔。

（2）循序渐进：动作由简单到复杂、活动幅度由小到大、时间由短逐渐延长。动作贵在连贯协调，不可运用爆发力，也不要过度追求动作幅度，否则会损伤肌肉，影响爆发力。

（3）强度适中：注意身体的感受，若感到动作不灵活或疼痛难忍，这时就应减少动作幅度。

（4）温故知新：开始新动作前要反复练习前面做过的动作，有人认为动作多，经常变换就新颖，其实这是错误的理解。平时训练是为比赛打基础的，所以要扎实、牢固。

（5）动静结合：静力性练习每次不要超过10秒钟。某部位韧带拉伸一定时间——数秒钟后，紧接着该部位就要做动力性动作。如前面提到的压腿后的踢腿练习，还有压肩练习结束后，就要做肩绕环，抖手臂等，这样可保证肌肉良好的弹性，增加中枢神经系统对肌肉活动的调节能力。同时还要注意结合项目技术动作的特定要求发展柔韧性，要多做动力性拉伸练习，不断变换姿势和拉伸部位。

（6）整体训练：不能孤立、片面地强调某一部位的柔韧性训练，而应重视身体各部位的柔韧性训练。人体是一个协调统一的整体，均衡发展才能提高身体的运动能力。

（7）注意感觉：练习时需调节好呼吸，保持注意力集中，仔细体会动作姿势，"感觉"动作准确到位程度。

三、下肢专项柔韧性素质训练方法

（一）脚和踝柔韧性的练习方法——拉伸脚掌和脚趾下部

方法：坐下，一条腿的小腿放在另一条腿的大腿上，一只手抓住踝关节，另一只手抓住脚趾和脚掌。双脚轮流练习。动作幅度尽量要大，保持10秒左右。

要求：呼气并向上（脚背方向）拉引脚趾。动作幅度尽量要大，保持10秒左右，重复五组。

（二）小腿柔韧性的练习方法——拉伸小腿前部和外侧

方法：面对柱子或者围栏双手握住，两脚左右开立并且脚尖尽量内扣，呼气，屈髋并后移髋关节，双腿与躯干成45°夹角。

要求：动作幅度尽量要大，保持10秒左右，重复五组。

（三）大腿柔韧性的练习方法——拉伸大腿前部

方法：臀部坐在跪着的脚上，后倒身体倒躺在垫上直到背部平躺在垫上，脚跟在大腿两侧，脚尖向后，双手屈肘垫在头下。

要求：动作幅度尽量要大，保持10秒左右，重复五组。

（四）髋部臀部——拉伸髋部和臀部。

方法：坐在垫上，双腿体前伸展，双手在髋两侧支撑，右大腿外展，屈膝，右脚接触左腿膝部，吸气，双臂撑起身体，左腿移向身后伸展，大腿、膝盖、小腿和脚背接触垫子，呼气下压左腿，换腿重复练习。

要求：动作幅度尽量要大，保持10秒左右，重复五组。

每次训练中都要求训练者做这四种姿势的柔韧性专项练习，尤其是注重踝关节的柔韧性素质。系统的保持柔韧素质，对于改进技术质量提高定向运动成绩和预防运动伤害具有重要作用，是定向运动训练过程中必不可少的组成部分。定向运动员采用适宜的柔韧素质训练手段和方法，提高多方面柔韧素质水平在短期内提高运动成绩具有深远意义。

第三节　定向运动的灵敏性与协调性训练

发展定向运动员身体的灵敏性与协调性有助于帮助运动员在训练和比赛中

突遇险情时做出正确的反应动作，提高反应速度，保证训练和比赛的安全。

一、定向运动灵敏性训练

灵敏性是指在各种突然变换的条件下，运动员能够迅速、准确、协调地改变身体运动空间位置和运动方向，以适应运动环境的能力。影响灵敏素质的主要因素包括平衡能力、速度、力量和协调能力。

（一）基本训练原则

（1）灵敏素质与其他素质有着密切关系，在发展灵敏素质的同时，应发展其他身体素质。

（2）灵敏素质训练时间不宜过长，重复次数也不宜过多。

（3）灵敏素质练习对掌握和改进技术动作较重要。

（4）无论在定向运动初级阶段还是在高级阶段的训练中都应安排。

（二）训练方法

从生理学角度来讲，灵敏训练是一个条件反射的过程。定向运动的灵敏性，可以从两方面理解：首先是意识上反应要快，其次是动作反应要快。

（1）在训练中让运动员快速、准确、协调地做出各种规定动作。

（2）做调整身体方位的练习，如利用体操器械做各种复杂的动作。

（3）利用专项中环节技术或细节技术中的技能模仿练习，发展专项技术所需的协调性。

（4）让运动员在跑、跳过程中做出各种动作，如：快速改变方向跑、各种躲闪动作、突然起动、快速急停等练习。

（5）在练习中，可用垒球投掷运动员身体各部位，运动员应尽量躲闪垒球。

二、定向运动协调能力训练

协调能力是指机体不同系统、不同部位、不同器官协同配合完成动作或技战术活动的能力，在技术和技战术能力形成中具有重要作用。协调性是一种非常复杂的能力，与技术动作熟练程度和各项身体素质相互影响，而且还受遗传和心理状态影响。

(一) 基本训练原则

（1）协调性素质与其他素质有着密切关系。在发展协调素质的同时应发展其他身体素质。

（2）协调性素质训练时间不宜过长，一般在体能或力量训练之前进行，重复次数也不宜过多。

（3）无论在定向运动初级阶段还是在高级阶段的训练中都应安排。

(二) 训练方法

纵跳、前后跳、侧跳、方形跳、转向跳、跳跃转向、侧向交叉步、手脚反向动作、站蹲撑立。

协调性训练要求在速度与时间和动作配合下完成，亦即动作越复杂学习效果越佳，所以在训练中可以再编十到二十项动作，训练过程中把这些动作穿插进行，以达到最好的训练效果。

复习、思考与实践

1. 定向运动体能训练的概念及意义是什么？
2. 怎样提高定向运动员的有氧耐力和无氧耐力？
3. 怎样提高定向运动员的力量耐力和速度耐力？
4. 怎样提高定向运动员的柔韧性、灵敏素质和协调素质能力？
5. 制定一份提高身体各素质能力的训练方案。

第十二章 定向运动技术训练

本章导读

定向运动技术可分为基础技术、中高级技术和综合技术三个层次。本章从技术要点、练习方法和练习提示三个方面，阐述定向运动技术的主要训练方法。在了解各项定向技术的基础上，按本章介绍的方法进行练习，在实践中进一步加深对定向技术的认识，发展综合运用各种定向技术的能力。通过本章的学习，将能够：
1. 掌握定向运动基础技术的练习方法；
2. 了解各项定向技术要领；
3. 掌握各项定向技术和综合技术的主要训练方法；
4. 根据自己的技术水平设计适宜的技能训练方案。

第一节 定向运动的基础技术训练

定向运动基础技术包括标定地图、确定行进方向、折叠地图和拇指辅行。

一、基础技术要领

（一）标定地图与确定行进方向

使地图与现地的方向保持一致即标定地图，注意不要将南北相反标定。标定地图后利用地图信息（或结合指北针），确定下一个目标的方位即确定前进方向。在实际操作中，标定地图和确定前进方向常常同步进行。

（二）折叠地图

拿到地图后应根据个人的习惯将地图折叠成方便持图的大小。在跑动中要不断根据需要地折叠地图，以便能更舒适的读图和方便地进行路线选择。折叠地图要注意：

(1) 沿地图磁北方向线折叠，用图时无需再确定磁北方向线（有时为方便读图也可以不沿磁北线折叠）；

(2) 折叠后的地图大部分都能握在掌中，用手掌托着地图；

(3) 保证折叠后的地图还有足够的可视区域（包括要提前阅读的部分地图）；

(4) 要方便再次折叠地图。

（三）拇指辅行

从起点开始，将拇指压于站立点侧后方，在行进过程中不断移动拇指，使拇指在地图上的移动与个体在实地行进过程保持同步。在用地图导航行进中，不断移动拇指，转动地图，保持位置、方位的连贯性与正确性。这样便可以在任何时候都能立即指出自己在图中的位置，节省时间和精力。

二、基础技术的训练

（一）练习目的

了解定向运动，学会辨认基本地貌、地物特征，建立图-地物对照的概念；练习折叠地图、拇指辅行、标定地图和确定前进方向。

（二）方法

(1) 学习者每人准备一张公园或校园定向地图，并设计简单的检查点，检查点之间没有连线（图12-1）。

图12-1　练习地图示例（地图由乐嘉体育和中国定协提供）

（2）首先由教师带领边走边讲1~2个检查点，简单介绍定向运动地图的颜色及符号所表示的内容，并演示打卡过程。

（3）单一检查点练习。学习者由起点出发到达要求的一个检查点，打卡后返回后与教师进行沟通（练习5~7次）。

（4）在图上任选3~4个检查点连线成一条微型定向路线，由起点开始至终点进行持图走定向练习，练习3~4次。

（5）重新选3~4个检查点连线成一条小型定向路线，进行比赛练习。

（三）练习提示

（1）要求理解并掌握基本地图符号的识别；

（2）出发前指导练习者通过地貌、地物特征并结合指北针标定地图；

（3）指导练习者按要求折叠地图；

（4）指导练习者使用拇指辅行；

（5）要求练习者在理解的同时提高速度，由走——慢跑——跑。

第二节 定向运动中高级技术训练

一、读图

在定向比赛中，运动员对地图的认知贯穿了整个比赛过程。认知地图的能力即读图能力是定向运动员的一项重要的专项技能。定向地图为参与者提供了大量的、丰富的地理信息。比赛中，如果运动员掌握了正确的读图方法和读图次序，就能快速地从地图上的信息中提取出与比赛路线相关的地理信息，将会大幅地缩短在比赛中的读图用时，提高竞赛成绩。此外，把握好读图的时机、通过记忆地图的方法尽量减少比赛中的读图次数也是重要的读图技巧。

（一）读图的技术要领

1. 简化——提取——记忆地图信息

读图实际上就是简化并提取地图信息的过程，高水平的定向者在读图时并不是去认知所有的地图信息；而是通过有规律的反复扫视，从地图中简化并提取需要的地图信息，这个过程就是简化地图和提取地图信息并记忆的过程。下面介绍简化地图和提取记忆地图信息的原则：

（1）从大到小：读图的顺序遵循"从大到小"的原则。第一，拿到地图后应立刻扫视整张地图，并结合已有的信息在大脑中形成对地形的整体认识。整体认识还应包括主要山脉的分布及走向、主要水系的分布及走向、植被的可跑性程度及分布、建筑物的分布等。第二，对整张地图有了整体认识后，然后再根据实际需要选择参照物和完成行进路线需要的引导物，选择顺序为先面状、线状的地貌和地物，再到点状的地物，一些小的细节

图 12-2　把握全局，简化地图

甚至可以忽略不计。如图 12-2 所示，4 号检查点到 5 号检查点地形比较复杂，如果要认知地图上每一个细节信息，或者说在行进时要做到时刻明确站立点，行进速度将受到极大影响。而在实际行进中，地图上的细节完全可以忽略，只需提取与行进方向有关的主要引导物信息，再利用精确定向即可到达检查点。

（2）由高到低：高的地貌和地物可以帮助确定站立点，即使丢失站立点时也很容易借助它来重新定位。所以在选择引参照物时要先找高的地貌或地物。

（3）先地貌后地物：要在读图时养成先地貌后地物思维习惯。地貌信息是地图信息中最稳定、可靠的信息，也是最基础的信息。在头脑中形成了实地中的地貌状况后，再将地物信息与地貌信息相结合，也就是通常所说的先把等高线"立体化"再选择参照物及路线。如图 12-3 所示，在到达攻击点（建筑物）后，如果仅记住检查点 A 位于向北偏东方向一定距离处，实际行进时就有可能由于行进方向偏差到达检查点东侧的水坑，如果正好该水坑是另一条比赛路线的检查点，而又没看读检查点说明时，很容易造成打卡错误。如果注意到建筑物与检查点基本在同一高度上，错误就可以避免。

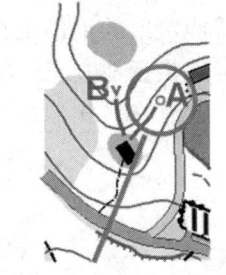

图 12-3　先地貌后地物

（4）忽略重复的特征，抓住突出的特征：如图 12-4 中地域的特点是小路交错纵横，如果按简化效果 1 图的方式进行化简并实际行进时，很容易出现错误。但如果按简化效果 2 图的方式进行，记住该路段前一部分较平坦，检查点在山背西南侧一个浅山凹中的水池旁，就很容易凭提取的地图信息找到检查点。

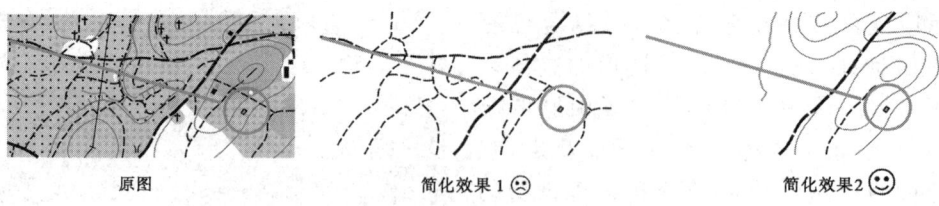

图 12-4 简化地图：忽略重复特征，抓住主要特征

2. 概略读图和精确读图

（1）概略读图是练习者在向攻击点高速行前时运用的读图方法，其特点是忽略小的细节，关注大而明显的特征，如图 12-5 中用红色圆圈圈出的特征。精确读图是练习者从攻击点向检查点行进时运用的读图技术，其特点是奔跑速度低，仔细观察图上前进方向及附近所有的细节特征，如图 12-6 中红色箭头所示特征。正确灵活地使用概略读图与精确读图技术，需要在反复的练习过程中认真比较概略定向和精确定向的异同，发现易产生的错误并提前采取预防措施（表 12-1）。

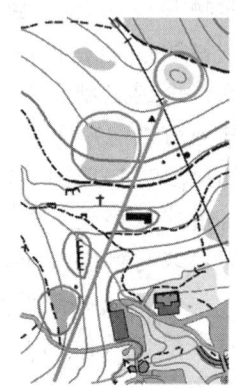

图 12-5 概略读图示意图

（2）概略定向以简化地图和概略读图为基础，在一场比赛中，参赛者大部分时间都在运用概略定向技术。精确定向以简化地图和精确读图为基础，指北针和步测是精确定向的辅助工具（图 12-7）。在以下情况下可应用精确定向技术：①从攻击点接近检查点；②短路段图，在上一个检查点成为下一个检查点的攻击点时；③有许多相似特征的区域；④地貌或植被较复杂的区域。

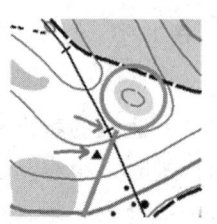

图 12-6 精确读图示意图

图 12-7 概略定向与精确定向示意图

表 12-1 概略读图和精确读图比较表

	概略读图		精确读图	
技术特点	• 超前读图 • 复查以避免犯错误 • 忽略小的细节 • 读图时高速奔跑 • 注意大的明显地物		• 超前读图 • 复查以避免犯错误 • 关注细节 • 读图时慢跑或行走，必要时要停下来读图 • 基本上沿直线前进	
	易产生的错误	预防措施	易产生的错误	预防措施
易产生错误及预防	• 读图时未标定好地图 • 读图太仔细导致速度减低 • 速度过快，脱离地图，导致必须重新定位 • 没有复查地图	• 读图前确定地图已经标定 • 超前读图并想象将看到的地物 • 重视地貌特征 • 小心"平行错误" • 多次快速看图	• 读图时未标定好地图 • "平行错误" • 跑过了检查点 • 速度过快，脱离地图，导致必须重新定位	• 读图前确定地图已经标定 • 超前读图并想象将看到的地物 • 重视地貌特征 • 到达攻击点时开始减速 • 多次快速看图
最佳速度	在明确自身"大概"的站立点的前提下，尽量快速行进		在明确自身"精确"的站立点的前提下，尽量快速行进	

3. 运动中读图技能及读图时机的把握

把握好看图、读图的时机是跑动中读图的要素。运动中，并不是任意时段都适合读图，即使是优秀定向运动员也很难在凹凸不平的路面边跑边读图。在路况不好的情况下，读图不仅不会节省时间，而且容易摔倒、扭伤等。例如，在下台阶或要下陡坡时，就应先看好图再跑，而不是边跑边读图。因此，跑动读图的时机应选择在路况较好的时段，路况不佳时尽量少读图或不读图。

（二）读图技能训练

1. 单点练习

（1）练习目的：提高简化地图和记忆地图能力及读图速度。

（2）方法：①将地图按路段为单位进行分割，每张局部图只有一个路段（图 12-8）。②放点时，在每个检查点悬挂带有下一个路段的地图和检查点说明。③练习者在练习过程中不带地图。在起点，练习者读并记忆第 1 个路段的地图，然后凭记忆完成第 1 个路段。在 1 号点，练习者读图并记忆第 2 号路段的地图，然后凭记忆完成第 2 个路段，以此类推，直到完成所有路段。④如果在路途中迷失站立点或找不到下一检查点，练习者不能进行漫无目的的搜寻，必须马上返回出发处的检查点，重新看图，记忆路线，再继续前进。

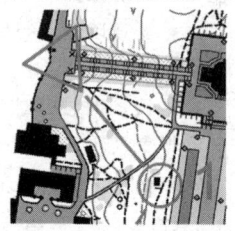 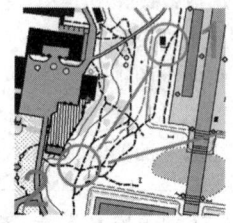

图 12-8　地图记忆练习示意图

（3）练习提示：对水平较高的练习者，通过以下方法可提高该训练科目的难度。①增加路段的长度。②增加局部图的路段，即练习者需一次记忆并跑两个（多个）检查点。

2. 记图跑练习

（1）练习目的：提高简化、记忆地图能力和读图速度。

（2）方法：①在田径场进行体能训练，给运动员一张地形相对复杂的地图，要求运动员边跑边读图记图，可根据运动员的实际情况来区分记忆地图的区域大小。②结束训练后立刻收图，并给运动员一张白纸，将刚才记忆的地图的概略地貌及主要路桥等人工建筑画出。③与实图对照。

3. 规定路线越野跑记图跑练习

（1）练习目的：提高简化、记忆地图能力和读图速度的同时体会读图时机并养成习惯。

（2）练习方法：①在野外进行规定路线的体能训练，同时给运动员一张地形相对复杂的地图，要求运动员边跑边读图记图，可根据运动员的实际情况来区分记忆地图的区域大小。②要求运动员在上坡跑或平跑时读图，下陡坡跑时禁止读图。③结束训练后立刻收图，并给运动员一张白纸，将刚才记忆的地图的概略地貌及主要路桥等人工建筑画出。④与实图对照。

二、路线选择

选择路线是定向的核心。良好的路线选择可以帮助运动员节省大量时间，尤其在地形条件复杂的比赛中更是如此。在地图中看起来短的路线在比赛中并不一定是最省时的，如在林间小路上前进显然比穿越树林要快得多。翻山越岭也许还不如绕路快。此外，路线选择并非大家都一样就科学，还要因人而异，不同的运动员有不同的特点，例如有的人可能不善于跑平路，但穿越树林的速度却非常快；有的人跑平路很快，但爬山却非常慢。

(一) 路线选择策略

1. 路线选择的基本原则

（1）选择最适合自己的路线。路线选择策略是参赛者体能、技能、心理技能和战术能力的综合体现。这种综合能力，每一名参赛者都有自己的特点，因此在定向运动中没有最好的路线选择，只有最适合的路线选择。此外，参赛者的身体状态、心理状态以及比赛时的气候条件、安全等因素对路线选择的影响也要考虑在内。

（2）提前选择。运动员在精确定向时应减慢行进速度进行读图，接近检查点时，已提前计划好下一路段的路线选择。

（3）逆向选择路线：逆向选择路线是从目标点向已知点确定路线，这种方法是高水平运动员在比赛中常用的选择路线方法。逆向选择路线虽然有悖于定向初学者的习惯，但对高水平运动员来说，采用这样的读图方式，能尽快选择到目标点附近的攻击点，目标点到已知点路段的无效地图信息也能得到尽快剔除。

2. 路线选择的注意事项

在选择最适合自己的路线这一原则指导下，路线选择通常应注意：

（1）简单：应尽量选择不易出错的简单路线。

（2）距离短：应尽量选择距离短的路线，但如果选择距离短的路线要翻越山地，那么此路线只适合腿部力量较好的参赛者。

（3）速度快：应尽量选择能够提高行进速度的路线。

（4）安全：安全的路线选择应从三个方面理解，第一选择的路线必须是自己有能力执行的路线；第二应选择适合的定向技术保证路线的安全，如攻击点、偏向瞄准等；第三是运动员根据比赛的需要，为保证顺利到达终点，刻意放弃距离短或可缩短用时的较难路线，而选择简单的、安全的路线。

小技巧：

1. 爬高与耗时

在地面情况相似的地形中，每爬高 10 米所需时间相当于在平地上跑 85 米（男）或 125 米（女）的时间。

2. 植被与耗时

中等水平的定向者在不同植被地表上奔跑相同距离花费时间分别为：

地形	单位时间	地形	单位时间
道路，好跑的小路	1	草坪	1.5~2.0
开阔的林地	1~1.5	带有浓密低矮植被的林地	4~6

（二）路线选择技术

1. 导航特征

确立导航特征的目标，将复杂的地图简单化。确立导航特征是路线选择的第一步，特别是在概略定向中，导航特征起着关键作用。在选择导航特征时要遵循四个原则，即从大到小、从高到低、先地貌后地物、先面线状后点状。以此四点我们还可确立一级层面的导航特征、二级层面的导航特征等。

2. 攻击点

在导航特征的引导下确定攻击点。除了明显的地物可以作为攻击点以外，可以作为攻击点的特征还包括：明显地貌特征，如山凸、山凹、台地、冲沟等和线性地物的交汇点、交叉点、拐点。如图 12-9 中 1 号检查点附近的山凸。2 号检查点附近的小路交汇点。检查点后方的明显特征同样也可以作为攻击点，如 3 号检查点西方的山谷。虽然以检查点后方的特征作为攻击点会增加奔跑距离，但可以明显降低出错的可能性。

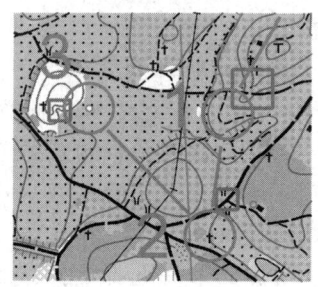 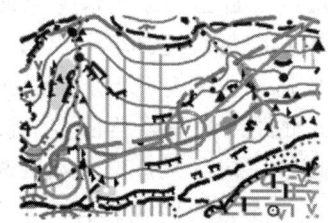

图 12-9　攻击点示例　　　图 12-10　从高处接近检查点示意图

当检查点位于坡地上时，应考虑选择高处的特征作为攻击点，从高处向下接近检查点（图 12-10）。从高处接近检查点能使参赛者视野开阔，有利于观察地形和选择行进路线，而且下坡时节省体力，能让运动员保持清醒的头脑进行精确定向。如果在接近检查点时再爬高，身体在疲劳状态下进行精确定向容易失误。此外，由于上坡速度较慢，如果在接近检查点时再爬高，也容易被身后其他的参赛者发现并跟随前往检查点。但当检查点位于山谷或石崖底部时，从低处往往较容易发现检查点。当然，从高处接近检查点也可能存在跑过检查点的危险，在寻打检查点的过程中应该避免这种可能性。

3. 偏向瞄准

进行偏向瞄准时，不但可以利用地物的线状特征，也可以利用一些地貌的线状特征。如（图 12-11）沼泽的边缘和（图 12-12）山谷谷底线（合水线）。

偏向瞄准也常用于前往攻击点的途中（图 12-13）。通过偏向瞄准和攻击点技术的综合运用，将使寻找检查点的过程变得更快、更安全。

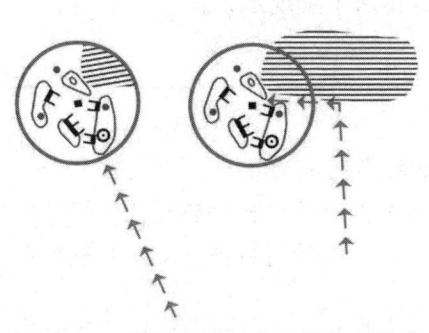
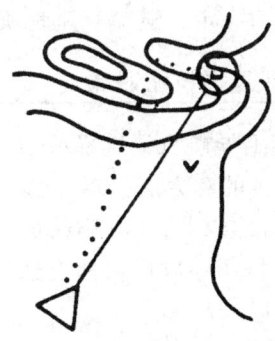

图 12-11　利用沼泽边缘进行偏向瞄准
（引自：Goran Andersson. 定向运动. 北京：军事谊文出版社，2002.）

图 12-12　利用谷底进行偏向瞄准
（引自：瑞典国家队教练 Goran Andersson 来华讲稿，2005.）

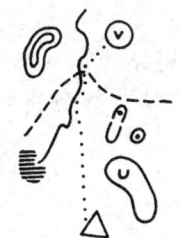

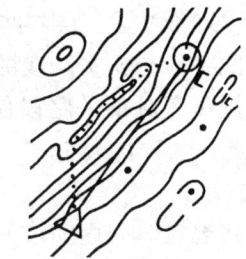

图 12-13　偏向瞄准和攻击点技术的综合运用
（引自：瑞典国家队教练 Goran Andersson 来华讲稿，2005.）

4. 沿等高线行进

对于高水平定向者而言，等高线也是一类线状特征。当相邻两个检查点的高程相近时，最好选择沿等高线前往。沿等高线行进首先是节省了体能，其次是不容易迷失方位。

5. 直线穿越

攻击点、偏向瞄准和等高线虽然能更安全的导航，但基本上都会增加行进距离。因此，在地势较平缓时，应尽量沿连线进行直线穿越。但是，直线穿越对定向者方向感、距离感、重新定位能力都有较高的要求，使用不当反而会浪费时间。因此，进行直线穿越时，要充分利用连线两侧的特征来导航，避免偏离方向（图 12-14）。

6. 综合比较

在做出最终路线选择前，要比较几种不同的路线

图 12-14　直线穿越示意图

再做最后的决定，避免轻率地确定路线后在途中发现不妥再临时更改。

（三）路线选择技能训练

1. 图上导航特征选择练习

练习目的和方法：培养快速选择导航特征的能力。

（1）准备标有比赛路线的地图或在地图上设计好比赛路线。

（2）按顺序以最快速度选出每个路段的一级导航特征、二级导航特征。

练习提示：

（1）两人一组进行比赛；

（2）在整条路线完成后两人相互讨论和交流。

2. 图上路线选择练习

练习目的和方法：培养路线选择技能。

（1）准备标有比赛路线的地图或在地图上设计好比赛路线。

（2）按顺序对每个路段做出两种以上的路线选择策略，并分析每一种策略的优劣点。

练习提示：

（1）在规定时间内完成并逐步缩短规定的时间。

（2）在练习完成后安排相互讨论和交流。

3. 沿等高线走

练习目的和方法：培养在地图上和实地判读等高线的能力。

（1）在地图上选择一到数条贯穿面积较大的等高线专线行进路线。

（2）练习者持地图沿行进路线前行。

练习提示：

（1）练习时要利用导航特征随时校正高度。

（2）行进中遇到障碍绕行后，应迅速回到原来的行进高度上。

（3）可通过降低等高线特征变化的显著性提高练习难度。

4. 选择最适合自己的路线练习

练习目的和方法：形成适合自己的路线选择风格。

（1）设计一条比赛路线，要求检查点较简单，位于明显的特征上。

（2）练习者尝试用2条至3条不同的行进路线完成整条练习路线。

（3）比较各条行进路线的优缺点，找出最适合自己的路线。

练习提示：

（1）控制好速度，保持每次练习时的速度基本一致。

（2）也可与其他人选择的路线进行比较。

三、打卡流程

打卡流程是检查点捕捉技术的核心内容，它是指发现点标旗、到达检查点、核查检查点代码、打卡、迅速离开检查点的过程。运动员形成良好的打卡流程习惯不但能缩短比赛用时，减少被其他运动员跟跑的可能，还能保持整个比赛过程的流畅性。

（一）良好的打卡流程

良好的打卡流程应按以下程序执行：
（1）在接近点标旗或检查点地形特征之前，计划好离开检查点的路线。
（2）利用接近检查点的时间重新折叠地图、查看检查点代码、观察离开检查点的方向和特征。
（3）核对检查点代号，打卡，按预先计划好的路线离开检查点，重新检查前进方向是否正确。

（二）打卡流程训练

练习目的和方法：培养良好的打卡流程习惯。
（1）设计一条前进方向不断改变，路段长度较短，检查点（最好在20个以上）数量多的比赛路线（图12-15）。
（2）练习者按规定的打卡流程打卡，不必求快，应专注于按规定的打卡程序完成打卡过程。

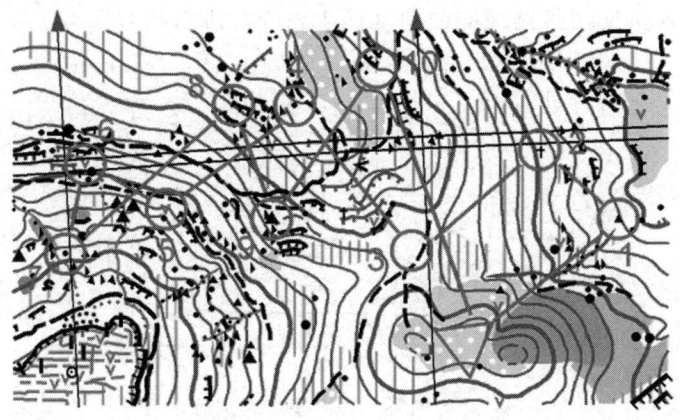

图12-15　打卡流程训练示意图

四、方向感与距离感

定向运动中，参赛者的方向感和距离感非常重要，特别是当比赛地域导航特征很少的情况下更是如此。方向感就是人对方向的感知程度；距离感是指运动员对站立点到目标点距离的判断和已跑过的实际距离的估算。

（一）方向感与距离感训练

1. 步测技能训练

练习目的和方法：发展步测技能。

（1）选择一个可通行程度较高的场地（图12-16）；

（2）在起点周围布置若干检查点（最好用小点标旗），检查点不必依附特征地物；

（3）练习者用步测法确定行进距离。

2. 方向感与距离感综合训练

练习目的和方法：发展沿单一方向行进及步测技能。

（1）选择一个可通行程度较高的场地；

图12-16 步测技能训练示意图

（2）设计好一条路线，隐藏底图模板并打印出路线图（白图）；

（3）运动员使用带路线的白图（图12-17）进行练习。

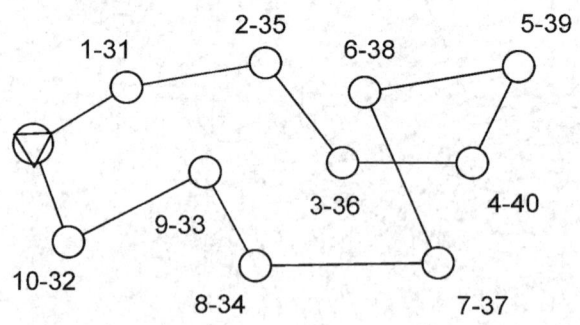

图12-17 方向感与距离感综合训练示意图

（二）方向感与距离感训练的注意事项

（1）受指北针精度和实地中障碍物等因素的影响，实际上很难精确地沿某一方向前进，也很难精确地判断行进的距离，因此凭方向感和距离感行进必须充分利用图-地对照来降低偏差。

（2）步测法是定向运动中应用得最多的距离判断技术，但是步测法在实际应用时受到许多因素的限制，如通行困难需要绕行或减速、地形起伏对步幅的影响等。因此，步测法只能作为定向的一种辅助技术，且使用距离一般不超过 80 米。

五、重新定位

丢失站立点是每个定向者最不愿遇到的情况，即使是高水平的定向者也难免在高速行进中由于失误丢失站立点，这时需要通过重新定位找回站立点。高水平定向者处理站立点迷失的方式与初中级水平的定向者完全相同，即立刻停止前进，标定地图，在地图上找到最后一个自己能明确确定站立点的位置，回忆自己离开它后的前进方向和距离，得出目前位置的大概区域，观察实地四周的特征，在图上找到对应的特征。如果仍然无法确定站立点，应该果断地返回到上一个能明确确定的站立点（甚至是上一个检查点），再重新选择路线前进。

（一）重新定位技能训练

1. 单一检查点的重新定位练习

练习目的和方法：发展重新定位能力。

（1）两人一组，其中一人持地图。

（2）A 先读图，带着 B 跑到如（图 12-18）所示的大圈附近后，将地图交给 B。

（3）B 马上进行重新定位，然后选择最佳路线到达检查点。

（4）B 读图，带着 A 跑到离下一检查点一定距离的位置，将地图交给 A，由 A 重新定位并寻找检查点。如此循环。

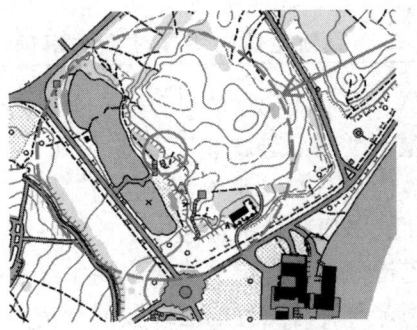

图 12-18　检查点附近的重新定位练习示意图

2. 全路段的重新定位练习

该练习与检查点附近的重新定位练习类似，两人一组，其中一人持地图。A 先读图，带着 B 跑到如图 12-19 所示的大圈内，将地图交给 B，B 马上进行重新定位，选择路线跑出大圈范围后再将图交给 A，由 A 重新定位前往检查点，如此循环完成整个路线。

练习提示：

拿地图的人可以自由选择转交地图的位置，最好能给自己的搭档出点"难题"，以提高训练效果。

3. 跟随领头人练习

练习目的和方法：发展读图、记忆地图和重新定位能力。

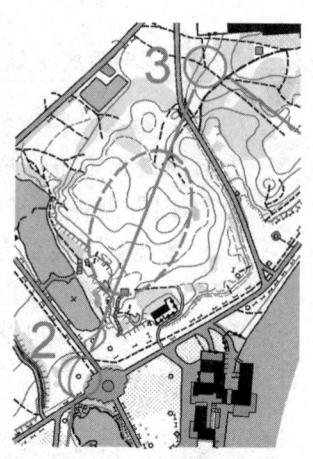

图 12-19　全路段的重新定位练习

（1）练习者组成 2~4 人的小组，每个人都带有地图，知道出发点。

（2）选出一名组员作为领跑人。领跑人选择一个不太困难，离出发点约 1 000 米的点作为目标，然后在不使用指北针的情况下，带领全组成员向目标点前进。

（3）其他成员跟着领跑人，努力在自己的地图上找出领跑人的路线。当领跑人到达目标停下来后，其他成员向领头人指出他们现在的位置，他们是怎样到达这一位置的。

（4）重新选出一个新的领跑人重复进行上述练习。

练习提示：

到达目标点后，各成员应该进行交流讨论。

（二）重新定位时需要注意的事项

在重新定位的过程中，要保持镇定，集中注意力，决不能带有"再往前跑一段说不定就能看到点标旗"或者"等同组别的选手过来我就跟着他跑"等侥幸心理（跟跑只会令自己进一步迷失站立定）。在重新确定站立点后，要注意不能通过提高速度来弥补已浪费掉的时间，这样做可能只会令自己更容易犯错误。实际上，高级和初中级水平定向者在重新定位能力上的差异只是高水平定向者有更好的心理技能和读图能力，出现站立点迷失时能更迅速地调整自己的心态，集中注意力，全面运用自己的技能迅速找回站立点。

第三节　定向运动技术综合训练

以上各节分类阐释了定向技术中层次较高的一些技术方法及相应的训练方法。然而在比赛中，尤其是在高级别的比赛中，要求参赛者灵活地将这些技术综合起来运用。因此，在各类技术练习达到一定水平后，应该进行更多的技术综合训练。

一、专线定向

（一）练习目的和方法

发展准确执行路线选择的能力和搜集导航特征的能力。

（1）在地图上标出一条指定路线，并在指定路线附近约 20 米范围内明显特征上放置点标旗（图 12-20）。

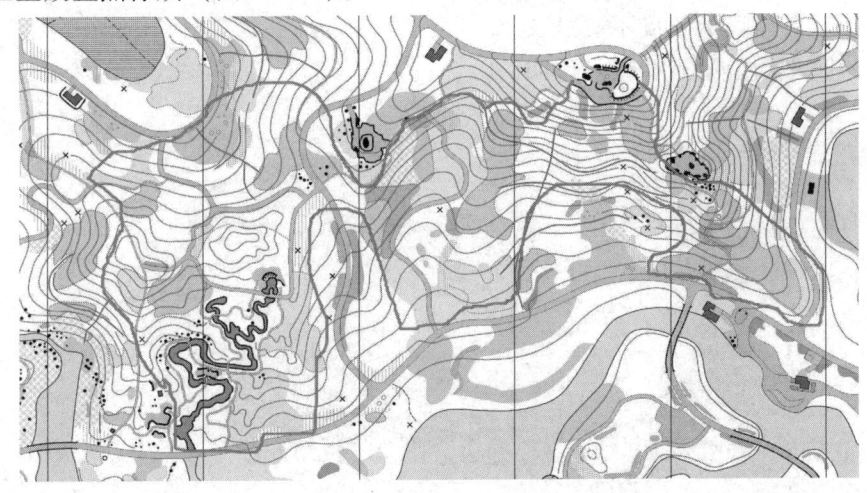

图 12-20　专线定向示意图（地图由乐嘉体育和中国定协提供）

（2）练习者精确地沿该路线行进，并对周围环境进行观察，并在地图上准确地标出所发现的点标旗的位置。

（二）练习提示

（1）根据运动员掌握的定向技能程度，相应选择地形复杂程度的场地进行练习。

（2）路线方向应有所变化，并且设计好爬高量，将这一训练与体能训练结合。

（3）练习中掌握自己的运动节奏，根据需要每次可以选不同的运动强度。

二、走廊定向

（一）练习目的和方法

提高直线穿越、抓住主要特征、利用指北针导航行进的能力。

（1）将地图的大部分用白色或黑色颜料涂盖，或用 OCAD 软件制作出只露出检查点之间条形"走廊"的地图（图 12-21）。

（2）练习者在走廊范围内选择路线，或进行直线穿越。

（二）练习提示

（1）选择可通行程度较高的场地进行该练习。

（2）可通过"走廊"的宽度调整训练难度，走廊越窄，训练难度越高。

（3）各路段的长度不宜过长。

（4）地图应附有检查点说明。

图 12-21　走廊定向示意图

三、窗口定向

（一）练习目的和方法

提高指北针精确导航、距离判断、检查点附近的重新定位能力。

（1）与走廊定向类似，将地图大部分遮蔽，只在检查点附近区域留出一个"窗口"（图 12-22）。

（2）练习者利用指北针精确导航，距离判断技术行进。在接近检查时进行重新定位，寻找检查点。

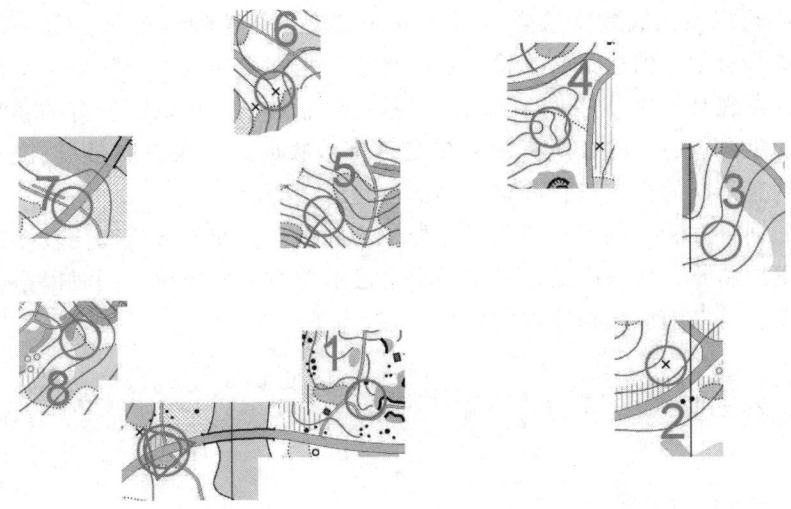

图 12-22　窗口定向示意图

（二）训练提示

（1）选择可通行程度较高的场地进行该练习。
（2）通过改变"窗口"大小调整训练难度，窗口越小则难度越高。
（3）各路段的距离不宜过长。

四、博格维克跑

（一）练习目的和方法

由瑞士博格维克定向俱乐部发明的一种训练方法，可以提高路线选择和精确确定检查点位置的能力。

（1）2~4 个水平相当的练习者组成一个小组，共同确定一条长度和难度适当，由多个检查点组成的练习路线。
（2）在每个路段的起点，小组各成员按 1 分钟的间隔出发。
（3）先到达检查点后的成员在检查点附近等待其他成员，最先到达的成员为后到者计时。
（4）所有的成员都到达检查点后，一起讨论刚完成路段，并计划下一个路段，再以新的出发顺序出发。

（二）练习提示

（1）出发前可为每名成员分配好不同的路线。

（2）可以在完成数个检查点后再进入讨论。在这种情况下，每一成员应带上一些小彩带，到达每一个检查点时将彩带挂在检查点上。如果某个成员在某个点上发现其他成员都在自己之前已挂上了彩带，应该取下所有的彩带。到达指定的集合点后，检查所有的彩带是否都被收回。如果有彩带没有被收回，应返回到有争议的检查点，确定正确的位置。

这种训练方法提供了进行路线选择比赛的机会，便于分析和比较多种路线选择方案的利弊，从而归纳总结出适合自己的路线选择规律，同时以小组为单位进行训练可以增加模拟比赛的气氛。

五、积分定向

（一）练习目的和方法

提高综合读图能力，路线选择能力和在压力下的应变能力。

（1）在比赛区域范围内设置若干检查点，根据点位难易程度、距离远近赋以各点位不同分值，并规定练习时间（图12-23）。

图12-23　积分定向示意图（地图由乐嘉体育和中国定协提供）

（2）在规定时间内完成练习的练习者以积分最高者为胜，如果积分相等则用时最少者为胜。如果超出比赛时间，将按超出时间的多少进行扣分甚至取消成绩。

（3）参赛者自由决定寻找检查点的先后顺序。

（二）练习提示

（1）规定时间的设置应能保证大部分参赛者在正常情况下都能找到所有的检查点。

（2）训练时练习者应佩带手表等计时工具。

（3）起点和终点应设置在同一个地方或相距很近的地方。

六、放点训练

放置检查点比寻找点标需要更精确的定位能力，它需要利用多个参照物同时进行定位，不像寻找点标那样多数检查点在一定范围内就可以看到。由于放点的准确性和及时性将直接影响训练的质量，因此负责放点的练习者在放点过程中也得到了锻炼。

（一）练习目的和方法

提高精确定位能力，培养良好心理素质。

（1）在起点周围设计若干检查点（图12-24）。

图12-24　放点练习示意图（地图由乐嘉体育和中国定协提供）

（2）练习者两人一组，各携带一个点标旗同时出发，组员甲将点标旗放置在 A 区 31 号检查点，组员乙将点标旗放置在 32 号检查点。

（3）甲、乙相互寻找对方设置的检查点，完成后将点标旗带回起点。

（4）如此类推，在其他区域继续练习。

（二）练习提示

（1）应保持同时练习的两个检查点离起点的距离相近，两个检查点之间有一定距离。

（2）可多组同时进行该练习，但同一区域内不得同时安排两组运动员。

（3）与记忆地图结合起来进行练习，增加训练难度：练习者设置好检查点后回到起点读图，然后互相凭记忆出发寻找对方设置的检查点。

（4）对高水平的练习者，可以将设置检查点的过程也改成凭记忆进行。

（5）在平时其他的练习中，也可以让队员去放置点标。

（6）练习完成后，应就放点的准确性进行讨论。

（7）对于水平较高的练习者，独立放点能不断增强他们的自信心，但对于初级水平的练习者，独立放点容易因多次出现失误而产生挫折感。因此，对初级水平的练习者应以 2~3 人为一组一起去放点，并通过讨论确定放点位置。

七、星形接力

（一）练习目的和方法

培养团队精神，提高心理素质。

（1）模仿接力赛的形式，在起点周围设计三条完整的路线，每条路线有 4~6 个检查点（图 12-25）。

（2）三人一组，各组第一棒成员同时出发，但分别沿不同的路线前进，如第 1 组沿第 1 条路线，第 2 组沿第 2 条路线，第 3 组沿第 3 条路线前进。

（3）同一组内，甲先出发，完成分配的路线，如 1~3 号检查点。甲返回后，乙出发，完成 4~6 号检查点。乙返回后，丙出发，完成 7~10 号检查点。丙返回后，甲再出发，完成 4~6 号点，如此类推。

（4）指导者记录各人、各组完成各路线的时间。

图 12-25　星形接力示意图（地图由乐嘉体育和中国定协提供）

（二）练习提示

（1）每组人数可以调整，可以根据组数或每组的人数调整路线的条数。

（2）分组时，各组实力要大致接近。

八、技能训练应注意的问题

（1）训练前指导者应向练习者详细交代训练内容、主要目标、使用地图的比例尺、等高距、注意事项等。

（2）指导者应记录下每个练习者的训练用时，以掌握各人的技术特点、综合实力及状态起伏情况。

（3）指导者应多鼓励练习者形成自己的个人技术风格。

（4）练习者在每次训练结束后要进行相互交流与总结，取长补短，共同进步。

（5）本教材介绍了很多训练方法，但训练时不应拘泥于这些方法，应结合练习者的实际情况选择加以变化、综合和创新。

复习、思考与实践

1. 读图的基本技术、基本原则和方法是什么？

2. 逆向选择路线有什么好处？
3. 你的技术特点是什么？对你的路线选择有什么影响？
4. 你有哪些技术薄弱环节？可以通过哪些训练方法加以强化？
5. 提高个人定向技术的途径有哪些？
6. 请设计几种新的针对性或综合性训练方法。

第十三章　定向运动战术训练

本章导读

本教材第四章已对定向运动战术体系作了概括。在第四章的基础上，本章首先按比赛进程对比赛战术进行具体介绍，然后介绍比赛战术的训练方法。赛后分析是定向运动战术组成部分，也是定向运动战术训练的重要内容，因此也放在本章中加以介绍。通过本章学习，你将能够做到：
1. 根据比赛进程调整比赛战术；
2. 根据比赛项目组织战术训练；
3. 掌握赛后分析的技术和方法。

第一节　定向运动个人赛战术

按比赛进程可以将比赛战术划分为赛前、赛中和赛后战术。赛前战术主要涉及训练计划，赛中战术主要涉及各种竞技因素的组合运用，赛后战术主要涉及赛后分析。

一、赛前战术

赛前战术主要包括赛前比赛信息分析、比赛目标设置及制订合理的训练计划。

（一）比赛信息分析

对于一支队伍来说，赛前应充分掌握比赛信息，主要包括：
（1）制图员的基本信息：每个制图员都有其相应的制图风格，了解制图员的相关信息可安排相关训练以适应其制图风格。
（2）路线设计员的信息：每个路线设计员也有其路线设计风格和设计习惯，了解其相关信息可使训练更具针对性。
（3）比赛地点的地形特点、气候特点：比赛地地形特征和气候特点是制订比赛训练计划应考虑的主要因素,也是设置比赛目标应考虑的主要因素。

(4) 参赛对手情况:参赛对手的情况是影响比赛目标设置的关键因素。

(5) 比赛项目设置、赛事规模和日程:这些因素也是影响比赛训练计划制订的重要因素。

(二) 设定合理的比赛目标

合理的比赛目标是影响运动员训练动机的重要因素,如果目标设置过低,运动员将没有训练的动力。如果目标设定过高,运动员可能会感到不安和恐惧,特别是预感到失败的可能性,使运动员在训练中因承受过大的压力而处于过度焦虑状态。只有设置合理的比赛目标,才能使运动员在训练中承受适当的压力,保持适当的觉醒和焦虑状态,激发出运动员强烈的训练欲望和求胜欲望。

设定比赛目标必须从两个方面考虑:

(1) 运动员的经历、优势和弱点及比赛的地形和气候对运动员竞技水平发挥可能带来的影响:运动员的优势和弱点必须从两个角度来考虑,一是从一般的角度去考虑其技术、战术、体能及心理上的优势和弱点;二是从地形和气候依赖性的角度考虑其在技战术心理及体能上的优势和弱点。不同的运动员由于训练环境和比赛经历不同,其竞技能力的发挥都有较强的地形和气候依赖性。

(2) 比赛对手的情况。

(三) 制定赛前训练计划

在确定了合理的比赛目标后,应该依据所获得的比赛信息制订有针对性的训练计划。制定赛前训练计划应考虑的主要问题包括:

(1) 制图员的风格及能否找到相应的地图和训练场地。

(2) 路线设计员的风格和习惯,能否找到相应的路线和场地。

(3) 比赛地形和气候,能否找到相应的训练地点。

(4) 在相应地形和气候条件下,运动员可能存在的优势和弱点。

(5) 各运动员的主项和副项及主项和副项的比赛日期,两个项目间的时间间隔等。

根据对以上问题的回答制订整体的赛前训练计划,包括准备期、比赛期和比赛周的训练计划。

二、赛中战术

赛中战术主要包括开始赛段战术、中间赛段战术和结束赛段战术。

（一）开始赛段战术

开始赛段的战术主要指比赛路线由起点开始第1、2个路段所运用的战术。

1. 出发前的战术

（1）取得地图后，应快速阅读地图，了解比赛路线的情况，判断第一点的出发方向。在目前国内的部分比赛中，出发的位置与起点的位置是一致的，因此在比赛出发前可以留意同组中出发靠前运动员的出发方向，如果前几位跑的方向相同，拿图后可按相同的方向跑，边跑边读图，特别是前进方向的路面情况较好时。如果方向不同，说明找寻第一个检查点可能有多条路线选择，这时出发不应太快，应小心做出正确的选择。当出发点与图上起点不一致时，运动员出发后需根据引导带向前跑一段距离才能到达出发点，后面的运动员看不到前面运动员的出发路线。因此，在这类比赛时，要特别注意拿到地图出发后快速阅读地图。沿引导带到达起点后，快速判断第一点的方向。

（2）在世界锦标赛上，所有队伍可以在前一天的领队教练员会议结束后拿到所有路线的检查点说明表，因而可以根据检查点说明对地形及植被有一个大概的了解。目前在国内的比赛中，有时提前1天发放检查点说明表，有时在出发前1分钟到2分钟发放，因此都有时间判断地形及场地的大概情况，并结合自己的体能特点制订体能分配计划。

（3）阅读检查点说明表：检查点说明表是检查点具体设置位置的说明，也就是对我们需要找的检查点所在的地物加以说明。检查点说明对运动员的路线选择有一定的影响。一般运动员在捕捉一个点标前，应该先查看检查点的代码和地物，在找到检查点后也要查看检查点说明，以确认所找到的点标是否正确。

比赛要求我们找的是特征而不是点标旗，当检查点设置在点状或面状地物旁时，一般只需读检查点代码和检查点地物，不需要读检查点说明表中的其他内容，因为当检查点设置在一个石头或房子旁时，其位置通常会放在运动员前往该地物方向的后面。当检查点设置在较长的不可翻越的地物时，如悬崖，则要看点标旗的位置是在顶部还是在脚下，因为我们可能需要根据位置的不同而选择完全不同的路线。还有在森林的比赛中，有时也需要全部理解检查点说明表的全部内容。

2. 起点到第1、2个检查点。

（1）控制跑动速度，顺利找到1号点标，建立比赛信心。

比赛中开始路段是一场比赛的重点路段，这个路段对于所有运动员完成比赛来说至关重要。开始路段的发挥直接影响到完成后面路线的信心，如果在比赛的开始路段中出现错误，不利于运动员对比赛信心的建立，甚至导致运动员放弃比赛，因而在开始路段跑动不要太快，主要目的是保证顺利找到检查点。

（2）了解地图质量，如果地图质量差，减少穿越，减少走小路的机会，多选择明显的路。

熟悉制图员的风格与水平有两个途径，一个是在比赛开始路段中对制图员的风格和水平做出判断，一个是在比赛前组委会提供的训练地图中了解。另外，不同的制图员对植被覆盖情况的可跑性判断可能会有一些理解上的偏差，因此，运动员在比赛时通过这两种途径了解制图员的风格是非常必要的。

（二）中间赛段战术

中间赛段战术主要指从比赛路线上第二个路段后开始到最后1、2个路段前所应用的战术。

1. 捕捉检查点战术

在找点过程中应注意的几个问题：第一，检查点中心是什么，应找的是什么；第二，攻击点选择的安全性问题；第三，从攻击点到检查点的过程应非常小心，特别是由攻击点到检查点的距离较远时。

攻击点对选择路线的影响较大，因为好的攻击点能保证我们安全、快速地找到点标。即使是到达攻击点的路线比较复杂时，也不应该放弃找攻击点而直接寻找检查点，这有可能花费更多的时间。

对于从攻击点到检查点需穿越复杂地带的情况，可首先标定前进方向，判断距离，然后通过慢跑或者使用步测技术，小心地接近检查点。如果距离较远，这时使用步测技术的误差可能较大，可通过分段使用步测技术的方法向点标前进，根据整个路段中的一些小的不明显的地物或特征进行分段，一段段地使用步测技术，找到每个小特征处，通过这些小特征校正或减小使用步测技术进行距离判断可能导致的误差。

2. 控制奔跑速度的战术

在中间赛段，控制好速度，合理平衡体能和智能的分配是比赛成败的关键。对于定向运动参与者来说，最容易犯的错误是跑得太快以至于失去自己在地图上的位置。与其他奔跑运动项目不同，定向运动对速度的控制是非常精确的，速度的提升与很多因素有关。速度控制由超前地图、地图记忆、读图速度、路线选择等分解技能构成，同时又与概略定向和精确定向有紧密的联系。另外体能、技能、天气、季节、地面状况、导航难度、疲劳、紧张焦虑和自信程度等都可能影响速度控制。

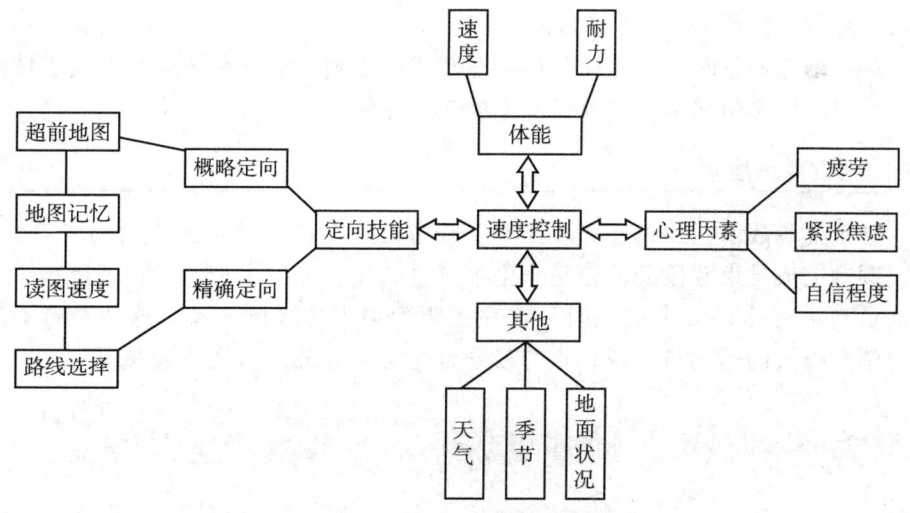

图 13-1　影响速度控制的因素

在中间赛段，即使是好跑的路段，也不能全速奔跑，而是应该适当降低速度。一方面避免因体能消耗过多而影响后续的比赛过程；另一方面可花一些精力研究一下技术问题，如提前研究下一路段的路线选择策略。在中间赛段控制奔跑速度应用得最多的战术是"红绿灯"战术。

"红绿灯"战术主要利用概略定向和精确定向战术对比赛过程中的体能和智力进行合理的分配。在红绿灯战术中，我们可以把一个路段（点与点之间的距离）分为三段，就像我们在街口遇到的红绿灯一样。首先是绿灯赛段，在这个赛段中，主要使用概略定向技术发挥体能，尽量快地接近攻击点；其次是黄灯赛段，当我们快接近攻击点时，黄灯开始闪烁，这时应适当降低奔跑速度，增加找寻攻击点的注意力，以保证顺利找到攻击点；然后是红灯赛段，到达攻击点后红灯开始闪烁，这时应把主要的精力用于仔细分辨检查点附近的地形细节以保证顺利找到检查点，而速度也应该是点与点之间最慢的。

3. 绿色地带的穿越战术

穿越浓密林地的目的是为了节省比赛时间，但如果穿越时出现错误，那么反而会浪费时间。因此，只能在有十分把握的情况下才能穿越。在做出穿越决策时，不但要仔细读图来分析实地的情况，而且也要考虑地图的质量。通常绿色区域是地图上准确性相对较低的区域，如果地图的整体质量不佳，那么借助地图穿越绿色区域可能会遇到一些意外的情况。遇这种情况，最好的策略是放弃穿越计划。此外，还要根据实地情况及时调整穿越计划。例如从地图上看所需穿越的绿色地带距离较短，但到达实地时却发现实地灌木丛浓密，在这种情况下贸然进入林中，很可能走到半路时就无法继续前进。这时要迅速做出决定，是改变路线选择还是继续前进。

穿越绿色地带时，还要注意观察等高线，原则上只有在坡度不大的下坡路段才可以应用穿越战术，上坡路段不能应用穿越战术。

（三）结束赛段战术

结束赛段战术主要指在完成比赛路线中最后1~2个路段所应用的战术。

顺利完成结束赛段的关键是集中被分散的注意力。由于比赛接近尾声，当运动员到达最后1~2个点位时，往往能听到终点传来的声音，这些声音对于体力消耗极大的运动员来说，很容易导致注意力分散而出现重大失误。

三、定向运动战术训练的常用方法

竞赛战术的训练就是为了在比赛中合理地运用各项技术，以尽量减少比赛中出错的机会。因而进行竞赛战术的训练时，要求运动员已经具备了较高的技术水平，能够满足训练的需要。战术在经过长期的训练后，成为运动员的习惯时，运动员就能在不同的情况下潜意识地使用这些战术。

竞赛战术的训练方法主要有两种，一种是模拟比赛训练法，一种是视觉化训练法。模拟比赛训练法在本章第三节介绍，视觉化训练法将在第十四章中介绍。

第二节 接力赛战术

接力赛战术对于每个运动员个人来说，主要参考比赛的一般战术和中、短距离比赛战术。在这里，主要介绍作为一支接力队，如何根据队伍中运动员的构成，结合比赛情况有效地组合和安排参加比赛的运动员。目前在国内的定向运动比赛中，要求接力队的人数为3名的情况较多，也有的比赛要求超过3名或者2名运动员的，为了结合国际定联和我国正式比赛的要求，我们以3名运动员组成接力队的组合安排为例来介绍接力赛对于队员的安排战术。

作为一名教练员都希望自己能有尽可能多的技术水平高的运动员供选择，但毕竟不可能每一个运动队都能拥有3名以上的高水平运动员。为了取得更好的成绩，要求教练员能够熟悉队伍中队员的技战术水平和心理状态，以合理地组合和安排接力赛战术。在接力赛中，第1棒运动员通常同时出发，一支队伍只有一直保持在第一集团中时，才有可能取得好成绩。根据这样的特点，对于如何安排运动员参加接力赛的组合可以参看表13-1。

表 13-1　接力赛运动员组合示范表

高水平运动员数量	水平较低运动员数量	组合方法	原因
3	0	在1、3棒中安排心理素质较稳定队员	在接力赛中1、3棒对运动员压力较大，2棒运动员压力相对较小，有利于整体发挥
2	1	① 将高水平运动员安排在前2棒 ② 将低水平运动员安排在第2棒	① 高水平运动员先出发，有利于保证队伍在第一集团中作战，后面一名较差运动员如果能在最后跟随第一集团回来，也能取得较好成绩 ② 采用比较稳妥的安排方法，但如果第2棒没有跟随第一集团，则造成第3棒可能无法追回比赛时间
1	2	① 高水平运动员第1棒出发，第2棒体能较好运动员	① 高水平运动员先出发，有利于队伍在第一集团作战，体能较好的2棒运动员有可能利用自己的优势继续保持队伍在第一集团中
0	3	安排体能较好的先出发，技能较好的后出发	队伍中没有高水平的运动员，这时的目的就是如何让队员在规定时间内完成比赛了，因此让体能较好的运动员尽量追随第一集团，后面技能较好的运动员以保证顺利完成比赛

第三节　模拟比赛训练

一、模拟比赛训练的定义与方法

模拟比赛训练即根据所掌握的比赛创建近似比赛技术参数，包括地形、路线长度、检查点数量、气候等条件让运动员进行模拟比赛的训练。如为了准备在森林中的中距离比赛，教练员可以根据中距离的特点设计类似的路线难度和距离进行训练（图13-2）。

图 13-2　中距离比赛模拟训练地图

二、模拟比赛训练应遵循的原则

（1）循序渐进原则。在一次训练中不要训练太多战术内容，而要有个渐进的过程，首先在前几次的训练中，少安排一些战术的内容，在运动员已经掌握一定战术的情况下，在后面的模拟训练中逐渐增加战术训练的次数。

（2）重复性原则。对于训练过的战术要适当地增加重复训练次数，直到运动员能够在不同情况下潜意识地使用各类战术。

（3）系统性原则。战术训练的内容应该与技术训练结合在一起。

（4）区别对待原则。了解每一个运动员的情况，在训练中给每个运动员适当安排训练内容。

三、在模拟比赛训练中应注意的问题

要求教练员在训练前给运动员讲解训练的目的和内容，在每一个赛段中如何使用战术，以及训练中可能会遇到的问题及解决办法，从而使运动员有目的地参加训练。在训练后还要注意训练效果的评价和运动员对训练的回顾和总结。

第四节 赛后分析

一、赛后分析的意义

在定向运动比赛中，运动员很难有机会了解其他运动员的技战术情况，教练员也无法为比赛中的运动员提供现场指导。因此，与教练员、队友及其他参赛者一起进行赛后分析显得非常重要。赛后分析不但是定向训练不可缺少的有机组成部分，而且已成为定向比赛战术的一部分，即赛后战术的主体部分。

赛后分析不仅指比赛之后，还包括训练后的分析，它是定向运动员了解自身的弱点、学习他人长处的机会，同时又是全面学习和掌握各种技术和战术运用方法的最好时机，对运动员提高定向运动水平具有极其重要的促进作用。

赛后分析还是读图记图和实地记忆及图地关联训练的有效练习方法；也是学习改进实战技巧的方法。教练员通过赛后分析可以发现队员存在的是体能问题、定向技能问题、心理问题，还是战术问题。由于赛后分析是发现运动员存在问题的一个重要手段，因此无论是运动员自己还是教练员都应该重视这个环节。以上目标的实现，我们须正确掌握赛后分析的原则、分析方法和技术。

二、赛后分析的原则

赛后分析应遵循的基本原则主要有客观性原则、及时性原则和全面性原则。

（一）客观性原则

在做分析时，应该持客观的态度，既肯定成绩，又看到不足，对比赛中表现好的方面，通过表象训练多次在脑海中重现回放，加以强化和巩固，形成习惯，在以后训练、比赛中发挥作用。对不足处要勇于面对，敢于承认。在比赛中哪些做得好，哪些可以做得更好，为什么好，通过什么途径，哪些做得不好，为什么不好，应该注意什么，怎样加以改进等这些问题，我们都应该实事求是，客观对待。

（二）及时性原则

赛后分析应注重时效性。当天的感受是最直接也最准确的。随着时间的推移，记忆会逐渐消退。当天所跑路线应及时标绘于地图，最好是用两种不同颜色的笔标绘，一种颜色标绘自己实际所跑路线，另一种颜色标绘理想的路线。由于定向地图有太多的细微地形，运动员又是在高速度、高压力下完成比赛，如果不在当天消化，会在很大程度上影响路线分析效果。所以，赛后分析技术最好是在对比赛的过程还能清晰详细地记忆时完成，这对第二天的比赛也是一个很好的帮助。

（三）全面性原则

赛后分析应注意全面，要从技术、战术、体能、心理等各个方面进行分析。第一，各路段的表现，包括路线选择、路线执行、心理状态、途中耽误时间、满意程度。第二，检查点表现，包括简化检查点、攻击点选择、在检查点上耽误时间、满意程度。第三，整体表现，包括整体满意程度、个人分段时间、最快的分段时间等。

三、赛后分析的内容

赛后分析的内容主要有：比赛中实际行进路线的描绘，在比赛中各路段路线选择的策略（重点在攻击点），战术的运用，心理状态（特别是注意力集中状态），遇到的问题（与自己的判断、选择不符的情况），各路段的用时等等；与队友比较，如各路段所耗时间的差异、路线选择的差异、体能差异、读图差异、保持注意力能力的差异等；让表现最好的队员介绍自己的经验和感悟，并进行交流和讨论。在教练员指导下的交流讨论效果会更好。

四、赛后分析的方法与途径

（一）自我分析

自我分析的方法可按是否借助相关工具进行分析分为两类，如借助工具的赛后分析有比赛分析表分析和赛后软件分析，非借助工具赛后分析有表象分析、复跑分析、比赛训练日记分析等。

（二）小组讨论

小组讨论是指与其他选手、教练一起讨论交流。小组讨论的好处是可以听取不同的意见，获取更多的信息，得到更多的指导，使分析更准确、更切合实际。

讨论是最便捷、最有效的方法，随时随地可以进行。通过与其他选手的讨论，尤其是与比自己水平高的选手讨论，这样可以学习别人长处，发现自己的差距。高水平的选手都有自己宝贵的经验，这些经验是他们多次成功与失败后总结的精髓。通过他们的指导可以避免重蹈覆辙。

运动员与教练的交流，也是很重要的。分析时我们应该勇于承认自己的不足，在教练的帮助下逐渐克服，只有这样运动技术水平才能不断长进。

作为教练员应主动了解运动员的心理，根据他们不同的性格给予不同的分析帮助。有个别运动员，包括个别较高水平的运动员，羞于在他人面前承认自己的失误和不足，总是为失误找种种理由，隐藏其失误的真正的原因。在这种情况下，教练员应主动引导运动员，帮助他们找出失误的原因，加以改正。

(三) 比赛成绩数据分析

比赛成绩数据分析法是目前国内外运动员比较常用的方法。在比赛结束后，利用从赛事组织方获得的比赛成绩数据进行统计处理和分析对比，分析运动员的优点和弱点。

比赛成绩数据分析经常采用的是分段成绩分析：将整个比赛路线的各个路段分为七种技术类型来进行分析，包括起点路段、开始路段、短路段、长路段、观赏路段、终点路段，通过成绩统计分析来了解运动员的表现，了解他们各个路段的体能情况、注意力集中情况和技术运用情况，找出与优秀运动员之间的差距。

(四) 高科技手段辅助分析

高科技手段辅助分析主要是指利用 GPS 和相关软件，如 QuickRoute 记录各运动员在比赛中的运动轨迹、运动速度和心率反应，为运动员进行赛后分析提供比赛中的真实数据。

五、赛后分析应注意的问题

各种赛后分析方法都有其优点也有其不足，如自我分析方法一般较全面细致，但缺乏指导与对比；赛后分析结果对以后训练和比赛的影响取决于运动员的经验和悟性。因此这种方法对运动员的要求较高，不适用于中初级水平的定向者，而小组讨论可以通过相互交流、相互比较，分析的结果可能对以后训练和比赛的影响更有效。但是这种分析过程如果控制不好，缺乏指导，分析的内容可能会对个人缺乏针对性。因此，赛后分析应将自我分析和小组讨论分析结合起来，先进行自我分析，然后进行小组讨论。

比赛成绩数据分析和高科技手段辅助分析都只是赛后分析的技术辅助手

段，只能为赛后分析提供有用的数据，而对数据的分析或对数据统计处理分析后得到的结果的评价还得由教练员和运动员结合比赛中的实际做出判断。

复习、思考与实践

1. 在定向比赛中的一般战术主要有哪些？
2. 为什么说在定向比赛中速度控制是比赛成败的关键？
3. 如果确定自己的比赛目标？
4. 试着对自己的训练或比赛进行赛后分析。

第十四章 定向运动心理技能训练

> **本章导读**
>
> 心理技能是参赛者竞技能力的重要组成部分,是决定参赛者比赛表现的关键技能。运动员竞技能力越高、比赛的重要性或水平越高,心理技能对运动员的比赛表现的影响越大。本章在对心理技能训练进行概要介绍的基础上,重点阐述定向运动训练中应用得最多的心理技能训练方法——视觉化训练及影响视觉化训练效果的主要因素,并通过案例说明如何制定比赛心理准备程序。通过本章的学习,你将能够:
> 1. 了解心理训练的内容、价值与主要训练方法;
> 2. 设计视觉化训练方案,并对视觉化训练进行指导;
> 3. 根据具体情境制定比赛心理准备程序。

第一节 心理技能训练概述

一、心理技能训练的概念

(一)参赛者心理能力与心理技能训练

参赛者心理能力是指参赛者与训练竞赛有关的个性心理特征,以及依训练竞赛的需要把握和调整心理过程的能力,是参赛者竞技能力的重要组成部分。

参赛者心理技能训练是指为使运动员获得心理能力所进行的有目的、有步骤的训练过程。也是采用特殊的方法和手段,使参赛者学会调节和控制自己的心理状态并进而调节和控制自己的运动行为的过程。其目的是发展运动员控制自己、控制感情和情绪的能力,摆脱外来刺激的能力,自觉抑制在比赛中所表现的不利心理状态的能力,做好战胜对手并创造优异成绩的心理准备。

(二)心理技能训练的主要内容

心理技能训练可以分为一般心理训练和专门心理训练两个部分。一般心理训练的目的是发展运动员参加训练和比赛所必需的基本心理素质,包括培养良好的个性品质,发展专项心理素质,掌握各种心理技能等。专门心理训练的目的是为比赛做好心理准备,包括赛前心理动员、赛中心理控制、赛后心理调整,以及消除心理障碍。

(三) 心理技能训练的作用和意义

心理训练是提高竞技能力和运动员水平的重要途径之一。通过心理技能训练可培养参赛者调节控制自己心理状态的能力,学会自我调控的心理技能,提高运动专项所需要的感觉、知觉、思维、表象、注意集中和分配等心理能力以及抵抗各种内外干扰的能力,帮助运动员消除疲劳,加速恢复,帮助参赛者克服各种心理障碍,形成良好的训练和比赛心态。

对初、中级运动员来讲,80%的是生物力学因素,20%是心理因素,高级运动员则相反,80%是心理因素,20%是生物力学因素。但是,心理训练只有与身体训练、技术训练、战术训练结合起来,才能形成一个整体训练控制系统,才能更好地挖掘运动员的身心潜能,以适应激烈的竞技运动。

二、心理技能训练的主要方法和过程

(一) 心理技能训练的主要方法

1. 表象训练

表象训练也叫想象训练、视觉化训练,是指在运动员的头脑中按照一定要求呈现技术和战术动作,运动情景及情绪感受的过程。表象是一种重要的心理能量,它能帮助运动员加快熟练技能、掌握新技术、改变不良习惯、演练比赛情景、预想行动方案、提高自我观察力和建立自信。只有清晰的表象才能在运动时灵敏感知到姿势和肌肉用力状态的变化,及时纠正动作误差,以保证动作的准确性。

2. 注意力集中训练

注意力集中训练是通过对一定目标的指向和集中,提高注意稳定性的一类心理技能训练。

3. 放松训练

放松训练利用语言暗示、意念和想象的力量,有意识、有系统地训练肌肉动作逐步达到松弛,减缓呼吸,从而使身体、情绪、心理均处于平静状态的心理技能训练。放松训练的主要方法有呼吸放松法、渐进放松法、自我引导放松法和想象(表象)放松法。

4. 模拟训练

模拟训练是通过模拟比赛场景，提高运动员心理稳定性和应变能力，预防运动员赛前不良心理状态发生的心理技能训练。

(二) 心理技能训练的主要过程

心理技能训练一般可划分为三个阶段：学习阶段，领会某个心理技能的意义、作用和基本要求，了解训练的方法，形成积极训练意向。获得阶段，根据某一心理技能的特点由易到难，循序渐进地进行练习，并通过可测量的指标如问卷评定和生理指标进行记录，以评定和监测技能获得情况。应用阶段，将获得的某一心理技能融会于技术、战术、身体训练和比赛中，使自己能在应激情况下，通过心理技能的合理应用，保证技战术水平的充分发挥。在心理技能训练过程中，应逐渐增加难度，可先在无人干扰的条件下独自进行，继而将心理技能练习结合到正常的训练中，再在增加应激强度的训练负荷下使用，最终应用到比赛中。

第二节 视觉化训练

一、视觉化训练的概念

视觉化训练就是表象训练，在定向运动中被称为视觉化训练，是指在暗示语的引导下，在头脑中反复想象某种运动动作或运动情境，而从提高运动技能和情绪控制能力的方法，它是定向运动中应用得最多的心理技能训练方法之一。

二、视觉化训练的操作程序和要求

要使视觉化训练获得良好的效果，应该按以下程序和要求进行操作：
(1) 选择适宜的训练环境，在没有干扰的安静房间。
(2) 放松：做几个深呼吸放松自己。
(3) 积极的态度，相信视觉化训练对自己是有益的。
(4) 想象自己在移动身体，改变身体姿势，就像真的在执行某个技术动作（如概略指北针导航、打卡、标定地图、重新定位）。
(5) 动用所有的感官去感觉，除了运用视觉，还应运用嗅觉、听觉和触觉。

(6) 对操作过程和操作结果进行视觉化，除了对适宜的操作过程进行视觉化外，还应对成功的操作结果进行视觉化（如按恰当的顺序看指北针和地图）。

(7) 按实际时间进行视觉化，如果你的打卡流程需要花 5 秒的时间，那么在视觉化训练中打卡流程所花的时间也应该是 5 秒钟。

视觉化训练案例（本案例由 Perola Olsson 先生提供）。

视觉化是看图并在脑海中形成地貌的视觉表象。对定向运动来说，视觉化是一项很重要的技能。如果参赛者只看地图就能形成将要遇到的地貌的视觉表象，就可以跑得更快。因为在参赛者的头脑中已形成了该地形的表象。由地图到地形这要比在现地看到地形后再在地图上辨认要快得多。

可用任何地图进行视觉化练习。如果是去过的地方，就会感到地图视觉化非常容易，应该尽量进行陌生地域的视觉化练习。一个有助于集中精力的好方法是在地图上画几个小圆圈（图 14-1），然后集中精力把圈内的地形视觉化，想象自己站在一个圆圈内向四周看感觉，想象周围的事物，集中注意力看岩石特征，仰望小山，俯视山凹，行进一步时甚至感觉脚下小草的存在，尽可能形成地形的清晰表象，然后移到另一个圆圈中在想象那里的地形。练习得越多，视觉化的速度就越快。然后，可以尝试把更大的圆圈内的地形视觉化或把具有更多地形细节的圆圈地形视觉化。

当感觉可以把一个圆圈内地形视觉化时，可以尝试对整个路段视觉化。图 14-2 是一个容易进行路线选择的路段，只要跑过山凹，通过山脊上的丘，就能到达一个大而明显的攻击点——独立树。从独立树开始，就应该非常小心地进行定向。

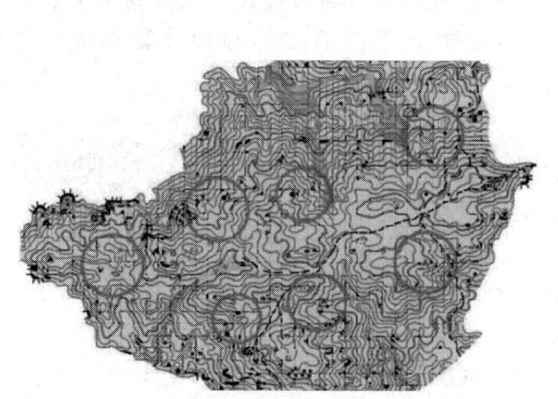

图 14-1 将圆圈内的地形视觉化

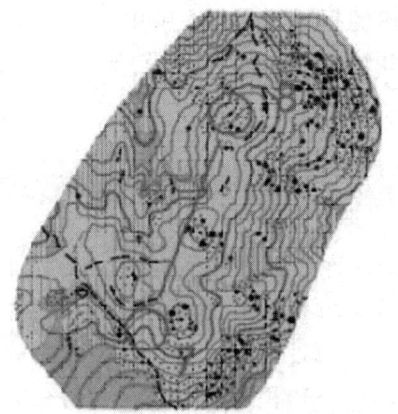

图 14-2 对路段进行视觉化

再想象刚刚找到第七个检查点：山凹很浅，有很多灌木林，从两座小山间轻松地跑上山脊，然后快速看一下指北针，确定方位是否正确。跑上山脊就看到了通往第八个点半路上的丘。加快速度，迅速到达。然后可轻松地沿着山脊行进，山脊的两侧都很陡，但可以看到独立树。在向独立树行进的过程中，要集中精力对从攻击点到检查点的路段进行视觉化。陡崖的方位很容易确定，它就在树的正北方，在树后不到 50 米的地方。到那你需要多少步？在半路上，树与陡崖之间的斜坡上有一块大石头，丘顶上也有一块。另外，陡崖位于低于树的等高线上，再应该往下走一点。在树后的路段上你应该慢下来，相对于整个路段来说，检查点是比较难的。你从树的右侧跑过，那里好跑。看到斜坡上的大石头，可从大石头的右边穿过，然后向前下方跑 20 米。看到了！检查点就在那里。

三、应用视觉化训练的时机

在以下情境下使用视觉化训练特别有效。

（1）训练前后：在身体训练和技术训练前进行视觉化训练，有助于运动员集中并获得更好的训练效果。在训练后进行视觉化训练有助于运动员加深对训练中所学内容的认识和记忆。

（2）比赛前后：比赛前进行视觉化训练有助于运动员更好地做好赛前准备。在比赛后进行视觉化训练可帮助运动员对比赛进行回顾，从比赛中的技术失误和良好的技术操作中得到更多收获。

（3）伤病康复期：在伤病康复期进行视觉化训练可以帮助运动员保持、甚至改进技术。

四、影响视觉化训练效果的主要因素

（1）感觉：视觉化主要包括空间的（视觉的）和运动感觉（包括触觉、躯体感觉和嗅觉）的视觉化。当所有的感觉形式都结合起来时形成的视觉化效果最有效。

（2）表象的清晰性和控制性：表象的清晰性指运动员在视觉化时所"看"到的表象的清晰和详细程度。表象的控制性是指运动员在视觉化时对表象的控制能力。视觉化训练时运动员的表象清晰性和控制性越好，训练效果越好。

（3）运动技能掌握的熟练程度：运动技能掌握的熟练程序越高，视觉化训练效果越好。熟练水平低的初学者更多地依赖外部表象，而熟练水平高的运动员主要使用内部表象。

（4）视觉化的类型：视觉化有内部视觉化和外部视觉化两种类型。内部视觉化是运动员以执行者的角度体验和感知在真实运动情景中的行为，外部视觉化是运动员以观察者的角度观察自己的行为。一般来说，利用内部视觉化训练的效果更好。但是，视觉化训练的效果与其类型的关系主要取决于视觉化训练的目的，对于技能较差的运动员或在运动员技术学习的早期阶段，外部视觉化训练更有效，而对于帮助熟练的运动员发现和纠正操作错误，内部视觉化训练更有效。另外，对于熟练运动员，在训练中交替使用内、外视觉化训练可能有更好的训练效果。

（5）放松：在放松的情况下进行视觉化训练更有效。

五、视觉化困难的处理办法

如果运动员视觉化能力较差，难以将自己执行技术动作的过程视觉化，可以让运动员先看自己在比赛中的录像，也可以让运动员先做一些基本视觉化训练，当视觉化水平提高后再进行专项视觉化训练。

基本视觉化训练范例：

你在家中自己的卧室里，你处在卧室的某个角落，可以看到卧室的其他部分。你环顾四周注意到卧室内的每个细节。你看到了什么呢？看到了家具的外形和质地怎样？人听到了什么声音？卧室内是否有空气的流动？你闻到了什么气味？动用你所有的感官，使各种感觉都融入你的视觉化中。

第三节 赛前心理准备

比赛心理准备是指在赛前从心理上对比赛的目标、定位、情绪状态、注意指向、思维内容和参赛信心方面做好准备的过程。赛前心理准备是赛前准备的重要内容之一，其目的是使运动员在比赛中的心理处于最佳竞技状态。赛前心理准备的主要内容就是按预先拟定的比赛心理净化程序、比赛行为活动程序和比赛思维活动程序调整自己的心理状态、安排自己的行为和思维活动内容。

一、比赛心理净化程序

制定比赛心理净化程序的目的是让运动员自己对赛前的心理活动进行规划和控制，避免其在赛前的心理敏感期受到意外干扰而出现心理状态出现异常变化。

（一）比赛前一天

（1）参赛角色定位，淡化面临的困难和压力。

（2）列出在即将开始的比赛中可能遇到的各种困难和干扰，并提出相应的解决办法。

（3）根据作息时间，安排自己做一些与比赛结果无关，放松、娱乐的活动。

（4）比赛当天清晨醒来时，通过视觉化回忆自己比赛发挥最佳的情景。

（5）积极的自我暗示，如"我做好了一切准备，感觉好极了"。

（6）如果上一场比赛出现了重大失误，应首先主动暗示自己一切从零开始，全力以赴比好明天的比赛。

（二）准备活动过程中

在准备活动的过程中可按顺序思考以下问题，逐步将自己的心理活动集中到定向运动过程的内容和即将到来的比赛上：

（1）自己的技能状况。

（2）今天的比赛项目的技术参数。

（3）今天的比赛目标（技术目标），如少出错，保持地图标定等。

（4）今天所需的技能。

（5）今天自己将重点运用的技能。

（6）对重要技能进行视觉化练习。

（三）在就位区中

在就位区中应先进行神经肌肉放松，然后考虑以下问题：

（1）观察起点周围的地形，植被情况，将注意集中于自己将面对的地貌、植被、其他地物与方位。

（2）对将看到的地形进行视觉化。

（3）观察自己的路线上其他运动员从起点出发后向哪里跑。

（四）在待发区中

在待发区中应先闭目做腹式深呼吸，放松身体，默念自己的特长和专项比赛提示要点。默练专项提示要点时应按由终点到起点的顺序默练专项提示要点。一般应控制在出发前 10~15 秒刚好念完出发时的技术要点，然后再闭目做几次腹式深呼吸，默念 1~2 次本场比赛的最核心的战术要点。

（五）在百米定向的两轮间进行

在百米定向的两轮间要做的准备：

（1）进行积极的思维转换：无论上一轮次比赛的结果如何，都要主动暗示自己一切从零开始。

（2）做好神经肌肉放松和腹式呼吸调节。

（3）对比赛场地进行视觉化。

（4）对感觉最流畅的几个路段进行视觉化。

（5）再次闭目放松，默念最核心的战术要点。

二、比赛行为活动流程

制定比赛行为活动流程的目的是让运动员对自己的赛前行为进行规划和控制，保证其赛前行为活动的目的性、有序性和有效性，以尽最大可能节省能量。

案例：2008年全国学生定向越野锦标赛第一场比赛赛前行为活动流程

序号	时段	活动内容
1	赛前一天 上午：入住宾馆	在宾馆大堂附近找地方休息，等待教练和领导办理入住手续，拿到房卡后尽快洗漱后卧床休息（乘火车早上到达三亚车站）
2	下午：模拟训练	中餐后尽快休息，为避免等车浪费时间，下午3点租车前往模拟训练场地 模拟训练完后，进行持图走练习，寻找制图员的制图特色
3	下午：返回宾馆后	熟悉宾馆附近环境
4	晚上：宾馆内	晚餐后散步、洗漱，与其他队的朋友打招呼 8：00：讨论制图员的制图特色，讨论第二天的天气情况及应对措施。（领队、教练参加裁判员、领队与教练员联席会议，讨论由队长组织） 9：00：准备、检查比赛用品（自查、互查） 9：30左右：赛前队会
5	比赛当天 随车出发去赛场	带齐比赛用品

续表

序号	时段	活动内容
6	到达赛场	尽量找到阴凉或有树阴的位置布置营地，然后加固踝关节，系牢并加固鞋带 如果有时间就进行放松练习
7	出发前 35~40 分钟	准备活动：进中徒手操 5 分钟，慢跑 5 分钟，动态拉伸 5 分钟，跑的专门性练习 5~10 分钟，共 25~30 分钟 如果感到焦虑，应提前进行更多的热身活动（动态拉伸、跑的专门性练习）
8	检录	带好比赛用品进入就位区中

三、比赛思维活动流程

制定比赛思维活动流程的目的是让运动员对自己的赛前思维活动进行规划和控制，保证其赛前思维活动的目的性、有序性和有效性，避免无关思维活动的干扰及出现消极的思维活动。

案例：2008 年全国定向越野锦标赛赛前思维活动流程

序号	时段	思维方向和内容
1	赛前一天 上午：入住宾馆	良好的食宿环境
2	下午：模拟训练	寻找良好的图感、节奏感
3	下午、傍晚：	见到新老朋友的开心、舒畅
4	晚上：宾馆内	视觉化练习——流畅的定向
5	比赛当天 随车出发去赛场	优美的风光、清新的空气，今天的感觉真好 视觉化接力赛中将应用的技战术
6	到达赛场	营地的位置很适合，真开心 闭目放松
7	出发前 35~40 分钟	感觉真好。按心理净化程序中准备活动部分的安排进行思维活动
8	就位区	准备活动的效果真好，我已做好充分的身体准备，我渴望比赛 按心理净化流程中就位区部分的安排进行思维活动
9	待发区	我充满力量，期待着在挑战中享受本场定向比赛乐趣。按心理净化程度中待发区部分的安排进行思维活动

复习、思考与实践

1. 心理技能训练在运动训练中的地位如何？
2. 制定视觉化训练方案时应注意哪些问题？
3. 尝试根据当年全国定向运动锦标赛的比赛技术参数和日程安排为自己制定一套比赛心理准备程序。

第十五章 特殊条件下的定向运动训练

本章导读

机体在炎热、寒冷和高原等特殊环境条件下训练会出现应激反应，使机体运动能力出现暂时性降低。通过适应过程，机体运动能力将恢复到正常水平，甚至出现明显提高。但如果训练控制不当，适应过程不但不会出现，而且应激过程会进一步向深层发展，导致机体出现衰竭，甚至死亡。因此，了解和掌握在这些特殊环境中训练的应激和适应特点，在定向训练中采取适当措施避免机体出现应激反应的负效应和衰竭，促进机体适应过程的发展，对提高训练效益具有重要意义。通过本章学习，你将能够：

1. 学会在热环境下进行定向训练时预防各种热病产生的简单方法；
2. 根据定向运动比赛特点制定赛前高原训练方案；
3. 了解在寒冷环境下进行定向训练时应注意的事项；
4. 了解女子在经期进行定向训练时应注意的事项。

第一节 热环境下的定向运动训练

一、热应激与热适应

（一）热应激的生理反应

在热环境下训练时，由于代谢产热与环境热两种因素的共同作用，使人体处于热应激状态，机体产生一系列反应。

（1）心率显著增加，最大心输出量和最大摄氧量均下降。

（2）发汗增加，运动能力下降：在高温环境中训练，出汗成为体热平衡的主要途径。运动开始后几秒钟就会出汗，30分钟左右达到体热平衡。大量出汗导致钠离子、钾离子、钙离子、铁离子、镁离子、锌离子和其他微量元素的丢失，运动能力下降。

运动时的排汗率主要受运动强度大小的影响，也受运动持续时间、气温、湿度及适应程度等多种因素的影响。在炎热天气剧烈运动时，失汗量可高达3升/小时，或12升/天。

(3) 剧烈运动时大量出汗和呼吸道水分丢失使尿量减少或无尿。

(4) 垂体释放抗利尿素以增加对水的重吸收，肾上腺释放醛固酮增多以促进对钠离子的再吸收，从而有利于保持水和电解质平衡。

(5) 机体更多地依赖无氧代谢：在热环境进行次极限强度运动时，体表血流量增加，肌肉血流量减少，使机体更多依赖无氧代谢，结果导致乳酸的过早堆积和糖原储备减少。

(6) 耐力下降：人体生活或工作的最适宜温度是18 ℃~24 ℃。高温环境会对人体运动能力，尤其是持续时间较长的耐力运动能力产生很大影响。如马拉松最好成绩就是在15 ℃的气温下产生的。目前认为，体温调节能力是限制高温下耐力运动能力的重要因素。通过训练可以提高体温调节能力，从而增加耐力运动能力，如有氧能力水平高的个体在高热环境下的耐力运动能力较无训练者高，有训练者出现疲劳的体温为39 ℃，而无训练者为38 ℃。

(二) 热适应

在高温与热辐射的反复作用下，人体在一定范围内逐渐产生对热环境的适应，称为热适应。热适应主要表现为体温调节、水盐代谢、心血管机能等方面的改善。随着热适应发生一系列生理反应，结果是产热减少，散热增加。

(1) 心功能改善，每搏输出量增加：热适应后，心功能改善，心率减慢，每搏输出量增加，心输出量和动脉血压基本保持不变。同时，血液重新分配机能改善，使皮肤血流量减少，肌肉血流量增加，提高了肌肉的工作能力。

(2) 出汗阈值下降、出汗率增加、排汗能力增强：热适应时最大出汗率由1.5升/小时增加为2.5~3升/小时，从而使散热增加。无训练及对热不适应的个体出汗阈高，在身体内部温度达到37.7 ℃时开始出现出汗反应。有训练但对热不适应的个体的出汗阈居中，在体内温度达到37.5 ℃时开始出现出汗反应。既有训练又对热适应的个体的出汗阈值最低，在体内温度达到37.2 ℃时即开始出现出汗反应。运动训练提高了出汗反应的敏感性和出汗能力。

(3) 肾脏和汗腺对Na^+重吸收增加：热适应后肾脏和汗腺对Na^+重吸收增加，汗液中Na^+浓度下降。Na^+在体内保留使血浆和细胞外液的容量增加，内环境相对稳定。

(三) 训练对热适应的影响

在炎热环境中进行训练可加快热适应过程。热适应需要的时间与运动强度和训练时的气候条件有关。如果运动员每天暴露在热环境中 2~4 小时，5~7 天就可以基本适应，10 天可以完全适应。在炎热环境中训练，最初几次训练的负荷要小，持续时间约 15~20 分钟，然后，可逐渐增加训练强度和训练时间。

二、热病及其预防

热病如脱水、热痉挛、热衰竭、中暑等是在高温环境下进行剧烈运动时，因体温过高而发生的疾病，对健康有很大的危害。根据热病产生的原因进行有针对性的预防，就可以避免热病的发生。

(一) 热病

1. 脱水

脱水是指人体由于消耗大量水分而不能即时补充所造成的新陈代谢障碍，严重时会造成虚脱，甚至有生命危险。

在炎热的环境中长时间剧烈运动，大量出汗将使血容量明显减少而导致脱水。脱水可引起排汗率、血浆量、心输出量、最大摄氧量、工作能力、肌肉力量、肝糖原含量等下降。脱水量达体重的 2% 左右时为轻度脱水。轻度脱水以细胞外液丢失为主，可影响血容量，使心脏负担加重，运动能力下降，并出现渴感和尿少等现象。脱水量达体重的 4% 左右时为中度脱水，在长距离训练中极为常见。中度脱水时细胞内外液丢失量大致相等，可出现脱水综合征，表现为严重口渴感，心率加快，体温升高，疲劳、血压下降等症状。脱水量达体重的 6%~10% 时为重度脱水。重度脱水时细胞内液丢失的比例增加，并表现出呼吸频率增加、血容量减少、恶心、食欲不振、厌食、容易激怒、肌肉抽搐、精神活动减弱甚至发生幻觉、昏迷等症状，严重威胁人的健康。

2. 热痉挛

热痉挛是机体在干热环境条件下运动时因出汗过度，无机盐丢失过多而出现的肢体和腹壁肌肉痉挛，但体温并不升高的现象。热痉挛经常出现在剧烈运动中或运动后，在运动中补充足够的电解质饮料，可以有效地预防热痉挛。

3. 热衰竭

热衰竭是热环境下运动时出现的一种血液循环机能衰竭现象。对热环境尚未适应就开始进行剧烈运动容易发生热衰竭。这种情况下，热衰竭的主要原因是大量出汗导致细胞外液，尤其是血浆量减少，出现循环系统调节机能障碍，血液滞留在扩张的体表血管中使中心血量及心输出量显著下降。热衰竭的主要表现为虚弱、心率加快、出汗减少、体温升高（通常低于 39.5 ℃）、直立时血压低、头痛、头晕等。出现热衰竭时应停止运动，尽快到达阴凉处休息并补水，必要时输液以尽快补充丢失的液体，使血浆量恢复正常。

4. 中暑

中暑是在高温和热辐射的长时间作用下，机体出现体温调节障碍而产生的水、电解质代谢紊乱及神经系统功能损害等症状的总称，是最严重和最复杂的热应激疾病。中暑的主要表现为出汗停止，皮肤干燥而发烫，体温可升高至 41.5 ℃，虚脱，意识丧失，严重时甚至会导致死亡。出现中暑先兆时，应立即送医院治疗，并同时采用喝冷水、去除外衣、冰敷及冷水浴等方法，尽快降低体温。

（二）热病的预防

通过合理补液预防过渡脱水是预防高热环境下训练时热病发生的最重要措施。补液量可通过在运动后体重丢失的量来确定。通常每丢失 1 公斤体重，需要补液 400~600 ml。在运动中，每隔 15~30 分钟应补液 100~300 ml，以每小时补液量不超过 800 ml 为宜。补液不能只在运动中和运动后进行，在运动前就应该开始。运动前补充足够的液体，使人体细胞处于良好的水合状态，有利于预防热病的发生。运动前后的补液都应该以少量多次为原则，并要补充电解质饮料。热环境中训练的时间不同，补液的方法也不同。

（1）1 小时以内的训练，运动前 10~15 分钟补充含 6%~10% 糖的饮料，运动中补充相当于 1/2 出汗量的水（水温 5 ℃~15.5 ℃）。

（2）1~3 小时的训练，运动前饮水 300~500 毫升，运动中每小时补充 800~1 000 毫升含 6%~8% 糖和 12~20 毫克当量的钠盐饮料。

（3）超过 3 小时的训练，运动中每小时补充 800~1 000 毫升含 6%~8% 糖和 20~30 毫克当量的钠盐饮料。

（4）恢复期为加快糖原合成速率，在运动结束后的最初 2 小时内，要补充以短链的葡萄糖、乳糖和果糖为主的运动饮料。

目前市场上销售的运动饮料多种多样，不同配方的饮料有不同的功能，适用于不同方式的训练。一般情况下，最好按照说明配制和饮用，以免渗透压过大或过小而影响胃肠吸收，甚至造成胃肠不适。

第二节 冷环境下的定向运动训练

一、冷应激与运动

在冷环境中，机体通过两种调节机制防止体温下降：一是通过寒颤以增加代谢产热；二是通过收缩外周血管减少热量散失。如果这两种调节机制不能保证机体产热和散热的平衡，机体内部温度就会降低，出现一系列应激反应。在低温情况下，风速和湿度越大，机体散热越多，冷应激对机体和机体的运动能力影响越明显。

（1）神经传导能力：体温每下降 10 ℃，神经传导速度将降低 15 米/秒。当局部温度降为 8 ℃~10 ℃时，神经传导将完全阻断，因此四肢受冷伴随有工作能力的迅速下降。

（2）循环系统功能：严重的冷应激会使最大摄氧量和心率显著下降。冷应激会使皮肤血管明显收缩，使血流量迅速从皮肤转向中心循环，以维持机体内部温度。但周围组织和皮肤热量减少，使手指和脚趾很容易冻伤。

（3）运动系统：寒冷还会使骨骼肌的黏滞性增大，肌肉收缩速度减慢，动作灵活性和协调性降低，工作效率下降，并容易发生运动损伤。

（4）免疫系统：急性冷环境暴露可刺激免疫球蛋白的活性，增强免疫功能。在 5 ℃冷空气房间暴露 2 小时，会导致机体核心体温下降，使白细胞总数和粒细胞增多，自然杀伤细胞（NK 细胞）活性上升，以及循环血中白细胞介素-6（IL-6）水平升高。在冷空气暴露之前进行中等强度运动（有热储存）能进一步促进这些免疫指标的反应。但在寒冷环境中如果出现上呼吸道感染，将导致个体运动系统的运动能力及免疫系统的监视能力下降。因此，在寒冷环境中训练的一个重要任务是防止上呼吸道感染。

二、冷适应

经常暴露在冷环境中会加速机体对冷环境的适应。冷适应的基本特征是寒颤产热减弱和外周血管收缩反应减弱。重复对手或脚进行寒冷刺激，会使流经这些部位的血流增加而提高局部的冷适应，防止组织出现低温造成的损害。

第三节 高原环境下的定向运动训练

一、高原应激

高原是一种低气压、低氧、低湿度、寒冷、日照时间长、昼夜温差大、高紫外线辐射的特殊环境，机体在这种环境中进行训练产生的特殊应激反应称为高原应激。以上刺激因素中，对机体机能影响最大的刺激是低氧刺激。

(1) 最大摄氧量下降：高原的低氧环境会对正常氧运输产生不利影响。由于大气氧分压的降低，人体血氧饱和度急剧下降，组织细胞利用氧量就减少。当高度升高到 1 500 米时，最大摄氧量开始下降。在开始阶段每升高 300 米最大摄氧量下降 3%，然后随着高度的增加下降的速率增加。

(2) 肺通气量增加：从平原到高原最主要的反应是氧分压降低所引起的肺通气过渡。高原缺氧反射性引起呼吸加深加快，肺通气量加大。当高度达到 2 348 米时，安静时的肺通气量开始以指数的形式增加。肺通气量过大造成过度换气，排出的 CO_2 过多，使肺泡和血液 CO_2 分压下降，血液和脑脊液中 pH 值升高偏碱性，易发生代偿性呼吸碱中毒而抑制呼吸中枢，从而反射性地引起肺通气量减少。因此，在高原缺氧环境中，同时存在加快和减慢两种相互对抗的调节机制。在一般情况下，缺氧以引起肺通气增加为主。肺通气量的增加提高了肺泡氧分压，有利于氧的运载。

(3) 心血管反应：到达高原的初期，心率和心输出量增加，但每博输出量没有变化。每分输出量的增加主要靠心率的加快，心率的增加可以补偿运输氧能力的下降。在平原，安静时心率一般为每分钟 70 次；在高原 4 500 米高度时，安静时心率可增加至每分钟 105 次。

(4) 高原反应症：到达高原的初期，机体因缺氧而产生一系列生理反应，出现头痛和呼吸困难等急性高山病（AMS）病症。高山病主要是脑缺氧引起的。脑组织对缺氧最敏感，在缺氧的环境中易最先受到伤害。体液滞留在脑部或肺部容易发生高山脑水肿或肺水肿而危及生命。由于低氧的影响抑制了视网膜感光细胞的机能，视觉感受器对光的敏感性降低。在 1 500 米左右的高度，视觉细胞对光的敏感性下降 5%；在 3 000 米左右的高度，下降达 25%，视力敏锐性下降 30%。

(5) 运动能力下降：高原环境对运动能力的影响因海拔高度的不同而有所差异。与在平原上比赛比较，在 2 300 米的高度比赛，运动时间超过 2 分钟的全身耐力性运动项目的竞技成绩明显下降，如 1 500 米跑的成绩下降 3%，

5 000米和 10 000 米跑的成绩下降约 8%。

二、高原适应

在高原地区停留一段时间后，人体会对低氧环境产生调节反应，提高对缺氧的耐受能力，称为高原适应。高原适应过程是循序渐进的，从平原到达 2 300 米的高度，约需要两周的适应时间，此后每增加 610 米，需要增加一周的适应时间。

三、高原训练

高原训练是一种在低压、缺氧条件下的强化训练。这种训练为人体提供两种负荷：一是运动本身所引起的缺氧负荷，即运动性缺氧负荷；一是高原性缺氧负荷。两种负荷相加，产生比平原更为深刻的缺氧刺激，使运动员承受在平原难以达到的训练强度，从而更深入地挖掘人体的机能潜力。

（一）高原训练的类型

高原训练可按训练目的分为重点比赛前的高原训练、提高有氧能力的高原训练、比赛后的高原训练和为在高原比赛而进行的高原训练。训练目的不同，训练的安排不同。

（1）重大比赛前的高原训练：这种高原训练的典型安排是：高原训练 3~4 周，返回平原调整 3~4 周后开始比赛。其优点是高原训练的获益可以直接用于比赛，缺点是运动员何时出现竞技状态的高峰不易掌握，需要在多次尝试，掌握规律后才能在重大比赛前使用。

（2）提高有氧能力的高原训练：这种高原训练的典型的安排是：高原训练 3~4 周，回到平原后安排一个 6~8 周的训练小周期，周期结束后参加比赛。其优点是比较容易掌握运动员的竞技状态，缺点是高原训练的获益会因比赛间隔时间较长而有所消退。

（3）比赛后的高原训练：这种训练的典型安排是：在比赛后数天即进行高原训练以尽量减少赛后身体机能状态的下降。在赛后进行高原训练往往是由于不久后又要进行另一场比赛。目前这种高原训练类型在国内应用很少。

（4）为在高原比赛而进行的高原训练：为准备在高原的比赛而进行的高原训练，要在与比赛地点的海拔高度、环境条件相似的地方进行，使运动员提前适应比赛条件。如果条件允许，提前到达比赛地点进行高原训练更好。

（二）高原训练的要素

高原训练的效果受众多因素的影响，其中最主要的因素包括：

1. 适宜海拔高度

在理论上，在海拔1 000~3 000米范围内进行高原训练都有一定的效果。国际上目前已基本认同：世居平原的运动员高原训练的最佳高度是2 000~2 500米。低于2 000米，低氧缺氧刺激较小，不利于充分挖掘机体的潜力；高于2 500米，机体难以承受较大的训练负荷且不利于训练后的恢复。在2 000~2 500米高度训练，最大摄氧量、红细胞容积、血红蛋白均有显著增高，对提高运动员的速度、耐力、运动水平都有较大益处。我国运动员高原训练的高度多在1 890米（昆明）和2 360米（西宁多巴）。世居高原的运动员高原训练的最佳高度，要依其长期居住的高度而定。总之，适宜的高度应具备两个条件：既能对机体产生深刻的缺氧刺激，同时机体又能够承受较大的训练量和强度。

2. 适宜训练强度

适宜的训练强度是决定高原训练成败的关键。强度过低，刺激太小，难以收到成效；强度过大，刺激过大，对适应和恢复不利。一般情况下，适宜训练强度的确定应遵循以下四个基本原则：

（1）训练水平原则：训练水平高者强度可大些，反之强度应适当减少。

（2）比赛强度原则：根据比赛强度确定训练强度。

（3）与平原强度相结合原则：高原训练强度应与下高原后的训练强度衔接起来，要保证下高原后的训练强度能超过高原训练强度。

（4）适应原则：要根据机体对高原环境的适应情况来安排强度。

3. 训练持续时间

高原训练最适宜的持续时间为4~6周。高原训练时间短不利于机体产生适应性变化，高原训练时间过长不利于机体回到平原后的适应性调整。

4. 最佳训练效果出现时间

高原训练的效果在下高原后可保持3~5周，也有人认为可以保持45~50天。但下高原后，最佳训练效果出现的时间尚未形成统一的认识。目前普遍认为，这一时间与个体的适应能力和高原训练的负荷密切相关，通常情况下，长跑和马拉松的最佳比赛时间为下高原后4~5天；中长距离项目为10~14天。

（三）高原训练方法和手段

1. 高住低练法

传统的高原训练，运动员的居住和训练高度相同。高住低练法则是让运动员在较高的高度（2 500 米）居住，在较低的高度（1 300 米）训练。这样安排既可以充分调动机体适应高原缺氧环境，又可以达到相当大的训练量和强度。高住低训法已得到国际上的认可，并已应用于高原训练的实践中。

2. 间歇性低氧训练法

该方法是近十几年来在俄罗斯、英国、美国等国家逐渐发展起来的一种新的仿高原训练法。该方法通过低氧呼吸气体发生器吸入低于正常氧分压的气体，造成体内适度缺氧，从而导致一系列有利于提高有氧代谢能力的抗缺氧生理适应，以达到高原训练的目的。

（四）高原训练的生理学适应

高原训练的生理学适应主要表现在呼吸系统、心血管系统、骨骼、免疫系统、内分泌系统等的适应。

1. 呼吸系统

平原运动员到高原后，最初反应是呼吸频率加快、肺通气量加大。运动时肺通气量可较在平原时增加23%或者更多。

最大摄氧量是反映运动员有氧运动能力的重要生理指标。运动员从平原到高原肺通气量虽然增加，但随着高度的增加，最大摄氧量反而下降。运动员的有氧能力在1 500米开始出现明显改变。此后，每升高1 000米，最大摄氧量将下降10%，4 000米高度时的有氧能力相当于平原的70%左右。

2. 心血管系统

（1）血红蛋白和红细胞。血液载氧能力的提高是机体对高原适应的主要表现。这种适应来自于两个因素，初期是血浆量减少，随着时间延长则是由于造血器官机能加强，从而使血红蛋白和红细胞生成增多。

高原氧分压下降也刺激红细胞总数增加，称为红细胞增多症。这是由于高原缺氧引起促红细胞生成素的释放，促进红细胞的生成。一定数量的血红蛋白和红细胞增加，能增加血液运输氧气的能力，对提高血氧含量和血氧容量有代偿意义。但是，若红细胞增加过多，将导致血液黏滞性增加，抑制血液流动和降低氧扩散至组织的能力。

在高原适应过程中，女性血液指标变化明显低于男性。但如果在到达高原前及在高原期间补铁，女性血红蛋白和红细胞增加几乎可达到与男性相同的水平。

（2）促红细胞生成素。高原缺氧可促使体内促红细胞生成素增加。在到达3 000米高度3小时后，体内促红细胞生成素浓度升高约50%。

（3）血液流变学指标。高原训练可以导致机体红细胞压积增加和血液流变特征改善，提高机体对低氧环境的耐受力。红细胞压积最适值为50%左右，在这一水平红细胞摄氧能力处于最佳状态。当红细胞压积上升到 50%~60% 时，血液黏滞性增加，超过这一水平，血液粘滞性将呈指数增加并对机体产生不利影响。

高原训练也可能导致红细胞压积过度增加而对机体产生不影响。因此，高原训练过程中应注意将红血细胞压积控制在最适值范围。

（4）红细胞变形能力。红细胞的变形能力在很大程度上影响着血液对组织的供氧能力及对 CO_2 和其他物质的运输能力。高原训练一周后，红细胞变形性增强，有利于氧的释放。

（5）心率和心输出量。在高原以次极限和极限强度运动时，最初的反应是心率和每分输出量比平原增加 50%，但每搏输出量没有变化。数天或数周后，随着携氧气的能力和对氧的亲和力提高，最大心率和心输出量均有所下降。

3. 骨骼

高原训练对骨骼肌有较深刻的影响，主要表现在以下几个方面：

（1）骨骼肌毛细血管增加，糖酵解酶活性降低，氧化酶活性增加。

（2）肌红蛋白浓度增加，这种增加在相当程度上取决于高原训练的强度，训练强度较高、且严重缺氧时才能见到明显效果。

（3）降体重和脂肪明显下降。降体重和脂肪下降的多少与高度密切相关，高度越高，下降越明显。在高原上体重下降首先丢失的是水分，其次是脂肪的丢失和骨骼肌质量的下降。

（4）肌肉缓冲能力改善。导致肌肉缓冲能力改善的关键因素是低氧，而不是耐力训练。

4. 免疫系统

长跑运动员免疫系统的变化与海拔高度有关，较低海拔高度使细胞免疫水平提高，而较高高度则会使细胞免疫功能下降（如海拔 2 700 米）。

5. 内分泌系统

（1）运动员尿中儿茶酚胺排出量明显增高。儿茶酚胺的升高可使机体在应激状态下能更有效地适应环境的剧变。随着适应的发展，儿茶酚胺排出量逐渐下降。

（2）血清睾酮明显下降，皮脂醇上升。血清睾酮是促进蛋白质合成及运动能力提高的激素，而皮脂醇是减少蛋白质合成，降低运动能力的激素。血清睾酮下降的原因可能是系统的高原训练使机体的消耗过大，同时缺氧环境使氧气供给不足，从而影响睾酮的合成。

(五) 高原训练效果的评价

许多研究认为，高原训练能明显提高有氧能力。但高原应激和高原训练对返回平原后的有氧能力和耐力的影响机理目前尚不清楚。多数人认为，高原训练提高了局部循环和细胞代谢的适应及血液代偿性载氧能力。此外，呼吸系统的适应性变化也不会在回到平原后马上消失。因此，高原训练中低氧和训练的双重刺激提高周期性耐力运动项目成绩的效果应该优于平原训练。

但也有人认为，长时间高原应激也会给生理机能带来一些负面影响，如体重下降、最高心率降低、每搏输出量减少，最大心输出量减少。最大心输出量的减少将抵消血液载氧能力增加带来的效益。此外，高原训练的强度不能达到平原上的训练强度，使高原训练的绝对训练强度下降，这些因素可能影响运动员在平原的竞技状态。

尽管对高原训练效果的认识目前尚未达成统一的认识，但近几年来国内外一些优秀选手通过高原训练在国际重大比赛中所取得的优异成绩证明，高原训练对提高人体运动成绩具有良好的效果。

第四节 女子经期的定向运动训练

月经周期是女性特有的生理现象，表现为卵子的生长发育、排卵和黄体形成周而复始。同时，在卵巢雌性激素的影响下，子宫内膜发生周期性剥落，产生流血现象，称为月经。

一、月经周期中运动能力的变化

月经周期中由于女性激素水平的规律性波动，导致机体的运动能力发生相应变化。在月经周期的不同阶段，人体运动能力的变化具有明显的个体差异。研究证实，大部分女子有氧工作能力及整体体能以黄体形成期最强，卵泡期和排卵期其次，经前期和月经期最弱。但也有关于专业运动员的研究指出：月经周期的不同阶段，运动员的有氧能力，反应速度、力量出现不同时相的变化。如，有的运动员在月经期反应速度有所减慢，但有氧耐力和力量并没变化；而有的运动员在经前期兴奋性最高，体能最好。因此，在女运动员的训练和比赛安排上，应充分注意其体能与月经周期的关系，根据各个阶段体能变化的规律安排训练负荷，大运动量训练应与体能的高峰期相吻合，以使负荷作用达到最佳状态，从而提高训练效果和比赛成绩。

二、女子经期的定向运动训练

一般的运动训练对女性的月经期没有影响，适度的体育活动能改善女性的机能状态，促进血液循环，改善盆腔生殖器官的血液供应，并可通过运动时腹肌、盆底肌收缩与舒张交替对子宫起到一定的按摩作用，促进经血排出。

长时间或大强度训练易引起女子出现运动性月经失调，表现为经期延长或缩短、月经过多或过少，甚至闭经。运动性月经失调的发生与运动负荷、体脂含量、运动项目、饮食营养、应激等因素有关。因此，女子经期一般不宜安排长时间或大强度训练。另外，除非特别需要，也应避开寒冷的下雨天，经期中淋雨受凉会引起小腹疼痛，经血量过多或过少。如果比赛时适逢下雨，赛后要尽快用热水洗澡，换上干衣服，并注意保暖。有条件时，用红糖生姜煮水喝，或者把鸡蛋放在红糖水里煮熟，趁热喝，将有利于缓解小腹疼痛。

夏季训练气候炎热，如果月经期用的卫生垫不及时更换，容易引起细菌滋生。久而久之，容易引起阴道炎。定向训练场地中道路崎岖不平，有些卫生垫不能很好地黏附在内裤上，在跑动过程中容易出现移位，造成经血侧漏和磨破皮肤，不仅影响情绪，而且非常痛苦。因此，夏天在经期中进行大运动量训练和比赛时最好使用卫生栓。

复习、思考与实践

1. 热环境中训练时可能出现的热病有哪些？如何在训练中预防？
2. 在冷环境中训练应注意哪些问题？
3. 夏天女子在经期进行定向训练应注意哪些问题？
4. 假设全国体育大会定向比赛将于下一年5月份在某丘陵地区举行，请制定一个赛前高原训练方案。

第四篇　竞赛、裁判篇

第十六章　定向运动赛事组织与管理
第十七章　定向运动竞赛编排与裁判工作

本篇导读

定向运动的比赛场地通常都在地形复杂的野外，组赛过程环节多，裁判工作流程较为复杂，而且比赛持续时间较长，对赛事组织的要求非常高，不仅需要有良好的工作团队，还需要参与各方的高度重视。

一个大型赛事的前期组织工作特别重要，该阶段需对赛事可能遇到的各种困难进行充分考虑；对比赛场地选择、赛程确定、运动员食宿和交通、地图制作、路线设计、寻找赞助商等事宜需要进行科学安排与规划。赛事的中期即竞赛期，相关人员的安全是工作中首先需要考虑的问题，赛事的组织者要高度重视。赛事结束后，相关部门要做好收尾工作，将相应的材料整理好交给秘书组备查。

本篇分为两章。第十六章让你了解定向运动赛事组织涵盖的内容与组织管理方法，为你组织赛事提供指导；第十七章让你了解定向运动竞赛编排的工作内容和方法、裁判分工及工作方法，为你承担裁判工作打下基础。

第十六章 定向运动赛事组织与管理

> **本章导读**
>
> 定向运动赛事的组织与管理有两个层次的工作：第一层次是作为最高层次竞赛的组织者对赛事进行策划、组织与调控；第二层次是在一次比赛中负责竞赛的业务部门工作的具体操作与实施。本章着重介绍赛事组织的三个阶段（赛前准备阶段、竞赛实施阶段和竞赛结束后阶段）的工作内容、工作程序和注意事项，以及定向运动赛事组织中的后勤管理和赛事风险管理。通过本章的学习，你将能够：
>
> 1. 了解定向运动赛事组织各阶段工作的内容；
> 2. 掌握一般定向运动赛事的组织方法；
> 3. 了解定向运动赛事后勤管理工作的内容；
> 4. 掌握定向运动赛事后勤管理与风险管理的方法。

第一节 定向运动竞赛组织

一、定向运动竞赛的目的与意义

定向运动竞赛是推动定向运动发展的有效手段。通过举办定向运动竞赛可以促进定向运动技术水平和运动成绩的提高，发现和培养后备人才；可以培养运动员的意志品质，增进友谊；可以不断提高教练员、裁判员、科研工作者的工作能力和理论研究水平；还可以吸引更多的人群参加定向运动，增进身体健康，丰富业余生活，推进全民健身计划的实施。

二、定向运动竞赛的组织工作

定向赛事的组织工作可分为三个阶段，即赛前准备阶段、竞赛期间实施阶段和竞赛结束后阶段。

（一）赛前准备阶段

赛前准备阶段是指在赛事确定承办单位后，至赛事开始前，主办单位和承办单位共同进行各项准备工作的阶段，包括成立组织机构并制定赛事总体规划、发布赛事公报、赛前技术准备和编制竞赛秩序册、后勤保障等工作。

1. 建立组织机构

在赛事确定承办单位后，要明确主办单位和承办单位的责任，然后由承办单位根据赛事需要和自身情况，组建相应的竞赛组织管理机构，即组委会（前期一般为筹备委员会）。组委会是赛事的最高领导机构，负责整个赛事的组织领导工作。组委会应研究决定赛事的组织方案、竞赛规程和工作计划等重大问题。为做好这些工作需设立必要的工作机构（图16-1）。

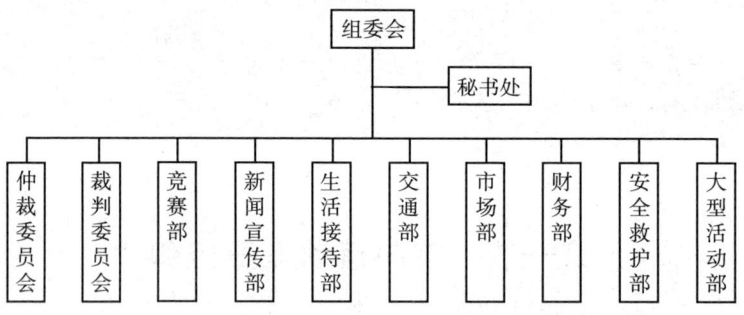

图16-1 组委会机构图

（1）秘书处：是组委会的综合职能部门。主要任务是拟定文件，组织会议，督促协调组委会向各执行部门下达的各项指令，是整个组委会组织系统的中枢，也是建制最早、工作时间最长的部门。其主要职责包括组委会成立前的筹备工作，建立组织管理网络，组委会各类工作会议的组织，对外联络、接洽与组委会相关的事宜，负责组委会各类文件的撰写并以组委会名义下发，负责各部门之间横向联系，负责开（闭）幕式主席台主要领导及嘉宾的座次安排，竞赛结束后的收尾工作及文件整理归档工作。

（2）仲裁委员会：是大会组委会领导下的竞赛仲裁机构，其主要职责是根据竞赛规则及规程对竞赛期间发生的纠纷进行复审，保障竞赛规则、规程的正确执行。仲裁委员会不受理根据规则和规程规定的在裁判委员会职权范围内处理的判决事宜，以及与竞赛无直接关系的寻衅闹事、打架斗殴等违纪行为。

仲裁委员会委员应精通竞赛规则和规程，并具有一定级别和声望，其中至少要有一名来自参赛队的代表。仲裁委员会的人数必须为奇数。仲裁委员会的工作参照国家体育总局制定的《仲裁委员会条例》执行。

（3）裁判委员会：裁判是竞赛的直接组织者，主要任务包括对竞赛的组织、管理、对违规行为进行裁决和处罚。不同级别的比赛需要由不同级别的裁判员执法（参见中国定向运动协会发布的《定向运动裁判员管理办法》）。裁判委员会主要由总裁判长、副总裁判长、裁判秘书长和各组裁判长（起点、场地、终点和成绩）及裁判员组成。总裁判长负责领导裁判委员会工作。

（4）竞赛部：其主要任务是竞赛方案的制订和实施。其主要职责包括：对竞赛的具体工作进行实施和管理；制定竞赛规程，制定与竞赛有关的补充通知或临时通知；落实各种竞赛器材；组织裁判、领队和教练员会议；协助裁判长组织裁判队伍的赛前业务培训及赛后评估、表彰工作；协助裁判委员会发布竞赛成绩，编印成绩册；负责奖牌、奖杯的准备和颁奖工作人员的配备选调、颁奖人员的培训，及颁奖方案的制订，并提请大会组委会批准。

（5）新闻宣传部：负责赛事新闻信息的发布及传播。其主要职责包括：制定赛事宣传推广及信息服务计划；负责落实赛事环境布置和社会宣传推广方案；负责组织和实施新闻发布会（包括宣传稿件的撰写、新闻发布的内容整理和确认）；负责竞赛期间记者的组织、管理及赛事信息的提供。

（6）生活接待部：根据项目特点制定细致周密的接待工作计划，妥善安排好与会人员（包括各参赛队、裁判、官员、媒体及工作人员等）的饮食、住宿等。其主要职责包括：制定用餐标准和具体用餐时间，并要特别注意食品卫生，严防食物中毒；制定住宿标准和具体住宿方案，大型赛事一般都应提供多种住宿标准供参赛队根据自己的需要和经济条件进行选择，要尽量将运动员和裁判员的驻地分开；负责赛会饮用水的配送，包括起点、终点、场地水站及各种会议和仪式的饮用水配送。

（7）交通部：主要负责制定赛事交通计划并加以实施。其主要职责包括：提前考察赛事各场次比赛的交通路线，并根据赛事要求制定详细的交通计划，发布详细交通时间表，做好交通车辆的安排和管理，保证竞赛期间的车辆准时运行；做好运动队和外地裁判的到会（离会）时间、人数及车次（航班）等信息的整理，如有要求，应安排接站和送站；做好运动队和外地裁判的返程车、船、机票的登记和订购工作。

（8）市场部：主要负责赛事经费筹集、招商及赛事推广等。

（9）财务部：主要负责赛事的财务管理、资金使用、审计监督等。

（10）安全救护部：是赛事安全保卫及医疗救护的计划与实施部门。主要职责包括：对大会实施安全管理，制定并实施安全保卫计划，负责赛会的秩序管理，对大会驻地实施防火、防盗、防暴等安全措施，负责开、闭幕式及竞赛期间对相关道路管制、疏导和管理，并对竞赛场地涉及的有关单位及住户进行协调；在驻地和赛场配备专职医疗急救人员，并于赛前联系好定点医院，在现场安排救护车，对伤势严重的运动员及时运送至医院进行救助。

（11）大型活动部：主要负责开幕式、闭幕式、宴会或大型文化表演及展示活动等。对于大型赛事活动，为保证各项活动顺利举行，并达到预期的宣传效果，一般与专业会展公司签约。有时这些工作可由秘书处直接负责。

2. 赛事总体规划

赛事承办单位确定之后，就要开始制定具体的赛事计划，包括组织机构组成、竞赛技术实施、市场推广、媒体宣传、人力资源管理、经费预算、后勤服务等各种计划安排。

（1）赛事总体计划涉及的内容要全面：赛事的运作管理是个系统工程，需要各方面的协调合作。总体计划对任何一方面相关工作的遗漏或者忽略，都将造成实施阶段的成本增加，甚至重大失误。

（2）赛事总体计划安排的进度要合理：如果说没有明确目标的总体计划是无的放矢，那么没有合理进度的总体计划则是一纸空文。在安排工作进度时，要应用项目管理技术，列出需要完成的任务清单，确定要完成的任务顺序，分配好时间，规定完成的日期和时间。

（3）赛事总体计划要明确责任单位或责任人：无论多么完美的计划都需要人去实施，因此赛事的总体计划必须落实到具体的责任单位或者责任人，并标出具体的联系方式（电话、传真、手机、电子邮件、地址等）。这既是总体计划严谨的体现，也有利于计划实施阶段的沟通和协调，使计划更具有现实的意义。

3. 发布赛事公报

赛事主办方与承办方签署合作协议之后，应尽早发布赛事通知、竞赛规程和补充通知等赛事信息，发布办法包括书面发布和网上发布。

（1）赛事通知：赛事组织方应尽早向参赛单位发出赛事通知，赛事通知应至少包括以下内容：比赛时间、比赛地点、主办单位、承办单位、赛事级别、信息获取方法。

（2）竞赛规程：竞赛规程是举办赛事的指导性文件，是为保证比赛公平、公正，所有赛事相关人员所必须遵守的章程，是整个竞赛工作的依据。

竞赛规程一般由主办单位（或组委会）根据有关赛事计划、赛事目的和任务及具体条件，遵循竞赛规则制定。制定竞赛规程要遵循可行性、公平性、稳定性的原则，行文要具体明确，应随赛事通知一起发给有关单位。定向竞赛规程一般包括下列内容：赛事名称、赛事主办单位、承办单位、协办单位、推广单位等。还包括竞赛时间、地点，竞赛项目和组别、参赛资格、竞赛办法（如采取的竞赛规则、赛制等），以及录取名次、奖励办法，报名与报到办法、参赛经费、竞赛区域、报名表、体育道德风尚奖评选办法、返程票预定表和信息获取方法等。

（3）补充通知：在竞赛规程发布之后，还需要在赛前一个月发布补充通知。补充通知一般包括下列内容：比赛场地的植被情况、地形特点、爬高情况等技术信息。地图的制图规范、比例尺、等高距以及其他与地图相关的技术信息。交通介绍、气候介绍、变更信息、着装建议或规定、报到的具体办法、需要补充的信息、信息获取方法等。

4. 赛前技术筹备

（1）比赛场地选择：一是根据比赛要求确定场地标准，二是进行实地考察和综合评定。通过这两个步骤选择出适合比赛的场地。一场定向比赛是否精彩，是否能够检验出运动员的水平，场地选择至关重要。一块好的场地，可以给路线设计者提供很好的发挥空间，更好地检验运动员的竞技水平；可以增加观赏性，并使比赛易于组织。

依竞赛项目、参与人群、竞赛级别不同，定向比赛场地的选择原则和标准也不尽相同。但是好的场地应该满足"既要符合技术性要求，又要适于赛事推广和宣传"的原则。首先，场地要有利于竞赛的组织。选择比赛场地时，应对场地的安全性和交通的便利性进行评估，比赛场地离赛事中心和住宿地的距离在常规交通状况下，应在1小时车程内。如果参赛人数较多，为保证比赛有序进行，要选择能为起点和终点提供较开阔地段的场地，其次要易于宣传和推广。从长远发展来讲，任何一个成功的赛事乃至一个运动项目的发展都需要有商家、媒体和观众的支持。

一块好的定向竞赛场地应符合以下三个条件：

① 地形起伏不大，丰富多样。好的野外定向场地，最好是起伏在50米以内的丘陵地区，且地形、地貌具有足够的多样性。定向竞赛规则的路线设计原则要求："一条路线的总爬高量通常不应超过最短有效路线长度的4%"。在世界锦标赛中，通常情况下男子长距离决赛的直线距离为17~18千米，爬高量在750米左右，其总爬高量与最短有效路线长度的比值约为4%。然而，由于地形条件限制，也可能出现例外。如2005年在日本举行的世界锦标赛上，由于场地条件受限，该组别的路线长度为12.9千米，而爬高量达到了惊人的935米，其总爬高量与最短有效路线长度的比值约为7%，严重超出了规则的规定。为此，日本组委会经IOF批准，在关于该届赛事的特别规则上特别说明了这

一点。

② 植被覆盖率高。如果场地植被覆盖率较低，会造两种情况：一是易于发现检查点，运动员不是凭借定向技术，而是凭借良好的视力，在很远处就能发现点标旗的位置；二是运动员易于发现正在寻找检查点的其他运动员，由此而间接获利。这些都不利于运动员定向技术的发挥。因此，好的场地要具有较高的森林覆盖率。

③ 可通行性好。一块好的场地，还要具有较好的通行性。在定向最为发达的欧洲，我国北方、云贵高原等地区有很多这样的区域，这些区域中有较多的可供快速穿越的"白林"，这类区域有利于设计难度较大的路线，可以考验运动员的各项定向技术。

（2）地图测制：在比赛场地确定之后，赛事主办单位应派遣具有相应技术等级的制图员测制地图。对于大型定向赛事，地图测制工作至少要在赛前两个月完成。为了保证地图的现势性，在赛前两周内需要重新审查地图的准确性。对由于季节、天气等变化及场地施工等因素造成的变化应及时对地图进行修测。地图修测工作应保证在赛前一周结束，并根据相应的变化调整比赛路线。地图应在赛前 5 天验收后付印。印制好的地图必须交给专人保存。制图、路线设计过程、地图印刷、保存过程，要求做到全程保密。

（3）场地、器材等物质准备：场地确定后，应尽快与相关单位、居民协调解决场地借用、门票及电力引用、农田和果林使用、厕所使用等问题，以及交通、狗等安全问题。如有场地需要平整或者搭建临时建筑，需在赛前完成。在做好场地准备的同时，还要做好赛事的物资准备，其中包括裁判工作、宣传工作、财务工作、安保工作、各种仪式等所需的物资准备。

5. 编制竞赛秩序册

竞赛秩序册是定向竞赛组织和具体竞赛秩序的文字依据，它由赛事的竞赛部门负责编制，并报组委会和主办单位审定、印发。秩序册必须在开赛前下发。

（二）比赛实施阶段

本阶段是实现赛事计划、完成各项竞赛任务的组织实施阶段。这一阶段的工作主要包括：根据大会报到日期，做好裁判员和各参赛队的报到接待工作；裁判员动员大会及裁判员培训，召开组委会会议；召开裁判、领队教练联席会议，开幕式。根据竞赛规程和规则，按比赛日程组织比赛，及时准确地公布比赛成绩，闭幕式、颁奖等。

1. 报到和注册

报到与注册是赛事真正展开的第一件实质性工作。报到是否顺利直接影响参赛者对组织方的印象和参赛者赛前状态，必须提前做好报到方案，制定好报到流程。报到主要涉及的事项包括：签到，领取报到流程表，注册，查验保险，缴费，领取赛事用品（秩序册、号码布、参赛证、赛事指南、纪念品等），领取指卡并交纳指卡租用费或押金，住宿安排，订返程票等。

2. 开幕式

开幕式组织方案需提前由主办单位和承办单位共同确定。开幕式程序一般应该包括：宣布开幕式开始，裁判员、运动员入场（也可提前入场），奏乐（国歌、会歌）升旗，领导和嘉宾致开幕词，运动员代表宣誓，裁判员代表宣誓，宣布开幕式结束，比赛正式开始。个别比赛在开幕式结束后还有开幕式表演。如果开幕式举办地点为比赛的起点区，要做好开幕式和比赛在时间上的衔接。

3. 竞赛实施管理

竞赛是赛事的核心。赛事是否成功，主要取决于竞赛是否顺利和是否精彩。

定向比赛的场地一般较大，并且涉及借用场地、交通安全、与场地内居民协调等各项事宜。比赛开始后，竞赛的主要指挥管理人员要深入赛场一线，对竞赛活动进行全面、具体的组织领导。要以准确、果断、及时为原则，严格掌握比赛进程，加强各职能部门之间的互相协调配合，防止比赛出现脱节和漏洞。遇到困难或问题及时召集现场办公会、仲裁委员会或者组委会会议，特别注意研究和及时解决比赛中出现的争议、弄虚作假、赛风等方面的问题和各种突发事件，确保比赛顺利进行。

定向比赛的特点使其准备工作极其复杂繁琐，如地图的分组与编号、电子计时设备的正常启动和检测、交通的安排、起终点的布置、场地中检查点布置和核查、运动员顺次出发、场地巡查、成绩统计等，各个环节一环套一环，环环相扣，哪个环节出现问题都可能造成比赛无法顺利进行。因此要求相关人员制定严密的时间表，并要求所有工作人员要严格按时间表规定的时间、内容去实施工作计划。另外，适当的灵活性和应变能力也是保证赛事顺利进行的必要条件。

4. 闭幕式及颁奖仪式

闭幕式组织方案需提前由主办单位和承办单位共同确定，闭幕式的各项组织工作应提前准备完毕。闭幕式的基本程序通常包括：宣布比赛闭幕式开始，由总裁判长宣布比赛成绩和获奖者名单，由颁奖嘉宾颁奖，致闭幕词，宣布大会闭幕。闭幕式结束后，可以安排节目表演或宴会。

（三）竞赛结束后阶段

竞赛结束后阶段是竞赛管理过程的终结阶段。其工作内容包括：整理成绩资料，印发成绩册；各部门总结，安排和办理各队及裁判员离会事宜，组委会总结，向上级汇报工作情况。

这一阶段，组织者要以书面形式对已经完成的赛事工作进行全面评估。首先要肯定成绩，总结经验。然后要找出问题，提出改进意见。最后要做好资料的整理工作。能否认真做好总结阶段的各项工作，直接关系到下一次赛事的组织和管理质量。因此，赛事组织者必须重视抓好这一阶段的工作，做到组织工作有始有终。另外，每次比赛结束之后，还应组织裁判委员会工作总结会议，并以书面形式上报裁判派出单位及上级裁判委员会。

第二节 定向运动赛事后勤管理

与小型定向活动不同，一项大型定向赛事的很大一部分工作是后勤管理。后勤工作的主要任务是做好生活接待，在食宿、交通、医疗卫生等方面为全体与会人员提供良好的生活环境和工作条件。良好的后勤服务是运动员充分发挥、创造优异成绩的重要条件，也是办好赛会的重要保证。

一、岗位设置和人员要求

后勤工作是一项接触面很广的工作，它既具体、细致、又政策性较强。因此在岗位设置和人员要求方面必须根据这一特点进行周密的安排和明确的分工。

对于大型赛事，一般要单独设立生活接待部、交通部、安全救护部和财务部等部门。对于中小型赛事，则一般只设立一个后勤部门负责生活接待、财务管理、交通管理、医务等工作。工作人员的数量可根据不同的工作量，采取一岗多人或一人多岗原则配备。

二、工作程序和方法

在相关机构确立后，全体工作人员特别是担任领导职务的人员，必须全面了解和掌握赛事总体计划和要求，及时掌握各项工作的进程和变化，这是做好后勤工作的主要依据。其工作程序是：

（一）设立后勤有关管理部门

根据前文要求设立有关部门，明确岗位分工。

（二）进行生活接待的准备

1. 住宿的接待准备

负责接待的人员首先应了解和掌握被接待人员的情况，包括赛事在编和编外各类人员的人数、性别、职务、身体情况，并根据大会规定的等级标准，联系适宜的住地，在不超过住宿标准的情况下，要力争选择和赛场较近、环境幽静、交通方便、同时设备条件完善、有沐浴设备、能就近医疗的宾馆、会所，并让接待方提出接待方案报赛事组委会审定。住宿分配方案要按照先编内后编外，先教练员、运动员、裁判员后工作人员，先领导、来宾后其他人员的原则和各类人员相对集中的原则，制定出大会住宿计划表。安排住宿时，要注意赛事的规格标准，每间住房人数不宜过多，条件差别不宜过大。如安排有困难时，可优先照顾女性、少数民族和边远地区代表队。同时，要注意了解掌握住宿时间和人数的变化情况，及时做出住房调整。国际比赛中，各代表队的住宿及其他服务内容必须做到对所有国家一视同仁，条件相等。

2. 饮食的安排

饮食的配备安排要充分考虑营养均衡原则，并要特别注意尊重少数民族的饮食风俗。

（1）就餐方法：一般宜采取凭券或凭证就餐办法，即按每日伙食标准，划分早、中、晚三餐的标准，印发不同颜色的早、中、晚餐券，标明日期，凭券就餐。

（2）就餐方式：一般采用半自助餐或全自助餐方式。即主要副食菜肴按份分配，非主要副食菜肴和主食、汤料等实行个人自取的办法。伙食标准合适并具备一定就餐条件的，亦可实行全自助就餐方式。但要注意避免随意浪费。根据赛事需要，如果需要外带午餐的，最好在赛场发放午餐，以确保食品新鲜，便于运动员领取。

（3）严格把好饮食卫生关：赛事的食品卫生防疫工作直接关系到运动员能否顺利参加比赛。为赛会提供就餐和住宿服务的单位应该在卫生防疫部门直接指导下，确保餐厅、制作间环境卫生。生、熟食品必须符合卫生要求，严格防止各种疾病的传染和食物中毒事件的发生。与会人员若发生传染性疾病，要及时隔离处理。

3. 交通车辆的管理和调配。

交通管理是专业技术性较强的岗位，要选配熟悉此项业务的人员负责。交

通管理岗位的主要任务有:

(1) 根据赛事的规模,制定大会车辆配备原则、标准、管理和使用办法。原则上全部车辆应统一管理和调配,但为了便于工作,对用车率较高的业务部门,如裁判用车、官员用车、记者用车等,可调拨一定数量车辆,交其自行管理使用。

(2) 负责组织做好车辆的安全检查和安全用车。赛事所有车辆在赛事期间均应悬挂统一发放的赛会专用标志车证。另外,要结合赛事特点对司机及车辆管理人员进行岗前培训,让他们熟悉赛事的常用路线。

(3) 为了保证行车畅通和便于与会人员乘车,还要选好停车场,做到车辆进得去、停得下、出得来,就近方便、安全可靠。如果当天比赛结束后赛场没有颁奖仪式,可以安排车辆坐满即可返程。

4. 大会期间的接送站

为了保证队伍顺利报到,组委会一般提供接站(或接机)服务。当然,也可不提供这种服务,但需在竞赛规程或补充通知中说明,并提供抵达报到地点的详细办法。

接站工作人员要体现出热情好客、礼貌待人的人性化服务意识,使长途跋涉、旅途辛劳的参赛人员一到赛区,便感到亲切、温暖。

国际比赛和跨省市的大型赛事,接送站工作非常繁重,是赛事的首要服务工作,要认真做好计划。接、送的日期一般应由参赛人员在大会规定报到日期前三到五天通知接待单位。有关部门应掌握需要接、送站人员抵、离站的准确日期、车次、航班及人数等信息。代表队负责人有义务提前向赛事接待部门告知其到达时间、车次及人数。要配备专人制定接、送站计划,分别负责车站、机场或港口的接送任务。接站工作要有应变措施,预防晚点和人员数额变化。接站人员要积极引导和协助办理报到及食宿手续。

在国内外各种定向比赛中,一般都以点标旗为接站标志。

5. 票务工作

在竞赛规程的附件中和代表队报到时提供"返程票登记表。"需要预订返程车、机、船票的代表队按要求提前填报。登记表栏目包括车、机、船票类别(软、硬卧、硬席、舱位等级等)、日期、车次或班次、数量、代表单位、联系人及联系电话等。如有预订手续费应提前注明。购票办法有两种:一是购票者预交部分或全部票款,由大会(或委托订票单位)统一购买后发放。如遇临时改变计划,要求退、换票者,应尽量予以解决。确有困难时,应按规定扣除退票罚款。二是邀请车站和航运部门,按预计计划,登门办理售票。另外,在报到当天也应有专人现场办理返程票预订。

6. 医疗卫生工作

根据赛事规模大小为大会配备一定数量的医务人员、急救药品和治疗一般性外伤及一般性疾病的药品。同时,应确定一家为赛事服务的定点医院,在赛场配备救护车,以确保参赛人员能及时送医院治疗。另外,目前国内大型定向赛事都要求所有运动员办理人身意外伤害保险。

7. 安全保卫

大型赛事一般都需要进行严格的安全管理。因此,要有专人负责安保工作,制定并实施安全保卫计划,对大会驻地采取防火、防盗等安全措施,负责赛会秩序的管理和防暴工作,负责开、闭幕式及竞赛期间对相关道路管制、疏导和管理,对竞赛场地涉及的有关单位及住户进行协调。

三、应注意的有关问题

(一) 注意加强工作人员队伍的培训

大型赛事的后勤人员往往来自社会不同单位,因此需要经常召开协调会,并进行必要的岗前培训,加强管理和教育,并在工作中实行岗位责任制。各项工作要求做到"责任清、任务明、运转快、指挥灵",遇事"不推不拖、团结协作、完全彻底、有始有终"。在服务方面要做到"热情主动、文明礼貌、细致耐心、不急不躁"。

(二) 处理好与各部门的关系

后勤部门之间,后勤部门与其他部门之间,在工作上是团结协作、互相支持、积极服务的关系。因此各部门之间要加强联系,保持沟通,对于新规定和新变化都要及时告知、及时调整并互相理解。

(三) 善于争取有关行政管理单位和部门的支持

圆满完成大型赛事的后勤工作,需要各有关单位的配合。如果得不到交通、水电、医疗、卫生、公安、旅游等有关行政管理单位和部门的大力支持和协助,是很难完成任务的。因此,要善于取得各方面、各部门的理解和支持。

第三节 定向运动赛事风险管理

风险管理是确定风险、评测风险并管理控制这些风险的过程。定向赛事有遭遇不可抗力或其他事件影响的可能性。风险的产生会对赛事组织产生直接影响，赛事的组织者必须合理制定意外事件应急计划，随时准备对可能存在的风险进行控制和管理，对潜在危险进行评估并采取防范行动。

一、定向赛事风险管理的计划与实施

定向运动赛事风险管理实际上是一个风险管理计划制定、实施和管理的过程。定向赛事风险管理和其他赛事风险管理一样，可分为三种类型：

（一）风险回避

即预先控制风险的发生。在组织赛事前应分析是否存在重大事故的隐患和发生的可能性。如果答案是肯定的，而且活动组织者不能或不愿承担有关事故的风险，就应该取消活动或用其他活动来代替。这种方法适用于易产生严重后果并且发生频率较高的风险类型中。

（二）风险转移

指赛事组织方通过购买保险、签署合同等方式将风险尽可能转移给其他组织或个人的办法。购买保险是指赛事组织方通过向保险公司支付赛事保险，将风险转移给保险公司。签署合同则包括两方面：一是与运动员、教练等签署合同，由他们对自己的过失行为所造成的损失负责；二是与参赛者签署免责协议，使伤害事故的可能受害者放弃追究赛事组织方法律责任。签署这类合同时，一定要遵守有关法律规定。

（三）减少风险

这是赛事风险管理的核心。赛事相关所有人员应充分认识到风险的存在，并采取各种有效的、合法的预防措施和处理办法，从而减少事故发生的可能性和因事故造成的负面影响和损失。具体内容包括加强运动员及有关人员的安全教育与培训，通过合理的路线设计避开危险区域等。

二、定向赛事中经常遇到的风险类型及应对措施

（一）非人为重大自然灾害

如果比赛场地遭受非人为重大自然灾害，如地震、疾病流行等，组织方需要重新考虑是否更改比赛时间或更换比赛地点。如 2003 年全国定向锦标赛，原计划于 2003 年 7 月在云南省安宁市举行，但由于全国遭遇流行性疾病——

"SARS"的原因，导致比赛无法按期正常举行。后来经主办方与承办单位协调，综合考虑比赛效果、人员安全及赛事最佳日期等因素，最后决定将比赛推迟到 2004 年 1 月举行。

（二）人身意外伤害风险

任何一项体育运动都存在人身意外伤害的风险。定向运动也是如此。如比赛场地是否有暗沟悬崖等，运动员是否会因天气太过炎热而中暑，场地里面是否有毒蛇等危险的野生动物，公路上的车辆是否会对运动员造成伤害，运动员是否有可能遭遇到狗的袭击等。

对于这些潜在的风险，组织方应提前做好相应的防范措施。一方面，要求所有参赛运动员必需购买人身意外伤害保险；另一方面，安全救护部门要制定相应防范措施。同时，技术人员也要根据场地、天气条件进行相应的路线设计，尽量规避风险，另外，赛事组织者尽早发布相关的信息及安全建议，如有可能最好附上相应照片。

（三）遭遇恶劣天气

对于定向竞赛而言，一般的雨、雪天气都不会影响比赛的照常进行。但如果遭遇到可能导致灾害的暴风雨、浓雾及过于炎热的天气时，就要根据实际情况灵活掌握竞赛的安排。例如，我国定向赛事最为频繁的 7 月至 8 月是最炎热的时候，如果竞赛期间温度持续在 37 度以上，组委会就要考虑安排运动员提早出发，并采取临时减少竞赛距离、增加场地水站、增加医疗点、增加巡查人员等措施确保运动员的安全。

（四）设施故障

设施故障包括电力故障、电子计时系统故障、电子发令器故障、电脑系统瘫痪、打印机故障、赛事直播大屏幕故障等。任何一种设施出现问题，都会对竞赛造成不利影响。因此在赛前应制定相应的应急方案，如准备好备用发电机、备用电子发令器等。下面以电子计时系统为例说明设施故障的防范措施。

一般来说，目前应用于竞赛的定向运动专用电子计时系统都比较稳定，只要使用得当都不会出现意外事故。但是作为一种竞赛设备，总有其不稳定的可能性。一方面，可能由于人为操作原因，造成个别电子设备工作不正常，或者软件使用不当而导致无法完成成绩统计。另一方面，也可能由于设备本身的不稳定而造成无法完成正常计时。

为了规避这方面的风险，在大型赛事中，电子计时设备都要双备份，同时还要有机械打卡器做备份。另外，在起点要求运动员严格按照出发时刻表出发，并安排秒表做计时备份；在终点同样要安排秒表做计时备份，并有摄像机进行录像。这样，一旦出现问题，就可启用备份系统进行工作，保证比赛能继续顺序进行。

（五）场地使用许可的风险

选择比赛场地时都应该与相关的场地管理者沟通，如果赛前没有与有关部门或人员进行充分沟通与协调，则竞赛很有可能遭到抗议甚至不得不中止竞赛。要得到场地使用许可，就必须尽早与场地拥有者做好相应的协调工作。根据协调的结果，有些场地可以被无偿使用，有些场地需要交纳使用费，有些场地还有可能因能扩大影响而为赛事提供经费支持。

复习、思考与实践

1. 定向运动竞赛组织工作有哪些？
2. 定向运动赛事后勤管理工作有哪些？
3. 你认为定向运动比赛中存在哪些风险，应该采取哪些应对措施？
4. 为你身边的定向运动比赛拟订一份工作计划表。
5. 就你参加的一次定向运动比赛进行评估，你认为他们的后勤管理工作存在哪些问题，应如何改进？

第十七章 定向运动竞赛编排与裁判工作

本章导读

本章围绕定向运动的特性就如何进行竞赛编排和裁判工作展开学习。合理的竞赛编排是确保赛事公平、公正进行的前提。严谨的裁判工作是定向运动比赛公平、圆满进行的基本保证。通过本章的学习,将能够:

1. 了解定向运动竞赛编排的主要内容、基本原则、基本方法及注意事项;
2. 了解定向比赛中各裁判组的工作职责和工作方法;
3. 掌握定向比赛各主要岗位裁判工作的基本流程。

第一节 定向运动竞赛编排工作

竞赛编排是定向运动竞赛筹备和竞赛期间的一项重要工作,主要包括赛程编排、运动员编号、秩序册编制、出发顺序编排等。

竞赛编排是定向比赛中一项极为重要、复杂、精细、周密的工作,编排工作是否合理、准确,将直接影响整个赛事能否顺利进行和运动员的技术发挥。

一、编排原则

根据定向运动特点与要求,在编排时应遵循的原则:一是以竞赛规程为依据,二是统筹兼顾、全盘考虑,三是协调好比赛开始时间,四是合理布局、协调好重点。

二、编排的基本要求

确定比赛项目后,应根据参赛人数和赛场条件,科学规划赛程。基本要求如下：

（1）一个赛事有三场或三场以上场次的比赛，应当在比赛期间休息一天。

（2）有多赛次的项目，必须保证有一定时间的间隔。

（3）如某一组别参赛人员超过一定数量，可根据规程要求将这一组别分成若干个平行组。

（4）对有预决赛的项目，在编排决赛中的出发顺序时应遵循预赛名次列后的先出发，名次最好的运动员最后出发的原则。

（5）排完出发批次后需详细审核，待确认各运动员竞赛信息正确无误后，方可公布。

三、竞赛编排方法

为了方便学习，我们将竞赛的编排工作分为赛前、赛中和赛后三个阶段进行介绍。

（一）比赛前的编排工作

比赛前的编排工作主要是安排比赛日程，接收、审查、处理运动员报名表；编排参赛单位顺序和运动员号码，统计各代表队参赛运动员人数及各组别人数，编印秩序册；建立赛事数据库和录入各运动员的指卡号；与赛事监督或总裁判长一起，确定各项目的出发方式及出发顺序。

1. 注册编号

（1）报名表的审核：组委会竞赛秘书组收集到报名注册表后，按相应要求进行初步整理核查。主要审核内容是报名表的规格、内容栏目与大会所发的是否一致，报名表各栏目所填是否规范、正确，报名人数及所报项目是否符合规程要求等。审核无误后，根据相关规定进行编号，并填写《参加人数统计表》。如发现有不符合规定的内容，应及时同参赛单位取得联系并纠正。在统计工作完成后，应将信息及时传送给赛事相关部门。

（2）编号方法：编号包括参赛单位编号、个人赛编号、接力赛编号和团队赛编号。编号完成后要依次打印运动员姓名、编号和指卡号。

① 个人赛编号方法。个人赛中运动员的号码一般由4~5位数字组成，具体的编号方法有两种常见的模式。一是性别+组别+单位+单位内运动员编号模式，该模式第一位数用于区分性别，第二位数用于区分组别，第三至第四位数用于区分单位，第五位数用于对同一单位内运动员进行区分。在单位数超过三位的情况下也可以利用第一位数来扩展编号容量，如"0"代表中学女、"1"代表中学男、"2"代表大学女、"3"代表大学男，这样通过与第一位数的配

合，第三至第四位可以区分 200 个单位。二是性别+组别+组内运动员编号模式，第一位数用于区分性别，第二位数用于区分组别，第三至第五位用于区分组内运动员。如有中学男子组 79 名运动员、中学女子组 65 名运动员、大学男子组 97 名运动员、大学女子组 113 名运动员时，我们可以用 1 代表女子组，2 代表男子组。1 同时还代表中学组，2 代表大学组，这样上述组别的编号依次为 21001～12079、11001～11065、22001～22097、12001～21113。

② 接力赛与团队赛编号方法。接力赛运动员的编号一般分为 3 个部分，第一部分是性别编号，第二个部分是接力队编号，第三个部分是运动员编号。接力队编号一般采用代表队报名时序号，运动员编号则根据参赛人数确定。例如，有一支女队在第 20 位报名，接力赛规定为 3 人接力时，其运动员编号可以为 10201-1、1020-2、1020-3。团队赛的编号方法可以参照接力赛的编号方法进行。

编号工作最好由一个人负责完成，由另一个人负责校对。编号完成后，应记录运动员首尾号码，统计各单位、各组别的参赛人数。编号确认后，要进行校对，确保参赛人数、项目及各组别人数准确。有关编号的办法可在技术会议上加以说明，尤其是集体项目。

（二）编制秩序册

竞赛秩序册内容主要有：封面、竞赛通知、竞赛规程及补充通知；教练员、裁判员和运动员守则；道德风尚奖、优秀运动员、教练员和裁判员评选办法；组委会名单；仲裁委员会名单、裁判员名单、各代表队名单、大会日程及竞赛日程、比赛区域及赛事禁区示意图；赞助商宣传等。

（三）出发方式和出发顺序编排

1. 出发方式

个人赛和团队赛，一般采用间隔出发的方式进行；接力赛（第一棒）、积分赛和淘汰制百米定向可采取集体出发的形式进行。

2. 运动员出发顺序编排

运动员出发顺序应在赛事监督和总裁判长监督下，通过抽签方式决定。出发抽签可以是公开的也可以是保密的。抽签可用电脑操作，也可用手工操作。

（1）在间隔出发的比赛中，同一个代表队的运动员不能先后连续出发。如果同队两名运动员抽到先后连续出发，下一位出发的其他代表队的运动员应插在该两名队员之间。如果同队两名运动员抽到在最后出发，在他们前一位出发的其他代表队的运动员应插在他们之间。

（2）在同一赛事中，如果精英组某运动员在两场间隔出发个人赛中抽得的出发顺序均排在前 12.5%，或后 12.5%，应对该运动员其中一场比赛的出发顺序进行调整，使其出发顺序排在前 25% 之后，后 25% 之前。

（3）在第一棒集体出发的接力赛中，应首先为每种路线组合分配一个或一套代码，然后通过抽签决定运动员的路线组合。各路线组合应保密到最后一个运动员出发。

（4）在分组集体出发的百米定向的所有轮次中，应尽可能将同队运动员编在不同的组。

（5）百米定向采用分组集体出发时，进行分组抽签时，每组应设置种子选手，增加优秀运动员进入决赛的可能性。

3. 出发间隔

长距离赛出发间隔为 3 分钟或 2 分钟，中距离赛为 2 分钟，短距离赛为 1 分钟，百米定向为 30 秒，团队赛为 3 分钟或 4 分钟。当中距离赛中同一组别的运动员超过 60 人时，出发间隔可缩短到 1 分钟，当长距离赛中同一组别的运动员超过 40 人时，出发间隔可缩短到 1 分钟。

百米定向采用分组集体出发时，间隔时间由总裁判长控制。

4. 组别出发顺序编排

为了保证赛事的公平和有效控制整个比赛的时间，在编排各组别出发顺序时，应考虑以下因素。

（1）各组别不安排在同一批次出发时，水平较低的组别安排在前面出发。

（2）不同组别在同一赛道出发时，两个组别间应有一定时间间隔。

（3）在接力赛集体出发（第一棒）时，各组别可以同时出发，也可以间隔出发。

5. 出发批次表及竞赛检录表的分发

出发批次表最终确定后，应通过赛事管理软件按单位排列打印出各参赛运动员（队）的出发批次表，提前 1 天分发给各代表队。也可根据需要推迟到运动员到达起点区后公布。

各比赛项目的检录表按出发时间排列打印若干套交给起点裁判长。

四、比赛中的编排工作

定向运动比赛进程中除采取淘汰赛制的百米定向外，其他项目无需在赛中进行编排工作。在采取淘汰赛制的百米定向比赛中，通常采用人工的方式进行成绩统计和编排。由于赛次、组别较多，要求处理各种信息速度快、准确性高。因此每名裁判员的分工要明确，责任要清楚。在比赛过程中，应及时刷新即时成绩，让所有赛事人员及时了解比赛情况，使比赛更精彩和吸引观众。

五、比赛后的编排工作

在当天比赛结束后，应及时编印当日的成绩表，送交赛事监督或总裁判长审签后在赛事中心或各代表队住地公布。整个赛事结束后，应将所有的比赛成绩编成总册（成绩册）分发给各参赛单位。将所有的文件、资料，按文书档案的要求，进行分类整理、立卷编号、交主办单位存档，便于以后查阅。

第二节 定向运动裁判工作

一、定向运动裁判工作概述

（一）定向运动裁判工作特点

1. 保密性

由于定向运动比赛场地、地图、路线等在赛前都需要保密，因此定向裁判工作具有它的独特性——保密，相关裁判在裁判工作中要坚守职责，保守秘密。

2. 辛苦性

由于定向运动比赛场地通常都在地形复杂的野外，组赛过程环节多，裁判工作流程较为复杂，一般情况下不会因天气因素终止比赛，而且比赛持续时间较长，裁判员得顶烈日、冒风雨、忍饥渴，加之长时间处于紧张状态，对裁判员的意志和体力要求高，此外，定向比赛场地布置也较一般运动项目复杂。定向运动的这些特点决定了定向裁判员要比其他项目裁判员的工作更辛苦。

（二）定向运动裁判员应具备的条件

定向裁判员既是定向竞赛中的执法者，又是定向竞赛的组织者和宣传者，也是新技术、新规则的引导者。在定向比赛中，裁判员的思想水平、职业道德以及业务能力都将直接影响运动员技术水平的发挥和整个赛事的质量。因此定向裁判员必须具备以下基本条件：

1. 具有良好的职业道德；
2. 热爱定向运动；
3. 有丰富的定向运动知识和实践经验；

4. 具有吃苦耐劳的精神和良好的身体素质；
5. 具有严格的组织纪律性，讲正气，秉公执法。

二、裁判的分工与工作程序

根据定向运动的特点，定向运动裁判机构的组成通常为：总裁判长1人，副总裁判长1~2人。起点裁判组：裁判长1人，副裁判长1~2人，裁判员6~8人。场地裁判组：裁判长1人，副裁判长2~4人，布点员2~4人（通常由副裁判长兼任），看点员30~60人，场地巡查员3~4人。终点裁判组：裁判长1人，副裁判长1人，裁判员2~3人。成统裁判组：裁判长1人，副裁判长1人，裁判员2~3人。裁判员的人数可根据具体情况适当增减。

（一）总裁判长

总裁判长是全体裁判员的最高领导者，组织和领导裁判组公正、准确地执行竞赛规程与竞赛规则，直接对竞赛委员会主任负责。其主要任务为：

1. 制定赛事裁判工作计划。
2. 组织全体裁判员学习竞赛规则和竞赛规程，统一对规则条文的理解。
3. 监督出发顺序抽签。
4. 主持领队、教练员和裁判长联席会议。
5. 协调和监督检查各裁判组工作，控制比赛进程。
6. 处理比赛中的各种疑难问题。
7. 批准比赛成绩和宣布比赛成绩。

总裁判长工作的重点与难点是：保证规程和规则得到严格执行；督促、检查各裁判组的工作，保证比赛准时、正常进行；处理各类突发事件。

（二）副总裁判长

副总裁判长的主要任务是协助总裁判长开展各项竞赛工作，领导起点、场地、终点及成统裁判组和相关赛事裁判人员，保证比赛的正常进行。

副总裁判长通常设2人，其分工如下：

副总裁判长A：分管起点、终点和成统裁判组工作。

副总裁判长B：分管场地裁判组（包括看点员和安全巡视员）工作。

副总裁判长工作的重点与难点是：督促、检查各裁判组的工作，保证比赛准时、正常进行；执行规则和规程的各项规定，处理各类突发事件。

（三）起点裁判工作

起点裁判主要任务是在起点裁判长的领导下，完成起点区域的各项竞赛工作。引导运动员进入起点区域，召集运动员在检录区进行检录，按照规则规定，对运动员进行各项检查工作，准备好各组别的比赛用图，严格按各出发批次的时间，准时有序地组织运动员出发。

1. 人员配备与分工

（1）裁判长 1 人，全面负责起点裁判的各项工作。
（2）副裁判长 1~2 人，协助裁判长开展各项工作。
（3）检录员 3~4 人，负责运动员的检录工作。
（4）序道员 1~2 人，引导运动员在就位区就位和待发区待发。
（5）分图员 2~3 人，负责出发时地图的分发。
（6）志愿者 5 人，协助起点裁判员的各项工作。

2. 主要职责

（1）按路线设计员的方案布置起点区（图 17-1）和交接区。
（2）组织运动员和运动队官员签到进入控制区，阻止禁止带入物品进入控制区。
（3）根据出发程序和出发顺序组织运动员检录、进入就位区就位和待发区待发。
（4）组织运动员出发。
（5）保证控制区内运动员得到良好的休息和进行不受干扰的准备活动。
（6）提前一天根据参赛运动员的组别和数量准备比赛地图。

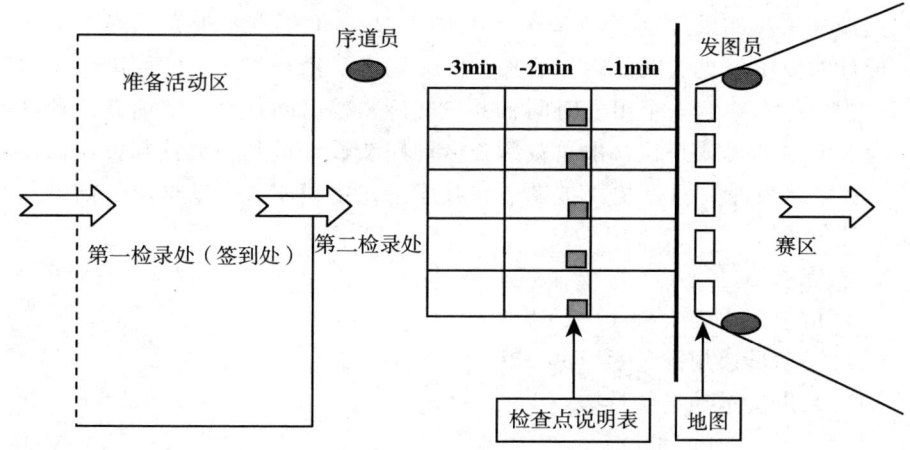

图 17-1　起点区设置示意图

3. 起点裁判工作流程（图 17-2）

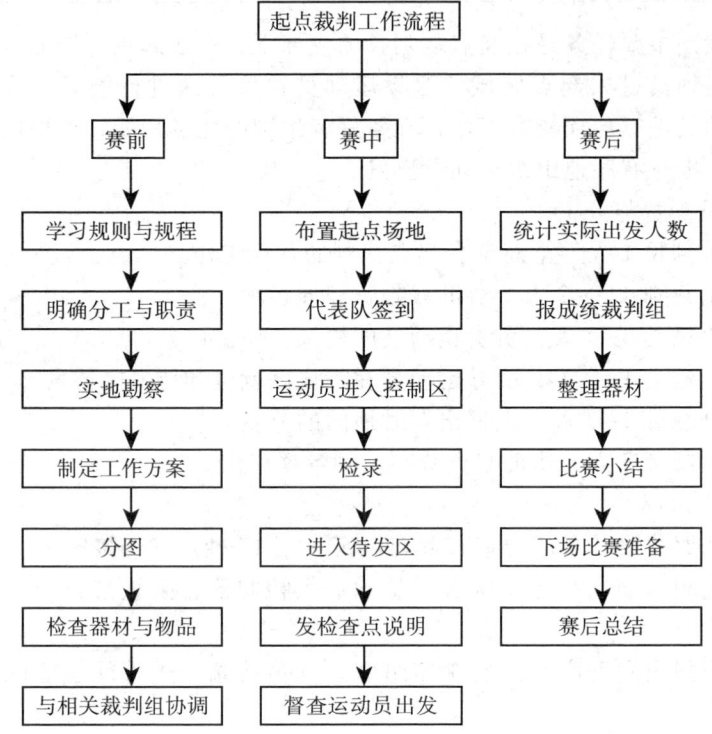

图 17-2　起点裁判工作流程图

4. 起点裁判工作易出现的问题及处理办法

起点易出现的问题主要有：运动员迟到、赛前发现比赛地图出现错误。

处理办法：如果运动员由于个人原因迟到，可安排运动员在下一批次出发，但计时以出发批次表的时间为准。如果运动员由于组织方的原因错过出发时间，则应重新给定一个出发时间，并按实际出发时间计时。赛前发现地图错误，应及时通知总裁判长，由总裁判长会同路线设计员和场地裁判长共同研究解决方法。通常采用重新更正地图、在技术会议上说明或运动员出发前发布公告等办法解决。

5. 所需物品

（1）检录批次表（表 17-1）。

（2）运动员违规登记表（表 17-2）。

（3）未出发运动员统计表（表 17-3）。

表 17-1　检录批次表
出发批次表

赛事名称：××年第××届全国定向锦标赛-长距离赛

出发批次　1　出发时刻　09：30：00

是否出发	选手号码	选手姓名	性别	LJ卡号	选手组别	选手单位
[　]	A0724	×××	男	50642	M14A	广东中山纪念中学
[　]	40544	×××	男	50834	M18E	四川成都列五中学
[　]	00792	×××	男	50932	M21E	东南大学
[　]	D0783	×××	女	50477	W12A	广东省中山市石岐中心小学
[　]	B0764	×××	女	50575	W14A	杭州富阳市永兴学校
[　]	50083	×××	女	50589	W18E	中南大学
[　]	30943	×××	女	24363	W21A	成都体育学校
[　]	10993	×××	女	50238	W21E	湖南大学

出发批次　2　出发时刻　09：31：00

是否出发	选手号码	选手姓名	性别	LJ卡号	选手组别	选手单位
[　]	A0761	×××	男	50825	M14A	杭州富阳市永兴学校
[　]	40651	×××	男	50572	M18E	吉林省长春市实验中学
[　]	00492	××	男	50499	M21E	四川师范大学
[　]	D1043	××	女	50976	W12A	长沙市明德中学
[　]	B0802	×××	女	24382	W14A	北京市八一中学
[　]	50583	××	女	50790	W18E	长沙雅礼寄宿制中学
[　]	30621	×××	女	24315	W21A	东华理工大学
[　]	10793	×××	女	50239	W21E	东南大学

表 17-2　运动员违规登记表

竞赛项目		执场区域	起点、场地、终点
违规记录	（时间、地点、运动员号码、违规基本情况） 裁判员：　　　　　　　　　　裁判长： 　　　　　　　　　　　　　　　　年　　月　　日		
最终处理意见	 总裁判长： 　　　　　年　　月　　日		

表 17-3　未出发运动员统计表

竞赛项目：　　　　　　　时间：　　　　　　　比赛地点：

序号	号码	姓名	单位	原因
1				
2				
…				

起点裁判长：

（4）时间显示钟 1 个。

（5）广播扩音设备 1 套，或手提喊话器 2 个。

（6）电子发令器 2 台。

（7）对讲机 2 台。

（8）"清除"打卡器。

（9）"起点"横幅 1 条。

（10）检录处、清除、起点、组别、水站和厕所等指示标志 1 套。

（11）隔离墩若干。

（12）引导带 100~200 米。

（13）图筐若干。

（14）桌子、椅子若干。

（15）太阳伞若干。

（16）文具用品（夹板、夹子、铅笔、油性记号笔和剪刀等）。

（四）场地裁判工作

场地裁判的主要任务是在副总裁判长 B 和场地裁判长的领导下，按路线设计员的要求准确无误地布置各检查点，在比赛中负责比赛场地内的巡查和对运动员违规情况的记录和判罚工作，指导看点员的工作，保证比赛顺利地举行。

1. 人员配备与分工

（1）裁判长 1 人，全面负责场裁判的各项工作。

（2）副裁判长 1~2 人，布点及协助裁判长开展各项工作。

（3）场地裁判员 3~4 人，负责布点和赛中运动违规判罚。

（4）场地巡查员 3~5 人，负责对比赛场地进行巡查、预防与处理突发事件。

（5）看点员 30~60 人，保证检查点器材的安全性及协助场地裁判员工作。

（6）志愿者 5 人，负责场地内水站管理。

2. 主要职责

场地裁判组主要完成以下基本工作：

（1）与路线设计员密切配合，在赛前准确完成检查点和检查点器材的布置。

（2）保证检查点和检查点器材的安全性。

（3）检查、阻止或处理赛场中的违规行为。

（4）安置中途退出比赛的运动员。

（5）组织搜寻迷失的运动员。

（6）及时处理赛场中出现的安全问题。

3. 工作流程（图 17-3）

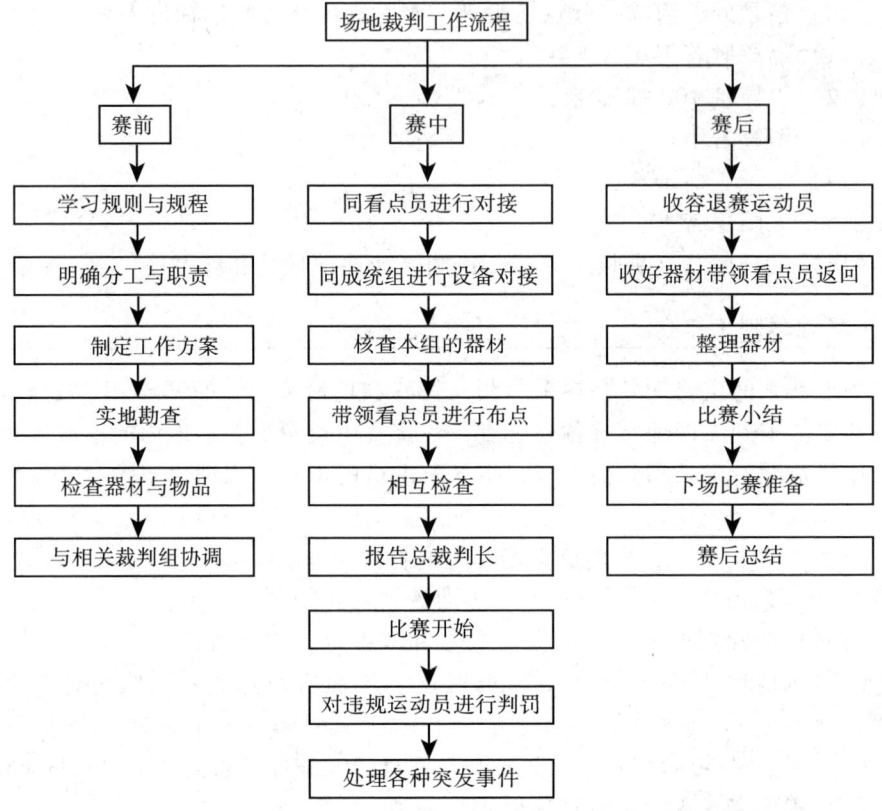

图 17-3　场地裁判工作流程图

4. 易出现问题及解决办法

场地裁判工作易出现问题主要有四个方面，一是检查点位置与地图不符，二是电子打卡器失灵，三是运动员犯规或违规的判罚，四是运动员在比赛中发生意外情况。

解决办法如下：

（1）检查点位置与地图不符，可根据严重程度采用以下办法处理：①重赛；②取消整场比赛成绩。

（2）电子打卡器失灵，应要求运动员采用机械打卡器，并通知终点和成统，妥善保管有机械打卡记录的地图，同时立即通知设备保障人员及时更换失灵的电子打卡器。

（3）赛前认真学习规则，统一判罚尺度，发现违规现象，坚决果断地进行判罚。另外，要加强各区域间场地裁判员的协作，力争做到公正、合理地进行处罚。

（4）赛前根据场地、气候的情况做好意外事故处理预案。

5. 所需物品

（1）运动员违规登记表（表17-2）。

（2）看点员记录表（表17-4）。

表17-4　看点员记录表

竞赛项目：　　　　　　　　　　　　　检查点代码（　　　　）

序号	通过时间	运动员号码	基本情况	备注
1	时　分　秒			
2	时　分　秒			
…	时　分　秒			

看点员：　　　　　　　　　　　　　　　　　　年　　月　　日

（3）对讲机。

（4）红色、黄色和其他颜色的引导带若干。

（5）比赛所需已启动的打卡器。

（6）机械打卡器。

（7）塑料椅子或放置打卡器专业支架。

（8）透明胶带。

（9）危险区警示牌。

（10）常用急救药品。

（11）防雨用具和太阳帽。

（12）文具用品（夹板、笔油性记号笔和剪刀等）。

（五）终点裁判工作

终点裁判的主要工作任务是在副总裁判长A和终点裁判长的领导下，完成终点区域的各项竞赛工作。当运动员通过终点时，检查运动员的号码布和检查卡并回收比赛用图，引导已完成比赛运动员到成绩处读取成绩，归还运动员的暂存物品，做好终点区域的控制工作，保证比赛的顺利和圆满进行。

1. 人员配备与分工

（1）裁判长1人，全面负责终点裁判的各项工作。

（2）副裁判长1人，协助裁判长开展各项工作。

（3）裁判员2~3人，负责运动员的地图回收和其他工作。

（4）志愿者5人，协助终点裁判员的各项工作。

2. 主要职责

(1) 按路线设计员的方案布置终点区（图17-4）。
(2) 保证沿着必经路线跑向终点的运动员顺利冲过终点线。
(3) 回收地图并检查检查卡和号码布。
(4) 判定并记录集体出发的运动员到达终点的顺序和名次。
(5) 在接力赛中预报即将完成比赛到达终点的运动员号码或代表队。
(6) 控制终点区的秩序，保证观众和媒体的利益。

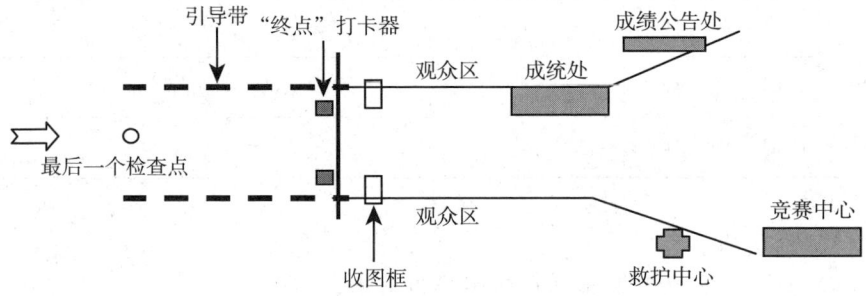

图17-4 终点区域示意图

3. 工作流程图（图17-5）

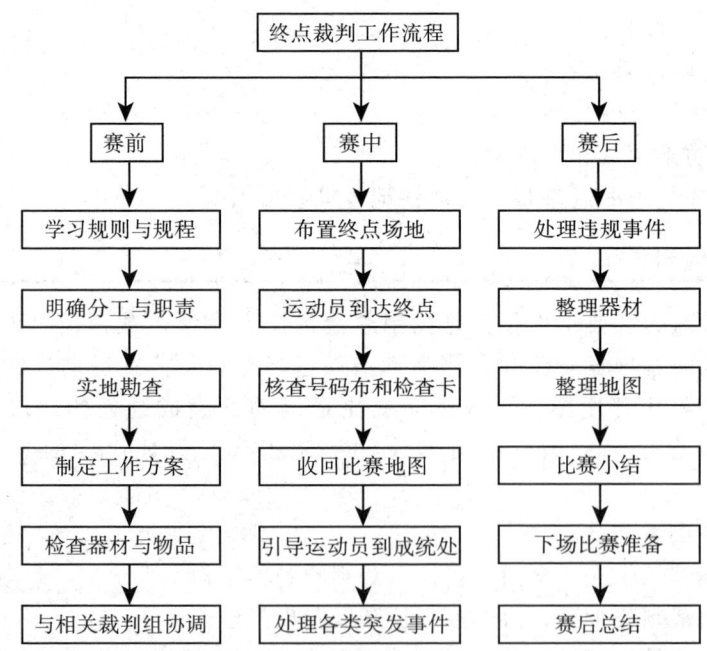

图17-5 终点裁判工程流程图

4. 终点裁判工作易出现问题与解决方法

终点裁判工作易出现的问题是集体出发项目或百米赛的终点冲刺人数较多，场面比较混乱，容易造成成绩判定困难或误判。

解决办法：在终点冲刺线设置摄像机，如出现争议可以调看录像。

5. 所需物品

（1）运动员违规登记表（表17-2）。

（2）对讲机。

（3）印有"终点"的横幅或气拱门。

（4）广播扩音设备或手提喊话器。

（5）"终止"打卡器。

（6）终点、水站、急救站和厕所等指示标志。

（7）隔离墩。

（8）引导带。

（9）图筐。

（10）桌子、椅子。

（11）太阳伞。

（12）文具用品（夹板、夹子、铅笔、油性记号笔和剪刀等）。

（六）成绩裁判工作

成绩裁判的主要工作任务是在成绩裁判长的领导下，完成赛事管理系统数据库建立、维护工作，在总裁判长的监督下完成出发顺序的编排确认工作，分发检查卡和号码布等竞赛用品，确保运动员通过终点后能及时将成绩输入电脑，及时打印出运动员的成绩单，在比赛现场定时公布比赛即时成绩和排名，赛后在规定的时间内及时准确地公布当日比赛结果，做好电子打卡系统的维护工作，保证比赛中能正常运行。

1. 人员配备与分工

（1）裁判长1人，全面负责成绩裁判的各项工作。

（2）副裁判长1人，协助裁判长开展各项工作。

（3）裁判员1人，负责赛事数据库管理和维护。

（4）设备保障人员2人，负责电子打卡系统的维护。

2. 主要职责

（1）录入与变更运动员信息。

（2）分发号码布和检查卡。

（3）编排出发顺序。

（4）准备签到表、检录表。

（5）处理接力赛、团队赛运动员临场变更。
（6）录入运动员成绩、打印成绩条。
（7）统计运动员到达终点的数据。
（8）公布即时成绩。
（9）确定最终成绩、名次并报总裁判长批准。
（10）准备成绩表。
（11）统计团体成绩。

3. 工作流程图（图17-6）

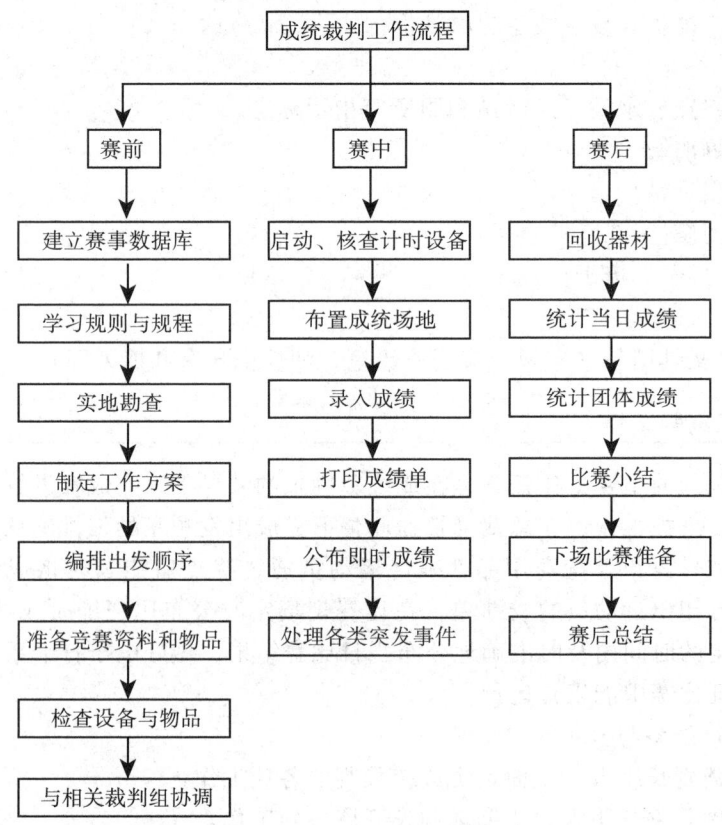

图17-6 成统裁判工作流程图

4. 所需物品
（1）对讲机。
（2）电子打卡计时系统两套。
（3）机械打卡器一套。
（4）点标旗一套。
（5）手提电脑两台。

（6）打印机一台。

（7）打印纸若干。

（8）电源线、接线板。

（9）成绩处、成绩公告栏、成绩输入和打印成绩等指示牌。

（10）隔离墩。

（11）引导带。

（12）桌子、椅子。

（13）太阳伞。

（14）打印纸。

（七）竞赛秘书组工作

竞赛秘书组的主要工作任务是快速、准确地收集、统计、传递和发布所有比赛信息，接受、审查报名表，整理各参赛队报名信息，汇编秩序册，公布各竞赛日的成绩，完成奖牌统计、编制总成绩册，负责裁判组的后勤保障工作。

1. 人员配备与分工

（1）主任1人，全面负责秘书组的各项工作。

（2）助理2人，协助主任开展各项工作。

（3）志愿者5人，协助秘书组各项工作。

2. 主要职责

（1）负责竞赛中心的管理。

（2）统计汇总运动员签到、检录、出发情况及完成比赛、放弃比赛情况。

（3）收集整理现场裁决记录交总裁判长，同时将一份副本交成统裁判长。

（4）收集整理即时成绩、最终成绩和名次并交给宣告员及时宣告。

（5）收集整理竞赛最终成绩、名次和成绩表，交获得授权的单位或机构，并在赛事中心、运动员住宿地和官方网站公告。

（6）协助赛事相关办事机构组织体育道德风尚奖、优秀裁判员、教练员和运动员的评选。

（7）起草和发布比赛相关通知和通告。

（8）协助组织现场颁奖。

（9）为裁判员提供后勤保障。

3. 工作流程图（图17-7）

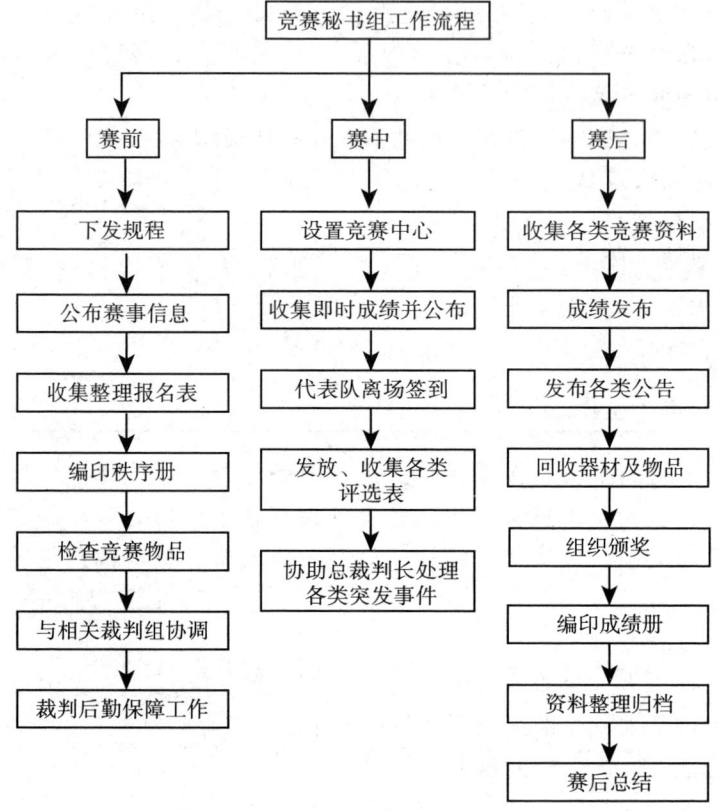

图 17-7 竞赛秘书组工作流程

4. 重点与难点

（1）赛前协助成统裁判组建立赛事数据库要做到及时准确。
（2）加强与各裁判组的沟通与配合。
（3）加强对最终成绩和名次的校对工作，确保发布的成绩准确无误。

（八）宣告组工作

宣告组的主要工作任务是在比赛现场及时、准确地宣告各类比赛信息，对比赛情况进行现场解说，介绍宣传定向运动基本知识，为营造良好赛场气氛和为激励运动员创造佳绩服务。

1. 人员设置与分工

（1）宣告员 1 人，全面负责宣告组的各项工作。
（2）助理人员 1~2 人，协助宣告员开展各项工作。

2. 主要职责

（1）负责现场赛事信息和即时成绩的宣告工作。

（2）对现场精彩场面进行解说。

（3）介绍宣传定向运动基本知识。

3. 重点与难点

（1）掌握重点运动员的相关信息。

（2）准确及时地发布赛事信息和即时成绩，让参赛人员和观众了解比赛进程，营造良好的赛场气氛，使定向运动比赛更加激动人心。

复习、思考与实践

1. 定向运动编排工作的意义是什么？
2. 简述定向运动编排方法。
3. 简述定向运动起点和场地裁判工作的任务与方法。
4. 争取担任一次学校定向社团或俱乐部定向比赛的裁判工作，通过实践，谈谈你对定向运动裁判工作的认识和感想。

第五篇　地图测绘篇

第十八章　OCAD 8.0 使用与定向地图的计算机绘制
第十九章　定向地图测绘基础
第二十章　定向地图测绘

本篇导读

定向运动的定义："定向运动是一项用地图，或用地图和指北针导航的身体活动。"指明了定向地图在定向运动中的地位。然而，目前国内开展定向运动最缺乏的恰恰就是定向地图。定向地图已成为制约我国定向运动推广与普及，甚至提高的关键因素。

虽然任何地图都能够用来进行定向运动，但要真正体验到定向运动的挑战性和趣味性，要保证比赛的公平性，就必须使用标准的定向地图。因此，学习和掌握一定的定向地图测绘技术既是定向运动教师、教练员和社会体育指导员培养目标的需要，也是定向运动推广与普及的需要，更是提高我国定向运动水平的需要，具有很重要的现实意义。另外，定向地图的测绘还是很好的地图认知、距离感和指北针训练方法和手段，学习和掌握定向地图测绘也是培养优秀定向运动员的需要。

定向地图测绘要求制图人员具有定向比赛经验，"从奔跑着的运动员的角度看问题"既是定向地图测绘的核心理念，又是定向地图实地测绘的主要步骤与方法。

本篇分为三章。第一章让你掌握地图绘图专用软件 OCAD 8.0 的基本使用技巧和定向地图的计算机绘制方法；第二章让你理解定向地图测绘的基本理论，掌握地图实地测绘的基本概念和操作技能；第三章通过实例让你掌握各种类型定向地图实地测绘的具体方法与步骤。

第十八章 OCAD 8.0 使用与定向地图的计算机绘制

本章导读

> OCAD 是最流行的定向地图绘图软件。OCAD 的最新版本为 OCAD 10，目前国内使用者最多的版本是 OCAD 8.0。作为一款"视窗"软件，OCAD 8.0 的操作具有许多与其他视窗软件相似甚至相同的共性。学习 OCAD 8.0 时，我们应该有意识地将已掌握的其他"视窗"软件的操作技能，如 Word 的操作技能迁移到 OCAD 8.0 的学习与操作中，从而加快掌握 OCAD 8.0 的过程。
>
> OCAD 8.0 还是一款路线设计软件和一款定向运动训练工具软件。因此，不但制图员、路线设计员应该全面熟练掌握 OCAD 8.0，而且教练员和运动员也应该掌握其基本的使用技巧。通过本章的学习，你将能够：
> 1. 了解 OCAD 8.0 各菜单的在地图绘制中的主要功能；
> 2. 掌握 OCAD 8.0 的使用技巧；
> 3. 掌握使用 OCAD 8.0 绘制定向地图的关键步骤；

第一节 OCAD 8.0 概述

一、OCAD 8.0 的主要特点

OCAD 8.0 是目前国内最流行的定向地图绘图软件，具有以下主要特点：

（1）矢量性：OCAD 所绘制的地图是一种矢量地图，理论上，矢量图形可无限放大而不会使图形质量改变。

（2）符号性：OCAD 提供了各类定向地图符号的符号集，在 OCAD 中绘制定向地图，实质上就是对地图符号及其属性的操作过程。

(3) 灵活性：在 OCAD 中，绘制定向地图的过程实际上就是一个描图的过程，是一个以野外测绘草图为模板描图的过程。野外测绘草图可以扫描成 BMP、JPG、GIF、TIF 等多种格式的模板供 OCAD 使用。OCAD 还可方便地对草图进行多种调整和拼接。

(4) 统一性：OCAD 提供了按国际定联《国际定向运动地图规范》和《国际定联短距离定向运动地图规范》制作的符号模板。

(5) 路线设计：具有强大的路线设计功能，可以进行路线设计，可自动生成检查点说明表。

二、创建地图文件

地图文件的创建过程与 Word 文档的创建方法相同。

(1) 启动 OCAD 8.0 后，单击【File（文件）】菜单中的【New（新建）】，或单击工具栏中的【New（新建）】按钮，弹出一个【New map（新建地图）】对话框，（图 18-1）。

(2) 在 Map type（地图类型）选项选中 Normal map（常规地图）。在 Load symbols from（地图符号）选项框中选中相应的地图符号，如 1∶10 000 定向地图符号。在 information（信息）框中输入新建地图的相关信息。

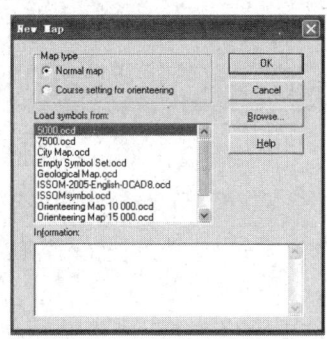

图 18-1 【新建地图（new map）】对话框

(3) 单击【OK】命令，进入 OCAD 8.0 地图绘制工作环境。新建地图文件的工作完成。

三、OCAD 8.0 地图绘制工作环境

创建一个新的地图文件后，OCAD 8.0 就会进行图 18-2 所示的地图绘图工作环境。地图绘制工作环境主要包括：标题栏、菜单栏、工具栏、符号箱、绘图区和状态栏。

(一) 标题栏

标题栏位于窗口的最上端，显示 OCAD 的名称和正在编辑的地图文件的名称和路径。标题栏最右边的小图标分别是：最小化按钮、还原按钮、关闭按钮。

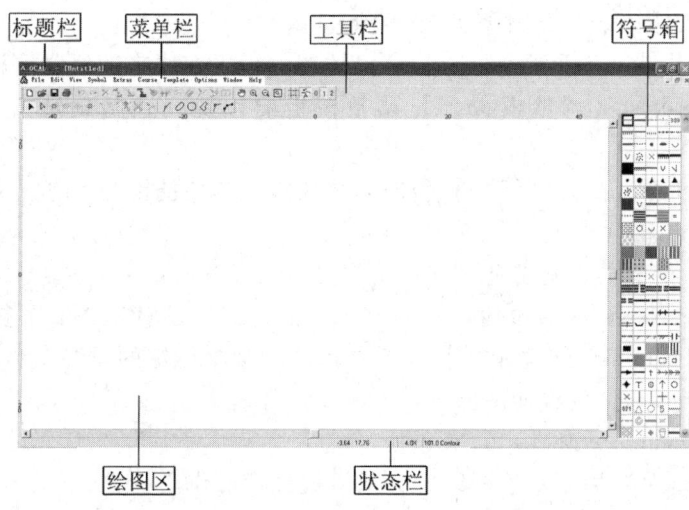

图 18-2　OCAD 地图绘制工作环境

（二）菜单栏

OCAD 8 菜单栏共有 10 个子菜单，分别是 File（文件）、Edit（编辑）、View（视图）、Symbol（符号）、Extra（附加）、Course（路线）、Temperate（模板）、Option（选项）、Windows（视窗）、Help（帮助）子菜单。这里重点介绍 Extra（附加）、Temperate（模板）、Option（选项）和 Windows（视窗）等子菜单部分常用的重要功能。

1.【Extra（附加）】菜单

Extra（附加）菜单中包括了一些附加操作，这些操作主要作用于整张地图。

（1）【Optimize/Repair（优化/修复）】将诸如删除、粘贴等操作引起的存储增量压缩，并恢复被损坏的对象。

（2）【Change scale（改变比例尺）】改变地图的比例尺，并生成相应比例尺的全新地图。该命令与【Option（选项）】菜单中的【Scale（比例尺）】命令不同。比例尺命令只改变地图的比例尺，而不改变地图符号的尺寸。而改变比例尺命令可选择同时改变地图符号的尺寸。

（3）【Partial map（输出局部地图）】将当前地图的局部输出为一张新地图。

（4）【Grid lines（附加栅格线）】为当前地图加上栅格线。

2.【Temperate（模板）】菜单

Temperate 模板菜单主要用于对模板进行操作。

（1）【Open（打开）】打开模板。OCAD 8.0 可以同时打开 5 个模板。

OCAD 8.0 要求模板的分辨率不低于 100 dpi。

(2)【Reopen（重新打开）】将已关闭的模板在原来的位置重新打开。

(3)【Adjust（调整模板）】调整模板的位置（包括旋转）。其快捷键为 F9。

(4)【Hide（隐藏模板）】暂时隐藏模板。其快捷键为 F10。

3.【Options（选项）】菜单

Options 菜单主要完成对 OCAD 工作参数的设置。

(1)【Preferences（参数）】根据个人的喜好设置 OCAD 工作参数。

(2)【Shortcut（快捷键）】定义或改变快捷功能键的设置。

(3)【Scales】设置地图比例尺及栅格尺寸。

4.【Windows（窗口）】菜单栏

Windows 菜单用于对绘图区的显示方式进行操作。

【Title（全部重排）】将所有打开的工作区进行重排，使它们的工作窗口同时显示在屏幕上。

【Cascade（层叠）】以重叠的方式显示所有打开工作区窗口，当前工作区显示在最前面，其他工作区只能看到标题。

(三) 工具栏

OCAD 8.0 的工具栏包括 Standard buttons（标准）、Edit（编辑）、View（视图）、Parameters（参数）、Edit mode（编辑模式）和 Drawing mode（绘图模式）等 6 个工具栏。OCAD 8.0 的绘图操作主要是通过工具栏完成的，必须熟练掌握其主要工具的各种功能。

1.【standard buttons（标准）】工具栏

用于对文件操作，包括【新建文件】、【打开文件】、【保存文件】和【打印文件】等按钮。

图 18-3 标准按钮

2.【Edit（编辑）】工具栏

用于对选中的对象进行各种编辑。

图 18-4 编辑按钮

(1)【Duplicate object（复制）】按钮：复制选中的对象。

(2)【Change symbol（替换）】按钮：将绘图区中选中对象用符号箱中另一符号来表达。操作程序如下：

①在绘图区中选中需改用其他符号表达的对象。②在符号箱中选中拟用来表达对象的新符号。③单击 ⊥ 按钮。

（3）⊥【Change all symbols 全部替换】按钮：将绘图区中用某一符号表达的所有对象用另一种符号来表达。操作程序如下：

①在绘图区中选中拟改变表达符号的任意一个对象。②在符号箱中选中拟用来表达对象的新符号。③单击 ⊥ 按钮。

（4）⊗【Fill or make border 填充或添加边界】按钮：对选定的闭合曲线所包含的区域进行填充或为选定的面状对象添加边界。操作程序如下：

①在绘图区选定拟填充或添加边界对象。②在符号箱选中拟填充或添加对象的表达符号。③单击 ⊗ 按钮。

（5）⊬【Reverse（翻转）】按钮：翻转由某些线状符号表达的对象，如翻转栅栏和土崖等齿线符号表达的对象。操作方法如下：

在绘图区中选中拟翻转的对象；单击 ⊬ 按钮。

翻转前　　　　　　　　　　　翻转后

图 18-5　翻转效果示意图

（6）▦【Measure：测量】按钮：测量选中对象的长度或面积。

3.【Parameters（参数）】工具栏

图 18-6　参数按钮

（1）▦【Grid（栅格）】按钮：显示或隐藏栅格。栅格参数可通过【options（选项）】菜单设置。

（2）012【Smooth（平滑）】按钮：设置将由手绘模式（freehand mode）绘制的对象转换为曲线模式（curve mode）对象时的平滑度。默认参数为 1。

4.【Drawing mode（绘图模式）】工具栏

图 18-7　绘图模式按钮

用于设定绘图模式。OCAD 8 提供了 Curve mode（曲线模式）、Ellipse mode（椭圆模式）、Circle mode（圆模式）、Rectangular mode（矩形模式）、Straight mode（直线模式）和（Freehand mode）手绘模式等 6 种绘图模式。绘图时必须先从绘图模式工具栏中选择绘图模式，然后再从符号箱中选择相应的符号才能绘制对象。各种绘图模式的操作技巧将在下节中详细介绍。

5.【Edit mode（编辑模式）】工具栏

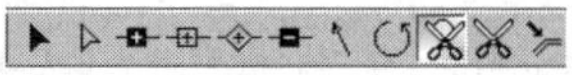

图 18-8　编辑模式按钮

在 OCAD 8.0 中对对象进行编辑时，首先必须根据编辑的要求为编辑对象选定相应的编辑模式，然后才能进行编辑。编辑模式工具栏提供了编辑对象和编辑点 2 种模式，提供了 9 种修整工具用于对象的编辑或修整，如移动、放大对象、修整对象的局部等，因此又称为修整工具栏。

（1）【Edit object（编辑对象）】按钮：选定对象或移动整个对象，或整体缩放对象。

（2）【Edit point（编辑点）】按钮：选定对象或移动对象上的特征点。当对象被选定后，对象上将出现多个特征点，对这些特征点进行操作可改变对象的形状。

编辑模式工具栏中其他工具的使用技巧将在后续节中详细介绍。

（四）符号箱

OCAD 8.0 符号箱是一个所选地图规范的符号集，同时也集中了包括文本符号在内的一些常用地图整饰符号。另外，使用者还可以在符号箱中创建新的符号，通过单击右键对符号箱中选中的符号进行多种操作。

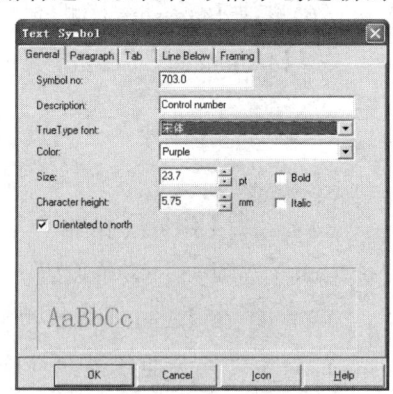

图 18-9　文本符号编辑对话框

【Edit（编辑）】对选中的符号进行编辑，为符号设置各种参数和属性。如果选中的是文本符号，可以进行字体、字号、颜色、加粗、倾斜及排列方向等设置。

【Duplicate（复制）】复制选中的符号到当前的符号集中。使用此命令后将在原符号右侧生成该符号的一个副本，对这个副本进行编辑可以方便地新建一个与当前符号相近的符号。

【Protect（保护）】防止图上由选中符号表达的对象被改动或移动。在符号箱中，被保护符号的图标将被标上灰色的斜杠。

【Hide（隐藏）】隐藏图上由选中符号表达的对象。在符号箱中，被隐藏的符号的图标将被标上灰色的"×"。

【Normal（恢复）】恢复被保护和隐藏的符号到初始状态。

第二节　OCAD 8.0 绘图工具使用方法与技巧

一、矢量图形绘制基础

计算机图形绘制软件主要有两种绘画模式：位图和矢量图模式。位图绘画是给每个点分配一个色彩值的过程。矢量图绘图则是创建若干图形，并为每个图形赋予各种属性的过程。

矢量绘图模式中一个简单的图形可以仅由轮廓（没有填充）、填充（没有轮廓）或轮廓与填充构成。在 OCAD 中这些图形可用绘图模式工具栏中的各种绘图工具创建，创建出的图形，包括直线、曲线、矩形、圆形、字符和文本等称为矢量对象。由于 OCAD 是符号化的矢量绘图软件，可通过对符号箱中符号的编辑来改变符号的属性从而改变图形的属性。

矢量图形由路径构成，路径的线条为图形的轮廓，而路径围绕的内部则为图形的填充。路径由节点来定位，通过调整节点可实现对路径的调整。节点通过控制点和控制线来控制，控制点和控制线称为手柄。通过鼠标调节手柄的长度和方向或移动节点可以实现对节点的编辑。节点有多种类型，不同的节点对其两端的路径影响不同。在 OCAD 中，路径上的节点有 3 种类型：基本点（曲点）、角点和虚点。通过编辑模式中的【编辑点】按钮可以使选中对象中的节点被标记出来，从而实现对节点的编辑。另外，通过编辑模式中的【曲点】、【角点】、【虚点】及【删除点】按钮可以改变节点类型，增加或删除节点（图18-10）。

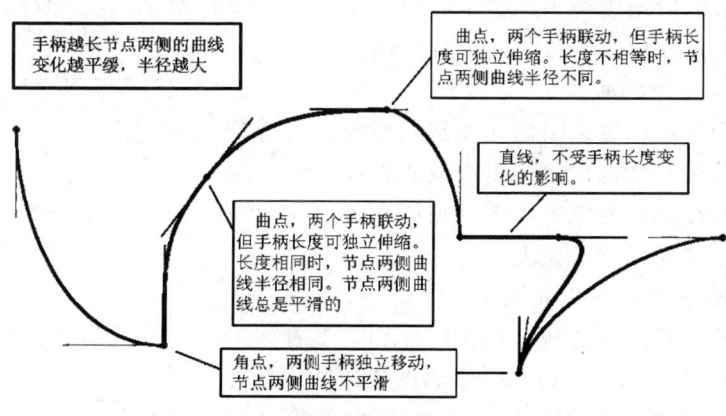

图 18-10　节点功能示意图

● 曲点（基本点）：曲点是定位曲线对象和由曲线路径围绕的面状对象的节点。当对象被【编辑点】▷ 按钮选定后，对象上的曲点将被实心的矩形■标记出来。曲点两侧的曲线总是平滑的。曲点的两个手柄是联动的，但手柄长度可以独立伸缩。手柄长度相同时，节点两侧曲线半径相同。手柄长度不相同时，节点两侧曲线半径不同。

● 角点：角点是定位直线对象和矩形对象的节点。当对象被【编辑点】▷ 按钮选定后，对象上的角点将被空心矩形□标记出来。角点的两个手柄可以分别独立地移动。因此路径能够在节点两侧急剧改变方向。手柄越长节点两侧的曲线变化越平缓，半径越大。

● 虚点：虚点是一种用来调整虚线结构的节点。当对象被【编辑点】▷ 按钮选定后，对象上的虚点将被空心菱形◇标记出来。

二、绘图工具使用方法与技巧

OCAD 8.0 提供了 6 种绘图工具（模式），这些工具在绘图操作和显示上明显不同，但也有一些共同特点。

● 基本操作程序相同：第一步是从符号箱中选择符号，第二步是从绘图模式工具栏中选择绘图工具，第三步是用绘图工具绘图，第四步是绘图完成后在绘图工作区任意位置单击左键结束绘图，绘图对象将以适当的形状出现。

● 对象的起点和终点标识相同：对象的第一个节点用矩形框"□"标识，最后一个点用叉"×"标识。对于封闭路径，"×"将套在"□"中。

（一）【Curve mode（曲线模式）】 ✎

曲线可以看成由许多半径不同的圆弧组成，每个圆弧由两个曲点控制。画曲线实际上是在两个圆弧的交点处画切线。

1. 点状对象的画法

可以用任意一种绘图模式画点状对象。①选定点状对象符号。②选定曲线模式或其他任意一种绘图模式。③在拟定的位置单击完成画图，点状对象的重心将定位在点击位置上。

2. 简单曲线的画法（图 18-11）

①在线的起点画切线（图 18-11A）。②在线的终点画切线（图 18-11B）。③在绘图工作区任意位置单击左键绘图，曲线将以适当的形状出现（图 18-11C）。

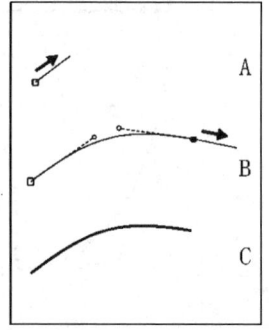

图 18-11　简单曲线的画法

3. 复杂曲线（山谷）的画法（图 18-12）

①在起点画切线。②依次在前 3 个半径变化处画切线。③为了控制山谷的深度，在山谷的谷底画切线。④继续依次在半径变化处画切线。⑤在终点画切线。⑥在绘图工作区任意位置单击左键完成绘画。

4. 曲线中拐角的画法（角点）（图 18-13）

曲线中的拐角是由角点控制的，具体画法是在前一条切线的同一位置沿拐角方向再画一条切线以形成一个角点。

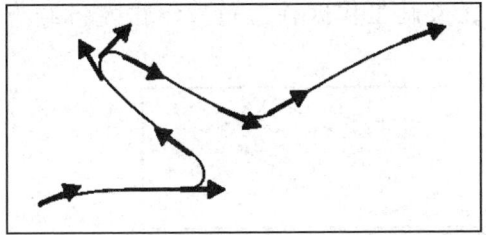
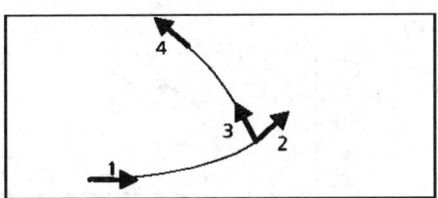

图 18-12　复杂曲线（山谷）的画法　　图 18-13　曲线中拐角的画法

小技巧：

1. 如果对一条切线不满意，可按"backspace"键删除最后的一条切线重画。

2. 可在形成路径的过程中调节手柄来完善路径，不要等到整个路径完成后再去调整路径。

3. 对已完成的对象，可以在原有的基础上续画。按住"Shift"键，然后在已有对象的第一个节点或最后一个节点的位置开始续画第一条切线。新的节点将作为已有对象的一部分连在已有对象上。

（二）【Ellipse mode（椭圆模式）】

①画椭圆的长轴。②画椭圆的短轴。③松开鼠标左键。

（三）【Circle mode（圆模式）】

圆有三种画法：

（1）按需要的方向画直径得到所需要的圆。

（2）从圆心开始画圆：按下"Shift"键并保持按下状态，画半径得到所需要的圆。

（3）在圆心处点击，将出现【Draw Circle（画圆）】对话框，在对话框中输入半径得到所需要的圆。

(四)【Rectangular mode（矩形模式）】

矩形工具用来画有4个和4个以上直角的对象（图18-14）。

(1) 画面状对象最长的边（图18-14A）。

(2) 画相连的边（图18-14B），虚线显示出整个对象将表现出的形状。

(3) 画第三条边（图18-14C）。

(4) 画第四条边（图18-14D）。在绘画工作区任意位置单击左键结束画图。

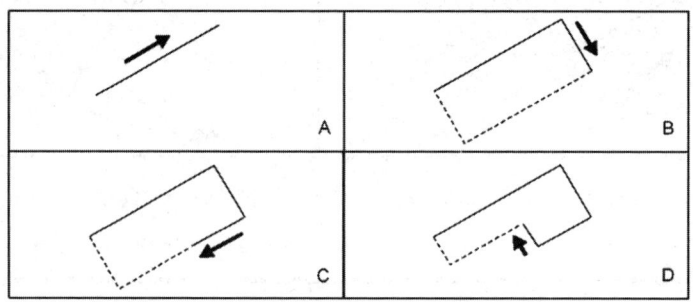

图18-14 画矩形对象

(五)【Straight mode（直线模式）】

1. 画折线

折线由多条直线组成，画折线就是画多条连续的直线。

①画第一段直线。②压下鼠标左键，拖动鼠标画第二段直线。③完成对象后点击结束。

2. 将曲线和直线结合为一体

前面介绍了在已有曲线对象上续画曲线，采用同样的操作，还可以在已知的曲线对象上续画直线。另外，如果续画直线时选择面状符号，对象将自动填充起来。

小技巧：

1. 画水平或垂直线：

为了画出精确的水平线或垂直线，画线时可以按住"Alt"键或同时按下"Shift+Alt"键。

2. 跟踪已有对象：

有时要沿已有对象的边线进行填充，这时可以利用OCAD的追踪功能沿线状对象自动生成面状对象的部分边界。具体操作过程为：
（1）选择面状对象；
（2）选择曲线或直线工具；
（3）当画到拟跟踪的线状对象时，按下"Ctrl"键，线状对象上的节点将显示出来；
（4）在线状对象上拟结束跟踪的位置单击结束跟踪，放开鼠标，将沿线状对象产生面状的对象的一部分路径；
（5）继续画完面状对象的后续部分。

第三节　OCAD 8.0 编辑模式工具使用方法与技巧

一、OCAD 8.0 编辑模式工具简介

除前面介绍的选定编辑对象的【编辑对象】和【编辑点】两个工具外，OCAD 编辑模式栏还有 9 种修整工具，其中常用的 7 种是：

（1）【Normal point（基本点）】按钮　在对象上插入基本点或将其他点转换为基本点；

（2）【Connor point（角点）】按钮　在对象上插入角点或将其他点转换为角点；

（3）【Dash point（虚点）】按钮　在对象上插入虚点或将其他点转换为虚点；

（4）【Remove point（删除点）】按钮　在对象上删除一个点；

（5）【Direction（方向）】按钮　改变点状符号和示坡线符号表达的对象的方向；

（6）【Cut hole（镂孔）】按钮　用于在选定的面状对象中镂孔；

（7）【Cut（裁剪）】按钮　用于对用线状符号所表达的对象进行裁剪或用于分割面状符号。

二、节点编辑工具的使用方法与技巧

（一）基本原理

在 OCAD 中，虚线的每段实部都是等长的，绘图软件在分配实部时是以整

个虚线为基础的。如果在虚线中插入一个角点，软件将以角点为界，对虚线的实部进行重新分配，并在角点前后创建两个邻接的实部。如果在虚线中插入一个虚点，软件将以虚点作为实部的中心重新分配实部。

（二）使用方法

1. 用角点调整虚线或点线拐角处的结构

将图 18-15A 的拐角处的曲点替换为角点，拐角处的结构将变为如图 18-15B 所示的结构。

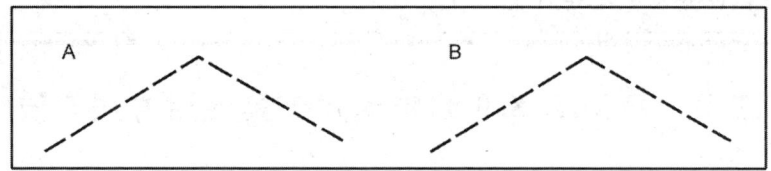

图 18-15　用角点调整虚线的拐角

2. 用角点调整两条虚线交叉或交汇处的结构

图 18-16A 中两条小路交汇处表现为虚部的交汇，如果在水平虚线上与垂直虚线交汇位置创建一个角点，两条虚线将实现如图 18-16B 所示的实部交汇。

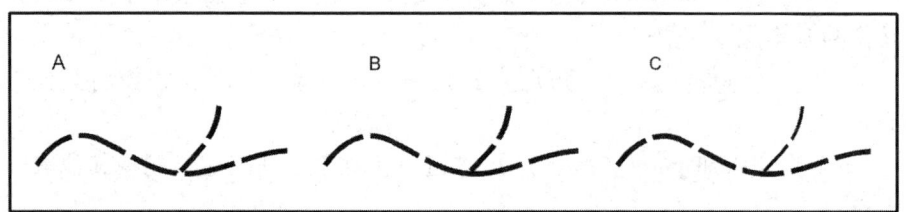

图 18-16　用角点或虚点调整两条交汇处的结构

3. 用虚点调整两条虚线交叉或交汇处的结构

如果不希望在交汇或交叉处出现两个邻接的实部，可用虚点代替角点，得到如图 18-16C 所示的结果。

4. 创建"角点符号"

角点符号是线状符号上带有的特殊符号，如角点符号表示输电线电杆的位置。用带角点符号的线状符号画线状对象时，对象的每个角点上将出现相应的角点符号。

用这类符号画线状对象时，角点符号并不会总是出现在所有需要的位置。这种情况下，可在线状对象上拟添加角点符号的位置添加一个角点或将其他的点改为角点，角点符号将随之出现。

三、剪裁工具的使用方法

1. 用【镂孔】工具在面状对象中挖孔

①选定拟镂孔的面状对象。②选择绘图模式。③选定镂孔工具。④在面状对象上画出拟镂出的形态，并单击左键将出现镂空后的效果。

2. 用【剪切】工具剪断线状对象

①选定拟剪断的线状特征。②选定剪切工具。③在拟剪断的位置单击，线状对象被剪断为两个对象。

3. 用【剪切】工具从线状对象上剪除一段线段

①选定拟剪断的线状特征。②选定剪切工具。③在拟剪除线段的起终位置单击并拖动鼠标到结束位置，松开鼠标，相应线段将从线状对象上剪除。

4. 用【剪切】工具分割面状对象

①选定拟分割的面状特征。②选定剪切工具。③在面状对象上从分割线的一端单击并沿分割线拖动鼠标到另一端，松开鼠标，面状对象就被分割为两个对象。

第四节 定向地图的计算机绘制步骤和方法

定向地图的计算机绘制实质上就是在 OCAD 软件中描绘野外填图手绘稿的过程。原则上，当前完成的野外填图手绘稿应尽快在计算机上完成描绘工作。为减轻在学习野外填图时还需逐步学习 OCAD 绘图技巧的压力，本教材建议先学习基本的 OCAD 绘画技能，然后以已有的定向地图为模板在 OCAD 上练习描图，在基本掌握 OCAD 使用方法后再开始学习野外填图。

一、新建地图文件

（一）新建地图文件（参见本章第一节：创建地图文件）

（二）调整栅格规格和成图比例尺

1. 确定栅格尺寸

绘图工作区的栅格尺寸要根据底图上的栅格来确定。由于底图比例尺为成图比例尺的 2 倍，绘图工作区的栅格尺寸应该为底图栅格的 1/2。一般的情况是，底图栅格为 40 毫米，绘图工作区栅格为 20 毫米。

2. 调整成图比例尺和栅格尺寸

成图比例尺的调整有两种情况：

（1）调整成图比例尺时不调整地图符号尺寸：这种情况常见于短距离比赛地图，短距离比赛地图是两种比例尺共用一套符号。OCAD 中为 ISSOM 符号集配套的是 1∶4 000 的比例尺，如果要绘制 1∶5 000 的地图，需要在先通过【Options（选项）】菜单中【Scales（比例尺）】命令打开 Scales（比例尺）对话框，将其中的 Map scale（地图比例尺）栏设为 5 000，Grid distance（栅格尺寸）栏设为相应的栅格尺寸，如 20。

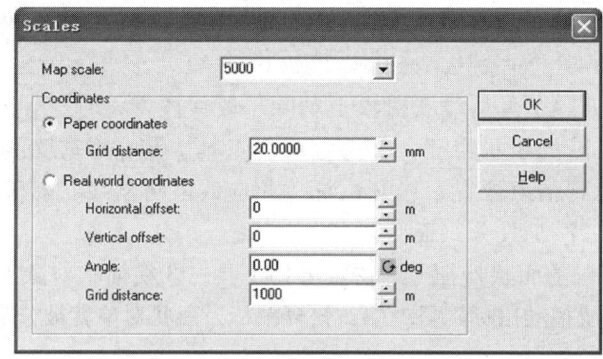

图 18-17　调整后的比例尺对话框

（2）调整成图比例尺时同时调整地图符号：这种情况多见于绘制校园地图，校园地图没有专门的符号集，大比例尺校园通常借用 ISOM 或 ISSOM 符号集放大后使用。

如果要利用 ISSOM 符号集绘制 1∶2 000 的校园地图，首先应在【Extras（附加）】菜单中选中【Change scale（改变比例尺）】命令打开改变比例尺对话框，在其中的 New scale（新比例尺）栏中填入 2 000，并选中 Enlarge/reduce symbols（放大/缩小符号），单击 OK。地图比例尺将由 1∶4 000 变为 1∶2 000，ISSOM 符号将随着比例尺放大 1 倍而放大 1 倍。然后，再按上例的方法，通过【Options（选项）】菜单调出比例尺对话框调整栅格尺寸。

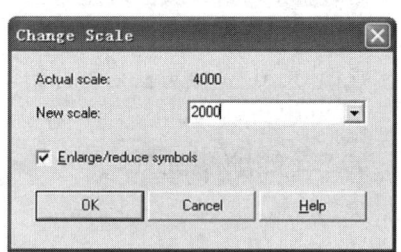

图 18-18　调整后的改变比例尺对话框

二、导入、调整模板

（一）导入模板

在【template（模板）】菜单中选中【open（打开）】命令，根据实际情况设置底图与地图参数，并根据模板的方位旋转角度，保证模板的磁北方向指向绘图工作区的正上方，点击 OK 完成模板导入。

（二）调整模板

如果导入模板后，底图上的栅格不能很好地与工作区栅格吻合，则需要调整模板。

（1）点击【show grid（显示栅格）】工具，在工作区窗口显示栅格线。然后按【adjust（调整）】快捷键 F9 启动模式调整命令，鼠标光标将变为十字形光标。在底图中选中某一栅格线的交点作为定位点（最好从底图的四个边角处的栅格交点中选择），并点击，然后点击邻近的工作区栅格线的交点，按"Enter"键，软件将自动完成模板的调整，使底图上的栅格与工作区栅格重合。

（2）调整后如果仍然存在偏差，应该进行进一步调整。通过 F9 启动调整命令，然后在原定位点和绘图工作区重合的位置双击，然后再选定 2~3 个定位点，依次单击定位点及与定位点最邻近的绘图工作区栅格线交点，完成后按"Enter"键。

三、描绘地图

在 OCAD 中描绘地图应该遵循一定的操作程序。这种程序是基于个人经验建立的，与制图人员的个人风格有关，不同绘图人员的操作程序可能不同。另外，校园和公园地图描绘的操作程序与森林地图描绘的操作程序也有所不同。

（一）校园和公园地图

校园和公园地图的描绘一般先描绘较大的交通干道等框架性线状地物，将地图分成几个区域，然后从其中的一个区域开始，从一个角开始向另一个角描绘，依次描绘线状特征、建筑物和点状特征，最后描绘等高线及植被等面状特征。

（二）森林地图

森林地图的描绘一般从路和小径开始，将地图分成几个区域，然后从其中的一个区域开始，从一个角开始向另一个角描绘，依次描绘小径或小路等线状特征、等高线、特殊地貌特征和点状特征，最后描绘植被等面状特征。

四、整饰地图

整饰地图指在完成地图描绘后为地图添加必不可少的整饰要素，包括地图名称、数字比例尺、等高距、磁北线及磁北线距离尺、地图制作日期等信息。如果地图使用对象为初学者，还应该在地图上加上图例。

复习、思考与实践

1. 节点在矢量图绘制中有什么作用，OCAD 有几种节点，它们各有什么特点。

2. 画曲线时最关键的操作是什么？

3. 创建一个地图文件，在绘图区工作区分别用椭圆工具和圆工具画几个不同规格的椭圆和圆，然后用曲线工具描绘这些椭圆和圆。

4. 为手头上的定向地图画上栅格线，扫描后作为底图导入 OCAD，进行调整模板、绘制地图等操作。

第十九章　定向地图测绘基础

本章导读

本章在分析定向地图测制特点的基础上，提出定向地图测制过程中应贯穿的基本理念，介绍定向地图的测绘方法，指出 ISOM 与 ISSOM 体系的特点及应用时应注意的问题。通过本章的学习，将能够：

1. 理解定向地图测制的特殊性；
2. 理解定向地图测制的基本理念；
3. 掌握定向地图测制的方法；

第一节　定向地图绘制的特点

定向地图是一种专用地图，是一种附加了地面碍阻和遮蔽信息及易跑性信息，用磁北方向线定向的详细的地形图。定向地图的测制具有以下要求和特点。

一、与竞赛规则一致性

定向运动赛事中最常见的项目是长距离、中距离、短距离和接力赛，不同项目对地图有不同要求（表19-1）。

表 19-1　不同项目对于地图的要求

	短距离	中距离	长距离	接力
比例尺	1∶4 000~1∶5 000	1∶10 000	1∶15 000	1∶10 000~1∶15 000
等高距	2~2.5米	5米	5米	5米
地图特点	对通行起限制作用的区域着重刻画	复杂地形中特征的刻画	复杂地形中特征的刻画	复杂地形中特征的刻画
制图规范	ISSOM2007	ISOM2000	ISOM2000	ISOM2000

地图比例尺决定了地图内容详细程度和精度，等高距决定了地图表示地貌的详细程度。随着比例尺的变化，制图综合时的取舍和简化标准也随着相应变化。因此，不同项目对定向地图测绘具有不同的要求，定向地图的测绘必须与竞赛规则保持一致。

二、专用性

（一）使用者专用性

同样一张定向地图，初学者与优秀运动员从中获得的信息差异很大，这种差异取决于定向参与者的技术水平和经验。ISOM2000 和 ISSOM2007 是为竞技比赛中运动员制定的。从运动员的角度出发，他们总是希望在保证易读性的前提下地图展现的细节尽可能的丰富一些，而其他定向人的想法却相反。两者在整个定向过程中的读图方式有着天壤之别，前者是在快速奔跑的状态下读图，而后者主要是在慢跑、走动甚至静止状态下读图。测制定向地图时主要考虑运动员，特别是优秀运动员的需要。

（二）内容专用性

作为专用地图定向运动地图，在其内容和形式上必须满足定向运动项目特点的要求。定向地图的内容要体现地形的定位、特征，体现地形的通行、观察特征，以及植被的可奔跑性在内容方面主要从自然要素和人文要素两方面进行体现，在形式方面主要从定位、导航意义，可跑性与通视性三方面体现。

（三）制图规范专用性

ISOM2000 与 ISSOM2007 是两个适用性不同的制图规范。前者主要用于制作小比例尺（1∶10 000～1∶15 000）野外定向地图，制作的地图主要用于长距离、中距离和接力赛项目。后者主要用于大比例尺（1∶4 000～1∶5 000）的城市、野外或城乡结合区域的地图制作，制作的地图只能用于短距离项目。这种专用性是随着定向运动的发展而产生的。短距离定向具有亲近观众的观赏性是传统野外定向所不能比拟的，但其高速运动的特点和场地环境特征使得ISOM 无法满足这一新兴项目的需求，从而促使了 ISSOM 体系的诞生。ISSOM是基于 ISOM，但又有别于 ISOM，具有自身鲜明个性和特点的制图规范。

三、国际性

定向运动是一项国际性的运动，定向运动的地形千变万化，应用 ISOM2000 与 ISSOM2007 测制地图时，必须用国际化的视点去看待定向运动地图的制作，做到将标准化的规范与实际问题完美结合。实现这样的结合，要求制图人员不仅仅要理解地图语言（符号）的内涵，还必须充分掌握地图语言的外延。为了实现这一目标，制图员不仅需要对制图规范了然于胸，还需要通过参加各类赛事积累更多的对定向运动和定向地图的认识。

四、运动员视角

任何地图制作的终极目标均是为了更好的使用地图。运动员对实地所有情况的判断均基于奔跑中的视觉和认知。制图员要在遵守项目特点的前提下，对现地特征进行充分、合理的取舍和概括，使地图上被保留或突出的特征是能够被运动员感知的。为了达到这一目标，同样需要选手通过更多的比赛去积累这种视觉感受的经验。

五、相对性

（一）精确度的相对性

保证运动员对地图没有任何不准确的感觉是定向地图精度控制的基本原则。在定向地图上，特征定位的精度应该与参赛者使用指北针和步测得到的结果一致，确保参赛者用指北针和步测时感觉不到地图与实地之间有明显差异。一般情况下，两个相邻特征间间距的误差小于 5% 就可满足精度的要求。

（二）高程的相对性

定向地图中绝对高程的意义不大，重点在于表现相对高程。良好的相对高程表达能够更好地展现地貌特征，在允许的条件可对高程进行适当的夸张，但不能超过等高距的 25%。

第二节　定向地图绘制的基本理念

一、影响地图制作的因素——地图学功能模型

荷兰著名地图学家 E. S. Bos 于 1982 年提出了影响地图制作的模型——地图学功能模型。地图学功能模型以图解的形式说明了对地图设计和地图生产具有影响的各个学科和技术。模型的核心是地图设计，围绕在周边的是与其他学科相关并最终影响成图的因素。

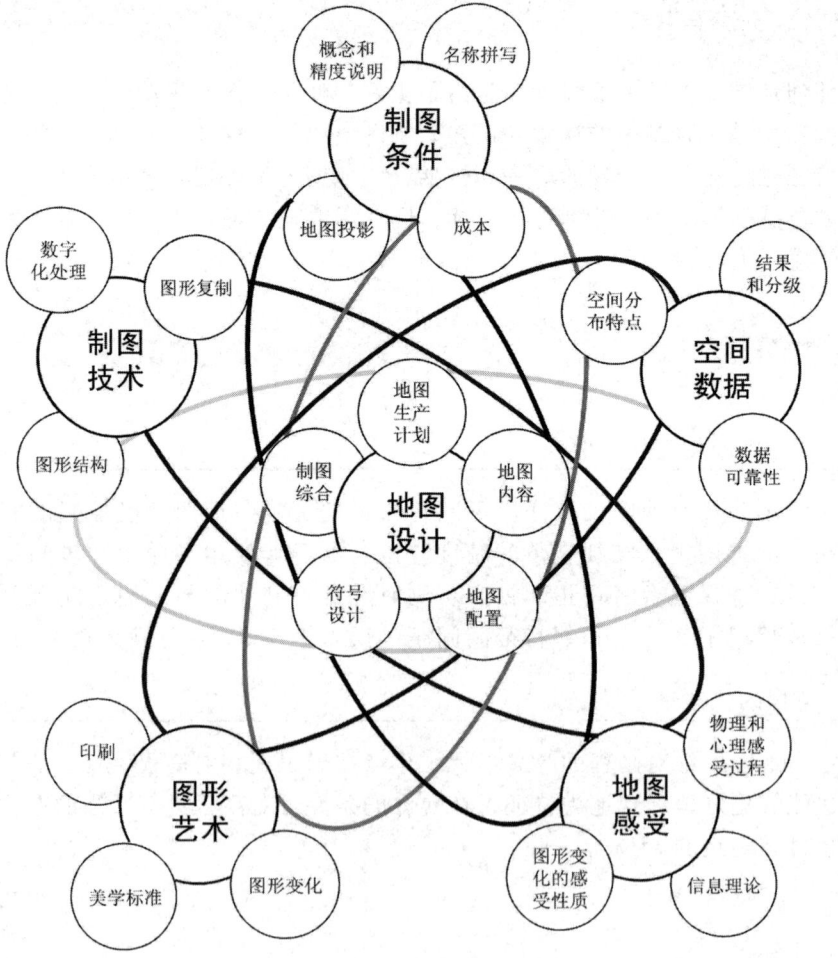

图 19-1　地图功能学模型

影响地图设计的主要因素包括地图内容、符号设计、制图综合、地图配置和地图制作计划等5个方面。定向地图符号设计已经由IOF地图委员会在ISOM和ISSOM中定义。地图内容和制图综合由制图员处理，这要求制图员在野外调查制图时要严格执行ISOM或ISSOM。地图配置和地图生产计划由竞赛主任或总裁判长负责。

二、信息传导理论

在定向地图制作过程中，制图员将其在实地观测到的地貌、地物及其属性等信息进行加工处理之后绘制成图，运动员通过地图阅读获得上述信息（图19-2）。运动员在穿越实地的过程中总是不断地进行着内心期待与现地对照。而这种信息的传递往往是单向不可逆的，只有高质量的定向地图才能够保证不同水平的运动员都能够得到其所需要的实地地形信息。地图信息传递质量和效率也取决于制图员与运动员间能力的差异，两者能力越接近，希望传达的信息与预期的信息符合程度越高，反之则越低。提高两者之间信息传递质量和效率的最为有效方法和要求是：

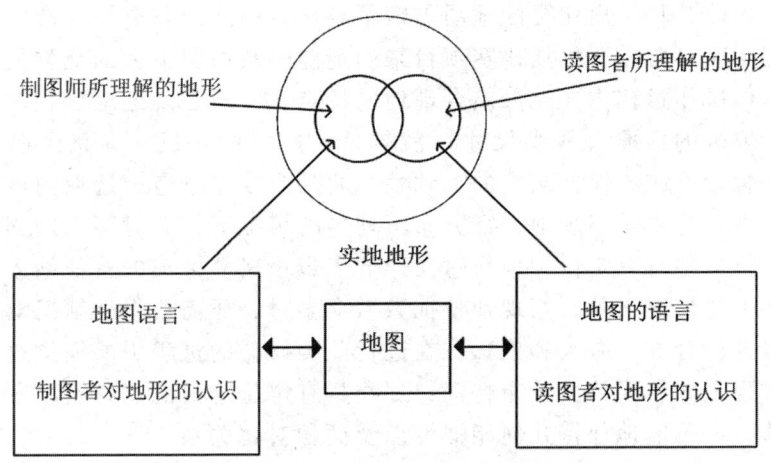

图19-2 地图信息传递模型

1. 采用地图使用者——运动员能够理解并翻译的地图语言：ISOM与ISSOM体系来表达地形。

2. 在任何情况下，制图员都要以运动员，尤其是跑动中的运动员的视角出发去看待地图制作问题。

三、制图综合理论

地图是现地情况的缩小化表示，这种方法无法将所有的现地信息一一表现在地图上。同时，从用图的角度出发，一张不遗漏任何实地信息的地图对用图者来说是一场可怕的灾难——无法准确快速地获得所需要的信息。地图内容的充实性与易读性是一对天生的矛盾，要解决这一矛盾，在地图测绘中必须进行制图综合。

制图综合是制图过程中最具有创造性的环节，它主要包括取舍与概括两个方面：取舍是指选取对于定向地图有用的信息；概括是指对地理要素在形状、数量及其质量特征进行简化，使之更好满足定向运动的要求。地图用途、成图比例尺及待测区域地形、植被特点对制图综合水平起着决定性作用。

（一）取舍

取舍程度主要取决于比例尺大小，通常比例尺越小，地图能够表现的细节越少。因此，长距离比赛的地图与短距离比赛的地图在取舍标准上是不同的。在制图时，首先要根据比赛项目来确定能够被保留下来的地物的最小尺寸。在具体操作过程中要充分结合现地的特点，一般在现地地物相对稀少的情况下，取舍的标准（最小尺寸）就越低，反之则相反。在整个制图过程中这种取舍标准应该保持高度的一致性。此外也要充分考虑选取内容的重要性和指示性，特别是当现地特征分布不均匀的情况下，有时可以适当放松选取标准，将那些具有定位和导航意义但低于最小尺寸标准的特征纳入地图之中。除了上述情况之外，当现地特征数量众多时，还需要根据情况对某些细小的内容进行合并、夸大和位移。在进行此类操作的过程中要注意这些细小特征的排列走向，保持其分布特征，那些具有定位意义的点状及线状地物不能被位移，尽可能地保持几何相似性以及面积对比关系。

（二）概括

为了更好地表达实地情况，满足运动员视觉辨别的要求，必须对定向地图上的线状及面状符号进行必要的概括处理。有目的和有意识地突出那些主要的、具有代表性的信息，删除那些次要的、非典型性的信息。在具体操作过程中，主要简化普通细小弯曲及碎部，夸张那些细小但反映特征的弯曲。

1. 舍去

随着比例尺缩小，某些细碎特征无法在成图上清晰表现应舍去（图 19-3）。

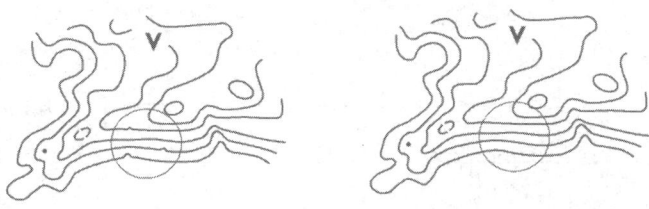

图 19-3　舍去

2. 合并

随着比例尺缩小，同类特征间的间距缩小到无法清晰区分时，可采用其合并的方法着重体现特征的主要方面（图 19-4）。

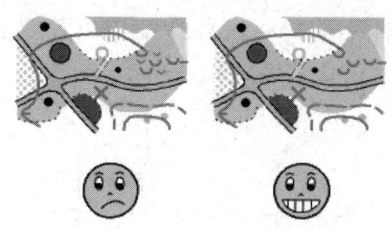

图 19-4　特征间的合并

3. 夸大

为了突出具有重要定位意义的特征，对于依比例无法表达的特征、特征的细部、特征间的差异进行夸大（图 19-5）。

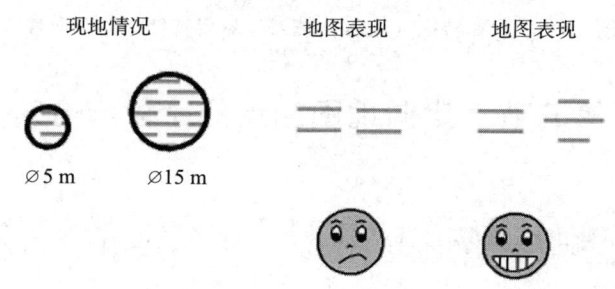

图 19-5　夸大特征间差异

（三）定位优先级

随着比例尺缩小，一些在地图上的占位空间超过其实地的不依比例尺或半依比例尺符号将在地图上出现相互占位的矛盾，在这种情况下要根据特征的定位优先级，即从特征在定位上的重要性出发来安排符号占位的优先等级。

1. 双方位移：当两个特征同等重要时，采用相对位移，使符号保持必要的间距（图 19-6）。

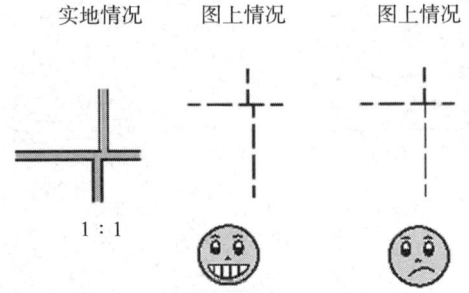

图 19-6 双方移位

2. 单向位移

当两个特征的重要性不同时，次要特征应以重要特征为参照进行单方移位，保持符号之间正确的拓扑关系（图 19-7）。

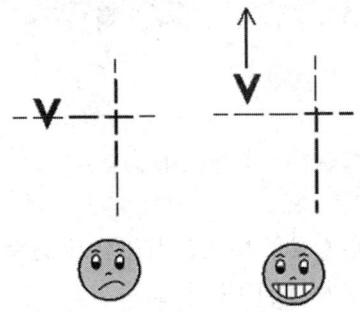

图 19-7 次要特征（土坑）相对于重要特征道路单向移位

第三节 定向地图测绘的手段与方法

一、定向地图测绘的基本手段

磁方位角与步测是进行实地测量的基本手段。另外，随着 GPS 技术的发展，目前国际大型赛事已经开始将 GPS 技术应用于定向地图测绘，但目前尚无法完全取代传统测绘手段。

（一）磁方位角

定向地图制作中的方位由磁方位角确定。沿顺时针方向，某点的目标方向线与磁子午线间的水平夹角,叫该点的磁方位角。磁方位角的读数可以由制图指北针读出。在现地任意一已知点,将制图指北针水平放置在与眼部同一高度,并将指北针指向待测目标物体,待指北针读数稳定之后,可以通过读数窗口获得磁方位角数据(图19-8)。

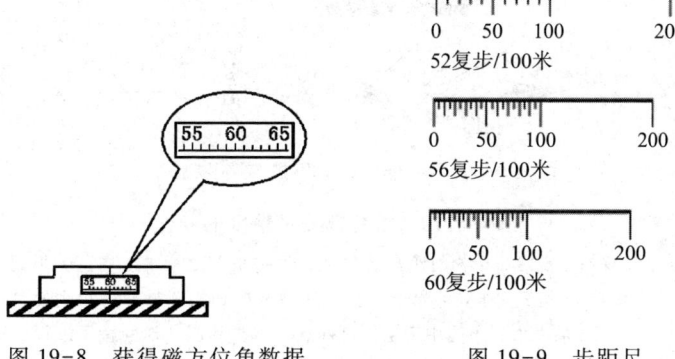

图19-8 获得磁方位角数据　　　　图19-9 步距尺

(二)步测与步距尺

定向地图制作中的距离由步测确定。步测是根据一定步幅量测出两点间距离或线段长度的方法。步测的准确性取决于步距的稳定性。地形的起伏变化和工作时的体能状态都将影响到步距,制图员需要具有丰富的经验才能将这种误差降至最低。为了提高步测的效率,需要使用步距尺。步距尺制作以自我感觉最舒适的复步步幅为基础,通过在平地、上下坡等不同的情况下往返完成固定距离(如100米)的方式进行。在获得完成该距离的复步数量后,可根据不同的比例尺换算出1-15个复步在图上的实际长度,最终将上述复步数与图上长度关系绘制成一一对应的表格,形成制图员个人的步距尺。一般情况下,制图员都将步距尺制作成与底图比例尺相适应的便签并粘贴在绘图板上或制图指北针上。

(三)测量原则

由于指北针精度(±1度)及步测的限制性,一般情况下,利用磁方位角进行角度测量时不应超过150米,步测距离不应超过100米,长距离的测量都必须利用已知点状地物来进行校准。另外,指北针测量的准确性比步测高,应尽可能用指北针来定位。

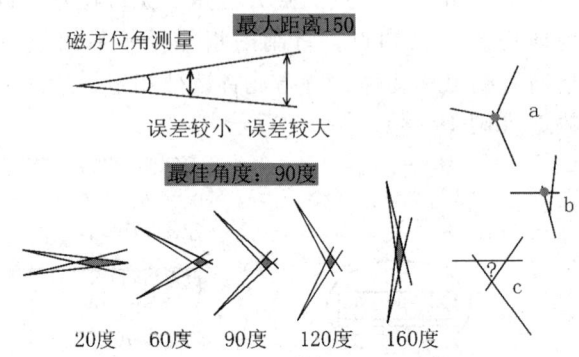

图 19-10　指北针测量精度的变化

图中左上显示随着站立点与目标物间距离的增加，误差也随之增加。右图为根据三个已知位置确定一个目标点的位置，a 表示三条连线汇聚于一点，这种情况在实际操作中很少发生。通常的情况是 b。当出现情况 c，交汇区域太大，不能用于定位目标点，需要利用其他的特征进行校正。左下显示 60 度~120 度的夹角是最佳测量角度，夹角太小或太大误差都将增加。

二、定向地图测量的基本方法

（一）点状特征的测量

确定一个目标点位置最简单的方法是三角测量法，即通过 2~3 个已知点确定目标点的位置。理论上，两个已知点就可以确定一个点的准确位置。但由于指北针测量精度不足，对于距离较远目标的定位，需要增加一个已知点来进行校正，以提高测量的准确性。在实际操作过程中常采用的定位方法包括：

（1）三个距离。
（2）三个方向。
（3）两个距离结合一个方向。
（4）一个距离结合两个方向。

图 19-11　通过 3 个已知数据测量点状特征的方位

对于距离较近目标的定位，在实际勘测中可以根据两个已知点或根据一个已知点和距离来定位。这种方法得到的定位误差较大，一般需采用复测的方法来校正误差。

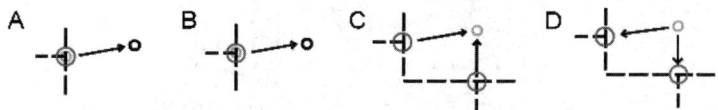

图 19-12　通过 2 个数据测量点状特征的方位

A：制图员位于道路交叉口（红色圆圈-已定位位置）定位一个点（绿色圆圈），该点可以用磁方位角及其与交叉口的距离确定。B：制图员位于道路交叉口（红色圆圈-未定位，但知道是自己的站立点）观察一个已定位位置（黑色圆圈）确定站立点的位置（绿色圆圈），而获得交叉口的位置。C：从两个已定位位置（红色圆圈）能同时观察目标（绿色圆圈-未定位），测量磁方位角而确定该点的具体位置。D：绘图员站在一个未定位位置（红色圆圈）能同时观察到 2 个交叉路口，测量站立点与 2 个交叉口的磁方位角，其反向延长线将会交汇于一点从而确定该点的具体位置。

（二）线状特征的测量

线状地物可以被视作若干个连续线段构成。当线状特征较短（小于 100 米）时可以采用磁方位角加上步测的方法来测量。在测量中这种测量方法易导致累积偏差。修正这种偏差的原则是将累积误差分配到各个测量阶段。

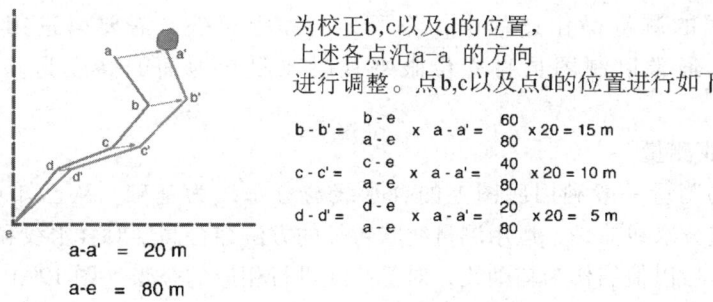

图 19-13　累积偏差的校正

偏误由 ABCDE 线段上各点的偏差累积而成，每个点都必须通过 a-a′ 连线进行校正，校正系数为各点至 e 的距离与累积偏差的比值。

（三）面状特征的测量

面状特征的测量主要是其边界进行测量，可以采用测量线状特征的方法进行。面状特征测量的关键是要准确定位对面状地物形状起框架作用的控制点。控制点的定位必须通过三角测量获得（图 19-14）。

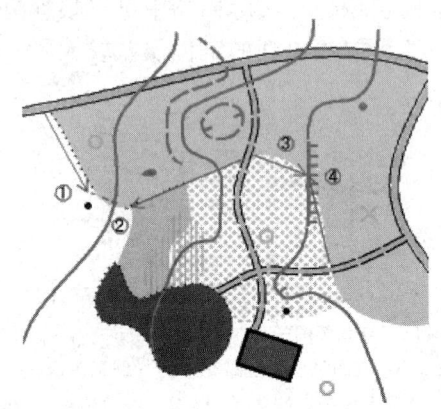

图 19-14 面状特征的测量

（四）等高线的测量

等高线为运动员提供诸如地貌、高差、陡峭或舒缓程度的基本信息。但是，由于视角差异，按严格的数学基础绘制的等高线提供的地貌信息往往不如运动员在实地感受到的信息明显。为了满足定向运动的需求，要在地图上对山凹的深度、山凸和台地的突出程度进行夸大，同时合理夸大他们的宽度。

1. 高度测量

在等高线的测量操作过程中，除了方向和距离外，需要引进第三个参数——高度。通常以制图员直立位眼平视时双眼与地面的高度为基本测量单位。

2. 地性线测量

等高线的测量一般利用底图上的合水线与分水线为基础，从已知点出发，沿着合水线或分水线前进，运用测量线状特征的方法结合高度对合水线和分水线进行定位。然后以他们作为辅助线，对等高线进行相应的夸张（图 19-15）。

图 19-15 等高线的测量

3. 高程偏差的处理

在定向地图中，等高线主要用来显示地貌的形态特征，而不是高程。在地图测绘过程中可以对等高线进行 25% 的上下调整等高来突出地貌的形态特征

（25%原则），细节等高线亦是如此。细节等高线可以表示低至25%等高距的地貌变化，如等高距为5米时，细节等高线可以表示超过1.25米的地貌形态特征，而当等高距为2米时，细节等高线可以表示0.5米的地貌形态特征。但应该注意，对同一地貌形态，在不同的位置或视角观察得到的地貌认知是不同的，如图19-6所示，在a-d几个位置得到的地貌认知将会不同。野外勘察时应从更宽广的视角来考虑等高线的特点，但实际情况是制图员往往从局部考虑问题，结果将出现图19-16中e-f的情况，将本应用等高线g表示的地貌形态e错误地表现为f。

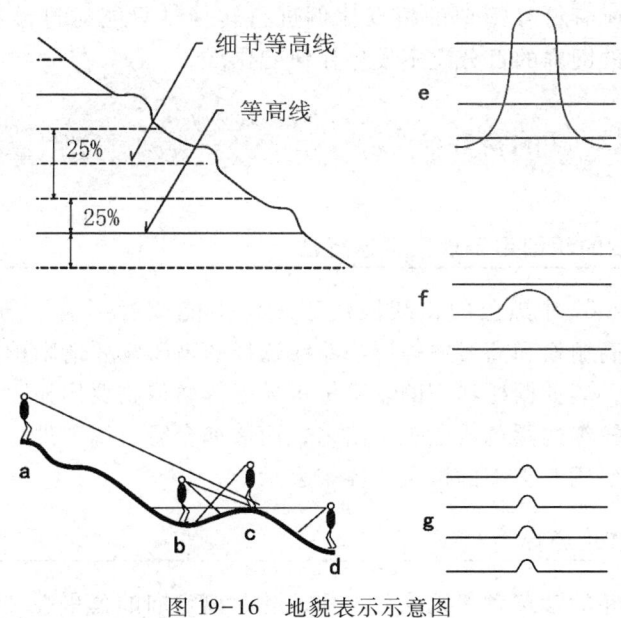

图19-16　地貌表示示意图

第四节　地图规范要点解读

一、ISOM2000与ISSOM2007的共性

1. 强制性

国际定联所有赛事的地图都必须严格按照这两个规范进行测绘。若出现或与这两个规范不符的情况，必须得到国际定联地图委员会批准。

2. 地图内容

定向地图应该包括运动员在不同跑速下视觉能够感受到的明显特征和对运动员定位和导航起作用的特征。

3. 精确性

"运动员对于地图没有任何不准确的感受"是定向地图精度的基本要求。

4. 易读性

定向地图首先需要满足易读性，在易读性得以保证的基础之上尽可能丰富地图的内容。

5. 地图放大

ISOM2000的符号规格适用于1∶15 000和1∶10 000两种比例尺，ISSOM2007的符号规格适用于1∶5 000和1∶4 000两种比例尺。当需要放大地图时，不能将所有符号简单的根据比例进行转换，只能对符号和线段进行放大，网点所占的网屏的百分比不发生任何变化。

二、ISSOM2007的特性

（一）黑色线段的粗细用于现实可通行性

在ISSOM2007中黑色的粗线段用于表示不能或者不应该通行的障碍物。诸如高围墙、高栅栏和高岩壁等影响路线选择的障碍物要清晰地用显眼的粗黑线段表示出来，诸如栅栏和小的岩壁等可通行的妨碍物要用显眼的比表示阻碍物的粗黑线段较细的黑色线段表示出来，而诸如台阶、铺装地边缘等很容易通行的特征则需要用非常细的黑色线段来表示。

（二）阻碍物禁止通行

为了对所有的参赛者一视同仁，保证短距离定向的公平性，地图上表示为不能通行的特征禁止通行，这一原则与参赛者的实际通行能力无关。

（三）多层平面结构中的主要可跑平面

短距离比赛场地中常可见到多层平面结构。地图表示方法不可能表示一层以上的平面结构，因此，在地图中只表示多层平面结构中主要的"奔跑"平面，对参赛者有重要意义的地下通道（如过街地道，明亮的隧道）或上跨通道（如天桥）应该表示在地图上。

（四）部分人造特征在城区和野外采用不同的符号表示

为了产生更好的视觉效果，ISSOM2007中部分人造特征在城区和野外采用了不同的符号来表示，这些人造特征主要包括小路、能通行的墙体、台阶或铺装地边缘。详见ISSOM2007：506.1无铺面人行道或大车路、519能通行的石墙、519.1 能通行的墙和 529.1 台阶或铺装地边缘。

（五）专用符号

507 无铺面人行道或大车路、508 不显眼小路、509 窄林道和 519 能通行的石墙等 4 个符号只能用于野外地图，不能用于城区地图中。

（六）不能通行植被

421 不能通行植被。该符号具有两层含义：禁止进入或穿越的植被区；不能穿越的浓密植被（树林或下层丛林）区。

（七）与短距离竞赛规则高度一致

如果运动员在比赛中穿越了图中表示为禁止穿越或通行区域，将被取消比赛资格，比赛成绩无效。

三、易出现理解偏差的符号和属性

（一）植被的可跑性

开阔植被区按可跑性与通视度分为 2 种基本类型：开阔地（401）和凌乱开阔地（403）。开阔地易跑，而凌乱开阔地不易跑，但定向地图无法表示其对运动员奔跑的具体妨碍程度。当开阔地中有不影响运动员跑速的零星树木时，则需要采用配有网点的符号（402 有零星树木的开阔地或 404 有零星树木的凌乱开阔地）来表示。当开阔地上有可影响可跑性的低矮林丛时，应该在开阔地符号上加上低矮林丛符号（407 慢跑低矮丛林或 409 难跑低矮丛林）以显示其对可跑性的影响。另外，415 可用来表示一切以耕种为目的的区域，有时也可以用来表示幼林，此时，幼林成为禁区。

森林与林地按可跑性分为 4 种基本类型：易跑林、慢跑林、难跑林和极难跑植被。当林地为开阔林，但其下层植被会妨碍运动员奔跑时，需要在易跑林上配置相应的下层植被符号（图 19-17）。

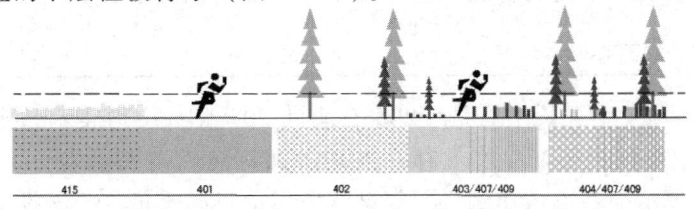

图 19-17 植被的可跑性

植被的可跑性的正确表示对运动员的路线选择至关重要，同时也是影响赛事公平性的关键因素。由小路包绕的正方形区域内的植被密度是一致的。由 a 点出发到达 c 点，沿对角线 a-c（长度 707 米）直线穿越林地与沿着小径 a-b-c（长度 1 000 米）绕过林地所耗时间完全取决于植被的易跑性。图右显示了植被的可跑性不同时，直线穿越所需消耗的时间。显然，在难跑林中进行直线穿越是非常不理智的选择（图 19-18）。

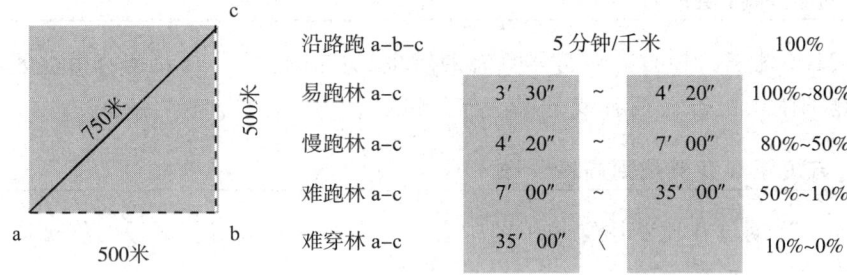

图 19-18　可跑性、距离与时间的关系

制图员通常会低估运动员穿越浓密植被区域的能力，特别是当其仅站在小路上对植被进行观察时。为了更准确地表达植被的可跑性，制图员应该尽可能做一些植被可跑性测试。具体测试方法如下：

先选择一块与待测植被区起伏水平基本一致的易跑林，测定制图员在其中全速奔跑的跑速，并将此速度作为 100% 可跑跑速（m/s），然后制图员穿越待测植被（不得少于 125 米）并记录所耗时间和距离，计算出穿越速度，最后除以 100% 可跑跑速，即可得到植被的可跑性。

（二）可通行与不能通行陡崖

陡崖是地面上与周围环境明显不同的一种陡变，它们为运动员提供有关危险性和可跑性的有效信息。在制图规范中用于表示崖体的符号有三个：106 能通行土质陡坎、201 不能通行的陡崖和 203 能通行的岩壁。其中 106 表示诸如沙砾坑或沙坑、公路和铁路截面之类的土质崖体，短线用以表现出整个陡面的宽度。203 表示低矮垂直的岩壁，短线指向岩壁下降方向。202 着重表现陡崖的不可通行状态，不能通行的石质和土质陡崖都用该符号表示。

（三）土石堆与石头

112 土石堆、113 长土石堆、206 石块和 207 大石块均表示凸出地面的特征。206 与 207 仅在显著程度上存在差别，都只能用以表示岩石。112 与 113 则可以用于表示那些不依比例尺用等高线表示的显眼土堆、土石堆或岩石堆。

复习、思考与实践

1. 定向运动地图制作有哪些特点，这些特点与定向运动项目特征间有什么关系？
2. 地图学理论对定向运动地图的制作具有什么指导意义？
3. 如何保证野外勘测的准确性？
4. ISOM2000 与 ISSOM2007 的异同主要表现在哪些方面？
5. 找一张校园、公园或城市地图作为底图，在地图上确定自己的位置，然后在实地上选取一些与站立点靠近的点状、线状和面状特征，用定向地图基本测量方法在底图上对它们进行定位。

第二十章　定向地图测绘

本章导读

在理解定向地图制图理念，学会定向地图基本测量方法的基础上，本章按地图测绘的实际步骤指导你一步一步地学习定向地图的实地测绘技能。并在此基础上掌握室内地图、学校、公园及野外定向地图测绘的特点。通过本章的学习，你将能够：
1. 掌握定向地图测绘一般步骤；
2. 理解不同场地条件下定向地图测绘的重点；
3. 测绘简单的定向地图。

第一节　前期准备工作

一、野外填图的物质准备

（一）绘图工具

指北针（有良好的精度和准确性的刻度盘指北针），绘图板（表面平整，质地坚硬 A5 左右大小的轻便板材），防水保护膜，聚酯胶片（一般的硫酸纸也可以，但它在潮湿的环境中易受潮），防水彩色铅笔（直径 0.5 毫米、颜色通常为红、黑、蓝、绿、黄）、橡皮。笔袋（可根据个人喜好自行制作），尺子、量角器、剪刀、胶带、电话、身份证、钱、手纸、雨伞、帽子，长袖衣裤、食物、饮料（在制作森林地图时尤为重要），电子测距仪、GPS 接收机，适合自己的步距尺。

上述工具包含了定向地图制作需要的一些专业设备及日常生活必需品。其中电子测距仪与 GPS 接收机为选配件。

(二) 获取底图

可以从一张白纸开始测绘定向地图，但实际操作中更多的是利用已有的其他地图或地理信息数据作为底图，通过野外填图来测绘定向地图。适合作底图的地图资料主要有基本比例尺地形图、正射影像图、规划图、电子地图数据、旧定向地图等。

（1）基本比例尺地形图：适合作底图的基本比例尺地形图主要 1∶500、1∶1 000、1∶2 000、1∶5 000、1∶10 000 等大比例尺地形图。这种底图获取成本较为低廉，能为实地勘测提供足够的基本地形信息，但存在着植被信息不详细，局部等高线内容过于简化，森林覆盖区域等高线细节不够准确，缺乏足够的定向运动所需基本信息及数据陈旧等缺点。

（2）正射影像图：正射影像图具有精确度高、信息丰富、直观逼真等特点，是一种较好的底图。但是，这种底图价格昂贵，且不易获取。

（3）规划图：规划图的比例尺通常在 1∶500~1∶5 000 之间，通常具有等高线、实际高程和测量水准等基础信息，且获取成本低，是一种较好的底图。

（4）电子地图数据：电子地图数据是基本比例尺地图电子化后的保存形式，有 2 种基本格式：（1）光栅图像数据：扫描纸质地图获得。以这种数据建立的地图在改变其比例尺之后图像的质量将发生变化。（2）矢量数据：通过对现有地图矢量电子化或电子制图直接测量获得。以这种数据保存的地图其质量不受比例尺影响。矢量数据通过格式转换，可以被直接导入 OCAD 软件处理，按理想的比例尺输出带栅格的底图，目前这种底图较贵且不易获取。

（5）同一区域的旧定向地图：同一区域的旧定向地图是非常好的底图。

二、制订工作计划

野外填图的工作计划必须建立在实地考察的基础上，并重点考虑以下因素：测绘区域的面积。测绘区域地形特点，如开阔地、林区、线状、点状地物在现地所占比例；植被状况；等高线细节丰富程度、地形的陡峭程度。底图质量。季节与天气状况。自身的经验。

第二节 野外填图

一、处理底图

(一) 创建底图副本

对于纸质底图,要按 2 倍成图比例尺复制若干份副本作为野外填图底图。对于电子数据底图,可通过格式转换将数据导入 OCAD,然后按 2 倍成图比例尺生成副本,并在副本中为地图加上栅格后输出纸质底图(图 20-1)。

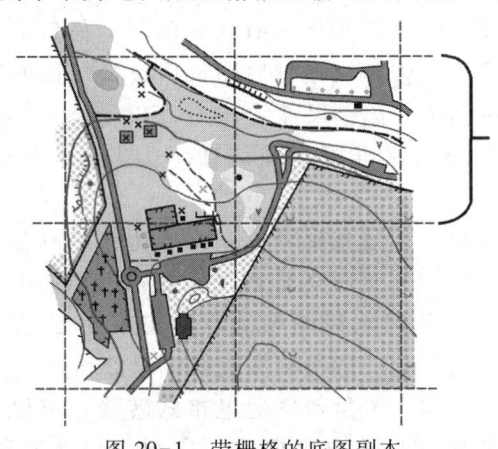

图 20-1　带栅格的底图副本

(二) 检查底图质量、校正磁北线与地理坐标的夹角

底图质量检查与磁北线、地理坐标夹角的校正应该同步进行。底图上的特征,甚至大的线状特征都可能存在错误,因此首先需要对于底图上大的特征,尤其是那些显著的线状特征进行检查。

定向地图用磁北定向,与底图所采用的地理坐标系存在一定的角度偏差,在制作定向地图之前必须在底图上标定实地的磁北线方向。具体操作方法是先在底图上选取两个实地中存在的点状特征并连线,在实地测得该连线与磁北线的夹角,然后按图 20-2 所示的步骤操作,即可在底图上标定磁北线。磁北线的标定要注意以下几个问题:点状特征必须在底图上选取。选取 2 条到 3 条连线通过测量夹角来校正误差。注意回避金属物(铁栏、铁门、手表等)及埋有电缆的区域。

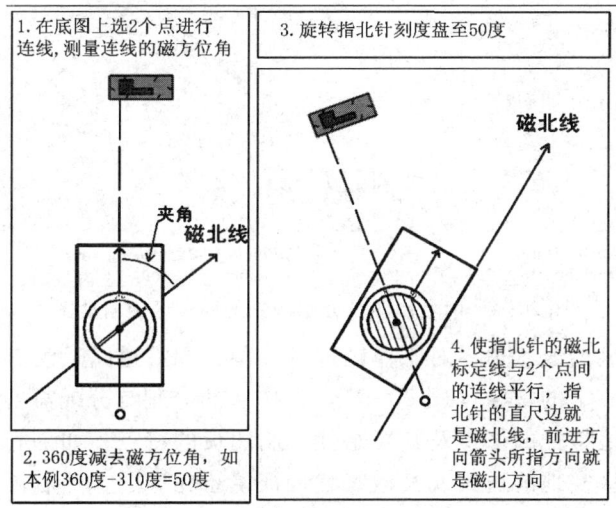

图 20-2　磁北线标注示意图

（三）绘制野外填图栅格

以磁北线为基本轴绘制野外填图栅格，栅格的边长通常取 4 厘米。

图 20-3　带有以磁北线定向的栅格的底图

（四）分割工作区域

　　野外填图是一项个性化很强的工作（图 20-4）。许多情况下，野外填图需是由多名制图员共同完成的。因此，进行工作区分割前必须对场地进行一次甚至多次集体考察，统一地理特征的取舍标准和分类分级标准。

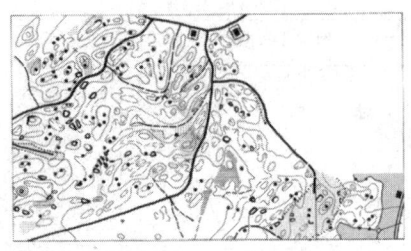

图 20-4　两名制图员分别测制的同一区定向地图

通常沿明显的线状边界对工作区进行分割，如沿道路、溪流等。各工作区的边界应该有一定的重叠（图 20-5）。工作区的分割与分配需要考虑底图上特征的多少和实地特征的多少及其复杂性、制图员的特点。如果底图上细节过于稀少，需要先将实地的道路或其他线状特征填绘在底图上然后再进行分割。对某些线状特征极度缺乏的区域，可人工制造一些线状特征，如在这一系列特征上系上醒目的彩条来帮助进行分割。工作区的大小至少要能够满足制图员一个工作日的工作量。

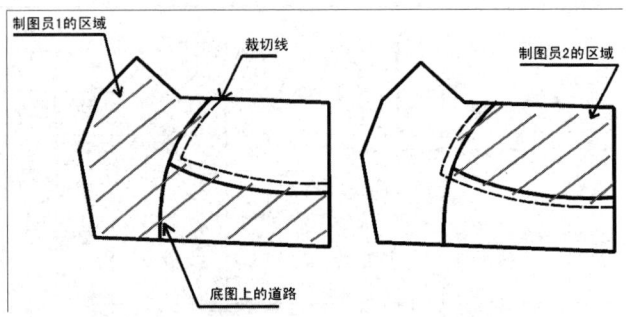

图 20-5　工作区分割示意图

（五）制作绘图作业板

绘图作业板由绘图板、底图、防水保护层和聚酯胶片绘制层四层依次叠加组成（图 20-6）。

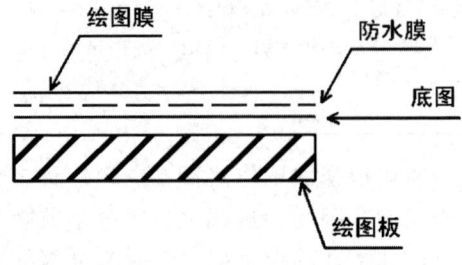

图 20-6　绘图作业板结构图

二、野外填图

(一) 填图顺序

（1）从确定边界入手。首先绘制对绘图区域起框架作用的显著线状与点状地物的位置与方向，并对道路进行分级。

（2）沿着线状特征展开进一步测量，包括植被边界、山背（山凸）与山谷（山凹）的地性线以及显著的等高线细节，在此过程中可以顺便添加在上述线状地物附近的点状地物。

（3）在系统性穿越整个区域的过程中添加点状地物。

（4）对植被进行分类。

（5）完成所有的等高线。

等高线细节与线状或其他点状地物可以在上述过程中进行同步勘测，应注意的是必须借助他们与图上其他已确定位置的细节特征间的相对位置关系对他们的位置进行调整。

(二) 勘测路径

在现地勘测过程中，制图员总是沿着一定的路径进行勘测。制图员经常采用的路径有三种（图20-7）：

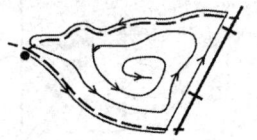 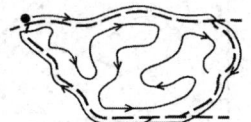

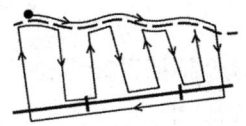

图 20-7 三种常用的勘测路径

（1）以封闭区域中心确定位置为起点，以螺旋式的方式完成整个区域的勘测。

（2）以封闭区域边界某个确定位置为起点，以 S 型路线完成整个封闭区域的勘测。

（3）当两条接近平行的线状特征间特征不多时，可以由线状特征的一端开始以往返行进的方式完成整个封闭区域勘测。

(三) 不同类型场地中的勘测技巧

不同类型场地中特征的多少，特别是线状特征的多少通常有明显的差异，如校园和公园线状特征较丰富和明显，而野外可利用的线状特征通常只有分水线与合水线等地性线。因此需要根据具体情况采用不同的勘测策略。

1. 校园、公园的勘测

(1) 定位线状特征：选定当天测绘的区域后，从最显著的线状特征开始，沿着线状特征封闭一块区域（图20-8a）。

(2) 定位点状特征：首先在底图上定位线状特征附近的点状特征，然后定位远离线状特征的点状特征（图20-8b）。

(3) 定位植被区及等高线变化控制点：利用底图上的线状和点状符号，定义植被区的类型、边界及拐点，最终确定植被区的分布空间。同时，利用上述线状及点状符号还可以对等高线变化起作用的控制点进行定位（图20-8c）。

(4) 完成等高线：依该区域的山体走势完成最终等高线的定位（图20-8d）。

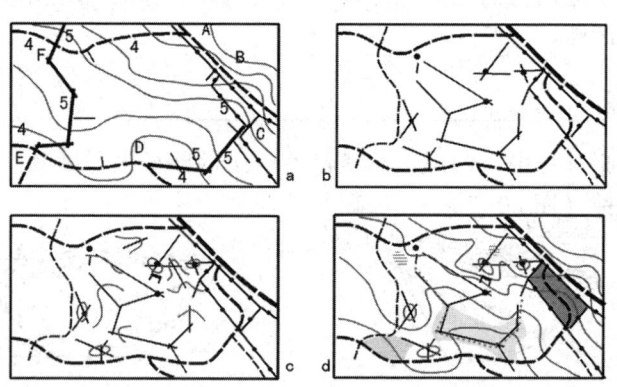

图 20-8 校园、公园勘测步骤

2. 野外勘测。

野外勘测时，第一步是对大特征进行定位，利用大特征来校正底图，然后以他们为控制点来定位较小特征。

(1) 校正底图：①如果现地较平缓，线状特征特别是交通网较多，首先应利用较大的线状（交通网）特征来校正底图。然后以他们为控制点对与相连接的显眼线状特征进行校正，再他们基础勘测其他特征。②如果现地地形起伏多变，且显眼的线状特征较少，首先应利用显眼的山脊线和分水线等地性线来校正底图，然后校正与之相连的合水线和分水线。最后以校正后的山脊线、合水线和分水线为基础定位其他特征。③如果现地地形起伏多变，且存在一定数量的显眼线状特征，首先应同时利用显眼的地性线（山脊线和分水线）和大的线状特征校正底图，然后校正与之相连的线状特征。

（2）定位其他特征：首先定位已校准线状特征两侧近旁的特征，尤其是那些较大的点状特征。水平较高的制图员，也可以在用线状特征校正底图时，同步定位这些点状特征。然后以校正后得到的特征为框架，将工作区分割成多个更小的封闭区域。最后以分割后的封闭小区为单位，完成工作整个工作区的勘测。

（四）野外勘测的手绘稿与简记符

勘测手绘稿是指在底图的基础上进行填图得到的地理信息手绘草图（图20-9）。为了保证手绘稿能够在用OCAD描图时清晰明了，需要建立一套手绘图简记符。简记符体系是制图员在多年的野外填图经验基础上建立起来，并不断完善的，具有明显的个性特征的辅助绘图符号系统。简记符体系的基本要求是：在使用过程中不会产生任何误解。

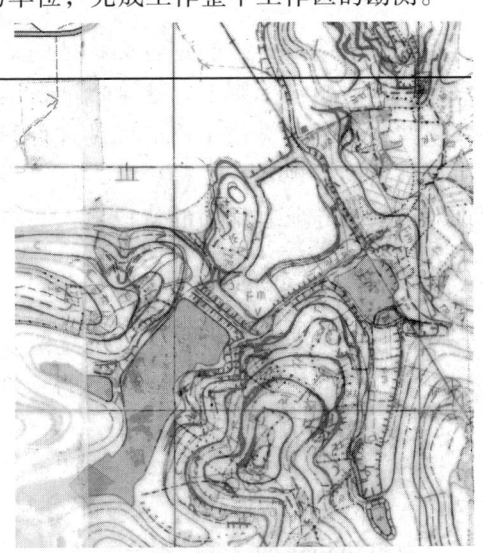

图 20-9　勘测手绘稿

简记符在具体的使用过程中，还应该根据地形条件进行调整。如在等高线细节较为丰富的地区可以用黑色表示等高线细节，用红色表示线状及点状特征；而在植被状况变化丰富并具有大量线状或点状特征的区域，可用红色表示等高线细节，而用黑色表示线状及点状特征（图20-10）。

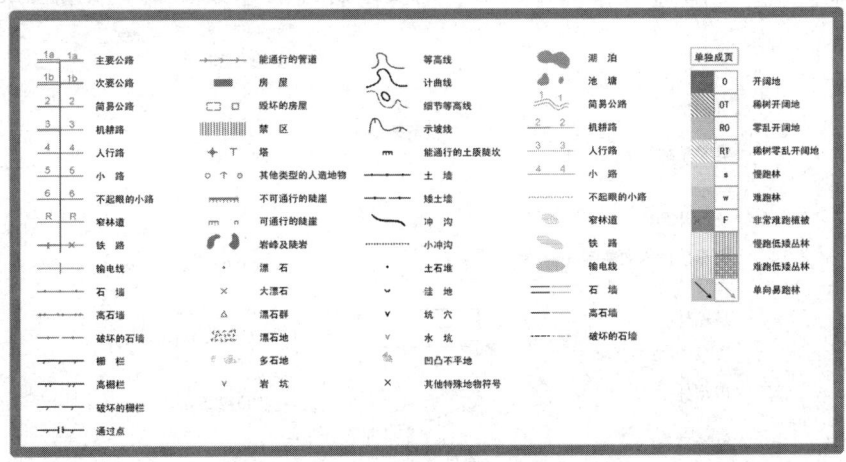

图 20-10　简记符体系范例

第三节　野外勘测的难点

一、最小选取标准

野外填图前必须确定各类特征的最小选取标准，低于最小选取尺寸的特征不得填入底图。原则上，这个标准在整个填图过程中应保持高度的一致性，但在某些情况下可对最小选取标准进行调整，如现地特征丰富时，最小选取标准可以被提高；现地特征稀少时，可以将某些达不到选取标准，但具有定位功能或对运动员导航有帮助的特征填入底图。

（一）符号与实地的最小尺寸

为保证地图的易读性，制图规范规定了地图上所有符号的最小尺寸。对于这一最小尺寸，ISOM 和 ISSOM 的标准是相同的。图上最小尺寸具体要求如下：颜色相同的细线间的间距：棕色或黑色：0.15 毫米；蓝色：0.25 毫米。最短的点线：至少两个点。最短的虚线：至少两段实部。最小的由点线围成的区域：1.5 毫米（直径），至少 5 个点。

由色块构成的区域：

蓝、绿、灰或黄纯色：$0.5\ mm^2$。

黑色网点：$0.5\ mm^2$。

蓝、绿或黄色网点：$1.0\ mm^2$。

对于 ISOM，最小符号尺寸所对应的实地特征尺寸如图 20-11 和图 20-12 所示。

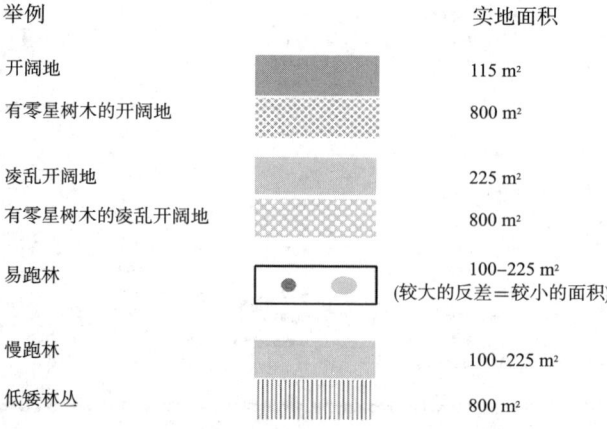

图 20-11　ISOM 中植被的最小尺寸（1∶15 000）

线状符号		地图	实地
长度			
水道		0.6 mm	10 m
间断性小水道		最少2段虚线	30 m
细沼		最少2点	12 m

颜色相同的两条线段间的间距（中轴线到中轴线）

		地图	实地
小路		0.33 mm	5 m
沟渠		0.39 mm	6 m

面状符号

			地图	实地
沼泽		=	最少2段虚线	50 m²
不明显的沼泽			最少3段虚线	400 m²
颜色100% 蓝、黄或绿			0.5 mm²	115 m²
颜色20%~50% 蓝、黄或绿			1.0 mm²	225 m²

图 20-12　ISOM 中线状特征和面状特征的最小尺寸（1∶15 000）

ISSOM 符号的最小尺寸与 ISOM 相同，但由于比例尺大于 ISOM 标准，其实地中特征的最小选取尺寸要小于 ISOM。

（二）符号占据的空间

面状符号在地图中占据的空间通常是依比例尺的，但也有特殊情况。如符号房屋的最小尺寸对应的房屋最小房屋为 5 米×5 米，但由于房屋在导航中的

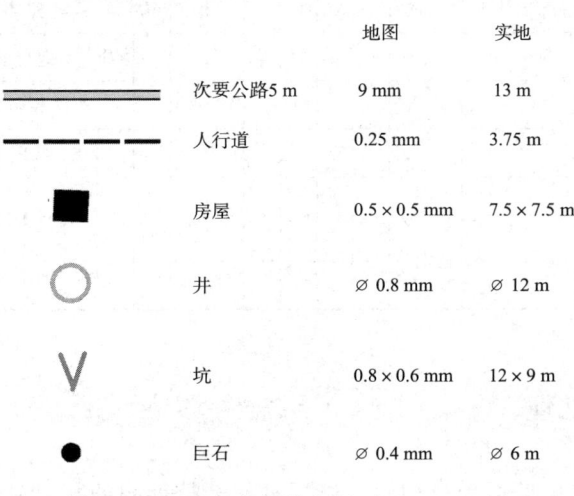

图 20-13　符号占据的空间（1∶15 000）

重要性，小于这一尺寸的房屋都会表示在地图上。点状特征在地图上占据的空间是超比例尺的，远远超过其在实地中占据的空间。线状特征的情况较复杂。

线状符号为半依比例尺符号，在宽度上其所占据的空间往往大于其实际大小。但对于 ISSOM 而言，有铺面的道路的宽度在许多情况下要依比例尺表示。这时，道路这一线状符号变成了面状符号。

二、符号的配合

为表达特征的属性，许多符号应该叠加起来配合使用，如开阔地与慢跑低矮林丛的配合，但也有许多符号不允许配合使用。下表列出了允许和不允许配合使用的符号。

表 20-1　允许和不允许配合使用的符号

	117 凹凸不平地									可配合✓
210 多石地		210 多石地								
309 不能通行沼泽			309 不能通行沼泽							
310 沼泽	✓	✓		310 沼泽						
311 不显眼沼泽	✓	✓			311 不显眼沼泽					
401 开阔地	✓	✓		✓	✓	401 开阔地				
402 有零星树木开阔地	✓	✓		✓	✓		402 有零星树木开阔地			
403 凌乱开阔地	✓	✓		✓	✓			403 凌乱开阔地		
404 有零星树木凌乱开阔地	✓	✓		✓	✓				404 有零星树木凌乱开阔地	
406 慢跑林	✓	✓		✓	✓					406 慢跑林
407 慢跑低矮丛林	✓	✓		✓	✓	✓	✓				407 慢跑低矮丛林
408 难跑林	✓	✓		✓	✓							408 难跑林
409 难跑低矮丛林	✓	✓		✓	✓	✓	✓						409 难跑低矮丛林
410 非常难跑植被	✓	✓		✓	✓								

三、等高线处理

定向地图注重按运动员的感受来表示相邻特征间的相对高程。制图员要按运动员的视觉感受来表现相对高程。如当现地两个高程超过 5 米的相邻的丘丛运动员的感受来看高程明显不同时，应该在较高的丘上添加一条细节等高线以突出表示这种相对高程差异（图 20-14）。

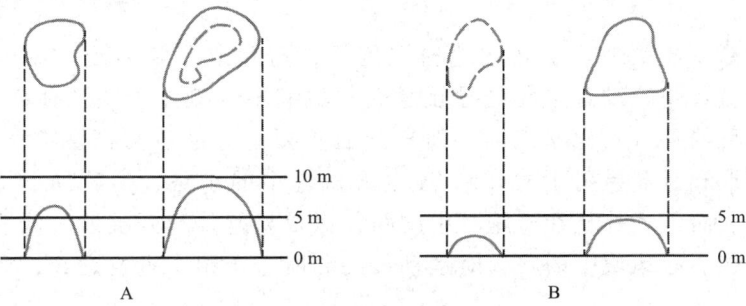

图 20-14　相邻特征间相对高程的表示方法

又如，当现地两个相邻丘的高程均未超过 5 米时，较高的丘应该用等高线表示，而较低的丘则应该用细节等高线表示（图 20-14B）。

有时为了突出某个部分，需要将相邻的等高进行细微的调整。如图 20-15 所示，在山脊上存在陡峭、平缓、陡峭的变化，但是三部分在沿着山脊线下降的过程中水平距离相当。为了突出其中平缓区域，则可以将该区域相邻两条等高线向各自相反方向微调，使得平缓区域在图上更显得突出。

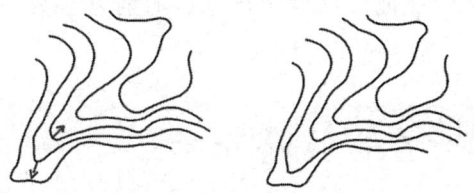

图 20-15　移动等高线，突出表示局部高程变化的相对差异

两个相邻的山谷其深度或宽度差异具有导航意义，若严格按照数学基础进行表示，图上将不会出现任何差异，此时需要对较深或较宽的那个进行夸大表示，使得其在地图上更显眼（图 20-16）。

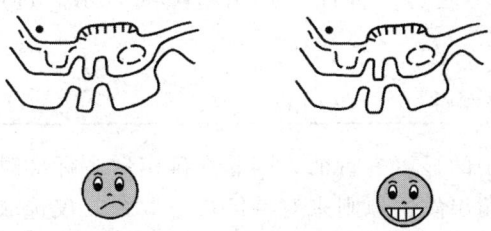

图 20-16　夸张绘制等高线，突出表示相邻地貌特征间的形态差异

四、小路的处理

易跑林、开阔地、半开阔地通视度好,易跑或非常易跑,对运动员而言,如果沿着路跑没有重要的导航意义,他们不会刻意去注意他们。因此,除非是定型的路(有路基或辅筑面)或有重要的导航意义,易跑林、开阔/凌乱开阔地和有零星树木的开阔/凌乱开阔地中的小路、不显眼小路通常不表示出来。而低矮林丛和慢跑林中的路,以及易跑林、开阔地、低矮林丛等交错混杂在一起地域中的路,对运动员的导航、奔跑有重要意义,要尽量表示出来。

五、林中空地(开阔地)的处理

在易跑林中运动员通常以很高的速度奔跑,空地较多或较小或不非常显眼时,不会引起运动员的注意,没有导航意义。因此,除了非常显眼的空地,易跑林中的空地通常不表示,特别是空地较多、较小或空地不显眼的时候。而在低矮林丛、慢跑、难跑林以及易跑林、低矮林丛、慢跑和难跑林混杂交错的林地中,林中空地应该表示出来,有时甚至要以夸张的形式突出地表示出来。

六、短距离地图测绘要点

(一)与规则紧密结合

短距离赛场地中的障碍物和妨碍物、禁区及过层通道是影响路线选择的重要因素。为了保证比赛的公平性,必须将某些可能导致不公平的障碍物或妨碍物强制规定为不能通行特征,并用粗黑线表示。过层通道的表现亦是如此。

(二)地图内容与易读性

短距离赛场地中的显著多特征,因此在确定取舍标准时应该严格遵循从高速跑动的运动员视角出发的原则来对特征进行取舍,仅选取对导航具有重要意义、充分反映特征影响奔跑和路线选择的属性。诸如垃圾桶、消火栓、独立的灯杆、公园座椅等对导航没有重要意义的特征应该舍去。

（三）铺筑面的分级

ISSOM 中城区街道都被看成铺筑面。由于实地中铺筑面的形式多种多样，对可跑性的影响各不相同，因此在填图时需要对铺筑面进行分级。通常以棕色的深浅来表示铺砌面的可跑性或硬度，颜色越深硬度越高，可跑性也越高。而由带孔地面砖铺成的铺筑面，或地面砖间的间隙生长有杂草的铺筑面通常要用较浅的棕色表示。

第四节　室内及中小型校园地图的测绘

一、室内定向地图制作

室内定向地图主要用于定向运动基础教学，用于帮助学生获得地图的基本概念和活跃课堂气氛。因此，在制作过程中对精确性没有严格的规定，任课教师可以根据教学环境手工绘制。

绘制室内定向地图时应遵循以下几个要求：

（1）着重表现教学环境的正确形状及主要特征之间的相对关系，对于长宽之类的比例关系可以适当降低要求。

（2）突出诸如讲台、空调、电视柜等重要的、易辨认的室内特征。

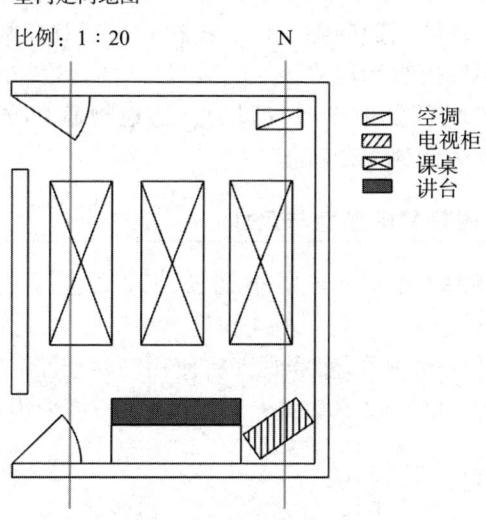

图 20-17　室内定向图

(3) 对桌椅进行合理概括。由于空间、时间限制，没有必要详细表示每一排桌椅，只需将其概括为一个或多个统一的、不可穿越的区域。

(4) 地图的整饰要素要有针对性。除了标注图名、磁北线、比例尺之外，还应对图例进行特别说明。

二、中小型校园地图的测绘

由于用途和环境特点不同，中小型校园定向地图的测绘与短距离定向地图具有一定的差异性。这些差异性主要表现在：

首先，中小型校园地图的比例尺更大，通常在 1∶500～1∶3 000 之间；其次，中小型校园定向地图主要用于学校体育教学活动；再次，中小型校园通常是由建筑物、铺筑面以及带有限制的开阔地构成，其中主要特征都需要依比例尺表示。另外，中小型校园的人造特征非常丰富。

（一）中小型校园定向地图的内容

(1) 表示具有定位及导航意义的特征。相对于短距离地图的测绘，中小型校园定向地图的最小特征选取标准要低许多。操场设施、垃圾箱、独立告示牌、灯柱等这特征都应该表示在地图上。户外长凳对于适龄定向初学者来说是足够显著的定位与导航的特征，同时这种特征也能用作检查点，也应该表示在地图上。

(2) 表示对路线选择具有意义的特征。各种通行与限制通行的特征都应表示出来，如通道、墙体间的间隙、门、栅栏、树篱及开阔地都是影响路线选择的重要因素，需要突出表示出来。

(3) 表示永久性特征。中小型校园的人造地物通常分为永久性的与临时性的，通常仅表示永久性的人造特征。

（二）中小型校园地图符号的颜色与尺寸

(1) 在条件允许的情况下，中小型校园地图应采用 ISOM2000 的颜色体系。

(2) 符号可以将 ISSOM 的符号放大后使用。对于 1∶500～1∶2 000 的地图可放大至 200%；对于 1∶2 500～1∶3 000 的地图可采用放大至 150%。

复习、思考与实践

1. 定向地图制作的前期准备包含哪些内容？
2. 定向地图野外填图过程中的步骤有哪些？

3. 地物选取最小标准是什么？设置最小选取标准的意义是什么？

4. 绘制简单的室内定向地图，并组织一场室内定向活动。

5. 找一张校园、公园或城市地图作为底图，前往实地检查底图质量，并在底图上找出若干个确定的点，利用这些点之间的连线校正磁北线与地理坐标间的夹角，然后以此为基础制作绘图栅格，并制作绘图板。

6. 以制作好的绘图板为基础，完成局部区域或全部区域的填图工作。

第六篇　路线设计篇

第二十一章　路线设计概述
第二十二章　休闲、娱乐性路线设计
第二十三章　竞技性路线设计

本篇导读

　　路线设计就是路线设计者根据定向活动的目的，在现场勘查的基础上，结合场地特点和参与者的具体情况设计出不同的路线。路线设计是定向活动的核心工作之一，定向运动的特色、趣味性、观赏性、适应性、环境保护等都必须通过良好的路线设计才能得到体现。

　　本篇按非竞技性路线设计和竞技性路线设计分类阐述各类定向活动路线设计的原则、要点、步骤和方法，并概要介绍了使用 OCAD 8.0 辅助路线设计的步骤和方法。不同定向活动对路线设计的要求不同，但各种定向活动项目的路线设计也有其共同要求：体现公平性和趣味性。

　　本篇分为三章，第二十一章让你了解定向运动路线设计的概念，明晰路线设计的目标、原则、步骤及了解 OCAD 设计路线方法；第二十二章让你理解和掌握休闲、娱乐性路线设计的要点；第二十三章让你理解和掌握竞技性项目路线设计的要点。

第二十一章 路线设计概述

本章导读

本章将定向运动活动分为竞技性和非竞技两种类型，分别从竞技和非竞技性两个角度对定向运动的路线设计进行概述。在竞技性定向运动中，路线设计的目标是同时对参与者的定向技能与奔跑能力进行检验，并依据其定向能力确定比赛结果。在非竞技性定向运动中，路线设计的目标是为参与者提供一项具有强烈吸引力的户外活动，满足他们健身、交友及享受户外活动乐趣的需要。通过本章的学习，将能够：

1. 理解定向运动路线设计的目标与原则；
2. 掌握路线设计应注意的事项；
3. 了解竞技与非竞技性路线的主要差异；
4. 掌握路线设计的程序和使用 OCAD 8.0 软件辅助路线设计的方法。

第一节 路线设计的原则与目标

为方便学习，将路线设计分为竞技性与非竞技性路线设计。路线设计的主要目的是为参与者提供参与定向运动的机会，路线设计员的工作是为竞技性参与者提供公正的比赛路线，为非竞技型参与者提供富有趣味性与娱乐性较高的定向路线。在设计不同性质的活动路线时，即要体现公平公正，又要体现趣味性，还能反映参与者的水平。

一、路线设计的原则

在进行路线设计时，必须考虑两个原则：一是体现定向运动的独有特征；二是具备体育运动的公正公平。

（一）定向运动独有特征的基本要求

路线尽可能满足定向运动的要求。选择的地形应该富有变化，有比较丰富的细小地物与地貌，需仔细判读。地图的等高线和比例尺应与对应地域的地物数量和地貌情况一致，参与者能在跑动中读图。路段长短合适，能使参与者保持连续的读图思考。检查点的位置能提供一个好的路段，技术上能改善路线设计，位于比较细小的特征附近，需要精确定向与仔细判读。

（二）路线设计的公正性要求

尽可能控制"侥幸"因素，选择的地形应易于奔跑。地图现势性要强，图上的错误或表示不当之处不应影响比赛。点与点之间应有多条路线可供选择。检查点必须位于明确且明显的特征物附近，其所在位置必须与地图上的符号和检查点特征一致。

二、路线设计的目标

路线设计的目标是为参与者提供相适应的定向运动路线。对于不同类型的参与者的路线设计目标应各有侧重。

（一）竞技性路线设计的目标与注意事项

对于竞技性选手，路线设计的目标是对参与者的定向技能与奔跑能力进行考验，根据其定向能力的大小产生比赛结果。在设计时要注意平衡定向技能与奔跑能力的关系，尽量避免各种"侥幸"因素。对于参与不同组别比赛的运动员，其路线的难度尽量与其本身水平相适应。

（二）非竞技性路线设计的目标与注意事项

对于非竞技性选手，路线设计的目标是为他们提供一个具有强烈吸引力的户外活动，其路线的重点在于提供锻炼机会、满足社会交往需要与享受户外活动乐趣。对于非竞技性的参与者不需要设计难度太大的路线，有时可使用少量"侥幸"因素的路段为活动增加乐趣或降低难度。

三、路线设计应考虑的几个问题

定向运动的活动场所主要在户外，是一项参与性很强的项目，活动组织有一定的复杂性，对环境保护的要求也比较高。因此，在进行路线设计时需考虑到运动的观赏性、不同年龄段参与者的特点与环境保护及适应性。

（一）观赏性

由于定向运动通常在野外进行，在进行活动时，旁观者很难直观的了解参与者的活动过程，随着定向的发展，其活动场地由传统的野外扩展到公园、校园及街区后，为定向运动的宣传带来了更好的平台，为其商业价值的开发带来了机遇。国际定向联合会更是通过决议的方式，要尽一切可能提高定向运动的观赏性。因此，在进行路线设计时，一定要考虑到如何让旁观者能更直观、更快捷的了解比赛。如在比赛终点区域附近设置一些公共点，参与者需一次或多次通过观赏区。

（二）不同年龄段选手的路线设计

对各年龄段的参与者进行路线设计时，要考虑以下三点：一是考虑少年参与者的思维和行为方式，二是考虑高龄参与者视力下降的问题，三是考虑不同年龄选手的体能差别。

（三）环境保护

在参与定向活动时，保护好环境也是活动组织和路线设计要考虑的重要问题。如果在野外进行定向活动，应该了解区域内野生动植物的情况，在设置检查点与路线时尽量避免对野生动植物造成影响。在校园、公园及街区进行定向活动时，路线设计应尽量减少对非参与者的影响，注意对公共财物的保护。

（四）路线的适应性

路线的难度应与参与者的水平相适应。根据研究，优秀选手仅需花比赛总时间的 7% 用于解决技术性问题，包括分析地图、判定行进方向、捕捉检查点等，而新手则需花比赛总时间的 30% 用于解决技术性问题。

第二节　设计路线的步骤

路线设计一般有如下 8 个工作步骤：获得比赛区域地图并了解参赛者情况；设置初步路线；实地勘查；修改初步路线；路线测试与修改；印刷地图与套印线路；提供路线相关信息和赛后路线质量评估。

一、获得比赛区域地图并了解参赛者情况

进行路线设计的第一步工作就是拿到高质量的地图，高质量的地图是路线

设计与赛事组织的重要保障。同时了解参赛者的具体情况，通过与组委会相关机构的联系，获得参赛人数、组别编排、参与者水平、比赛项目设置、器材供应商等信息。参赛人数与组别比较多的话，相应的线路条数也将增加；参与者水平的高低是对路线长度、定向技能难度控制的主要指标。而只有在了解了上述情况后，才能开始进行路线设计。

二、设置初步路线

根据获得的地图情况，及时与地图制作者沟通，了解竞赛场地中影响路线设计的因素，如危险区域或比赛期间是否有其他的活动在该区域内进行等。在掌握了可能影响路线设计的因素后，进行路线的初步设计与布置。在进行路线布置时，要对参赛者的行进方向和可能的路线选择以及地图的使用范围进行规划，应尽量避开各种影响因素（图21-1）。然后运用OCAD软件进行路线的设计，使用OCAD软件设置全点图，应尽可能多的设置检查点，并预先将检查点说明标出。

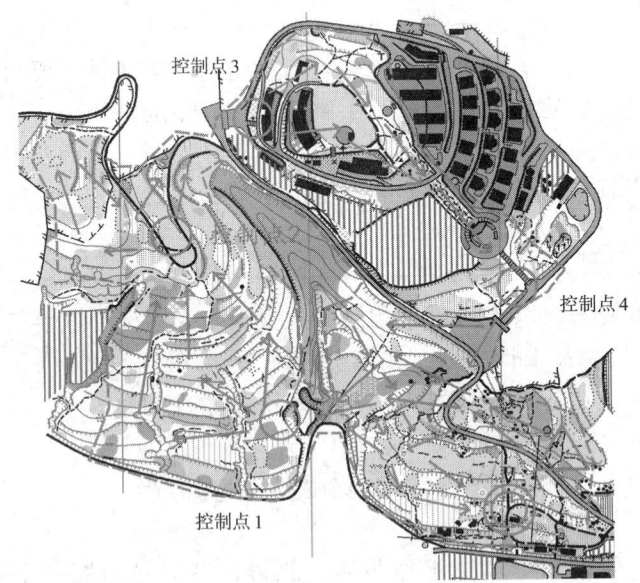

图21-1　路线布置示意图

三、实地勘查

该阶段的任务是查看起、终点与竞赛中心情况，进一步检查地图的质量，如果地图影响到赛事组织时应请地图制作者进行修改。同时检查拟设置检查点的特征物情况，如有不适合的检查点应进行更改，同时对检查点说明进行修改。这时应注意与相关部门和负责人多进行沟通与协调，如竞赛中心的设置要考虑赛事承办方的要求，起、终点的设置方案等问题都需要进一步的落实。

四、修改初步路线

在与相关部门负责人进行协调，解决影响路线设计的问题后，对设计的初步路线进行修改。

五、路线测试与修改

该阶段的工作主要是检查路线设计是否符合要求。安排测试跑，预测路线的胜出时间。根据测试结果对路线进行最后调整，形成最终比赛路线。如果有可能，应尽量安排参赛者对设计的路线进行测试跑，主要考察路线是否符合要求，是否还有遗漏的危险区域或其他因素没有考虑到。另外根据试跑的情况预测路线的胜出时间，为设置各场比赛时间提供依据。对测试中有问题的路段和检查点进行调整与修改。

六、印刷地图与套印线路

该阶段的主要工作是印刷地图并进行路线套印并做好相应的保密工作。印刷地图和套印路线的过程应严格保密，路线设计者应全程参与其中，检查地图印刷和路线套印的质量。

七、提供路线相关信息

该阶段的主要任务就是根据赛事组织的需要，提供各类数据。如成绩统计组需要每条路线的检查点数量与顺序，总裁判长需要竞赛中心的设置图等。该阶段还需与赛事的场地裁判组合作，对检查点的位置进行确认。在国际赛事中，每个检查点的位置都由路线设计者事先做好标记。目前国内组织赛事时主要由路线设计者与场地裁判组共同到场地进行标记，在比赛当天早上再由场地裁判组设置检查点。

八、赛后路线质量评估

该阶段主要考察路线设计的目标是否达到，找出没有达到目标的原因，总结经验，为以后的路线设计积累经验。路线设计者应经常与参赛者进行必要的沟通，了解跑过路线的参赛者的感受，对今后路线设计会带来帮助。

第三节 使用 OCAD 软件辅助路线设计的步骤和方法

OCAD 8.0 既是一款定向地图绘图软件，又是一款路线设计辅助软件。第十八章对 OCAD 8.0 软件进行了概述，并重点介绍的该软件的绘图功能。本节以第十八章为基础介绍使用 OCAD 软件辅助路线设计的方法和步骤。

一、OCAD 软件路线设计功能基本操作概述

（一）创建路线文件

（1）启动 OCAD 8.0 后，单击【File（文件）】菜单中的【New（新建）】，或单击工具栏中的【New（新建）】按钮，弹出一个【New map（新建地图）】对话框（图 21-2）。

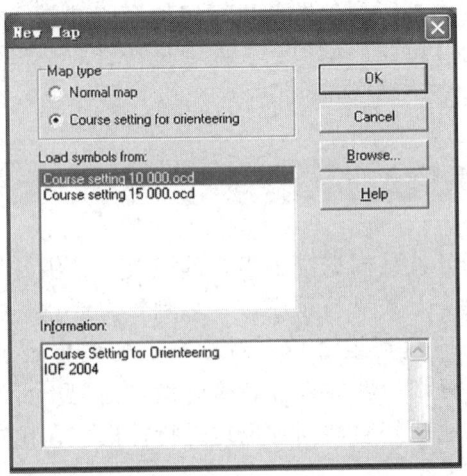

图 21-2 【新建地图（new map）】对话框

（2）在 Map type（地图类型）选项选中选中 Course setting for orienteering（定向运动路线设计）。在 Load symbols from（选择符号集）选项框中选中相应比例尺的路线设计符号集，如 1∶10 000 的符号集。

（3）单击【OK】命令，进入 OCAD8.0 路线设计工作环境，新建路线文件的工作完成。

（二）OCAD 8.0 路线设计工作环境

创建一个新的路线设计文件后，OCAD 8.0 就会进行（图 21-3）的路线设计工作环境。路线设计工作环境主要包括：标题栏、菜单栏、工具栏、符号箱、绘图区和状态栏。

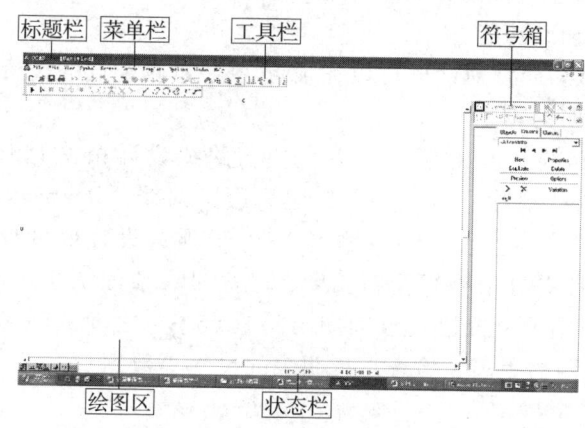

图 21-3　OCAD 路线设计工作环境

1. 菜单栏

OCAD 8 菜单栏中与路线设计密切相关的子菜单主要有 File（文件）、Course（路线）、Temperate（模板）和 Option（选项）。

【File（文件）】菜单可完成对路线的导出与打印工作，Print（打印）用于直接带有路线的地图，Print control descriptions（检查点说明表打印）用于打印检查点说明表，Export（导出）可导出 AI、BMP、DXF、EPS、JPEG、TIFF 等不同格式地图，Export courses（导出路线）用于导出 TXT 格式的路线信息，Export courses map（导出带路线的地图）用与导出带有路线的地图，可以直接用于打印。

【Temperate（模板）】菜单可完成与底图相关的设置，Open（打开）用于打开底图，Reopen（重新打开）重新打开底图，Close（关闭）关闭底图，Adjust（调整）调整底图，Option（选项）可以对底图的透明度进行设置，同时可以对底图色彩进行增强。

【Course（路线）】菜单包括 Control statistics（检查点统计）和 Options

（选项）两项功能。Control statistics（检查点统计）主要用于统计检查点的使用频率，如一个检查点在多少条路线中使用，将有多少参赛者通过该检查点。Options（选项）用于设置检查点圆圈与检查点序号之间的距离，点与点之间连线与检查点圆圈的距离，检查点说明表的尺寸等数据。

2. 符号箱

OCAD 8.0 路线设计符号箱是一个包括了检查点说明符号在内的所有与路线设计相关符号的符号集。象操作地图符号一样，通过单击右键可对符号箱中选中的路线设计符号进行包括编辑在内的多种操作。

在符号箱的中下部有一个带有 Object（对象）、Courses（路线）和 Classes（组别）三个选项卡的路线设计对话框。通过这个对话框可实现 OCAD 8.0 的大多数路线设计辅助功能。

【Object（对象）】对话框可以完成起终点和检查点的设置，包括检查点代码和检查点说明的设置。

【Courses（路线）】对话框可以完成与路线设计相关的设置，包括 New（新建）或 Delete（删除）分别用于新建和删除路线，Duplicate（复制）用于产生路线设计的副本，Preview（预览）用于预览设计好的路线，Properties（属性）用于于查看每条路线，即长度、爬高量、参加队伍或运动员数量等，Options（选项）用于设置检查点圆圈与检查点序号之间的距离、点与点之间连线与检查点圆圈的距离、检查点说明表的尺寸等数据。">"、"×"用于为路线增加或删除检查点。

【Classes（组别）】对话框可完成路线组别设置操作。其中 New（新建）用于新建组别。Properties（属性）按钮用于设置组别与路线的对应信息，如赛事设置了 1~10 共 10 个组别，出于赛事组织需要，可以把 1、3 组合并使用一条路线，此时可以使用 Properties（属性）按钮进行设置，便于工作。Delete 按钮用于删除组别信息。

二、使用 OCAD 8.0 辅助路线设计的步骤和方法

使用 OCAD 8.0 辅助完成路线设计的主要步骤有：进入路线设计工作环境，导入地图，检查点设计，路线设计，导出路线（图 21-4）。

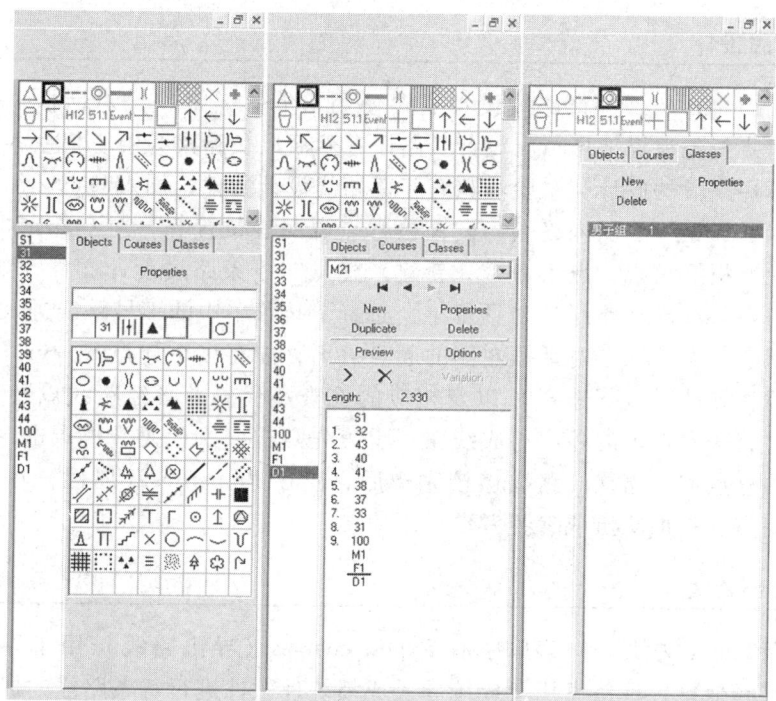

图 21-4 路线设计对话框

(左图为对象选项卡,中图为路线选项卡,右图为组别选项卡)

(一) 进入路线设计工作环境

通过文件菜单栏点击 New(新建),完成与 New map(新建地图)对话框的对话,点击 OK。

(二) 导入地图

使用【Temperate(模板)】菜单中的 Open(打开)打开底图。

(三) 检查点设计

在路线设计工作环境中,窗口右侧的符号集中点击相关符号(如起点符号),再选用菜单栏中的绘图符号在地图上相关位置点击即可。在设置检查点时,会跳出对话框要求确认检查点的代码,一般情况下,软件会从 31 开始自动往后进行编号,如果没有特殊要求,直接确认即可。检查点位置确定后,点击 Object 按钮对每个检查点说明进行编辑。

（四）路线设计

使用 OCAD 软件进行路线设计主要使用 Course（路线）对话框，进行路线设计时一般先根据地形情况设计长路段，然后以长路段为中心根据各组别的情况进行短路段的设计。主要步骤有新建路线设计文件、加入起点、加入检查点、加入必经路线、加入终点、设置检查点说明表位置等。在 Course（路线）对话框上，根据需要，点击 New（新建）建立若干条路线设计文件，如 1~10 号路线。在 Course（路线）对话框上，选择下拉菜单中的 1 号路线进入 1 号路线设计状态，直接双击对话框左侧的起点（S_1，如有多个起点 S_1-S_n，则可以根据路线设计情况进行选择）以及相应的检查点代码、必经路线以及终点 F_1 等，软件将按照点击的顺序组成线路；也可先点击一次代码，再点击 ">" 符号，把检查点加入路线。路线连接完毕后，应在 Properties（属性）中添加长度、爬高量、参加队伍或参赛者数量等信息。

（五）导出路线

在【File（文件）】菜单中有 Export courses（导出路线）用于导出 TXT 格式的路线信息，该信息用于成统导入成绩统计软件进行每条路线的成绩统计工作。Export courses map（导出带路线的地图）用于导出带有路线的地图，可以直接用于打印。

导出带路线的地图时还有几项工作是必须要做的，分别是路线修饰，检查点说明表位置调整，如果采用套印的方式还要绘制套印线。

（1）路线修饰：主要是进行连线的修饰、检查点圆圈与代码的位置调整及剪切可能挡住的具有重要导航作用地物符号的套印线条。当设计有交叉路线时，点与点之间的连线会交叉，为了不影响参赛者读图，此时应将连线剪开。当有些检查点距离较近时，检查点的代码可能会重叠或指示的位置不对，此时需进行手工的调整。有时，套印时的连线会挡住重要的导航特征，此时也要将连线剪切到露出这些重要导航特征（图 21-5）。

（2）检查点说明表位置调整：检查点说明表一般设置在地图的空白处，一般制图员都会为检查点说明表留出足够的空间，但为了比赛地图的美观，一般要根据地图的情况对检查点说明表的位置进行适当的调整。

（3）绘制套印线：为了路线套印的准确性，必须根据地图上的套印线位置在每条路线上绘制套印线。完成上述工作后，即可根据需要制作菲林进行套印了。

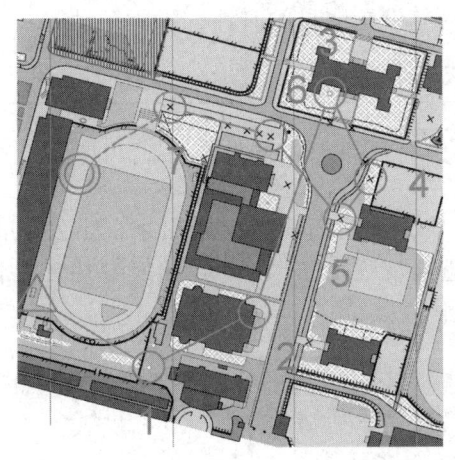 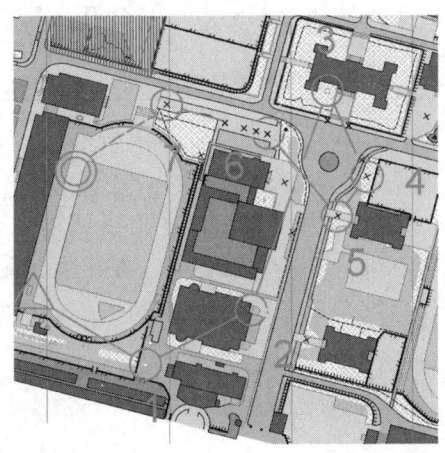

图 21-5 路线修饰示意图

（左图是软件自动生成的路线，右图为经过修饰后的效果）

第四节 竞赛中心与起、终点区域、路段及检查点的设置

一、竞赛中心设置要点

竞赛中心是赛事进程控制，为运动员、裁判员、官员和媒体记者等相关人员提供信息、医疗、饮食等服务的中心区域。竞赛中心一般和终点在同一个区域，其设置要考虑交通、电源及区域大小等问题。如果交通便利的话，可以及时快捷的疏散回到终点的运动员。为了及时提供比赛信息，需要在赛事中公布最新的成绩情况，如果有条件还可以对比赛进程进行直播并提供讲解，这些工作都需要电源。如果有条件还应该提供洗澡设施，厕所是必须考虑的。

二、起点区的设置

（一）起点区设置要点

起点区是参赛者进行热身，进入比赛场地的区域。其功能主要是参赛者热身和待比赛区域。选择的场地应该与参赛人数相适应。如果区域较小的话，可以让参赛者分批到达起点区。为了避免先出发的参赛者与后出发参赛者的接触，起点区应该与终点区域分开。起点区应设置明显的时钟、厕所等设施。

(二) 出发点的设置

（1）将出发点设置在出发线上。在出发点区域，在后者看不到前者奔跑时可采用这种方法。

（2）将出发点设置在出发线前方位置，沿途用彩带标示出来，出发点上设置不带打卡器的点标旗。在出发线附近通视程度非常好，后出发参赛者能看到先出发参赛者的路线选择时应采用这种方法。

三、终点区的设置要点

为了便于观众观看比赛，所有的参赛者都应使用同一个终点，并与竞赛中心设置在同一个区域。终点区是参赛者结束比赛、进行休息与观看比赛的地方。赛事组织者应该在终点附近（竞赛中心）提供必要的医疗、有偿的食品以及与赛事相关的其他服务。

终点的位置应该交通便利，易于疏散。不宜设置在下坡位置，以免造成伤害。为了提高比赛的观赏性，终点区应设置一定的冲刺距离，使观众能直观的欣赏到参赛者的风采并为其加油喝彩。

四、检查点设置要点

检查点是参赛者找寻的目标，其质量直接影响到竞技水平发挥，每条路线上检查点的数量没有统一的要求，但设置的每个检查点应该有明确的目的，如考验参赛者的某项技能、避免"尾随路线"等。

检查点应该设置在明显特征物附近，同时这些特征应在地图上显示出来。检查点的设置应避开危险的区域，如陡峭的陡（土）崖上部、深沟的下部等位置。一般情况下，点与点之间应有一定的距离，如果距离小于60米时，其设置的特征应该有明显的区别。由于路线需要，在没有特征的情况需要设计检查点时，可以设置人工地物，如土坑。3个检查点都可以考察运动员精确定向及越野能力，第2个路段还可以考察指北针技术（图21-6）。

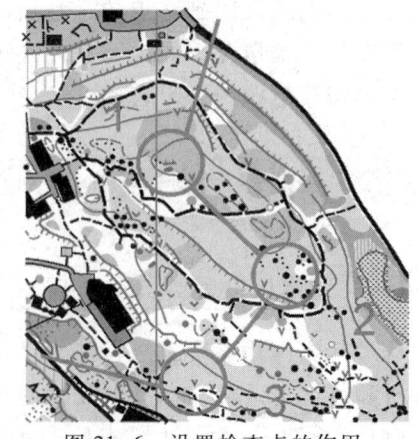

图21-6 设置检查点的作用

五、路段设置要点

路段是指检查点之间的直接连线,每条完整的路线都由若干个路段组成。路段设计应根据比赛项目的特点进行考虑,如在长距离的比赛中会要求设置较长距离的路段。

(一) 必须穿越公路时

一般情况下,场地选择会避开公路。但如果选择的场地中必需穿越公路时,应考虑设置所有运动员都由同一个位置通过的必经路段。必经路段可以架设桥梁从道路的上部通过;也可直接在道路上穿越,但此路段应该设计在参赛者及驾驶员都能看到的地方,从而保证安全(图 21-7)。

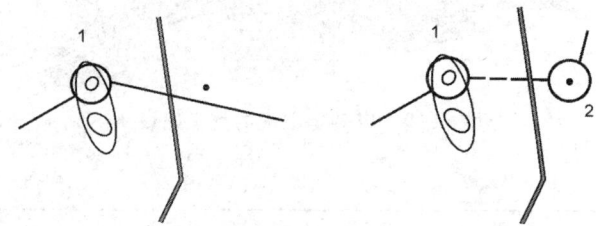

图 21-7 穿越道路的解决办法举例

(二) 穿越湖泊与河流

在设计穿越湖泊与河流的路段时,不应让运动员产生直接涉水通过的想法(图 21-8)。

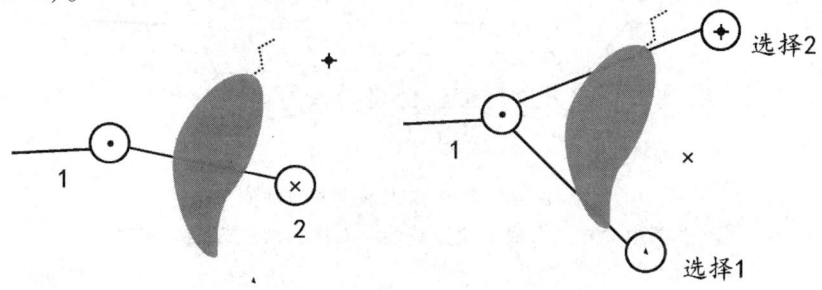

图 21-8 穿越湖泊的设计方法举例

(三) 交叉路段

在进行路线设计时,有时会出现交叉路线(图 21-9)。在设计交叉路线时应避免参赛者提前经过后面路线的检查点;如果交叉太多影响到参赛者读图时,可以将路线分为两个部分印刷在地图的正反面,出现这种情况时,应提前通知参赛者以何种方式在何地进行地图交换。

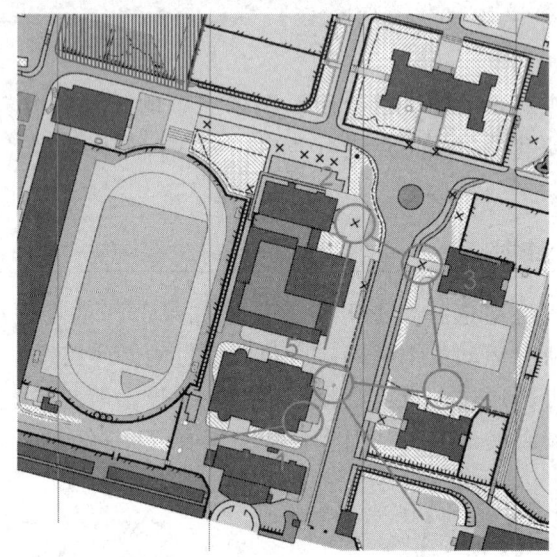

图 21-9　应避免出现的交叉路段

（四）锐角路线

锐角路线会使寻找 2 号检查点的参赛者遇到离开该检查点并向下一检查点行进的参赛者，这样对后面的运动员有利，从而影响比赛的公平性。这时可通过在锐角路线中增加检查点的办法避免锐角路线的影响（图 21-10）。

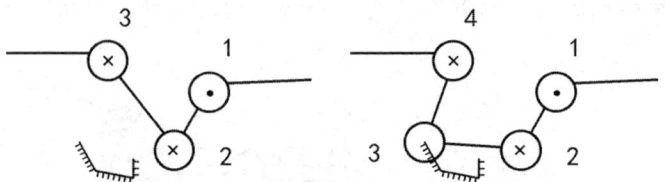

图 21-10　锐角路线解决方案举例
（左图中 2 号点形成了锐角路线，右图为解决方案举例）

第五节　夜间定向运动路线设计

一、夜间定向的特点和设计要求

夜间定向与日间定向不同，夜间定向需要佩戴头灯作为照明工具，手持地图在黑暗的环境中进行定向运动，给人以冒险与刺激的感觉。参加夜间定向的人比其他人会更大胆、更自信。只要选择合适的地形，夜间定向同样能适合新手参加，而且夜间定向能给新手提供更深刻的记忆。夜间定向与日间定向在技术上的区别是参赛者应该随时读图并明确自己的站立点，且较少使用概略定向技术。

（一）比赛地形

（1）地形的基本要求：地形相对平坦、地物特征较多、易于奔跑的区域；其地形不但能设计长路段，又可以让迫使参赛者多读图，还能提供多种路线选择。为了保障初级水平或新手的安全，应选择相对封闭的区域，如有围墙的校园、公园或是有道路围绕的森林地带。

（2）注意避免的地形：分布有危险陡（土）崖的山地，夜间不易察觉的沼泽地或废弃的矿井及可能存在较高风险的地形。

（二）比赛地图

地图比例尺，从 1∶5 000~1∶15 000 都可以，对于新手及年龄较大的参与者应尽可能选择较大比例尺。

（三）检查点设置

（1）检查点的点标旗上应该设置反光条，当参赛者的头灯照射到反光条时能很快的辨认出点标旗。

（2）检查点的位置应在参赛者在较近的情况下才能发现。

（3）检查点不应设置在小山丘的顶部和高出地面较多的小山包上。

（4）检查点应利用自然条件挡住灯光反射的地物与特征物。

（5）好的检查点是要求参赛者在到达检查点之前应仔细读图。

（6）检查点特征、位置及点标旗与检查点特征的位置关系一定要在检查点说明表中明确说明。

二、初级、娱乐性夜间定向路线设计

初级和娱乐性路线设计主要是考虑安全。

（1）活动区域应选择在有路灯的公园、校园进行。

（2）路线设计以短路段为主，其难度应考虑水平最低的参与者的情况。

（3）点标旗可以适当放高一些，并放置在夜间较易辨认的特征物附近。

三、中级夜间定向路线设计

中级路线设计主要为具备一定经验的参与者提高定向技能增加挑战性提供机会。

（1）活动区域可以选择有照明的公园、校园，也可选择有较多植被的森林。

（2）路线设计中增加少量长路段的数量，其难度应考虑水平较高的参赛者情况。

（3）点标旗按标准高度放置。

（4）部分检查点可设置在光线较暗的位置。

四、高级夜间定向路线设计

高级路线设计主要针对竞技性参与者，其路线设计应体现较强的竞争性，有较高的难度以及对体能有较高要求。

（1）比赛区域应该选择地形相对平坦，特征物丰富的野外森林，参赛者主要靠指北针技术与距离判断捕捉检查点。

（2）主要路段中应有多条长路段，且设计在特征多样，细节丰富，对定向技能要求高的区域。

（3）点标旗按标准高度放置，大部分检查点设置在黑暗处。

（4）可在中途设置饮水点。

复习、思考与实践

1. 定向运动路线设计的目标与原则是什么，路线设计者应该提供什么样的路线？

2. 定向运动路线设计的步骤与注意事项。

3. 定向运动路线设计的作用是什么？

4. 找一张校园、公园或城市地图，组织一次定向活动，根据活动需要利用 OCAD 软件设计多条线路，并思考路线设计可能会受到的限制因素与解决办法。

第二十二章 休闲、娱乐性路线设计

本章导读

休闲、娱乐性定向是指以增进身心健康，丰富和创造生活情趣，完善自我为目的的定向活动，其特点是具有自由性、文化性、非功利性和主动性等。本章围绕休闲、娱乐性定向的特点和目的，按休闲和娱乐、教学及素质拓展分类阐述。休闲、娱乐类路线设计重点考虑路线的娱乐性，教学路线设计重点考虑帮助定向初学者和爱好者掌握定向技能或检验学习效果，素质拓展类路线设计重点考虑简单、易于操作与参与性。通过本章的学习，将能够：

1. 理解各类休闲、娱乐性路线设计的基本要求；
2. 掌握各类休闲、娱乐性路线的设计的要点；
3. 根据服务对象或教学对象的需要和特点设计休闲、娱乐性路线。

第一节 休闲、娱乐性定向运动路线设计

一、休闲、娱乐性定向路线设计概述

休闲、娱乐性路线设计的目标就是为参与者提供一个锻炼身体，满足心理刺激，享受野外乐趣，体验定向乐趣，提升定向水平，培养团队精神的机会。

（一）基本要求

1. 场地要求

（1）"平面地物"较多的地形。

（2）可以是较熟悉的地域。

（3）交通便利，易于到达的地方。

根据以上条件，较为理想的定向场地主要有：城市公园、森林公园或易于到达的环境优美的野外林地。

2. 地图要求

休闲、娱乐定向的地图不仅限于定向地图，也可以用城市地图、街道地图、卫星地图和公园导游图。这些地图用于休闲、娱乐定向时应当满足以下基本要求：

（1）地图上应有比例尺、磁北线和磁北方向箭头。

（2）地图上应有图例。

（3）最好是大于 1∶5 000 的大比例尺地图。

（4）地图中一些较大的地方，如村庄、湖泊、景点等可以加上地名或名称注记。

3. 路线设计的要求

休闲、娱乐性路线设计的目标就是要让所有想参加定向运动的人都能参与到这项运动中来。所以路线设计的时候应能体现出项目的趣味性、娱乐性、挑战性、观赏性、可操作性。路线设计的时候需要注意的是尽量降低难度系数，增加娱乐性。

（二）主要路线类型

（1）直接路线：是为那些不愿参加按传统划分比赛组的人们设计的路线组，也可以称为"直接路线组"。直接路线通常包括3~6条路线，其设计目标是，不论参与者的年龄、性别和定向能力如何，都能在直接路线的几条路线中找到一适合于自己能力或要求的路线。因此，有经验的运动员不可能从直接路线中享受到乐趣。

（2）积分定向：娱乐性积分定向通常是在 5 000 平方米以内的地域中设置 20~50 个检查点。积分定向的参与者可以根据自己的喜好安排到访检查点的顺序，在规定的时间内找到尽可能多的检查点。

（3）"星期路线"：象直接路线一样，也是由数条难度和长度不一的路线组成的路线组，因此又可以称为"星期路线组"。与直接路线不同的是，星期路线是一种常设的或永久性的路线，不要求参与者一次性地完成路线，而只要参与者在一定时间（通常为一个星期，这也是星期路线名称的来源）完成路线即可。

（4）全民健身定向：是为开展全民健身活动而设计的一种定向形式，这种定向形式发源于北欧，其音译为"特里姆"定向。全民健身定向是一种特殊的积分定向，与传统积分定向不同的是，"特里姆"定向不是一次性的定向活动，而是一种参与者可以分为多次来完成的积分定向。其特点是，以全民健身定向活动中心为基点，在其周边一定范围（在国外通常为 15 000 平方米以内）的地域内设置 40~60 个检查点，全民健身定向的参与者可以在规定的时间区间（一个星期到一个月不等）内根据自己的喜好安排活动时间和到访检查点的顺序，找到尽可能多的检查点。

二、直线路线设计

（一）路线设计的要点

路线设计的目标就为所有想参加或尝试定向运动的人都能直接参与到定向运动。因此，路线设计的要求是不论参与者的年龄、性别和定向能力怎样，都能从中找到一条适合于自己的路线。路线的难度应与定向能力最弱的潜在参与者的能力相适应。通常的做法是根据预计参与者的情况，设计 3~6 条 2~7 公里的路线给不同水平的参与者选择（图 22-1），其中难度最低的路线是不需要使用指北针，初次参加定向活动的人也能较轻松地完成全部检查点的路线，而最难的路线是与竞技性路线难度相等的路线。

（二）路段设计

由于参与者水平参差不齐，因此不同难度路线的路段设计有不同的要求：
（1）最容易的路线，路段要短，路段的难度要低。
（2）较容易的路线，可以增加路段长度，加大路段的难度，但在整体上还应以短路段为主。
（3）较难的路线，路段长短结合，可以设计 2~3 个长路段。
（4）最难的路线中，路线长短结合，可以设计多个长路段，并增加路段难度。

（三）检查点设置

（1）最容易的路线，检查点应位于"扶手"上。
（2）较容易的路线，检查点应靠近"扶手"，或在明显特征后方。
（3）较难的路线，检查点应位于明显特征前方。
（4）最难的路线，检查点应远离明显特征。

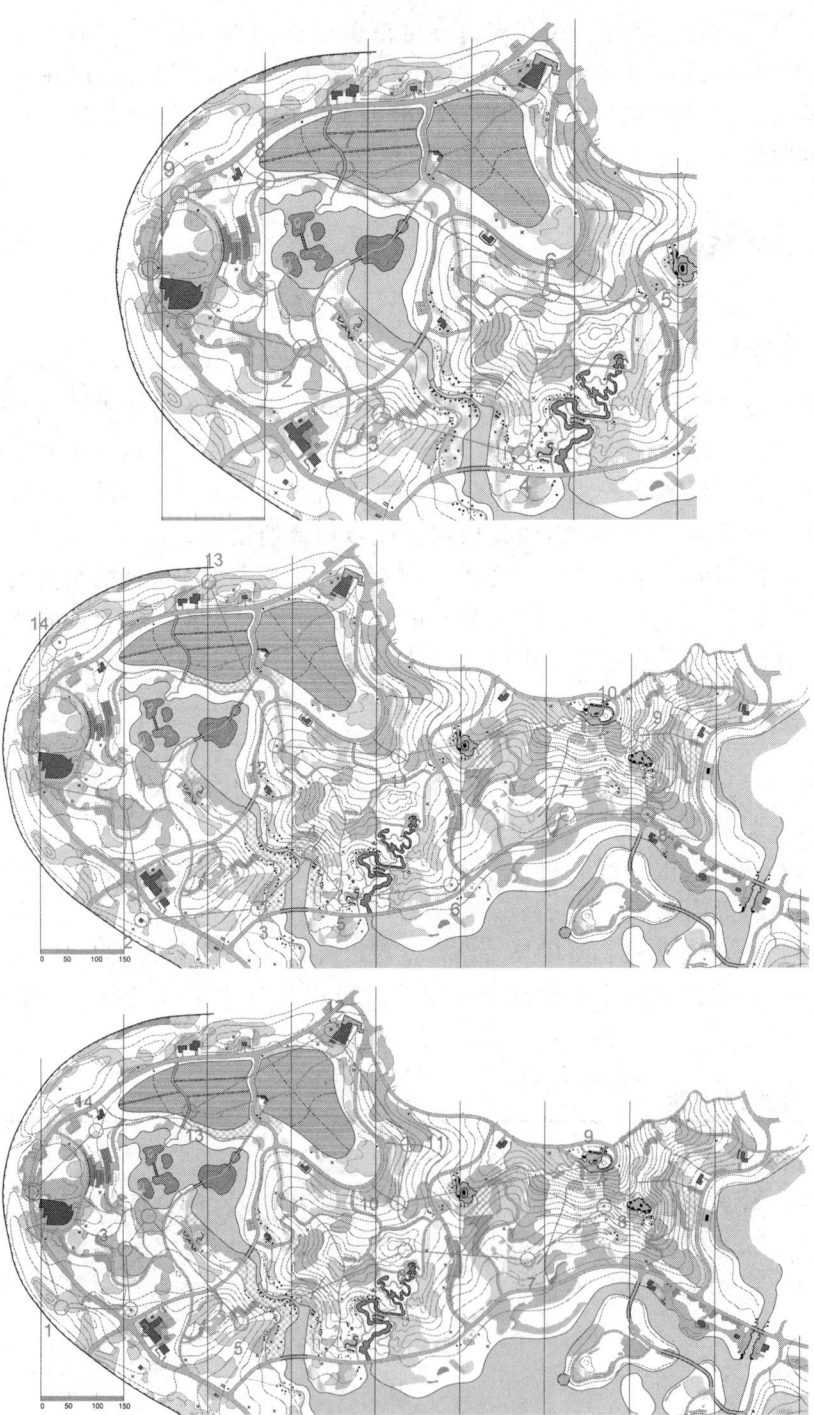

图 22-1 由 3 条路线难度不等的路线组成的直接路线

三、积分定向路线设计

（一）路线设计的要点

积分定向没有固定的路段，路线设计时主要考虑检查点的个数和位置。检查点设置时应注意的是要以最弱的参与者的能力来决定检查点的难度。

（二）检查点设置

（1）所有检查点的设置都应该简单容易，检查点说明也应该易于理解，甚至可以使用文字说明。

（2）检查点与检查点之间的距离不能靠得太近，太近了会使得"路线"变得太过于容易。

（3）检查点的设置要考虑到趣味性、娱乐性，使参与者能得到有益的锻炼。

（4）检查点不应设置在汽车、摩托车、自行车易于到达的地方，最好是只能徒步到达的地方。

（三）禁区的设计

为了减少对植被的破坏，应在地图中将敏感的植被区用"禁区"符号标出。

四、"星期路线"的路线设计

（一）路线设计的要点

"星期路线"的参与者多为初学者，路线应安排在地形比较平缓的地域，最好是有较多"平面地物"，如道路、建筑物、开阔地等的地域。初学者的路线最好是不要涉及等高线，这样可以降低难度，提高参与者对定向运动的兴趣，并充分享受定向带来的乐趣。"星期路线"应包括很容易、容易、中等难度、中等偏上难度的路线，但应避免特别难的路线。

（二）路段设计

路段要短，以避免因路段过长导致参与者在行进过程中偏离正确的前进方向而增加活动难度。要充分利用"扶手"来设计路线。"星期路线"中的几条路线一般为：

路线 1：约 2 千米，很容易，不需要使用指北针；
路线 2：约 3 千米，容易；
路线 3：约 4 千米，中等难度；
路线 4：约 5 千米，中等难度。

（三）检查点设置

检查点的设置应避免使用等高线，应是设置在不需要使用精确定向技能就能找到的特征位置：
（1）很容易的路线中，检查点应位于"扶手"上。
（2）容易的路线中，检查点应靠近"扶手"，或在明显特征上。
（3）中等难度的路线中，检查点应位于明显特征前面。

五、全民健身定向路线设计

（一）路线设计的要点

全民健身定向应选择易到达、不易发生变化的地域。有庄稼地和施工工地的地域不能作为全民健身定向的场地。较为理想的全民健身场地主要有已建好的开放城市公园、活动期内不会变化的森林公园、校园或者易于到达的风景优美的野外林地。全民健身路线设计的要点是检查点的设置应体现娱乐性（图 22-2）。

（二）检查点设置

（1）全民健身定向的活动周期比较长，检查点设置时要重点考虑检查点的稳固性。
（2）所有检查点的设置都应该简单容易，检查点说明应易于理解，甚至可以使用文字说明。
（3）检查点与检查点之间不能靠得太近，以免"路线"变得过于容易。
（4）检查点的设置要考虑趣味性、娱乐性，要能使参加者能得到有益的锻炼。

（三）禁区的设计

为减少对植被的破坏，应在地图中将敏感的植被区用"禁区"符号标出。

第二十二章　休闲、娱乐性路线设计　365

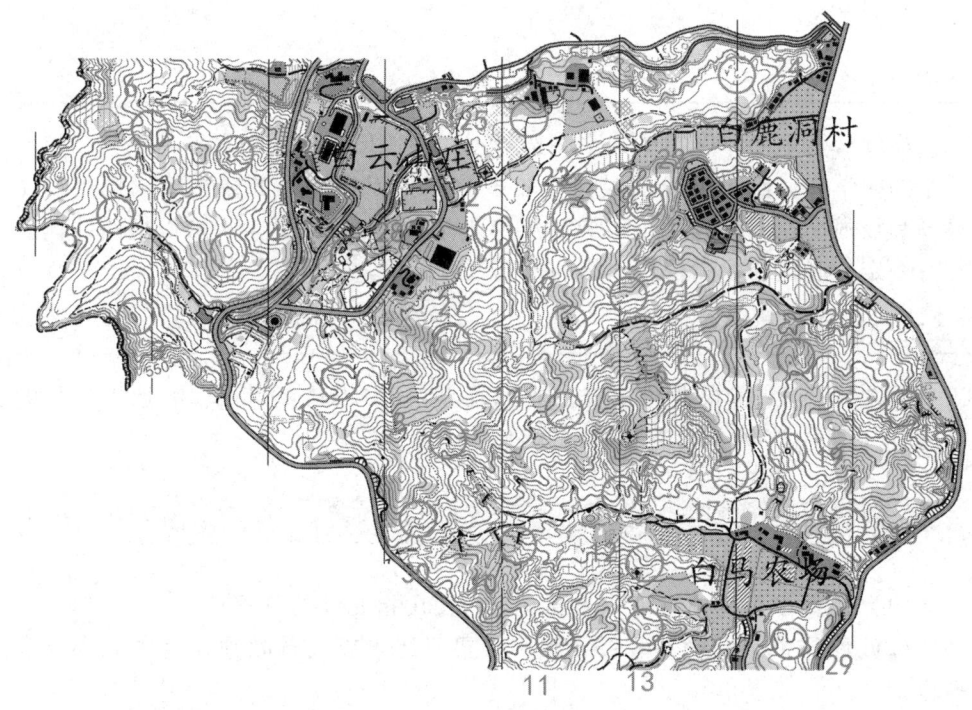

图 22-2　全民健身定向路线

第二节　教学定向运动路线设计

一、教学路线的特点和一般要求

　　教学路线是配合定向运动完整教学而设计的一种教学形式和手段。定向运动教学一开始通常先采用完整教学法让学生体验定向运动、激发学生的兴趣，然后再通过分解教学法让学生掌握各种定向技术。另外，在学生已掌握了一定的基本定向技术后，在离开校园开始进入到公园和野外进行定向运动实践的初期，通常也采用教学路线来教学，让学生在定向运动实践中迅速掌握技能。因此，教学路线是一类定向运动技能"速成"教学路线或教学形式和教学手段。教学路线的主要特点是在地图上标出各种保护与帮助信息，并在实地设有各种保护与帮助标志牌和引导牌。如在地图上用红色的"×"表示某些道路可能导致错误，不能通行。在实地常设的标志主要有沿标志物行进，你现在在这里（如地图上的信息相对应），在图上标注站立点，不要忘记打卡，此路不通，利用指北针步行（通常同时在标志旁附上指北针的使用方法），你走错了方向，往回走等。

（一）地形

应针对学生的体能和认知水平选择不同的地形。对认知水平不完善、年龄较小的初学者，应将路线设置在有较多的"平面地物"的校园中，也可以是操场和校内小花园。对认知水平完善或具有一定基础的学生，可以把路线设置在有一定的起伏变化和较多地物的校园或公园中。

（二）地图

地图比例尺应根据学习进程而逐步缩小，初学者适用于 1∶500、1∶1 000、1∶2 500 或 1∶3 000 的比例尺。

二、路线设计要点

（1）路线中至少要有一个需要参与者使用指北针的路段。

（2）路线中应设置一些引导牌，必要时还可以安排教师在途中为参与者提供指导。

（3）开始时的路线应该短而简单，以沿线状特征行进为主，然后可以逐步提高路线的难度和长度，包括改变地形，如逐步从简单校园或校园中较简单的区域过渡到复杂校园或整个校园、公园等。

（一）路段设计

（1）路段应以短路段为主。

（2）对年龄较小的初学者通常设计 5~6 个路段，对于年龄较大的初学者可设计 10~12 个路段，每个路段应有不同的技术要求。

（二）检查点设置

（1）最容易的路线中，检查点应位于"扶手"特征上。

（2）较容易的路线中，检查点应靠近"扶手"特征处，或在明显特征前方。

（3）较难的路线中，检查点应位于明显特征后方。

第五章中图 5-16 提供了一条教学路线的范例。

第三节　定向素质拓展路线设计

一、定向素质拓展的概念

定向素质拓展是将定向运动作为一种素质拓展手段，通过合理的设计，使参训练者克服心理障碍、发掘自身潜能、建立自信并融入团队，从而实现素质培养的目的。

二、路线设计要点

定向素质拓展中多以团队的形式进行，路线可以设计成要求团队成员一起完成的点对点路线，也可以是积分定向路线；可以设计为要求所有团队成员都到达所有检查点的模式，也可以是要求团队成员分别到达个别检查点，整个团队找齐所有检查点的模式。路线设计可以借鉴点对点定向、积分定向和团队定向的要求来进行。

团队定向素质拓展路线设计的目标应同时考虑检查团队领导的领导能力、组织协调能力、团队各成员的定向能力。另外，进行团队定向素质拓展路线设计时，还应考虑在路线中为参训者或团队安排一些可拓展素质的其他非定向任务，以丰富定向素质拓展的内涵、提高定向素质拓展的效果。

（一）路段设计

（1）采用点对点的定向形式进行定向素质拓展设计时，主要参考点对点或个人赛的路线设计要求进行。

（2）采用积分定向的形式进行定向素质拓展设计时，主要参考积分赛的路线设计要求进行。

（3）采用团队赛的形式进行定向素质拓展设计时，主要参考团队赛的设计要求进行。

（二）检查点设置

无论是以点对点、积分定向还是团队赛形式设计定向素质拓展路线，所有检查点的设置都应该比较简单，检查点说明要采用文字说明。

下面以图22-4为例，简单介绍定向拓展活动流程。

（1）活动要求：学员在起点出发时，领取到第一个任务点的定向地图，完成任务后向教官申请下一任务点的定向地图，以此类推。

（2）活动目的：①认识到个人的潜能，树立"我能行"的自信心。②提高适应变化的能力，调整心态。③正确对待竞争和压力。④加强团队成员间相互理解和沟通，换位思考，体谅他人。⑤磨炼战胜困难的勇气和毅力，体验个人激情与团队的创造力，信任他人，敢于承担责任、强化合作意识。⑥大局意识跟合作精神，个人利益与团队利益的有机整合。⑦提升参训队员对执行力的深入理解。⑧增强跟同事间的情感交流，建立积极向上、轻松的组织氛围。

（3）活动方案：①起点。做热身活动（破冰），加深学员间的相互了解，消除紧张，建立团队，以便轻松愉悦地投入到各项紧张培训活动中去。②到达1号点完成任务后，教官在队员地图上标注2号点的准确位置。

任务内容：利用一号点的陡崖完成【背摔】。

性质：个人+团队项目。

目的：训练信任，责任，亲密合作与善于换位思考的工作态度及思维方式，加强团队内部的有效沟通，建立团队的密切信任感。

③ 到达2号点完成任务后，教官在队员地图上标注3号点的准确位置。

任务内容：【电网】。

性质：团队项目。

目的：明确自身在团队中的角色以及对资源认识的重要性，看待问题的态度，工作中的监督机制，计划、统一的指挥、合理的分工、密切的合作。

④ 到达3号点完成任务后，教官在队员地图上标注4号点的准确位置。

任务内容：【孤岛求生】。

性质：团队项目。

目的：加强团队成员间的主动沟通意识，打破企业中的孤岛现象，加强高层领导与中层、员工之间，部门与部门之间沟通，以及部门内部的沟通。认识收集信息、加强沟通的重要性，树立大局观，善于抓住主要矛盾，并且要有积极的合作意识，合理利用游戏规则，大胆尝试，提倡变革创新、知性合一的企业文化。

⑤ 到达4号点完成任务后，教官在队员地图上标注5号点的准确位置。

任务内容：【荆棘取水】。

性质：团队项目。

目的：组织性、计划性，团队合作，合理利用资源，寻找解决问题的办法。

⑥ 到达5号点完成任务后，教官在队员地图上标注6号点的准确位置。

任务内容：【交通堵塞】。

性质：团队项目。

目的：培养团队协作能力，在非常状态下沟通的重要性。

⑦ 到达 6 号点完成任务后，全体队员冲向终点。

任务内容：【穿越纸壁】。

性质：团队项目。

目的：锻炼队员的思维能力，发挥集体作用，资源的合理利用。

⑧ 到达终点后，回顾总结，交流心得体会，消化、整理、提升训练中的体验，与教官沟通，将训练中的收获迁移到生活、工作中，最终实现训练目标。

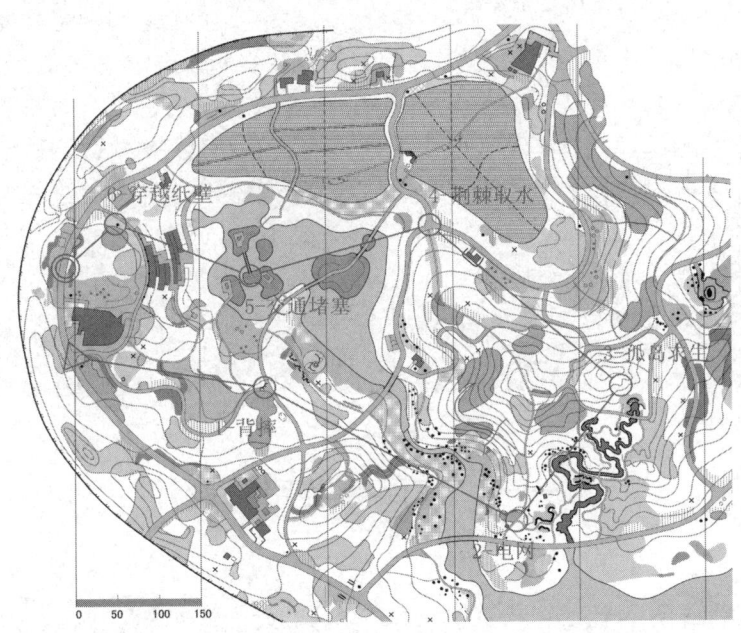

图 22-3　定向素质拓展路线

复习、思考与实践

1. 娱乐性定向路线设计中的积分定向和"星期路线"对地形和检查点的要求有什么不同？

2. 教学路线设计的要求是什么？

3. 在一张校园、公园或城市地图上分别设计直接路线和"星期路线"，然后根据娱乐性路线设计的最主要的原则对这些路线进行评价。

第二十三章 竞技性路线设计

本章导读

竞技性定向运动路线设计应全面体现定向运动的竞技性，其目的是让运动员最大限度地发挥自己的定向运动技战术和心理技能水平，创造优异成绩。目前，我国定向运动比赛设置的主要项目有短距离、中距离、长距离、接力赛、百米定向及团队赛。本章分别阐述这些项目路线设计的要点。个人项目的路线应重点检验参赛者的个人技、战术能力和心理能力，团队项目的路线应重点检验团队的整体实力和团队协作能力。所有项目的路线设计都应突出比赛的观赏性。

通过本章的学习，将能够：
1. 掌握定向运动主要竞赛项目的路线设计要点；
2. 根据赛事的要求完成相应项目的路线设计。

第一节 短距离赛路线设计

一、短距离赛的特点

短距离赛主要特点是高速度，其比赛胜出时间约为 12~15 分钟。短距离赛的地图比例尺应为 1∶4 000 或 1∶5 000。

二、短距离赛路线设计要点

短距离赛路线主应在整个比赛中体现速度要素，主要考察参赛者在高速下选择和完成最佳路线的能力，不仅检验参赛者在复杂环境中的读图和识图能力，以及在高速奔跑条件下分析、选择路线的能力，而且还应检验运动员在比赛中保持注意力高度集中的能力。

(一) 路段设计

为体现速度要素，不应使用爬高量过大，迫使参赛者降低速度的路段；应避免使用场地中过于复杂的区域。为使参赛者保持持续地高度集中，在特征丰富区域，应使用短路段，避免参赛者运用概略定向技术穿越该区域；不应使用过于简单的检查点，如有一条明显的大路直通检查点的路段；如果路段中只有一条行进路线，应将加大该路段的定向难度，让技能熟练的选手在比赛中保持优势。

(二) 检查点的设置

检查点的设置不应追求难度，应使用难度小、技术简单的检查点，但检查点仍应设置在不明显的地形特征处。检查点特征应该能在地图上明确区分，避免参赛者在实地依靠"侥幸"寻找检查点。

(三) 观赏点的设计

短距离赛中应设置 1~2 个观赏点。观赏点一般安排在赛程的后半部分，如果条件允许，观赏点应设置在终点区域附近，能让所有观众看到的位置。

(四) 路线的公平性

路线设计应避免出现运动员因穿越不能通过的区域，如私人住宅区获得不公平的优势。如果无法避免这类情况，应安排裁判员来阻止该类情况的出现。短距离赛允许观众在比赛区域中活动，因此，在关键路段和运动员必经路线上，应安排工作人员提醒观众回避以免发生碰撞；在竞赛区域内应规划好观众区和媒体记者区，如可通过修建一些临时建筑和安排管理人员来加强观众区域的管理。

三、不同级别比赛路线设计要求

(一) 初级路线设计

如图 23-1 所示，初级路线主要考察参赛者完成简单路线选择、简单概略定向和简单精确定向的能力及基本的指北针应用能力。设计路线时应注意：

(1) 尽量把起点设置在出发方向朝北的位置，方便初学者读图。

(2) 定向路段距离要短，方向变化要少，要有"扶手"导航。应该尽量避免出现使初学者试图直接穿越"禁行区",如花圃、围墙、围栏和铁路等的路段和"交叉"路段。

(3) 检查点应设置在醒目易识别的地形特征上或其附近。通常都是放在"扶手"特征上,或是在"扶手"特征上的某处就能看见检查点。如果检查点地形特征不很醒目,可以把点标旗放在醒目的位置上。

(4) 进行路线设计时,要注意从低组别到高组别逐渐增加比赛路线的难度,让他们循序渐进的逐步学习和掌握各种定向技能和积累定向经验。

图 23-1 典型的初级路段

(二) 中级路线设计

中级路线主要考察参赛者完成中等难度的路线选择、概略定向和精确定向的能力及应用指北针进行简单指北针定向的能力 (图 23-2)。路线设计应注意以下问题:

(1) 检查点应该设置在特征丰富的区域。检查点特征应该明显,但不能太醒目,地图上一定要有表示检查点特征的符号。检查点的位置应该让参赛者在到达检查点特征之前无法看到点标旗。

(2) 在有许多相似特征的区域,检查点最好设置在不同类型的特征处。通过变化检查点特征的类型,丰富检查点说明的内容。

(3) 检查点设置应避免出现尾随路段。

(4) 路段中应有断断续续的"扶手"可以利用,或有一定数量的核查特征。

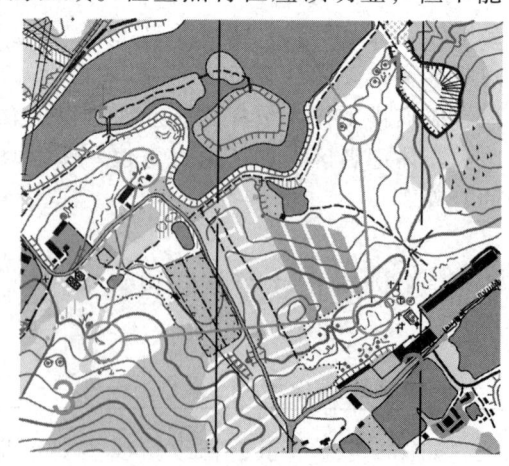

图 23-2 典型的中级路段

（三）高级路线设计

高级路线主要考察参赛者完成复杂路线选择、复杂概略定向、概略指北针定向、复杂精确定向、复杂精确指北针定向及保持注意力集中的能力（图23-3）。进行路线设计时应注意以下问题：

（1）路段的设计要长短结合，以短路段为主。路线中应该有一到两个可以增加路线选择难度和比赛难度的长路段。

（2）主要路段应该尽量安排在特征多样，细节丰富，对定向技能要求高的区域。

（3）路段中不应该有"扶手"可以利用，尽量不要为运动员提供核查特征用来导航。

（4）应尽可能避免出现很容易读图的路段。

（5）第一个路段应该设计为长路段以增加路线选择的多样性和复杂性。比赛刚开始时如果采用短路段，参赛者很可能选择同样的行进路线，结果是降低公平性。

图 23-3 复杂地形中典型的高级路段

第二节 中距离赛路线设计

一、中距离赛的特点

中距离赛主要特点是技术要求高，其胜出时间约为 25~35 分钟。地图的比例尺应为 1∶10 000 或 1∶7 500。

二、路线设计要点

路线设计主要考察参赛者在野外（通常是森林）环境中精确定向的能力，不但对定向技能有很高的要求，而且对路线选择有很高的要求，需要参赛者持续集中注意力进行识图和不间断的改变跑动方向，即使是非常小的错误也会对比赛成绩造成很大影响。

（一）路段设计

主要路段应该尽量设计在特征多样，细节丰富，对定向技能要求高的区域；设置的赛段需考察参赛者一定的速度调控能力及穿越不同地形和植被的能力，要富有方向变化。

（二）检查点的设置

检查点设置的要求难度大、技术要求高；检查点应该设置在不明显的地形特征处，其附近的"攻击点"特征点应该不很明显。

（三）观赏点的设计

观赏点应让观众可以看到正在进行比赛的参赛者。

三、不同级别比赛路线设计要求

（一）初级路线设计

初级路线主要考察参赛者完成简单路线选择、简单概略定向和简单精确定向的能力及基本的指北针应用能力（图23-4）。设计路线时应注意：

（1）尽量把起点的出发方向设置为朝北，方便初学者读图。

（2）路段要短，方向变化要少，要有"扶手"导航。应尽量避免出现可能诱导初学者直接穿越"禁行区"，如花圃、围墙、围栏和铁路等的路段。

（3）检查点应设置在醒目易识别的特征上或其附近。

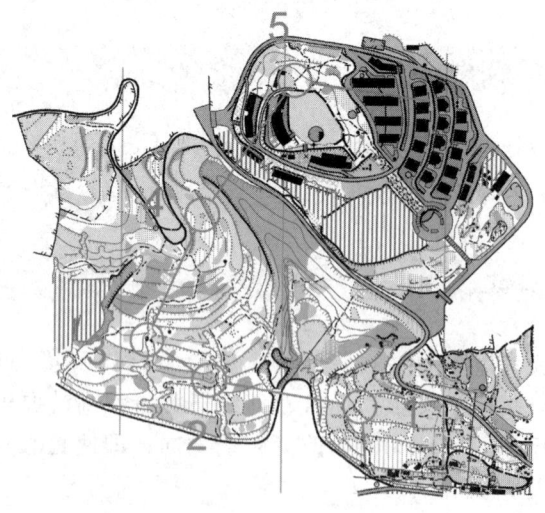

图23-4 典型的中距离赛初级路段

（二）中级路线设计

中级路线主要考察参赛者完成中等难度的路线选择、概略定向和精确定向的能力及应用指导针进行简单精确定向的能力（图23-5）。设计路线时应注意以下问题：

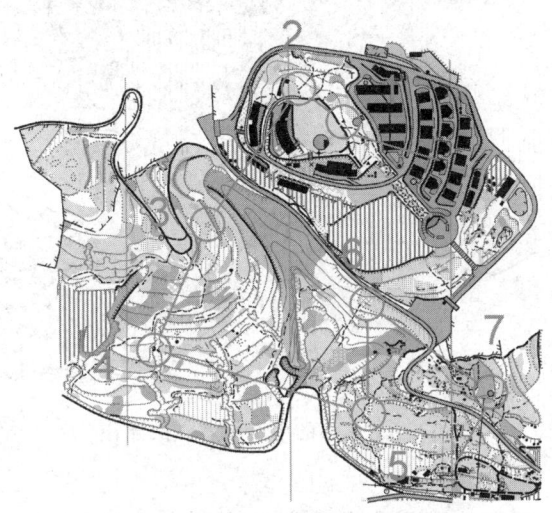

图23-5 典型的中距离赛中级路段

（1）路段的长度可以适当的增长。
（2）路段的方向和长度应有较多的变化。
（3）路段中只能有断断续续的"扶手"可以利用，有一定的核查特征可以用来导航。
（4）检查点难度较大，对技术要求较高。

（三）高级路线设计

高级路线主要考察参赛者完成复杂路线选择、复杂概略定向、概略指北针定向、复杂精确定向、复杂精确指北针定向及高度集中注意力的能力（图23-6）。进行路线设计时应注意以下问题：

（1）路段的方向和长度应富有变化，尽可能地出现可用于导航的"扶手"。
（2）路段的长度可以进一步加长，但应以中、短路段为主，尽量避免长路段。
（3）第一个路段应避免出现短路段。
（4）检查点难度大，对技术要求高。

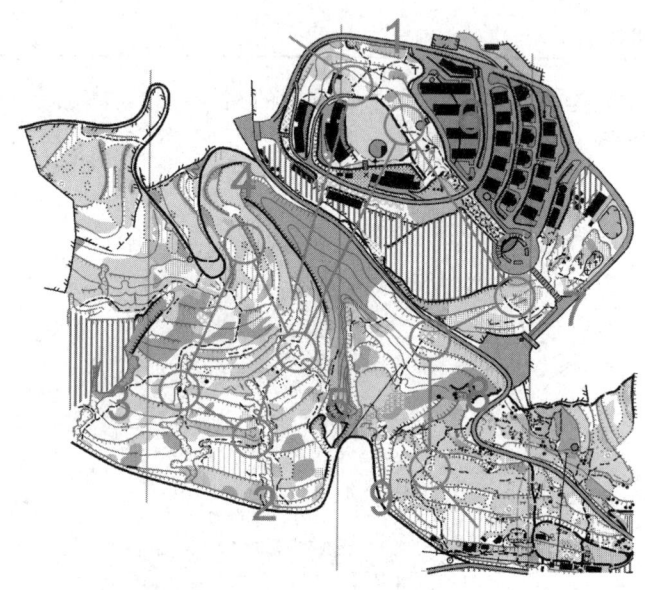

图 23-6 典型的中距离赛高级路段

第三节 长距离赛路线设计

一、长距离赛的特点

长距离赛主要特点是技术与耐力结合紧密,特别注重路线选择和概略定向。长距离赛要求比赛场地为野外丘陵地。长距离赛的胜出时间女子运动员应在 70~80 分钟之间,男子在 90~100 分钟之间。长距离赛地图的比例尺为 1∶15 000 或 1∶10 000。

二、路线设计要点

长距离路线主要检验参赛者有效选择路线的能力,以及在长时间奔跑下的读图能力。长距离路线可以包括一些中距离路线的技术特征。

(一) 路段设计

路段的主要特点是长赛段,其长度可以根据地形特点从 1.5~3.5 公里不等。长距离路线中可以设置两个或两个以上的长路段。长路段的路线设计应注意强调对读图和集中注意力的要求。

(二) 检查点的设置

检查点的技术要求为中等难度。检查点应设置在不明显的地形特征处，其附近"攻击点"特征不宜很明显。但是，检查点特征在地图上应该能明确区分。在路线上应该根据情况设置多个饮水点，饮水点最好是设置在检查点位置。

(三) 观赏点的设计

观赏点应安排在整个路线的中程或后半部分。观赏点应设置在通视度较好的区域。

(四) 路线设计的公平性

为了保证公平性，应在整个路线的后半部分中设计一些蝶形分支路段或其他一些分散运动员的路段。如果地形允许，还可以设计一些穿越通视度不高地形的路段来分散运动员。

三、不同级别比赛路线设计要求

(一) 初级路线设计

初级路线主要考察参赛者完成简单路线选择、简单概略定向和简单精确定向的能力及基本的指北针应用能力（图23-7）。设计路线时应注意：

（1）尽量把起点的出发方向设置为朝北，方便初学者读图。

（2）检查点应设置在醒目易识别的地形特征上或其附近。检查点也可设置在"扶手"的某一特征上，或在"扶手"的某一特征上就能看到的特征物上。

（3）初级路线应充分考虑参赛者的实际需要，不应盲目追求长距离，以免让初次参赛者失去对比赛的兴趣。

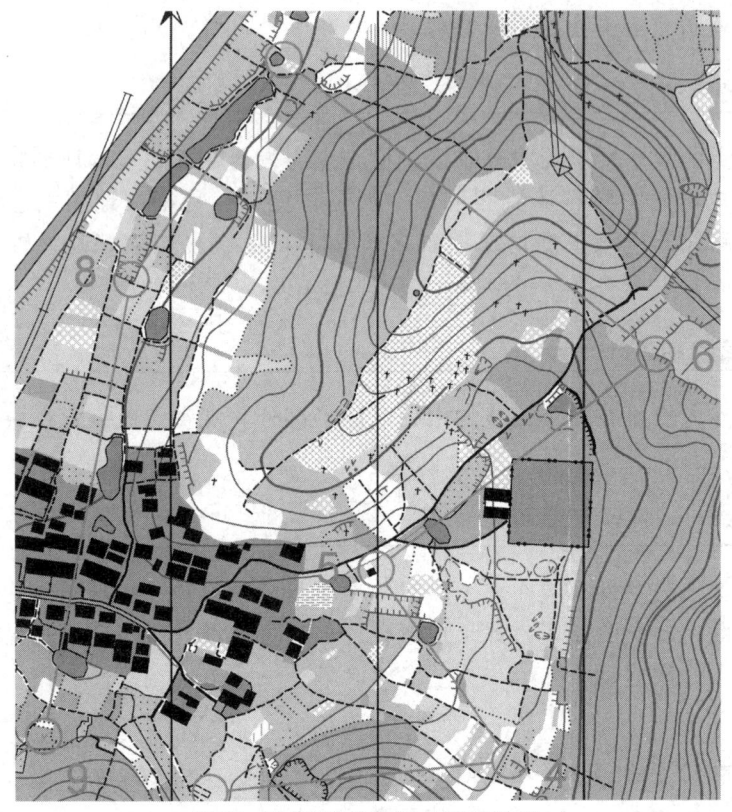

图 23-7 典型的初级长距离路段

(二) 中级路线设计

中级路线主要考察参赛者完成中等难度的路线选择、概略定向和精确定向的能力及应用指导针进行简单精确定向的能力、长时间奔跑的能力（图 23-8）。设计路线时应注意以下问题：

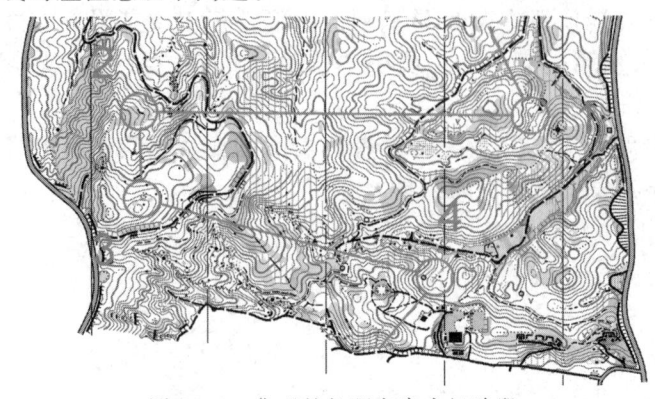

图 23-8 典型的长距离赛中级路段

(1) 检查点应该设置在地形特征丰富的地域。检查点的位置应该让参赛者在到达特征之前无法看到点标旗。

(2) 路段上应该有多条行进路线可供选择。整个路段要为参赛者提供运用概略定向、精确定向、攻击点技术的机会。

(3) 路段中应该有断断续续的"扶手"可以利用,有一定的核查特征可以用来导航。

(4) 设置一个距离较长的长路段来考验运动员的综合能力。

(三) 高级路线设计

高级路线主要考察参赛者完成复杂路线选择、复杂概略定向、概略指北针定向、复杂精确定向、复杂精确指北针定向及长时间奔跑能力(图23-9)。进行路线设计时应注意以下问题:

(1) 路段的设计以中、长路段为主。

(2) 穿过特征稀少区域的路段,应该设计成长距离路段,避免短距离路段。

(3) 穿过特征丰富区域的路段,应该设计成中短路段甚至短路段,避免长路段。

(4) 第一个路段应设计成中短路段,避免长路段。长距离路段会增加路线选择的复杂性和多变性,如果在比赛刚开始,选手还没有完全进行比赛状态的情况下,就让参赛者面临长路段,可能会让他们失去比赛的激情。

(5) 路段上应该有多条行进路线可供选择,整个路段要为参赛者提供运用复杂概略定向、精确定向、攻击点技术的机会。

(6) 应尽量避免路段中有"扶手"和核查特征供参赛者利用。

(7) 应设计多个长路段,甚至超长路段来检验参赛者的综合能力。

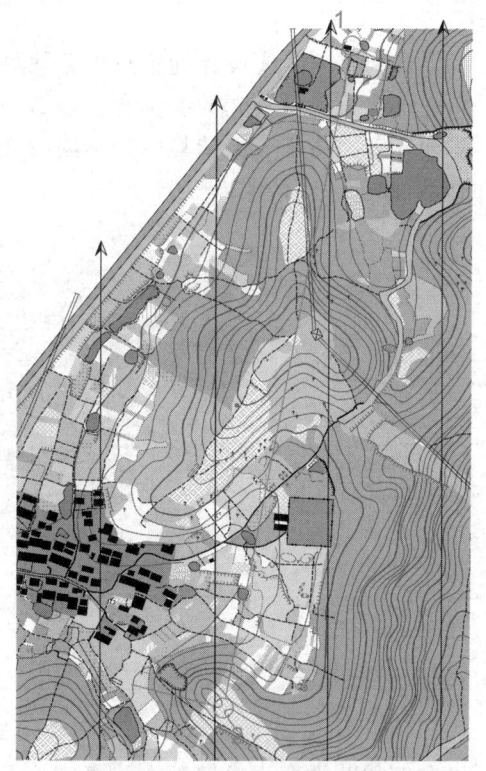

图23-9 典型的长距离高级路线的长路段

第四节　百米定向运动赛路线的设计

一、百米定向赛的特点

百米定向赛是近几年流行起来的具有很强观赏性、参与性和推广性的比赛项目。百米定向在开阔、易跑性和通视度非常好及伴有音乐的天然或人工布置的微型场地中举行，观众可以观看整个比赛过程。百米定向的特点是节奏感强、压力大和干扰大，要求参赛者在高压下抵抗干扰，在快速奔跑中迅速做出决策。百米定向的胜出时间为 2~4 分钟，比赛地图的比例尺为 1∶1 000 或 1∶500。

二、路线设计要点

百米定向路线设计的重点是路线的观赏性和公平性上，能让观赏者轻松地识别出在比赛中领先的参赛者，能避免跟跑的发生。百米定向应检验参赛者在复杂环境的高压下保持集中，不断改变速度和方向中调控节奏、选择路线和完成路线的能力（图 23-10）。

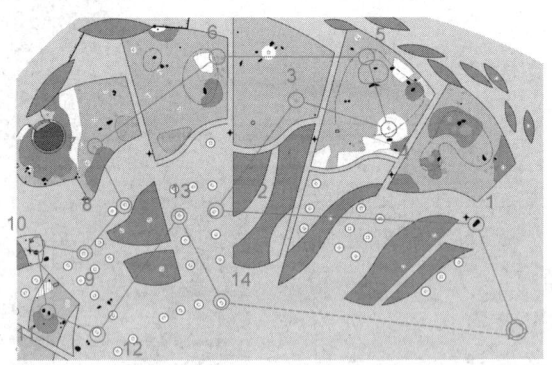

图 23-10　百米定向图路线

（一）路线的公平性

（1）如果同组参赛者采用间隔方式出发并使用同一条路线，应该确保后出发的参赛者在未出发前无法看到比赛区域内的情况，包括检查点位置、他人的行进路线等。

（2）如果同组参赛者采用分批同时出发，除应该确保后出发的参赛者在未出发前无法看到比赛区域内的情况，包括检查点位置、他人的行进路线等外，还应该通过各种分支路线、路线选择来分散参赛者，避免跟跑。设计分支路线时应考虑各分支的对等性，应尽量减少参赛者在分支控制点上的相互干扰。另外，在其他检查点上也应考虑尽量减少参赛者在进出检查点时可能出现的相互干扰。

（二）路段设计

（1）百米定向的路段均为短路段，主要通过方向和相对长度的变化来增加路段的多变性。

（2）路段中应尽可能包含更多的定向因素，特别是路线的选择，让参赛者必须全神贯注。

（3）用来分散参赛者的分支路线主要应安排在前半部的路段中，后半部路段主要应通过路线选择来分散参赛者，并在其中穿插安排少量对称性分支路线，以保证比赛的观赏性。

（三）检查点的设置

（1）检查点很简单，寻找检查点的挑战来自检查点周围许多相似路线的检查点，甚至在同一检查点特征的不同位置都可能设置检查点。

（2）检查点的设置应考虑尽量减少参赛者进出检查点时可能出现的相互干扰和碰撞。

三、不同级别比赛路线设计要求

（一）初级路线设计

初级路线主要考察参与者完成简单路线的能力。
（1）尽量把起点设置在出发方向朝北的位置，方便初学者读图。
（2）路段较短，没有"假点"。
（3）路线选择问题少而简单。

（二）中级路线设计

中级路线设计主要考察参赛者在高速奔跑下的读图与路线选择能力及节奏控制能力。
（1）路段相对长度和方向应富有变化。
（2）应设置一定数量的"假点"来干扰、迷惑参赛者。
（3）如果比赛场地为操场，应在场地中设置一些人工障碍物来增加路线选择的难度。

(三) 高级路线设计

高级路线设计主要考察参赛者在复杂环境中高速奔跑时的快速读图与路线选择能力及节奏控制能力。

(1) 路段相对长度和方向应富有变化,相对长度的变化应有较大的变化幅度。

(2) 应将一定数量的检查点设置在相似特征上,并设置一定数量的"假点"来干扰、迷惑参赛者。

(3) 如果场地上特征较少,应设置一些人工特征来丰富检查点特征的变化。

(4) 如果比赛场地为操场或比赛场地中可能出现路线选择问题的障碍物较少,应在场地中设置较多的人工障碍物来以增加路线选择的难度。

(5) 路线应有交叉,以增加读图的难度。

第五节 接力赛路线设计

一、接力赛的特点

接力赛主要特点是团队竞争。接力赛的观赏性很强,接力赛采用集体出发的出发形式,各队之间的交互领先,最先通过终点的队伍获得最终的胜利。接力赛一般在野外环境中进行,对技术要求与中距离赛类似,对技术的要求高,但在路线选择的要求上则与长距离赛类似,有路线选择的长路段也应出现在接力赛中。近几年来,也尝试着短距离接力赛。短距离接力赛具有短距离的典型要素。接力赛地图的比例尺通常为1∶10 000或1∶7 500,短距离接力赛的地图通常为1∶5 000或1∶4 000。

二、接力赛路线设计方法

为了保证公平性,各队同一棒次的运动员所跑的路线应该是不同的。在路线设计中可以通过瓦拉斯(Vannas)法和法斯特(Farsta)法来实现这一要求。

（一）瓦拉斯（Vannas）法

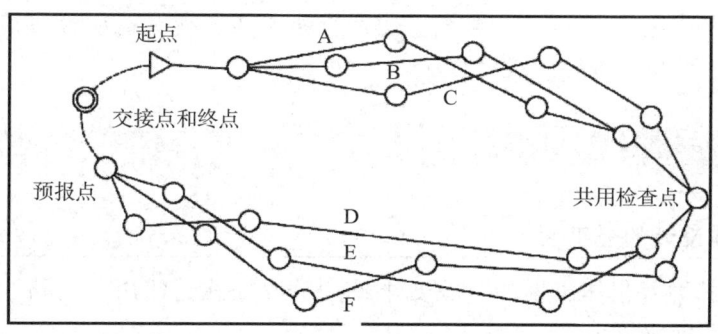

图 23-11　瓦拉斯法接力路线设计

瓦拉斯法通常设置 3 条路线（图 23-11），这 3 条路线在每一赛段的中部汇集到一个共用检查点，然后重新分出 3 条路线直到终点。这样整个接力赛路线被分为前半部的 A、B、C 和后半部的 D、E、F 共 6 个部分。前后两个部分进行排列组合，如 A+D；A+E；A+F；B+D；B+E；B+F；C+D；C+E；C+F 可得到 9 条完全不同的路线，但各条路线的难度和长度基本相同。在接力赛中，每个队要完成全部 6 个部分的路线（图中的 A、B、C、D、E 和 F）。瓦拉斯法适用于每队 3 棒的 3 人接力赛路线设计，在同一棒次，只有 1/9 的选手跑完完全相同的路线。

（二）法斯特（Farsta）法

法斯特（Farsta）法通常设置两条共用起点和终点的路线（图 23-12）。两条路线在某些检查点汇集在一起（B、D、I、L 点），在某点又分叉成两条路线（B、G、J 点）。两条路线在中部通常有几个共用路段（D-E、E-F、F-G），在其他部分也可以有共用路段（I-J）。整个路线上"汇集"和"分叉"

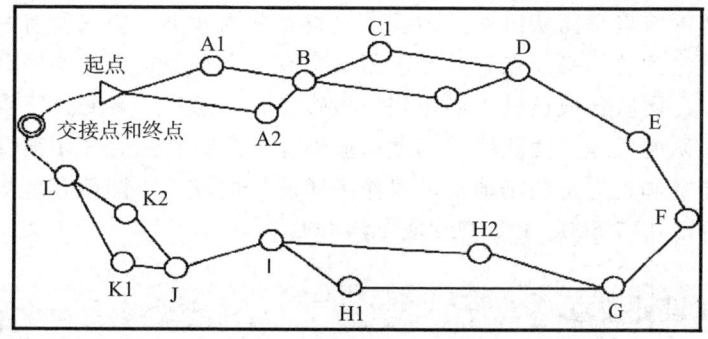

图 23-12　法斯特法接力路线设计

的次数不限，每一"分叉"上的检查点个数也可随意设置。法斯特法最终能组合出完全不同的路线数目取决于路线中的"分叉"个数。在接力赛中，每个队必须完成全部（分叉）路线。法斯特法灵活多变，适应性较广，是目前应用得最多的接力赛路线设计方法。

三、接力赛路线设计要点

（一）路线设计的公平性

（1）接力赛集体出发的方式要求使用分支路线。使用分支路线时各队的胜出时间差别应较小。

（2）各赛段的最后部分应该相同。

（二）路段设计

各分支路线对应路段的难度和长度应基本相同。

（三）检查点的设置

（1）检查点设置的技术难度为中等难度，检查点应该设置在不明显的地形特征处，其附近的"攻击点"特征点也不应该明显。

（2）通常第一个检查点是共用检查点，但也可以不是共用检查点。

（3）不同路线上的检查点数目应相同或相近。

第六节　团队赛路线设计

一、团队赛的特点

团队赛的特点是团队协作。团队赛检查点分为两类，要求所有团队成员都应按规定顺序到访的必经点和只要求团队中有一名成员按任意顺序到访的自由点。比赛中，团队各成员分工协作到访检查点，以最后一名到达终点成员的成绩为整个团队的成绩。团队赛的场地适应性非常广泛，适合短距离赛、中距离赛、长距离赛和接力赛的场地均可以作为团队赛的场地。团队赛地图比例尺包括1∶10 000、1∶7 500、1∶5 000或1∶4 000。

二、路线设计要点

路线中必经点的难度应有一定的跨度，但不应有非常难的检查点。由必经点组成的路线应贯穿整个比赛场地，并按规定的到访顺序连接起来，依次标上序号。

（一）路段的设计

团队赛中检查点的到访顺序由参赛者自己设定的，地图上只需要按顺序标出必经点间的连线，自由点只需标上检查点代码。因此，团队赛路段的设计主要是必经点的设计。必经点的设计有两种形式，一种是集中设置，也就是必经点的位置相对集中，这种设置将降低比赛难度；一种是分散设置，也就是必经点的位置相对分散，这种设置将增加比赛难度，必经点越分散，比赛难度越大。另外，团队赛的最后一个路段应该是最后一个必经点和终点之间的必经路线。

（二）检查点的设置

1. 必经点的设置

团队赛路线中通常设置 4~6 个必经点。为综合考察团队中各成员的个人能力和团队负责人的领导能力，必经点之间必须有一定的难度跨度，也就是应该有很容易的必经点、容易的必经点、中等难度的必经点和较难的检查点，但不应该有特别难的检查点。另外，最后一个必经点必须设置为最后一个检查点，该点与通向终点的必经路线相连。

2. 自由点的设置

自由点的设置比较灵活，既可以均匀分布在赛场内，也可以相对集中分布在某几个对参赛者能力有特殊要求的功能区中。在后一种情况中，同一功能区的自由点除有共同的难度特点外，还应有一定的难度跨度。

（三）观赏点的设置

观赏点一般设置在最后一个检查点上，该检查点应设置在通视度较好的区域，并且其周边应该可以安排一个等待区。

（四）路线设计的公平性

必经点和自由点应适当分散，以避免出现某个团队中有 1~2 名较好的队员能获胜的情况。

三、不同级别比赛路线设计要求

（一）初级路线设计

初级路线设计主要考察团队基本的协作能力、各成员寻找简单检查点的能力（图 23-13）。

（1）必经点应相对集中在较简单的地形区域内。

（2）检查点应设置在醒目易识别的地形特征上或其附近。

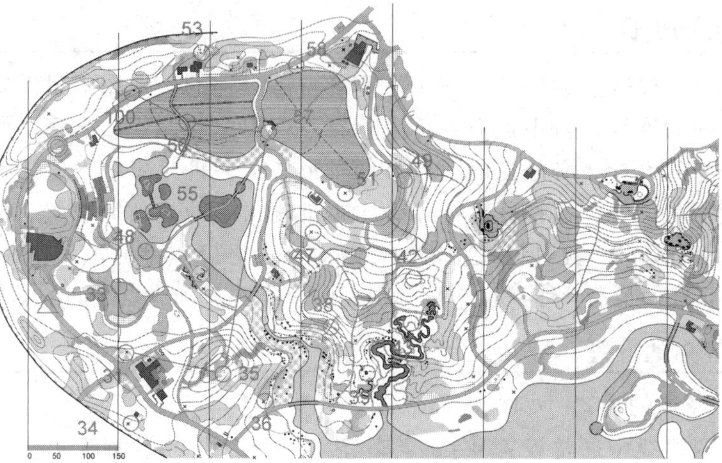

图 23-13　初级团队赛路线

（二）中级路线设计

中级路线设计主要考察团队的协作能力、各成员寻找简单和中等难度检查点的能力（图 23-14）。

（1）必经点应适当分散，应该有较大的难度跨度，至少应有一个中等难度的检查点，但不应有较难的检查点。

（2）自由点的特征应该明显，但不应该太醒目。自由点中应有较多的中等难度的检查点，但不应该有较难的检查点。

（3）在有许多相似特征的区域，检查点最好设置在不同类型的特征位置。

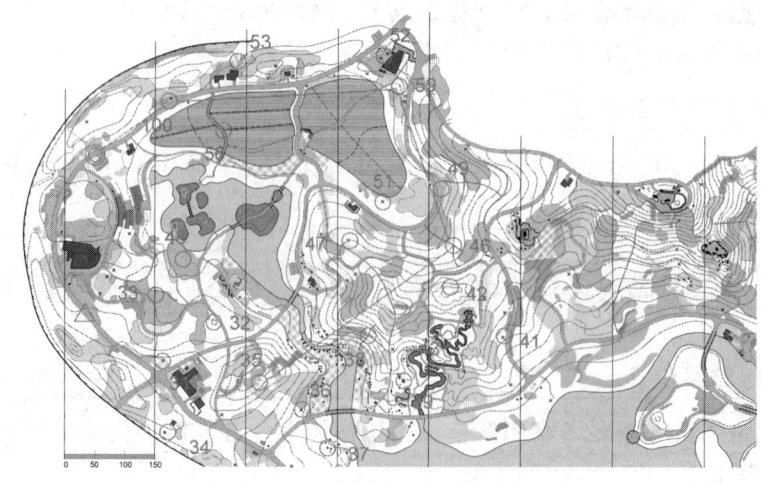

图 23-14　中级团队赛路线

（三）高级路线设计

高级路线设计主要考察团队在复杂任务情境中的协作能力和各成员寻找中等和较难检查点的能力（图 23-15）。

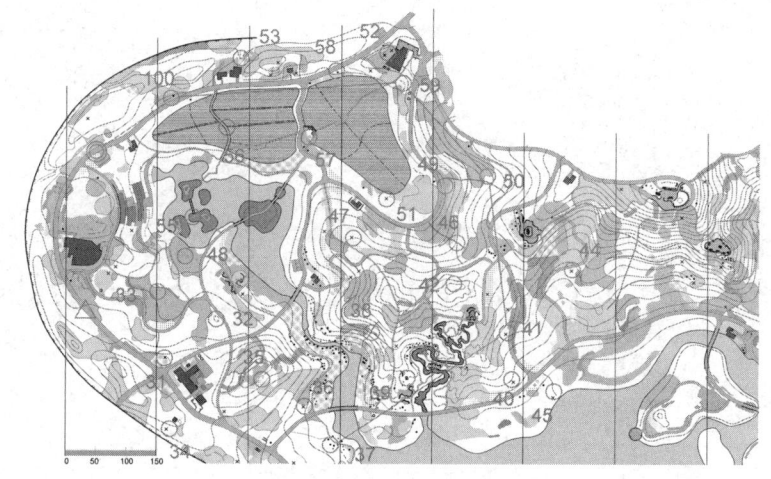

图 23-15　高级团队赛路线

（1）必经点必须分散，应该有较大的难度跨度，至少应有一个较难的检查点，但不应有特别难的检查点。

（2）自由点的特征应该明显，但不应该醒目。自由点以中等难度的检查点为主，但至少应有 1 个，最好是有 2 个以上较难的检查点，但不应该有特别难的检查点。

（3）自由点也应该适当分散，最好能设置 1 到 2 个远离必经点，接近地图边缘并且有中等或较高难度的自由点，以增加分工难度。

复习、思考与实践

1. 短距离赛、中距离赛和长距离赛对场地和路段的要求有什么不同？

3. 不同项目中初级、中级和高级路线对参赛者能力的要求有什么不同？

4. 在一张校园、公园或城市地图上分别用"瓦拉斯法"和"法斯特法"设计一组接力赛路线，然后请其他学习者对该路线进行评价。

5. 在一张校园、公园或城市地图上设计一场团队赛的路线，然后请其他学习者对该路线进行评价。

第七篇　拓 展 篇

第二十四章　定向运动与拓展训练
第二十五章　定向运动俱乐部的组织管理与运营

本篇导读

　　拓展的原意为开拓、扩展。近年来，由于拓展训练（Outward-Bound）在国内的迅速发展，影响力不断扩大，拓展已演变成拓展培训。拓展篇中的拓展具有两层含义：一是指将定向运动作为拓展培训的手段和工具，通过定向拓展训练来实现素质拓展的目的；二是指开拓定向运动活动项目和活动形式，扩展定向运动的应用领域，以便在更多的人群中推广、普及定向运动。

　　本篇包括两章，第二十四章通过具体的案例帮你掌握定向拓展训练的操作模式和操作方法；第二十五章阐述如何组织管理定向运动推广、普及的主要机构——学校和社会定向运动俱乐部，并为你组建自己的定向运动俱乐部提供成功的案例。第二十五章还提供了几个开拓定向运动活动的新形式和新项目，拓展定向运动新领域的案例，特别是详细介绍了定向运动商业化推广的案例，为你进行定向运动开拓和创新提供参考。

第二十四章 定向运动与拓展训练

> **本章导读**
>
> 定向拓展训练是定向运动应用的新领域,是定向运动特征与拓展训练的理念相结合的产物。定向拓展训练为定向运动的发展注入了新动力。目前,定向拓展训练已成为定向运动中与社会需求联系最紧密的领域和最能体现创新精神的领域。本章阐述定向拓展训练的起源和教育价值以及定向拓展训练课程的结构特点和设计要点,并通过个案说明定向拓展训练的具体方法。通过本章的学习,你将能够:
> 1. 了解定向拓展训练的概念与教育价值;
> 2. 掌握定向拓展训练课程的结构特点和课程设计的要点;
> 3. 掌握定向拓展训练的方法。

第一节 拓展训练概述

一、拓展训练的概念

拓展训练是从英文 Outward Bound 意译而成,原意为外展。从字面上解释,"Outward Bound"意思是一艘小船离开安全的港湾,驶向勇敢的探险旅程去迎接未知的挑战,面对风险与困难的同时,也可能发现新的机遇。现在"Outward Bound"作为一种学习方式的名称被越来越多的人接受。

拓展训练利用各种类型的环境,通过精心设计的活动达到"磨炼意志、陶冶情操、完善人格、熔炼团队"的培训目的。拓展训练作为一种体验教育,是对我国现有传统教育的有益补充,不但对青少年教育效果明显,对成人也具有一定的教育价值。从 20 世纪 90 年代开始,拓展训练在我国逐渐扩展,众多培训公司、培训学校、咨询公司、户外运动俱乐部、旅行社等机构对其作用和体验方式进行调整,达到不同的体验目的,相应的名词也逐渐多样化:探险旅游、生存训练、户外游戏、员工培训等。拓展训练正以其不同的实现方式在中国日益深入人心，定向运动作为一种体验式很强的项目，与拓展训练拥有很多的相通之处。

二、拓展训练的起源

拓展训练起源于第二次世界大战期间的英国。当时，许多的英国军舰遭到德国潜艇袭击后沉没了，大批的水兵因此丧生，但总有少数人在海难中幸存下来。后来研究人员从中发现，这些幸存者并不是体能和体质最好的人，而是求生意志最强的人。他们顽强地和困难抗争，不坚持到生命的最后一刻决不放弃，正因为如此，他们终于活到了获救的那一刻。于是，人们受到了启发。哈恩等人在英国创办了阿伯德威海上学校，训练年轻海员在海上的求生能力和船触礁后的生存技巧，通过强化的，富有刺激性和冒险精神的专门训练，锻炼年轻海员坚强的意志和健康的体魄，并将他们源源不断地补充到大西洋海战中去。

第二次世界大战结束前夕，人们普遍认为这种训练应保持到和平年代。于是，在战争结束后，拓展训练的独特创意和训练方式逐渐被推广开来，训练对象由海员扩大到学生、军人、工商业人员等各行各业。训练目标由单纯的体能、生存训练扩展到人格训练、管理训练等诸多方面。

拓展训练经历了从20世纪40年代的创始、50年代的扩大规模、60年代的长足发展、70年代的稳固和80年代的国际化之后，走到今天，已在全世界的欧、美、亚、非、澳五洲的许多国家和地区开展起来。设在英国的总部是世界各地拓展训练活动的中心，其拓展训练强调安全第一，提倡保护环境。其宣言是：激发自尊，关心他人，服务社会，放眼世界。

三、拓展训练的教育学价值

拓展训练作为一种突破传统教育思维和模式的全新学习与教育方式，受到了广泛的关注与肯定。拓展训练中项目体验以及提升分享部分符合教育学的规律。教育学的观点认为个体的主观能动性是其身心发展的动力，从个体发展的各种可能变为现实这一意义上来说，个体的活动是个体发展的决定性因素。人的能动性是客观环境不断变化产生新的要求，新的客观要求为人所接受就引起人们的需求，这种需求包括生物与精神两个方面，这也符合马斯洛的需要层次论。拓展训练设计的场景与环境，是将生活中的许多可能遇到又可能发生的问题在时间与空间上进行合理的控制，给学生一个新奇、有趣、觉得有能力完成，但又需付出努力的过程，而且这种努力需要合理的个体与团队行动方式才可完成,这就引起了学生心理上的需求,促成了学生心理的矛盾运动,成为学生心理发展的动力,推动学生的心理发展。这种状态能最大限度地调动学生的主观能动性,会使学生朝着积极的方向发展。

拓展训练能够在学习中实现教与学的互动性,由于拓展项目情境的设置,可以达到学生与情境的互动,学生和学生之间的互动,学生和教师之间的互动。拓展训练通过学生在项目中的表现,通过观察对方和自己的一言一行,然后反思自己存在的问题,知道自己哪些是不正确的,哪些是需要改进的。这种"行动—观察—反思"的学习模式有助于学习动力的保持,也有助于自我的检查与提高,这些都是教育学所需要体现的价值。因此,把拓展训练作为一种有限的体验式教育手段,本身就蕴涵了教育的意义。

四、定向拓展与拓展训练的关系

将竞技性和健身性的定向运动按照拓展训练模式进行操作,我们可以将它称之为定向拓展。定向拓展是拓展训练中众多体验项目之一,是拓展训练项目中的一种体验类型,介于拓展训练和具体项目之间的一个门类。

第二节 拓展训练课程的模式

拓展训练课程的基本模式为:前期分析——课程设计——场景布置——挑战体验——分享回顾——引导总结——提升心智——改变行为。

一、前期分析

前期分析是对参训群体的组织结构、学员特征与培训目标等进行细致分析,以此为依据进行培训安排。不同的参训群体有不同的特征,不同性别、不同民族、不同年龄层次的学员在培训活动中会有不同表现。因此,课程设计的优劣以及其后的一系列环节,能否有好的效果,都和参训群体的前期分析有密切关系。对于一个准备前来参训的团体,努力了解他们的行业特征,认真分析所要到达的培训结果是必须要做的前期工作,往往成功的前期设计和沟通会达到事半功倍的效果。

二、课程设计

课程设计是依据对参训群体的特征与需求进行调查分析,设计出满足学员要求和体现最佳培训效果的课程方案。有的课程设计要以整个团队的合作配合为目标，课程项目要有针对性。如果学员人数较多，需要分成多个小组（队）时，必须让所有的教练了解此次培训目的。主要项目活动安排应该有相同的作用，同时对项目与场地的轮换顺序要有序安排。设计课程时必须了解教练对于课程顺序的偏好与调节能力，为了达到好的效果，教练可以做一些备份，准备一些备用项目。

三、场景布置

场景布置就是按照活动项目的内容和特点，合理利用活动环境，准确地布置场景，使其具有项目要表达的真实性。场景布置也包括拓展教师布课时所描述的情境。布置课程用具必须提前完成，尽量不要当着学生的面去布置和检查器械，这会造成在布课中"泄露机密"，同时也会使课程的连续性受到影响。

拓展训练课程经常需要一些特殊的道具，比如为了表现黑夜的环境会让学生戴上一个"眼罩"，使其更加真实的感受当时的状况，此时眼罩的使用时间、使用时机对于完成任务起着至关重要的作用。有些项目要求完成的精细，同时任务本身又极易出错，因此所选用的器械与道具就显得尤为重要。

四、挑战体验

挑战是让学生接受有一定难度或看似危险的任务，达到项目预期的目的，让学生体验项目预先设计的理念，并从中得到感悟。在项目的挑战过程中教练应该严格地把握时间，对于项目体验出现的安全问题要及时纠正和处理，对于违反规则的学生要及时提醒，营造一个公平和谐的挑战环境。

图 24-1　盲人定向挑战体验

五、分享回顾

分享回顾是拓展训练的重要组成部分，是学生在完成项目挑战后，按照特定的形式把自己的真实感受讲出来，并由记录员进行记录，同时将自己的感受与教练和其他同学分享，从中得到启发。分享回顾的关键在于学生是否讲出自己的真实感受，如果出现冷场，教练要及时进行分享的表述与引导。

图 24-2　分享回顾现场图

六、引导总结

引导总结是将活动中出现的问题和认知感受进行引导，用符合拓展训练理论基础的理念进行科学的总结，使理论更加严谨与体系化。这个环节主要由教练来做，一场成功的拓展训练课程，教练的引导和总结非常关键，要善于抓住问题的本质，进行全细致的总结，同时要注意整体和个体的感受。引导总结经常会和分享回顾交叉进行，进行适时的引导，做出精辟的点评，讲述风趣的故事，不仅能使课堂生动活泼，而且也能让学生牢记在心。

七、提升心智

提升心智是在分享回顾与引导总结后，将学员感悟与理解进行提升，主要运用鼓励与肯定的形式，让其对自己的能力与潜力有一个新的认识，对团队的进展充满信心，并相信自己能够在实践中合理运用的一个过程。

八、改变行为

改变行为是拓展训练的最终目的。学习的目的是将所学的知识得以运用，能否在拓展训练之后持续当时的激情，回到工作与学习中能够有所改变，是拓展训练课程的最终目的。

第三节　定向拓展训练方法

为便于读者理解和操作，本节以"团队积分定向"的案例来简述定向拓展训练方法。

一、项目概述

通过团队之间的积分竞争体验，考验团队的分工协作能力。如何发挥团队的优势，认清团队成员的优缺点进行合理分工，达到积分的最大化是该项目的主要目标。通过本项目的体验，使学生能够在实际生活中善于观察团队成员的特点，打造高效率的团队。

二、训练目的

（1）培养学员的相互协作的意识。
（2）体会团队内部人员合理搭配对实现整体目标的价值。
（3）队长在分配检查点任务时的领导力体现，能否根据本队各成员实际情况合理分配检查点。
（4）共同学习、总结经验，体会对提高整体工作效率的重要性。

三、训练提示

（1）规定时间的应能保证大部分参赛者在正常情况下都能找到所有的检查点。
（2）训练时学员应佩带手表等计时工具。
（3）起点和终点应设置在同一个地方或相距很近的地方。

四、人数与时间

人数为10人以上，最好不要超过30人。项目完成时间80分钟。项目布课时间10分钟。项目挑战时间40分钟。回顾总结时间30分钟，其中项目分享回顾15分钟，总结提升15分钟。

五、场地器械

（1）场地最好是地形稍复杂、特征物丰富的公园。
（2）积分定向地图每人一张。
（3）成绩记录表一张，笔2~3支，秒表2~3个。
（4）点标旗和机械打卡器或者电子打卡器，场地点标旗由专人负责监督，同时监督学生是否正确打卡。

六、布课过程

（1）参赛团队进行打点积分的团队竞争。

（2）在比赛区域范围内设置若干检查点，根据点位难易程度、距离远近赋以各点位不同的分值，在规定时间内必须回到起点，起点为图中三角形区域（图24-3）。

（3）在规定时间内完成练习的团队以积分相加最高者为胜，如果积分相等则用时最少的团队为胜。如果超出比赛时间未能赶回起点，将按超出时间的多少进行扣分甚至取消成绩。

（4）参赛团队中的各个队员自由决定寻找检查点的先后顺序，一个点标只记录一次积分，如果出现团队中同一和不同成员打了相同的点，只记录一个点的积分。

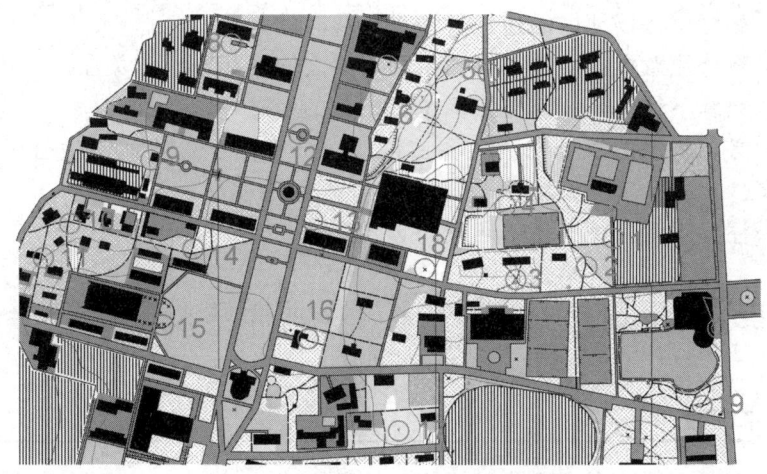

图24-3　团队积分定向地图

七、安全监控

（1）要求学员摘除身上佩戴的硬物和背包等。

（2）教练预先设计好检查点，防止一些错误路线判断发生安全事故。

（3）场地内安排若干安全监督员，以防学生打卡或者奔跑途中受伤。

（4）简练讲清打卡和寻找点标的正确方法。

（5）同队队员可以互相帮助。

八、项目控制

（1）语言精练，突出重点。
（2）鼓励所有的学员参与挑战活动，确认不适合参加此活动学员的身体状况。
（3）通过对讲机联系确定所有的点标旗都在正确的地图位置上。
（4）准备活动要充分，以四肢各关节为主。
（5）适当建议和调整团队各人员打卡任务的分工，参赛团队都有3分钟的讨论时间，时间一到必须出发。

九、项目挑战阶段

（1）小组开始出发之前，教练为参赛团队鼓劲，并适时的给予指导。
（2）教练对在场地内的违规行为进行及时的制止。
（3）教练注意烘托团队气氛，激励学员之间互相鼓励和关注。
（4）教练不得透露任何与点标位置相关的信息。
（5）必须将保护学员安全放在首位，学员身体反应明显不适合继续挑战不得强求。
（6）注意观察，积累便于回顾的必要素材。

十、回顾总结

（一）分享回顾

（1）对所有团队完成挑战任务给予鼓励。
（2）鼓励每一个学员都讲讲自己的感受并给予肯定，回顾分享可以采取主动站出来和点名分享相结合的方式进行。
（3）团队的任务分工和个人能力的分工是活动胜利的关键，相互合作的重要性，任何一个人都无法在最短时间内完成的，要正视这种事实的存在。
（4）前面学员总结的经验对于随后挑战的学员的价值与影响，对获胜团队的努力给予肯定，并要队长介绍成功的经验。
（5）要有团队的责任感，如何自己分配的点标找不到该怎么办等。
（6）经过艰苦努力取得优异成绩时的成就感。
（7）场地安全监督人员的感受。

（二）总结提升

（1）按照学员的分享要点，对已出现的理念或学员并未讲清的部分给予补充。

（2）阶段性目标对于实现最终目标的重要意义，分享"一个好汉三个帮"的故事。

（3）珍惜本队成员的帮助。

（4）生活中如何理解团队分工协作的观念。

（5）共同学习、总结经验，体会对提高整体工作效率的重要性。

（6）成功在于其模式的不断复制与完善。

（7）分享全国定向比赛团队赛的配合成功和失败的真实故事。

（三）重要细节

（1）强调安全的重要性，强调分工的重要性。

（2）时刻同安全监督人员保持沟通。

（3）如果要求学员内部分组，一定要注意分组是否合理并及时提醒。

复习、思考与实践

1. 拓展训练中教育意义体现哪些方面？
2. 如何理解定向拓展训练与拓展训练的关系？
3. 试设计一个公园定向拓展训练安全监督方案。

第二十五章 定向运动俱乐部的组织管理与运营

> **本章导读**
>
> 定向运动俱乐部是在学校和社会推广、普及定向运动的主要组织机构。除了组织比赛外,他们还可以以定向运动技术为核心开发各种活动项目,以此来创建俱乐部的品牌和活力。本章首先阐述学校和社会定向运动俱乐部组建和管理要点,然后通过几个案例介绍定向运动项目开发和推广的几种基本模式。通过本章的学习,你将能够:
> 1. 了解组建和管理定向运动俱乐部的要点;
> 2. 了解定向运动商业推广的注意事项;
> 3. 了解多种定向运动项目开发途径。

第一节 大学生定向运动社团的组织和管理

大学生社团是由高校学生依据兴趣爱好自愿组成,按照章程自主开展活动的学生组织。在大学中建立学生定向社团一方面有利于推广和普及定向运动,另一方面可锻炼学生的组织能力和社会实践能力,提升学生综合素质。

一、定向社团的组织

(一)合法化

高校中的体育类学生社团一般由隶属于校团委的学生社团联合会或学校的体育部进行统一管理。筹办学生定向社团,必须按规定的申报程序进行申报以确立社团的合法性,例如需要编写章程、确认指导老师,正式向学校管理部门提出申请,待审批通过后方可招收会员、举办赛事活动。

（二）组织机构与职能及相关人才要求

一个成功的定向运动社团是一个组织机构健全，配备了各类人才的社团组织。一个成功的定向运动社团一般应设置如表25-1所示的机构并配置具有相应特长的人才。

表25-1　学生定向社团组织机构及各机对人才的基本要求

职位/部门	基本职能	优势能力
会长	发起人、决策人	头脑清晰、有领导力、策划力、有较强宏观思维的社团领导。
副会长	协调、执行主管	有较强的协调能力、执行能力的社团领导。
秘书长	文书、总结工作	文笔流畅、细心、能使用计算机最基本的文字编辑软件的秘书。
技术部	地图测绘 路线设计 场地布置	有较好的定向运动技术基础，有一定定向地图测绘基础、路线设计基础、有较好体力、能吃苦耐劳的，最好是曾参加过定向比赛并表现优异的运动员。
宣传部	线上、线下宣传	有美术基础，能使用互联网进行沟通、文笔有感染力的人才。
外联部	联系合作、赞助	有较强的沟通能力、热衷社会活动、有较敏感的商业触觉的交际人才。
财务部	会费管理	对财务数据敏感、为人诚实、有公信力的财务人才。
后勤部	器材管理、后勤工作	有耐性、乐于助人、细心、善于关注细节的人才。

（三）器材和设施

定向地图、指北针、赛事器材等是开展社团活动，推广与普及定向运动最基本的物质保障。

（四）会员招收办法

（1）社团招新：每年9月，社团可通过在校内设置宣传专区，张贴海报、标语和精彩照片，播放定向运动视频，发放传单等形式向新生介绍定向运动知识，展现定向运动的精彩瞬间以及丰富的户外生活、优美的活动环境等。同时可以在宣传过程中配合激情的音乐，不断循环地制造宣传气氛，体现丰富的社团活动。也可以在现场设置专人对有兴趣的同学进行深入讲解，安排体验活动，让被激发起好奇心的新同学在会员的陪同下跑前几个点，边跑边指导者掌握最基本的定向活动方式，然后再让新同学独自跑完全程。为调动新同学的参与热情，应该在定向体验活动中设置排名榜和一些小礼品，力求在视觉、听觉、触觉上全方位影响新同学，以取得良好的招新效果。

（2）活动招募：以班为单位，在校内为各班举办定向体验赛事，在活动中发掘有潜力的同学，招收为会员。在以班为单位组织活动时应注意以下几个问题：

①比赛最好以组为单位进行，或以团队赛、接力赛形式进行。

②检查点应设置在校园内最具特色的位置。

③要突出活动的趣味性，如可为活动设置一些主题，围绕主题开展活动；也可在路线中安排一些趣味性的问题，让活动参与者在找点的同时回答这些问题。

（3）开办讲座：在校园内定期开办讲座，邀请定向运动课任课教师介绍定向知识。如果在招新时开办定向讲座，将能取得很好的招新效果。

（4）组队参赛：在会员中发掘定向竞技水平高的会员，组成学校定向代表队参加全国、省、市或校际定向赛事，力争获奖，为校争光，提高社团知名度，争取学校更多的关注与支持。

（5）开设选修课：由社团指导老师在校内开设选修课，能较大的提高校内定向运动的参与率。

（6）举办赛事：与其他社团合作、在联合学生会、团委、体育部等部门的支持下，每年举办大型定向赛事，提高社团知名度，吸引更多的同学参与定向运动。

二、定向社团外联工作

仅在校内举办定向赛事，固定不变的地形会影响定向运动的趣味性，从而降低定向运动的吸引力和参与者的积极性。因此，校内的定向赛事一般只适用于面向新生和初学者普及推广，要使定向社团发展壮大还需积极组织校际定向联盟共同组织定向活动，以共享丰富的定向资源。

组织联盟时最好是能够找到一个具有法人资格机构，如具有举办赛事活动资格的公司或协会等作为主要发起人负责联盟筹备和组织工作，并与相关体育活动管理机构建立良好的合作关系，使联盟的活动合法化。

案例：广东定向联盟与广东定向联赛

广东定向联盟是由广州拓锐户外运动服务有限公司和部分广州高校学生定向运动社团共同发起成立的学生定向联盟。该联盟在广东省体育局社会体育中心的支持下，于 2005 年创立广东定向联赛。目前，该联赛已发展成为由广东省体育局社会体育中心主办，广州拓锐户外运动服务有限公司承办，各会员单位协办，全年比赛超过 20 场的全省性定向系列赛事。该联赛分为春、秋两个赛季，每个赛季都举行常规赛和季后赛，年终还举行冠军赛和广东省定向锦标赛，比赛按年龄分组，10~65 岁的定向爱好者都有可以选择相应的组别参赛。参赛人数由创立之初的每场约 40 人发展到现今的每场约 300 人。借助广东定向联赛，广东定向联盟也由筹办时的 6 个会员单位，发展至 2008 年超过 80 个会员单位。联盟拥有的地图资源由不足 10 张增加到超过 50 张。通过联赛也在高校中培养了一批定向人才。目前这些定向人才已有部分毕业走向社会，成为定向专业公司的骨干。

第二节　社会定向俱乐部的组织与经营

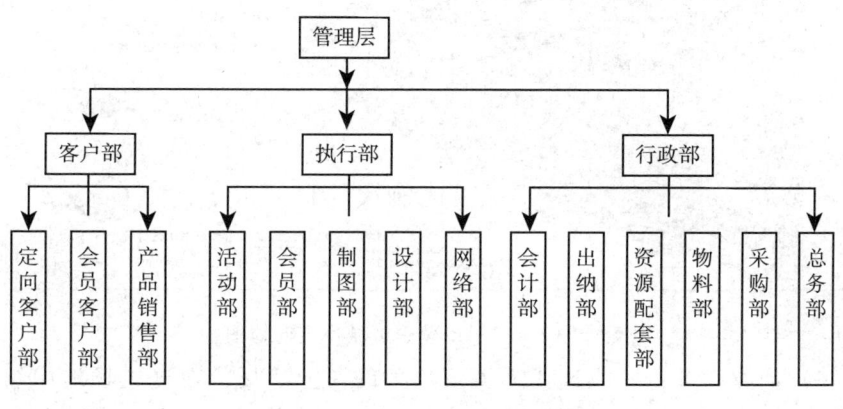

图 25-1　定向俱乐部组织架构图示

一、定向俱乐部组织架构

（一）定向俱乐部所需硬件设施

1. 工作室
2. 基地

丰富的定向运动基地是社会定向俱乐部赖以生存的基础。推广定向运动需要有多种不同类型的定向基地，以满足不同目标的需求。社会定向运动俱乐部必须具备的几类定向基地及基本条件如下：

（1）郊野类：基地附近应有较完善的配套设施，包括餐饮、住宿、方便的交通线等,以符合自驾车、白领、金领等群体的服务要求。

(2)公园类:一般选择市内交通方便的公园,以方便组织亲子定向、中老年人等群体的定向运动。

(3)城市类:一般选择较有历史文化底蕴的城区,在这类基地中举行定行活动会定向活动更加生动、有趣,富有内涵意义(图25-1)。

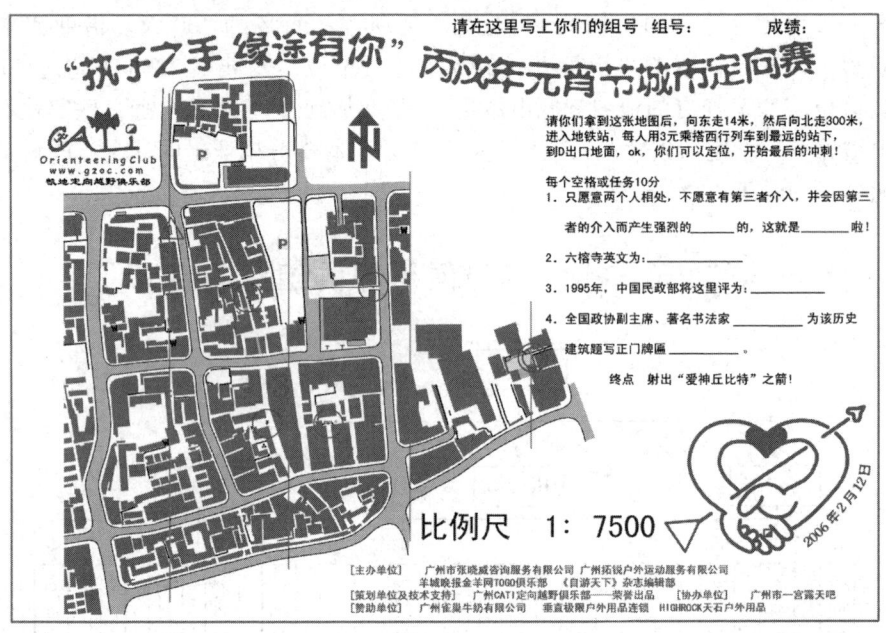

图25-2 广州市越秀区城市定向地图

(4)商业广场:一般选择人流量较大的商业广场,在这类场地中组织活动,可以向更多的观众介绍定向运动。

3. 网站

定向专业网站是宣传定向运动、宣传定向俱乐部的主要途径。俱乐部应在筹备期间就应建设一个定向运动专业网站,普及定向知识、介绍赛事活动、组织定向培训、销售定向产品、进行定向商业推广、传播国际国内定向新闻等,从多个方面向目标人群介绍定向运动,介绍俱乐部所能提供的定向服务。

俱乐部应该在专业网站上建立一个线上交流平台,如使用论坛、网聊工具等形式,为爱好者提供一个交流比赛心得、认识更多志同道合的朋友的平台,并提供与各种户外俱乐部的友情链接,把定向运动推广给更多的人群。

(二)主营业务

1. 赛事活动的策划与组织

(1)娱乐型主题定向活动:在社会推广定向运动和在学校推广定向运动

有很大的区别。学校定向赛事的参与者多抱有竞技的心态，组织赛事的一个重要目的是发掘优秀运动员组建定向运动队。而社会上的定向运动参与者大多是抱着娱乐、休闲的心态，希望通过定向运动亲近大自然，使自己更健康、更开心。因此，在设计社会性的定向活动时，需要注重其娱乐性，为每一次活动制定不同的主题和赛制，让参与者每一次都有惊喜，每一次都能体验到不同的乐趣。只有这样才能提高参与者的再次参与率。另外，在娱乐型定向推广活动中，路线设计对体能的要求不能太高，检查点难度应由浅入深，避免出现多数人不能完成路线，中途放弃的情况。活动的组织形式最好是以团队为单位参加活动，通过团队精神来丰富定向运动的内涵。

娱乐型定向运动的变化主要可以通过两条途径来实施：一条途径是变换活动形式，除了徒步定向外，还可以采用山地车、汽车、皮划艇、水下定向等形式；另一条途径是丰富定向活动的主题，如城市文化主题定向、GPS、手机、野战、天文、情人节、中秋节、鬼节、社区、亲子定向等。

娱乐型定向活动最好以会员制的形式组织，并通过活动招募会员。除了组织定向活动，还应通过多种形式为组织会员聚会，如在比赛后的分享会、会员的生日会、主题沙龙等，为会员提供长期追踪服务，提高俱乐部的凝聚力，在俱乐部中建立起朋友圈子，让参加俱乐部活动逐渐成为会员生活的一部分。

（2）举办大型专业赛事：在具备了优秀的赛事组织策划团队后，可向政府部门申办大型专业赛事。

2. 企业培训

以定向运动为载体，为企事业单位策划、组织针对基层员工、中层领导、管理层等不同的级别和针对执行力、沟通力、目标管理能力、情绪管理能力、团队协作能力等不同目标的企事业单位内部培训。

3. 定向地图测绘

4. 举办定向培训班

根据市场的需要，开办各类的培训班，为社会培养定向裁判、定向导师、定向制图员、定向运动员、定向赛事营运管理员等。

5. 定向产品销售

为广大定向爱好者、运动员提供相关的实用型和文化型定向产品。

（1）实用型产品是指直接为赛事举办者和参与者提供帮助的定向活动器材，如指北针、点标旗、服装等。实用型产品的销售应注意根据目标群体的需要提供来自多种渠道的高、中、低端的产品类型。在产品的销售过程中要注意收集反馈意见，不断改良产品，建立品牌知名度和口碑。

（2）文化型产品是指围绕定向运动文化所设计的产品。如纪念性小点标旗、文化T恤、定向日历等。在设计时可结合每年的有特别意义的定向赛事，进行文化延续，提高定向爱好者的收藏兴趣。

二、定向赛事的商业推广

定向赛事的商业推广有两种营销模式：一是直接将定向赛事作为商品销售的直接营销模式，一是将定向赛事作为其他产品营销载体的间接营销模式。本节重点探讨以定向赛事为载体推广赞助商产品和品牌的定向运动间接营销活动。

（一）定向赛事广告的特征

定向赛事是一种软性广告，广告效应全方位渗透在赛事之中，其商业性及功利性不像硬性广告那么明显，具有广告效应接近自然、易于被目标人群所接受，且广告成本较低的优点。

赞助定向赛事是属于公益性行为。与普通的商业广告不同，定向运动具有健康、动感、极富挑战性、全民参与等文化特点。定向文化如果能和赞助企业的品牌理念相对接，将定向赛事中体现的定向文化融入企业产品中，实现定向文化、企业文化、品牌文化相融合，从而引起目标群与企业的共鸣，很容易让目标群在每次参与定向运动时产生对企业的品牌的联想，从而达到深远的宣传效果。相比于其他体育项目，定向运动直接体验性的优点，容易针对性地锁定目标群，让受众直接感受到定向运动及赞助商企业品牌和文化的内涵，协助赞助商与目标群更好地沟通。

（二）赞助商的选择

适宜于用定向运动作为载体进行宣传的企事业单位主要包括：

（1）新开发的景区和景点：对于景区来讲，引入定向赛事除了具有宣传景区的短期效益外，还相当于增设了一个体育旅游项目，可为景区带来长期效益。

（2）快速消费品生产、销售企业：与定向运动理念比较切合产品主要有功能性饮品、运动服装、电信服务等。

（3）需要公益亮点的企业：如房地产商、上市公司等，媒体在报道赛事时可以增加企业的媒体曝光率，提升企业的美誉度。

（三）企业回报

赛事的组织者必须想方设法让企业获得回报，只有这样才能与企业建立长久的合作伙伴关系。为了让企业获得更多的回报，赛事组织者除了需要根据企业品牌的理念、希望达到的营销目的等有针对性地协助企业为赛事活动定位，围绕着企业的目标群想方设法帮助赞助企业达到营销目的。

1. 赛事权益。包括排他权、名誉权、获得称号、赛事标志使用权、舞台冠名、场地广告牌、横幅、海报、传单、路旗、秩序册广告、奖杯奖牌冠名、相关工作物料包装等标识类的回报。

2. 推广权益。包括新闻发布会、参与开闭幕式列席、参赛选手照片及形象使用权、产品展示权、赛事相关宣传品及礼品制作使用权、比赛期间及前期的推广活动举办权等。

3. 传媒回报。在活动赛事的前期预热、现场宣传、赛后报道等方面，可以考虑使用电视、报章、杂志、网站、电台等主流媒体为赞助商提供传播服务。

大型定向赛事活动除了对企业具有现实推广意义外，还可以吸引人流及增强地区知名度、美誉度、刺激旅游业发展，为该地区直接带来经济效益和社会效益。而爱好者、运动员们也可以享受到高质量的比赛，最终有利定向行业的发展。

第三节　定向运动俱乐部活动案例

案例一：定向运动在商业推广中的应用

赛事主办方：某房地产商

赛事承办方：广州拓锐户外运动服务有限公司

赛事目的：房地产商为达到某楼盘销售目的，以定向赛事为营销手段对其楼盘开展针对性宣传。此楼盘位于广州市中心商业旺区，为市场上较少见的小户型复式，建筑风格前卫、时尚，目标群为消费力在30~50万左右的白领、新婚夫妇、投资者。

赛事设计：赛事活动与赞助商结合时，一般考虑目标群、品牌定位理念、切合点、影响力几个方面。

对广州白领群体而言，定向运动是比较新鲜、时尚的户外运动，不少18~40岁的人群都比较了解或热衷于此项目。因此，定向运动的参与目标群与该楼盘的销售目标群具有一致性，设计适当的定向活动可以引导参与者提高对楼盘的关注度。

城市定向，即将起点、终点和检查点设置在繁华的城市里，如设置在大商场或景观中，参与者手持特制的城市定向地图和指北针，使用各种交通工具，在摩肩接踵的人群中穿梭，在大街小巷中寻觅，穿越钢筋水泥的森林，走进熟悉或陌生的城市角落，寻找一个个隐藏在城市角落中的点标旗，发现城市的历史内涵和现代，在感光溢彩的城市景观中"越野"的定向运动。城市定向具有时尚性、动感性和挑战性，与现代人自我超越、不断创新的理念吻合，与楼盘建筑设计前卫、时尚、跳跃的品牌精神相互呼应，有共同品牌定位理念。

针对以上目标群、楼盘的地理位置和楼盘的建筑风格，赛事组织者选取了城市定向作为载体对楼盘进行促销。

赛事活动与楼盘销售的切合点主要通过路线设计来体现。城市定向的路线设计充分考虑了楼盘的特色与卖点。检查点的设置充分体现了层高4.5米、敞开型小复式、设计特别、南北对流、采光度好等楼盘特色。检查点设置也充分体现了大型超市、24小时便利店、药店、加油站、食街、银行、车站、大型公园、商业旺铺、学校等楼盘配套特点。赛事活动参与者在寻找检查点的过程中可以切身感受楼盘本色的特色和亮点，透彻了解楼盘地处商业中心的优势和配套的完善，产生购买入住及投资的欲望。

定向赛事的活动形式为团队赛。通过团队活动可以使参与者完成赛事后延续出许多相互共鸣的讨论话题，有利于通过群体效应促进楼盘的销售。

为进一步树立房产企业良好形象，赛事中还安排了赈灾捐款等活动，宣传赞助商大力响应政府号召服务社会的良好形象。活动的公益性使赛事获得了较高的电视、电台、报纸、网站等媒体传播覆盖率，取得了良好的效果。

赛事效果：本次赛事总共邀请到500多人参与，被邀请的参与者为公司的白领或管理层，以及部分曾表示有购买欲望的潜在买家。通过将定向运动与赞助商营销策略进行整合，使参与者由对体育赛事的认同潜移默化地转移到对商业产品的认同中去，大大巩固并提升了赞助商品牌和楼盘的影响力，结合着一系列的宣传，在活动结束后两周内，楼盘销量大增。

案例二：定向运动在户外运动中的应用——云龙山穿越实战

本次活动由云南××公司主办，××户外俱乐部承办，参与者来自××公司不同部门的员工共约70余人。

一、活动主题：行走悟真谛　凝聚出困境

二、活动特色：自然与人文的交融　体验与探索的结合

三、活动代号："行者无疆530特训"

四、活动设计：云龙山，海拔2 227米，位于昆明地区安宁市境内，北望龙山，西南眺黑风山，东南窥大佛山，南连小碗山，山势平缓，植被葱郁，除上山的主路和通向小碗山苗寨的大路外，如蛛网般地密布着无数条采蘑菇小径，是检验人们野外定向基本功和开展野外生存训练的典型地域。云龙山顶有一始建于康熙五年，至今已有300余年历史的慈云寺，寺内古木参天，花香鸟语，环境清幽，是修习佛法理想的清静之地。慈云寺现有僧人4名，主持传正法师，行伍出身，少校军衔，毕业于浙大中文系；真吉法师，云游四方，博学多闻，专习经咒。云龙山交通便利，从昆明出发到云龙山顶，行程47公里，约1个多小时的车程。

经实地考察，制订了以"行走悟真谛　凝聚出困境"为主题的云龙山穿

越计划。整个活动计划分为四个乐章，分别是：

第一乐章："古寺无灯凭月照，山门不锁待云封。"高山流水，琴韵悠远；禅师讲法，打开心门；宝刹幽灵，古寺鬼影。体验300年古寺阴阳界神秘传说，寺内 X 空间探索；

第二乐章："行到水穷处，坐看云起时。"亲密大自然，极限挑战，探秘慈云寺废墟；

第三乐章："一日不作，一日不食。"体验禅家"农禅并重"的精神；

第四乐章：大结局　石江书院"《论语》"；

（一）行程安排

本次培训时间为两天，全体人员周五从昆明出发，晚上7：00入住慈云寺，周日下午结束离开石江书院返回昆明。

周六早晨7：00开始从慈云寺出发，出发顺序由各队队长抽定。第一站是苗寨；第二站是上河东村；第三站是孤独的茅棚（山里人家）；第四站是待云寺；第五站是菜子山碑并登顶；第六站是大石庄村；第七站是王仁求碑；第八站重返苗寨；第九站返回慈云寺；规定培训结束时间为18：00—18：30。

图25-3　穿越地图（1∶5万）

6月1日早晨8：00出发，各组分头行动，取证5个站点，分别是：①气象站；②"松山茜"小树；③919水库；④幽冥路之荒坟地；⑤慈云寺山门。中餐后于12：30开始进军石江书院。下午5：30结束培训返回昆明。

（二）活动规则

（1）遇山路、田间路须步行，遇公路可搭班车，零钱自备；

（2）各组按间隔时间出发，每5分钟发一队；

（3）每个站点均设有指定任务，各组须完成任务后方能出发；

（4）途中须注意环保，不得乱扔垃圾；

（5）须尊重当地民俗和宗教礼仪；

（6）不得丢失指定装备和文件，特别是地图、秘函和指北针及取证后证据，否则成绩为零；

（7）行至公路，注意交通安全；

（8）各组以分数作为成绩，标准为：完成任务情况最好；纪律最好；用时最短；

（9）取证方式：每队自备数码相机一台，指定1名情报员负责在各个站点为全组照相取证。照片必须是除情报员外的全组合影像，背景清楚。每队配备随队裁判员1人负责为该队评分。评分标准为：总分100分，找错地点扣5分，团队合影缺员每缺1人每人扣5分，乱扔垃圾扣10分，破坏生态乱砍滥伐扣10分，超出规定培训时间回到终点扣5分，丢失地图及指北针扣10分。另设参与分50分。

（10）评奖办法：95分为优秀奖，85分为鼓励奖，60分为合格奖，其余为参与奖（表25-2）。

表25-2 户外穿越评分表

序号	培训扣分内容	评分标准	参训分队				
1	队名、队歌和口号具有创意；队服统一	10分					
2	野营装备、地图和指北针完整无损	10分					
3	不离不弃，行进中队员走散不超过30米	5分					
4	遵守佛门礼仪与民族传统礼仪	10分					

续表

序号	培训扣分内容	评分标准	参训分队			
5	斗志昂扬，互相鼓励、互相帮助，团结一心克服困难	20分				
6	环保意识强，不乱扔垃圾	10分				
7	注意防火，不乱砍滥伐	10分				
8	全体队员在规定的时间内到达终点	5分				
9	处理意外事件沉着、冷静；处理方法有效得当，处理过程迅速	20分				
总分						

裁判员： 时间： 年 月 日

（三）器材、装备和食品

（1）器材：地图，指北针，哨子，每队还应配备5米长的绳子一根。

（2）装备与粮食：配备有双人双层登山帐篷、睡袋、防潮垫、野外背包、雨具等装备。

（3）食品：一天的干粮，5瓶水。

五、实战体验（节选）

本队出发时间是2008年5月31日早晨7：45分（周六），回到慈云寺时间是17：11分，实际徒步时间8小时45分，其中，鸣矣河到上河东村乘公交车15分钟；从王仁求碑路口搭车到慈云寺共19分钟。全程徒步行程37公里，平均时速每小时4.3公里。

第一站：苗寨

在野外行进过程中保护好地图至关重要的。保护地图的方法之一就是适当折叠地图。在利用地图进行山地穿越时最关键的是标定地图、确定站立点和明确目标。

第四站："行到水穷处，坐看云起时"

寻找百年前荒废的古寺，探索待云寺废墟之谜。上山的路非常艰苦，真正的穿越开始了。

第五站：莱子山

莱子山位于待云寺废墟东北方向，从图上看没什么问题，但在实地中行进时发现,图地与实地严重不符。地图是 30 多年前测制的,由于采矿修路,实地布满了大大小小的路。处理办法是:上到山顶后沿山脊线行进。这一段是最美的一段。

在莱子山碑取证后就向着本次穿越的高峰进发,登顶的过程是一个极富挑战的过程,到达山顶后有别样的感觉:一览众山小,心情好极了,充满了自信与自豪。

第九站:返回慈云寺

苗寨到慈云寺是旧路,一路欢歌。

第四乐章:大结局　石江书院"《论语》";

在石江书院要写下几个孔子的语录,比如:"三人行,必有我师。""朝闻道,夕死足矣!""有朋自远方来,不亦乐乎!""温故而知新"等。孔子语录可以从教官提供的语录中选取,也可以自己发挥,但必须是《论语》中的语句。教官提供的语句只有几条,每条语句只能用一次,不能重复使用,晚到的队伍要自己想办法。语录必须用毛笔书写,落款签名可用碳素签字笔。每位队员都必须签。作品完成后要拍下全体队员展示作品的合影。完成这个任务后,各队用孔子语录重新命名,如本队写的是"朝闻道,夕死足矣!",就以"闻道"作为新的队名。

案例三:定向运动在登山运动中的应用

一、活动名称:北大光华管理学院××班登山定向越野比赛

二、活动时间:2009 年 4 月 8 日下午 3:00—7:00

三、活动地点:北京香山公园

四、活动内容

(1) 开幕破冰:通过拓展游戏,以轻松愉快的方式,打开每位学员的心扉。

(2) 组建团队:头脑风暴,群体决策,组建强悍团队,每队五人,至少一名女性。

(3) 定向拓展:每队领取一张地图、一枚指卡、一个指北针和一份任务书,寻找在地图上标示的点标,完成任务书上的任务,并在电子点签器上打卡,找完所有点标后回到终点输出成绩并打印成绩单。

(4) 闭营:颁奖闭幕。

五、活动安排:8 号下午 3 点香山公园门口集合 3:15—3:35　分队、纪律宣读、团队热身;3:35—4:00　活动规则、安全注意事项讲解;4:00—6:00　团队比赛开始;6:00—7:00　颁布成绩、合影。

六、装备和器材(略)

第二十五章　定向运动俱乐部的组织管理与运营　413

图 25-4　香山定向路线-1

七、活动流程

（一）前期准备

应提前和活动参与者沟通确定好集合的地点，确定参加活动的人数以及活动者期望的结束时间。

（二）进入场地

进入场地的过程中是活动真正开始的一个铺垫，在参与者入场的过程中组织者应与参与者进行更多的交流，提高他们对于比赛的积极性。

（三）热身小游戏

不能一进入场地就分队，应先安排1~2个热身小游戏，然后再进行分队，这样会让参与者感觉更自然。

（四）项目及活动规则讲解

这是整个活动的最关键环节。由于参与者之前没有接触过定向运动，定向运动需要介绍的内容较多，但又没有足够的时间，建议用介绍拓展训练项目的形式讲解定向运动：项目名称、项目性质、项目任务、项目流程、最后强调安全注意事项。这样既能让参与者明白自己在活动中的具体任务，同时又能提高活动的组织效率。

（五）出发

在短时间内采用抽签的形式确定出发顺序，加强起点的控制，保证出发过程的顺利进行。

八、比赛的过程中应注意的几个问题

（1）在场地中巡视，对于参与者受伤等不安全因素做到及时的处理。

（2）在场地中，一定要按比赛的规则与衡量参赛者，保证比赛的公平性。

（3）对参赛者进行激励、提高他们的积极性。

（4）应所有队伍返回的时间进行预测，安排好成绩的统计工作和终点秩序的维持工作。

（5）对提前回到终点的队伍，要为他们安排一些活动。

（6）颁奖应有一个明确的主题，并应尽可能在闭幕中创设一些亮点。

九、活动中重要环节总结

（一）活动开始之前的准备工作（活动开始前一个星期）

提前到活动场地勘察，勘察的主要内容如下：

（1）安全第一，先观察活动场地的安全状况、针对一些潜在的不安全情况做出相应的预案；

（2）观察活动场地的地形，根据客户的要求来设计比赛的路线长度；

（3）由于活动中要完成相关任务，根据各个任务的性质来确定参赛者所要到达的点位；

（4）要考虑比赛当天场地的人流，对人流较多的情境做出相应预案；

（5）在公园中选择一块大小合适的空旷地作为做热身活动的场地。

（二）起点要安排在人流较少的地方，同时尽量避开公园管理处

（三）终点所设的点位要和比赛的要求一致

复习、思考与实践

1. 定向运动俱乐部的组织管理应注意哪些问题？

2. 定向运动商业推广应注意哪些事项？

3. 试以你所在的班级为服务对象，设计一个适合在乡村郊游时进行的定向运动活动项目。

主要参考文献

1. 王翔，彭光辉，张新安，汤万辉主编. 定向运动. 北京：高等教育出版社，2005.
2. 田麦久主编. 运动训练学. 北京：高等教育出版社，2006.
3. 潘绍伟，于可红主编. 学校体育学（第二版）. 北京：高等教育出版社，2008.
4. 毛振明主编. 体育教学论. 北京. 高等教育出版社，2005.
5. 张忠秋主编. 优秀运动员心理训练实用指南. 北京：人民体育出版社，2007.
6. 王步标，华明主编. 运动生理学. 北京：高等教育出版社，2006.
7. 李老民主编. 田径运动教程. 北京：北京体育大学出版社，2008.
8. 雷纳·马腾斯著，钟秉枢等译. 执教成功之道. 北京：北京体育大学出版社，2007.
9. 中国体育科学学会，香港体育学院. 体育科学词典. 北京：高等教育出版社，2000.
10. 中国体育科学学会学校体育分会，中国定向运动协会. 首届全国学校定向运动学术论坛论文集. 广东潮州，2008.
11. 廖克. 现代地图学. 北京：科学出版社，2003.
12. 总参谋部. 军事地形学. 北京：解放军出版社，2000.
13. 黄瑾. 学前儿童数学教育（第二版）. 上海：华东师范大学出版社，2007.
14. 钱永健. 拓展训练. 北京：企业管理出版社，2006，7.
15. 陶宇平，彭福栋. 拓展训练. 北京：人民体育出版社，2008，9.
16. 樊临虎. 体育教学论. 北京：人民体育出版社，2002.
17. 全国十二所重点师范大学联合编写. 教育学基础. 北京：教育科学出版社，2002.
18. L. Claesson, K. B. Gawelin 等著，吴寿虎，徐青编译. 定向运动路线设计与技能训练. 北京：解放军出版社，1999.
19. SILVA Sweden AB. Open Sesame. Idrottens Hus：SISU Idrottsbocker, 1999. Carol McNeill, Jean Cory-Wright, Tom Renfrew. Teaching Orienteering (2 ed). Human Kinetics, 1998.

20. Ron Lowry, Ken Sidney. Orienteering——Skills and Strateies. Orienteering Ontario, 1985.

21. Han Bengtsson, George Atkinson. Orienteering for Sport and Pleasure. The Stephen Greene Press, 1977.

22. DeLoache J S. Young children's understanding of the correspondence between a scale model and a large scale. Cognitive Development, 1989, 4: 121-139.

23. Bluestein N L, Acredolo L P. Map-reading ability in young children. Child Development, 1979, 50: 691-697.

24. Blade M, Spencer C. The development of children's ability to use spatial representations. Advances In Child Development And Behavior. Vol25. Newyork: Academic Press, 1995. 157-199.

25. IOF. International Specification for Orienteering Maps 2000. from http://www.orienteering.org/i3/index.php?/iof2006/document_library/rules_and_guidelines/mapping_standards.

26. IOF. International Specification for Sprint Orienteering Maps 2007. from http://www.orienteering.org/i3/index.php?/iof2006/document_library/rules_and_guidelines/mapping_standards.

27. IOF. IOF Foot-O Competition Rules 2007-amended August 08. pdf. from http://www.orienteering.org/i3/index.php?/iof2006/document_library/rules_and_guidelines/foot_orienteering.

28. IOF. IOF Control Descriptions 2004. pdf. from http://www.orienteering.org/i3/index.php?/iof2006/document_library/rules_and_guidelines/foot_orienteering.

29. IOF. Instructor's kit for O-mapping courses. From http://lazarus.elte.hu/mc/ik/ik-start.htm.

30. Graham Nilsen. Course Planning. British Orienteering Federation, 2006.

郑 重 声 明

高等教育出版社依法对本书享有专有出版权。任何未经许可的复制、销售行为均违反《中华人民共和国著作权法》，其行为人将承担相应的民事责任和行政责任，构成犯罪的，将被依法追究刑事责任。为了维护市场秩序，保护读者的合法权益，避免读者误用盗版书造成不良后果，我社将配合行政执法部门和司法机关对违法犯罪的单位和个人给予严厉打击。社会各界人士如发现上述侵权行为，希望及时举报，本社将奖励举报有功人员。

反盗版举报电话：（010）58581897/58581896/58581879
传　　真：（010）82086060
E - mail：dd@hep.com.cn
通信地址：北京市西城区德外大街4号
　　　　　高等教育出版社打击盗版办公室
邮　　编：100120

购书请拨打电话：（010）58581118